Cartas a Theo

Rebeldes & Malditos

Vincent van Gogh

Cartas a Theo

Organização, edição e glossário de
IVAN PINHEIRO MACHADO

Tradução de PIERRE RUPRECHT

L&PM EDITORES

Texto de acordo com a nova ortografia.
Título original: *Lettres de Vincent van Gogh à son frère Théo*

Organização, edição e glossário: Ivan Pinheiro Machado
Tradução: Pierre Ruprecht
Tradução do Anexo: Julia da Rosa Simões
Capa: Ivan Pinheiro Machado sobre autorretrato de Van Gogh
Revisão: L&PM Editores

CIP-Brasil. Catalogação na publicação
Sindicato Nacional dos Editores de Livros, RJ.

G55c

Gogh, Vincent van, 1853-1890
Cartas a Theo / Vincent van Gogh; organização, edição e glossário de Ivan Pinheiro Machado; tradução Pierre Ruprecht, [do anexo] Julia da Rosa Simões. – Porto Alegre [RS]: L&PM, 2024.
456 p. ; 21 cm.

Tradução de: *Lettres de Vincent van Gogh à son frère Théo*
ISBN 978-85-254-3841-6

1. Gogh, Vincent van, 1853-1890 - Correspondência. 2. Pintores - Países Baixos - Correspondência. I. Machado, Ivan Pinheiro. II. Ruprecht, Pierre. III. Simões, Julia da Rosa. IV. Título.

19-55483 CDD: 927.5
CDU: 929:75

Meri Gleice Rodrigues de Souza - Bibliotecária CRB-7/6439

Rua Comendador Coruja, 314, loja 9 – Floresta – 90.220-180
Porto Alegre – RS – Brasil / Fone: 51.3225.5777

Pedidos & Depto. Comercial: vendas@lpm.com.br
Fale conosco: info@lpm.com.br
www.lpm.com.br

Impresso no Brasil
Verão de 2024

Sumário

Uma nova edição ampliada e anotada

(Inclui a única crítica publicada em vida sobre o trabalho de Van Gogh)

Ivan Pinheiro Machado

Nesta nova edição de *Cartas a Theo* na coleção "Rebeldes e Malditos" foi acrescentado um "anexo" fundamental e inédito no Brasil; a única crítica publicada na imprensa sobre o trabalho de Vincent van Gogh enquanto vivo. O texto foi escrito por Gabriel-Albert Aurier, escritor, poeta e crítico de arte muito respeitado em Paris e faz grandes elogios ao trabalho do pintor. Foi publicada em 1890 numa revista histórica na França, a *Mercure de France*, que daria origem à editora Mercure de France, incorporada à editora Gallimard em 1920. Acrescentamos também toda a correspondência trocada por Vincent, seu irmão e amigos no período que se sucedeu à publicação da crítica de Aurier. Completa esta edição o texto (também inédito) do necrológico de Vincent van Gogh publicado na mesma revista *Mercure de France* em setembro de 1890.

Em *Cartas a Theo* está a descrição das obras, a formulação do complexo e avançado pensamento estético de Van Gogh, e a descrição da evolução da sua própria loucura. Um material emocionante e revelador, tanto pela sua obsessiva convicção de que era realmente um artista, como também pela paradoxal consciência da própria loucura. Nas cartas, Vincent fala abertamente da sua "doença", reflete sobre ela e dramaticamente prevê as crises que se tornaram mais frequentes no final da vida e culminaram com sua morte trágica.

Nesta edição, foram acrescentadas mais de uma centena de cartas, em relação à edição de 1997, obedecendo à clássica antologia organizada por Georges Philippart e editada em Paris na década de 1930. A totalidade das cartas entre os irmãos, guardadas por Jo van Gogh-Bonger, viúva de Theo, foi lançada em 1914 num volume de mais de mil páginas publicado pela editora holandesa Maatschappij Voor Goede. Eram 652 cartas, devidamente numeradas.

Esta antologia reúne as duzentas cartas mais importantes trocadas entre os irmãos. Foram eliminadas centenas de redundâncias, listas burocráticas de materiais de pintura, pedidos de roupas e equipamentos, repetições, e mantido intocado o clima da intensa e dramática comunicação entre Vincent e Theo. O conjunto é um poderoso retrato biográfico daquele que foi um dos maiores pintores da humanidade. O drama, a tensão são tão bem articulados que, uma vez lidas, estas cartas ficam totalmente associadas à sua obra. Nelas ele descreve o processo tumultuado e sofrido da criação, o seu temor à loucura, a opção do sacerdócio à arte, mantida e estimulada pelo irmão. Extremamente pessoal e íntima, esta correspondência revela a alma de Vincent. Nela vemos o homem doente e o homem culto. Interessado e informado, pela sua correspondência desfilam comentários sobre quase duzentos pintores, arquitetos, escritores e filósofos importantes na sua formação. No final desta edição encontra-se também um amplo glossário referenciando os nomes citados. Poucos não foram encontrados na bibliografia disponível. Certamente são autores e pintores que não resistiram ao rigoroso crivo do tempo.

Incluímos nesta edição fac-símiles das cartas, onde o leitor tem uma ideia precisa da forma de correspondência e da profundidade da ligação entre Theo e Vincent. Na maioria das cartas ele submete a Theo esboços e croquis dos quadros que pretende fazer.

É importante mencionar que também foi incluído, além da crítica de Gabriel-Albert Aurier, o texto de Paul Gauguin, parceiro admirado por Vincent, onde é descrito o célebre episódio em que o pintor, num acesso de loucura, corta a orelha. Este precioso depoimento foi retirado do livro de Gauguin *Antes e depois*, publicado na coleção **L&PM** POCKET. No final do livro, antes dos Anexos, foi incluído um levantamento cronológico da época em que o pintor viveu, com um cruzamento de eventos e nomes que marcaram o pintor e, de resto, toda a história da arte.

Amargura e solidão nas cartas do pintor maldito

Hoje, Van Gogh é cultuado. Mas, enquanto vivo, esse pintor de sóis silenciosos e girassóis de ouro vendeu apenas um quadro. Nas cartas ao irmão Theo, todo o relato de seu desespero.

No Brabante holandês, algumas léguas ao sul de Bréda, a aldeia de Groot Zundert agrupa umas poucas casas. A região é levemente ondulada, entremeada de pântanos, atravessada por riachos, banhada por charcos. Ao redor, erguem-se árvores mirradas com troncos retorcidos. Não longe fica a fronteira com a Bélgica. Na direção nordeste situa-se Etten. A leste, depois de Bréda, fica Nuenen. Zundert, Etten, Nuenen, estas pequenas aldeias cujos nomes reaparecerão tantas vezes nestas *Cartas*, são os limites da região natal de Van Gogh.

É em Groot Zundert que ele nasce, em 30 de março de 1853. Seu pai, Theodore van Gogh, era pastor; sua mãe, Anna-Cornelia Carbentus, era filha de um encadernador da corte. Família honrada e antiga: já nos séculos XVI e XVII, os Van Gogh eram eminentes burgueses. Muitos tinham o gosto pelas artes. No século XVIII encontramos em Haia alguns Van Gogh exercendo o nobre ofício de tirador de ouro. Outros tornaram-se comerciantes de quadros.

Vincent era o primogênito de uma família com seis filhos. Bem jovem, ele demonstra um extraordinário interesse por tudo que o cerca, especialmente pela natureza. Dono de um caráter pouco sociável, vagueia solitário pelos campos. Nem Anne, nem Elisabeth, nem Wil, e menos ainda seu irmãozinho Cor o acompanham. Entretanto, ele às vezes – e cada vez mais – leva consigo Theodore, que tem quatro anos a menos que ele. Theodore, o "Theo", já é o amigo e confidente.

Quando completa doze anos, é internado no colégio da pequena cidade vizinha de Zevenbergen, retornando para casa somente nas férias de verão. Passam-se quatro anos sem que nada de excepcional aconteça na sua vida. Tudo começa aos dezesseis anos; em julho de 1869, graças ao tio Vincent – um antigo negociante de objetos de arte que gozava em Princenhage de sua plácida aposentadoria –, o diretor da sucursal em Haia da prestigiosa Casa Goupil, importante galeria de arte da Europa, emprega o futuro pintor. Como vários Van Gogh do passado, ei-lo no comércio de quadros. É um empregado modelo: correto, consciencioso. Pouco a pouco vai formando suas opiniões. De Haia é enviado, sempre pela Casa Goupil, a Bruxelas. Cada vez mais ele se interessa por tudo o que vê, e frequenta os museus reais. Lê muito – tudo o que lhe cai nas mãos, um hábito que ele manteria por toda a vida, mesmo nos tempos mais tumultuados em Arles. Um dia, em agosto de 1872, Vincent vai ao encontro de seu irmão em Oosterwyck, perto de Helvoirt, pequena aldeia à qual seu pai fora chamado. Theo está então com quinze anos; mas já tem o espírito muito aberto e precocemente formado. Vincent descobre no irmãozinho quase um homem feito. A partir de sua volta começa a escrever-lhe. E é então que inicia esta correspondência que irá, sem interrupções, durar até sua morte – e da qual talvez sequer uma linha tenha-se perdido.

Em janeiro de 1873 é a vez de Theo começar a sua vida. Isto deixa seus pais preocupados, mas a família é numerosa e pobre. Um pensamento consola um pouco a sofrida mãe: Theo já é bem maduro para seus quinze anos. É dotado de muito boa vontade e bastante prudência. Ele parte para Bruxelas para também trabalhar na Casa Goupil. Mais um laço entre os dois irmãos: o paralelismo de seus destinos.

Em maio, Vincent é enviado para a sucursal de Londres. Acaba de completar vinte anos.

Lá, leva uma vida absolutamente tranquila. As horas do dia são preenchidas com as mesmas ocupações, mas os dois irmãos estão distantes. Para ir ao escritório Vincent se apressa, mas volta vagueando. Na Inglaterra, ele tem mais tempo ao seu dispor do que na Holanda. Tem livres não apenas os domingos, mas também os sábados à tarde: a semana inglesa. E, sem percebê-lo, sem dar-se conta, sua vocação nascera e começa a se desenvolver. Ele se detém para desenhar à beira do Tâmisa não apenas uma vez, mas centenas... e fica triste, ao voltar para casa e perceber que os desenhos não se assemelham a nada.

Em julho de 1874 retorna para a Holanda. O pastor vê chegar um Vincent sombrio e atormentado: ele está apaixonado. A sra. Loyer, que dirige a pensão onde ele vive, tem uma filha, Ursula, pela qual Vincent apaixona-se. Ela se deixa cortejar, ele a pede em casamento e é repelido. Fica decepcionado, magoado, profundamente ferido. Contudo, durante estas poucas semanas que passa em Helvoirt, desenha bastante. Em meados de julho, volta a partir com sua irmã mais velha. Mas sente-se infeliz em Londres. Em outubro, por intervenção do tio de Princenhage, é chamado a Paris.

Em dezembro, algumas semanas após sua chegada, volta bruscamente a Londres – em vão, pois não reencontra Ursula – e retorna a Paris. Sente-se desamparado, inquieto. Que fazer? Ele não sabe muito bem, e se pergunta sobre uma infinidade de coisas para as quais não tem respostas; perde-se em conjeturas. Um fato contudo parece-lhe evidente: a mediocridade de sua situação presente, e a certeza de um futuro também medíocre. Um pensamento de Renan o impressiona e o invade: "Esquecer-se de si, realizar grandes coisas, atingir a generosidade, e ultrapassar a vulgaridade na qual se arrasta a existência de quase todos os indivíduos..." Passam-se as semanas, chega o Natal, termina o ano. Ele não aguenta mais e foge para a Holanda – para voltar pouco depois e retornar bruscamente, em fins de março, para Etten. Em Paris, a Casa Goupil resolve despedir este empregado outrora exemplar e que se tornara detestável.

Bem que o pastor nota a mudança em suas ideias. Na verdade, Vincent quer ser pintor. Mas é preciso ganhar a vida. A partir de um anúncio, entra como professor numa escola em Ramsgate, na Inglaterra. Chega lá em meados de abril. Em julho acompanha a escola, transferida para Isleworth.

Está cada vez mais preocupado. Que fazer? Dedicar-se à pintura? Mas isso não seria uma loucura? Resta-lhe um caminho a tomar. Alguém que não possa educar-se na arte, pode, ao menos, se quiser, tornar-se um justo aos olhos de Deus. "Sinto-me atraído pela religião", escreverá ele a Theo. "Quero consolar os humildes. Acredito que o ofício de pintor ou de artista é belo, mas creio que o ofício de meu pai é mais sagrado. Gostaria de ser como ele..." Abandona a escola de Isleworth e passa a servir um pastor, Mr. Jones. Ei-lo pregador. Mas não tem nenhum preparo, nenhum dom de oratória. Despedem-no. Novamente no Natal bate à porta da casa paterna, fracassado, outra vez.

Novamente o tio de Princenhage encontra-lhe um modesto emprego de escriturário numa livraria em Dordrecht. Ele aceita, e toma a resolução de transformar totalmente sua vida. "Não estou só", diz ele, "pois Deus está comigo. Quero ser pastor. Pastor como meu pai!" Este apelo, repetido, não ficaria sem resposta. O pastor Van Gogh reúne um conselho de família. Concordam em enviar Vincent à Universidade de Amsterdã. Lá, ele residirá na casa de um de seus tios, na Marineweff. Imediatamente Vincent atira-se aos estudos. Mas estudar torna-se para ele uma tortura. De maio de 1877 a julho de 1878, se consome em esforços... para afinal abandonar os estudos e voltar, uma vez mais, à porta da casa de Etten.

Desiste da Universidade. Resolve que quer ser missionário entre os pobres mineiros do Borinage. Para isto, basta-lhe seguir durante três meses os cursos da escola preparatória evangelista de Bruxelas. E, portanto, vai a Bruxelas. Lá, as mesmas dificuldades. Vincent conhece mal o francês e não tem nenhum dom de oratória. Não é nomeado. O pai acorre junto ao filho desamparado. Finalmente dão a Vincent uma missão de seis meses.

Nos últimos dias de dezembro, as pessoas do burgo de Patûrages, próximo a Mons, veem chegar um homem vestido com roupas muito simples. Sabem que ele está hospedado em casa do mascate Van der Haegen, que é pastor, e que vem da Holanda. Logo, todos já o conhecem. Ele visita os doentes e os reconforta, lê para eles o Evangelho. Algum tempo depois, deixa Patûrages para ir a Petites Wasmes, a algumas léguas dali.

Wasmes é o coração do Borinage, o centro do "país negro", das minas de carvão, sucessão de colinas cortadas por barrancos em terra viva nos quais, aqui e ali, aparece a hulha. Ao sul, grandes bosques fecham o horizonte. Nesta região, há séculos, vive um grupo de homens que passa metade de suas vidas agitando-se nas entranhas da terra. Esta atividade subterrânea revela-se à superfície do solo: veem-se altas gaiolas, grandes pirâmides negras, duas vezes mais altas que as casas, clarões avermelhados sobre os quais flutuam vapores cinzentos e fumaças sombrias. Uma paisagem humana que não deixa de ter sua grandiosidade. À noitinha, as janelas dos botequins se iluminam, enquanto que as mulheres, ao fundo, ocupam-se de suas cozinhas. Esses mineiros são pobres mas suas vidas não são apenas misérias e provações. Vincent, no entanto, só vê tristeza e opressão. E, na intenção de aliviá-las, dedica-lhes o zelo de um apóstolo. Entrega-se por completo à sua exaltação mística. Passa a viver numa cabana de tábuas, dorme na terra nua, usa um velho camisão de soldado; cuida dos doentes de tifo, despoja-se até de suas roupas. No entanto, ele é mau pregador e seu comportamento, longe de levar os mineiros à virtude, os impressiona e escandaliza. Ao mesmo tempo ele continua a desenhar nos poucos momentos livres que se permite.

Entretanto sua missão não é renovada pelo Consistório. Novamente Vincent está perdido. Volta a pé, sem um tostão, detém-se em Bruxelas na casa de um amigo, e a seguir, em agosto de 1879, mais uma vez vai bater à porta da pobre casa de Etten.

Só que agora não há mais lugar na sua casa. Conseguirá viver só? Ele parte, o cajado nas mãos, mochila às costas, de volta ao Borinage.

Começa então o mais sombrio período de sua vida. Ele caminha aqui e ali, sob o vento do outono, sob o vento do inverno. Dorme à beira dos caminhos, em celeiros, debaixo de carroças. E de que vive? Do pouco dinheiro que Theo lhe envia. Theo chega até a achar meios de encontrá-lo, de dizer-lhe algumas palavras esperançosas, de encorajá-lo enfim em sua vocação de pintor. Vincent caminha durante oito dias para ir a Carrières ver Jules

Breton, a fachada imponente da casa o intimida a ponto de não ousar bater à porta. Volta a Cuesmes. A seguir, na primavera, retoma o caminho para o norte, e volta a Etten... Algumas semanas depois, está novamente no Borinage.

Apesar de todas as dificuldades e angústias ele, enfim, acredita ter descoberto o seu caminho: será pintor, nada mais que pintor!

É julho de 1880 quando ele escreve a carta na qual abre-se profundamente a Theo, na qual descreve a horrível angústia em que se encontra, suas lutas, seus desesperos, e também sua esperança radiante. Teria alguém jamais escrito apelo tão comovente, tão dilacerante? Theo ficou profundamente emocionado. E ficou também completamente convencido. A partir de então, se dedicará inteiramente ao irmão. Esta ajuda, que até o momento lhe dedicara por pura afeição, agora compromete-se a continuá-la para sempre, porque confia. Acredita realmente em Vincent. E é graças a esta confiança que o gênio de Vincent aparecerá.

Desde então, eles tornam-se ainda mais ligados. A correspondência fica mais frequente ainda; não se passa uma só semana, e logo um só dia, sem que o coração tumultuado de Vincent não se derrame: é um diálogo ininterrupto. Vincent relata tudo o que vê, tudo o que faz, tudo o que pensa.

Outubro de 1880. Vincent instala-se em Bruxelas. Ali permanece até abril, retornando a Etten, onde sabe que reencontrará Theo. Ficará em Etten até dezembro. Mas estoura um novo drama: ele se apaixona por uma prima. Declarações, recusas, desespero – aos quais vem se acrescentar a cólera paterna. E Vincent torna a partir. Antes mesmo do Natal está em Haia, onde se aconselha e aprende com seu primo, o pintor Mauve.

A Mauve pertencerá a honra de ter reconhecido o talento nascente de Vincent. Mauve faz tudo o que pode por seu primo. Encontra-lhe hospedagem, arruma-lhe trabalho. Mas um dia o caráter ferozmente independente de Vincent se revela mais uma vez – e vem a briga.

Em fevereiro, numa noite de vadiagem, ele encontra uma mulher bêbada, que se propõe a posar para ele. Ele a leva ao ateliê, juntamente com sua filha, e começa então a banal e lamentável aventura que durará cerca de vinte meses. "Sien", como era conhecida Clasina Maria Hoornik, desaparece finalmente de sua vida em setembro de 1883, mas marcará a vida do pintor pelo sofrimento eternizado em pungentes desenhos da série "sorrow". E Vincent interna-se, no norte, na região de Drenthe. Antes do Natal, ele mais uma vez baterá à porta da casa paterna em Nuenen. Será a última.

Sua estadia se prolonga. Nas duas peças que o sacristão da igreja católica lhe aluga, ele instala um ateliê. E este incansável trabalhador não se concederá nenhuma trégua. Amontoam-se retratos e paisagens. Um amor ainda, um noivado, rompido pelos pais da moça... o tempo escoa. Em 27 de março de 1885, o pastor Van Gogh morre subitamente, retornando de um passeio, à porta de sua casa.

Em novembro Vincent volta à estrada. Vai para Antuérpia: acabou-se a Holanda. Em Antuérpia, uma dupla revelação: a arte de Rubens e a arte japonesa, através das estampas.

A partir de agora, as etapas se precipitarão. Em março de 1886, ele está em Paris. Reencontra Theo.

Theo é o diretor da Casa Goupil, na rua Montmartre. Acolhe o primogênito como uma criança. Ambos morarão juntos, no pequeno apartamento de Theo, rua de Laval, hoje rua Jean Massé.

Vincent permanecerá por dois anos em Paris, de março de 1886 a fevereiro de 1888. Naturalmente, a preciosa correspondência se interrompe. Para recomeçar imediatamente após a separação dos dois irmãos.

E o que faz Vincent em Paris? Primeiro acha que tem que se instruir. Vai humildemente para a escola, entra no ateliê de Cormon. Demonstra uma aplicação quase comovente. Passa seu tempo nos museus, especialmente no Louvre, faz cópias de Delacroix e de Millet. Mas logo abandona o ateliê Cormon – sentindo que lá ele não tem o que aprender – e começa a trabalhar ao ar livre, à maneira dos impressionistas que ele tanto admira. Parte pelas manhãs, uma tela às costas, a caixa de cores nas mãos. Instala-se onde melhor lhe aprouver, antes de mais nada o mais próximo possível de seu objeto. Montmartre o seduz muito, suas ladeiras tortuosas, suas tavernas, seus moinhos – tudo o encanta. Ele pinta todos os aspectos desta imensa "aldeia". A seguir, amplia suas investigações, vai até os limites da cidade, atinge o subúrbio. No verão, ele passa seus dias à beira do Sena, em Saint-Cloud ou Neuilly.

Às vezes vai ao encontro de seu irmão no escritório dele; mas a esta casa acadêmica ele prefere a lojinha do "pai" Tanguy, este admirador de Cézanne, de Renoir. Frequentam-na Signac, Seuret, Gauguin, um dos mais influentes – Gauguin, de quem Vincent torna-se muito amigo. As noites, ele as passa em companhia de seus novos amigos, muitas vezes no cabaré do *Tambourin,* dirigido por uma antiga modelo de Gérôme, la Segattori (*Agostina Segattori sentada no Café Tambourin,* Rijksmuseum Vincent van Gogh, Amsterdã). Logo uma grande intimidade liga Vincent a Segattori, intimidade que se romperá certa noite, não sem violência.

Contudo a luz e a cor tinham seduzido Vincent. Atormenta-o o desejo de mais luz e de uma cor mais brilhante. Além disso, nada mais tinha a aprender em Paris. Decide-se então, talvez a conselho de Toulouse-Lautrec, a ir para o sul (mais tarde em 1887, Vincent teria novo encontro com Toulouse-Lautrec, que o retrataria num almoço em Montmartre). "É no Midi", declara um dia a Émile Bernard (1868-1941, parisiense, pintor impressionista amigo que fez a aproximação de Vincent com Gauguin e Lautrec), "que é preciso instalar o ateliê do futuro." No dia seguinte ele parte para Arles.

No próprio dia da chegada – provavelmente em 20 de fevereiro – ele escreve a Theo. A partir de então as cartas recomeçam, e seguem-se quase que diariamente. Nestas cartas, escritas em francês – Vincent considera-se já há muitos meses um francês –, ele diz tudo. Como nas cartas anteriores, escritas em holandês, seu texto continua duro, ruim. Este grande pintor jamais teve o dom da palavra. Em seu estilo entrecortado e reticente, ele fala de suas idas e vindas, de seu método de trabalho, das características da região, do grande sol, dos hábitos das pessoas, de suas leituras, de sua casa, e finalmente de seu sonho de fundar com os amigos um ateliê comum. Nelas também seguimos o despertar de uma crescente exaltação, sob a ação de um sol ardente. Ele desenha e pinta sem parar e, tarde da noite, escreve. Nos poucos meses que se seguem – de março a dezembro de 1888 – constrói uma obra artística prodigiosa, e um verdadeiro testamento literário: pois, mesmo sem escrever bem, Van Gogh impregna suas cartas de tamanho vigor e energia que elas terminam por tornar-se um documento tão admirável quanto os diários de Kafka ou Dostoiévski.

Mas *Cartas* nos contam também de suas múltiplas alegrias. Alegria das cores, da luz; alegria por finalmente instalar uma casa, a "casa dos amigos", iluminada por uma decoração em que o dominante é a cor da pura afeição, o amarelo triunfal, alegria em ver chegar o primeiro dos amigos, Gauguin. Apenas uma destas cartas talvez deixe entrever a iminente catástrofe. A seguir a correspondência cessa bruscamente – para só reiniciar quinze dias mais tarde. É que, neste intervalo, estourou o drama. Na noite de Natal, Vincent lançou seu copo à cara de Gauguin. À noite, ele decepa um pedaço de sua orelha e leva-a, bem embalada, para o outro vértice deste amargo triângulo amoroso: uma prostituta do bordel que ele frequentava. Vincent está louco.

Conduzem-no ao hospital. E lá, entre duas crises, este homem surpreendente reencontra seu gênio, e pinta.

A 7 de janeiro, ele retorna para casa. Mas lá, revê apenas sombras, primeiro a sua própria; a seguir, a do amigo que partiu. E a vida torna-se então dolorosa. Alucinações se sucedem, obcecam-no, aterrorizam-no. Ele é possuído pelo pior dos sofrimentos: a angústia. As *Cartas* tornam-se pungentes.

Perseguido em Arles por uma população que agora o teme e se assusta à sua vista, perseguido pela angústia da próxima crise, ele se decide, sob os insistentes conselhos de Theo e do pastor Salles, a entrar no asilo de Saint-Rémy.

O asilo de Saint-Paul de Mausole, em Saint-Rémy, bem próximo ao Arco do Triunfo e ao mausoléu, que estão entre os mais belos monumentos romanos da França, é um antigo monastério. Uma ala de pinheiros anuncia sua entrada. Nos pavilhões, imensos, um médico, o doutor Mercurin, tinha instalado no começo do século XIX uma casa de saúde.

Para quem visita o asilo de Saint-Rémy, nada parece ter mudado desde a época de Van Gogh. Na grande ala norte, ao longo de um corredor, seguem-se vários quartinhos. Quase no meio está aquele que Vincent habitou, e cujas paredes estão ornamentadas com reproduções das obras pintadas por ele em Saint-Rémy. Pela janela aberta (pela qual, após um salto, chegamos em plena campina) avistam-se, bem próximas, as abruptas encostas das Alpilles; em frente, terras cultivadas e árvores. À esquerda, um muro, além do qual adivinha-se a cidadezinha. No fim desta ala, no andar de cima, foram cedidas duas peças a Vincent, nas quais ele fez seu ateliê. Lá de cima, a vista é extensa, ao longo surge Avignon e os picos dos Alpes.

Vincent passa momentos de dor, de desespero, de melancolia, de calma – e contudo não para de pintar. De certas frases de suas cartas, pode-se imaginar o quanto ele sofreu com os incessantes berros de seus infelizes companheiros. Mas talvez jamais tenha pintado melhor, com mais sensibilidade, com mais intensidade do que em Saint-Rémy. Ele próprio traduz à sua maneira os dois estados entre os quais oscila sua razão – a ansiedade e a calma – ao descrever duas pinturas a Émile Bernard: "Esta combinação, de ocre vermelho, de verde entristecido pelo cinza, de traços negros que cercam os contornos, produz um pouco a mesma sensação de angústia de que frequentemente sofrem alguns de nossos companheiros de infortúnio, e que chamamos de 'negro-vermelho'. E o tema da grande árvore atingida pelo raio, o sorriso doentio verde-rosa da última flor de outono vêm confirmar esta ideia.

"Uma outra tela representa um sol nascendo sobre um campo de trigo novo; linhas fugidias, sulcos subindo ao alto da tela, contra uma muralha e uma fileira de colinas lilás. O campo é violeta e amarelo-esverdeado. O sol branco é cercado por uma grande auréola amarela. Nisto tudo eu tentei, por contraste com a outra tela, exprimir a calma, uma grande paz..."

Em janeiro de 1890, no *Mercure de France*, um crítico, Albert Aurier, assinala sua pintura: é a primeira vez que a notam. Vincent se regozija. No mês seguinte, Theo lhe escreve dizendo ter vendido seu quadro *O vinhedo vermelho*. Primeiro, e único, quadro vendido antes da sua morte.

Mas ele quer partir. Theo passa a procurar um abrigo seguro. Pissarro lhe comunica que em Auvers-sur-Oise mora um amigo dos artistas, o doutor Paul-Ferdinand Gachet, colecionador de Cézanne, Pissarro, Guillemin, entre outros pintores. Vincent ficaria bem junto dele. Em 18 de maio de 1890, Vincent deixa Saint-Rémy.

Em Paris, ele fica feliz em reencontrar Theo, sua mulher e sua filhinha, pois Theo se casara um ano antes. Revê seus quadros (que estão em toda parte, até debaixo dos móveis); sente prazer em apertar a mão dos amigos que vêm visitá-lo. Está apenas de passagem. No dia 21 de maio já está instalado em Auvers como pensionista do Café Ravoux, na praça da Prefeitura.

Novamente tudo pode ser encontrado nas *Cartas* que se seguem: seu trabalho, seus passeios pelo campo, sua crescente afeição pelo doutor Gachet (várias vezes retratado por Vincent), seu humor inconstante, sua melancolia... Em 27 de julho, tomado pela angústia da crise que ele sente aproximar-se, dispara uma bala no coração. Estava nos trigais, atirando nos corvos, quando decide dar fim a própria vida. Mas o tiro se desvia: a bala se aloja na virilha. Ele encontra forças para voltar para a casa e não avisa ninguém. Não o vendo descer para o almoço, o pessoal da pensão onde estava hospedado sob a vista do dr. Gachet vai procurá-lo em seu quarto. Ele está prostrado, sangrando. O dr. Gachet chega imediatamente e constata que é impossível tirar a bala. Vincent recusa-se a dar o endereço de Theo, que somente é avisado no dia seguinte. Imediatamente Theo vai para Auvers-sur-Oise e encontra o irmão fumando cachimbo aparentemente tranquilo. Theo não se conforma com a possibilidade da morte do irmão, já muito fraco. Mas não há mais o que fazer, Vincent está determinado a morrer. Conversa o dia inteiro em holandês com Theo, que à noite deita-se ao lado dele. A uma e meia da manhã Vincent murmura: “Quero ir embora”, e morre.

Uma carta, que é só dúvidas e desespero, é encontrada com ele. A última carta a Theo, que só lhe chegou às mãos depois da morte de Vincent.

Theo não pôde suportar a dor. Atingido por uma paralisia, transportado para a Holanda sob os cuidados de sua mulher, ele morreria alguns meses mais tarde, em janeiro de 1891.

Os irmãos cuja amizade tornou-se legendária repousam lado a lado em Auvers-sur-Oise.

Quase 100 anos depois da sua morte, em 1990, ironicamente Vincent van Gogh foi o protagonista do maior negócio à época jamais realizado no mercado internacional de arte. Um dos "retratos do dr. Gachet" foi vendido pela Christie's (uma das mais poderosas casas de leilões do mundo) por 82,5 milhões de dólares para o empresário japonês Ryoei Saito. O empresário foi preso em 1993, acusado de corrupção, e morreu em 1996. O quadro desapareceu. Diz a lenda (ou realidade) que a pintura foi cremada junto com seu proprietário...

LONDRES
(JULHO DE 1873 – MAIO DE 1875)

Londres, 20 de julho de 1873

A arte inglesa não me atraía muito no começo, é preciso acostumar-se a ela. Contudo, existem aqui pintores hábeis, entre outros Millais, que fez o *Huguenote, Ofélia,* etc., e que você certamente deve conhecer por gravuras, é muito bonito. E Boughton, de quem você conhece os *Puritanos indo à igreja* da nossa galeria fotográfica. Vi coisas muito bonitas dele. Além disto, entre os velhos pintores, Constable, um paisagista que morreu há uns trinta anos atrás, é esplêndido, com alguma coisa de Diaz, de Daubigny; e Reynolds, e Gainsborough, que pintaram sobretudo retratos de mulheres, e ainda Turner, de quem você deve ter visto algumas gravuras.

Existem aqui alguns bons pintores franceses, entre outros Tissot... Otto Weber e Heilbuth. Este último está fazendo atualmente belas pinturas no gênero precioso de Van Linder. Quando puder, escreva-me se existem aí fotografias de Wauters, exceto *Hugo van der Goes* e *Marie de Bourgogne,* e se você conhece também fotografias dos quadros de Lagey e de Braeckeleer.

Não é do velho Braeckeleer que estou falando, mas de um filho dele, acho, que tinha na última exposição de Bruxelas três quadros esplêndidos, intitulados *Antuérpia, A escola* e *O atlas.*

Caso você veja também alguma coisa de Lagey, de Braeckeleer, Wauters, Maris, Tissot, George Saal, Jundt, Ziem, Mauve, escreva-me sem falta, são pintores de quem eu gosto muito (10).[1]

Londres, janeiro de 1874

Estou vendo que você se interessa pela arte e isto é uma boa coisa, velho. Fico contente que você goste de

1. Os números ao final de cada carta indicam a cronologia da correspondência completa. (N.E.)

Millet, Jacque, Schreyer, Lambinet, Frans Hals, etc., pois, como diz Mauve, "é alguma coisa".

Sim, o quadro de Millet, *Angelus du Soir*, "é alguma coisa", é magnífico, é pura poesia. Como eu gostaria de falar sobre arte contigo... só nos resta nos escrevermos bastante; *ache belo* tudo o que puder, a maioria das pessoas *não acha belo o suficiente.*

Escrevo abaixo alguns nomes de pintores de quem eu gosto particularmente:

Scheffer, Delaroche, Hébert, Hamon, Leys, Tissot, Lagey, Boughton, Millais, Thijs Maris, De Groux, de Braeckeleer, jr., Millet, Jules Breton, Feyen-Perrin, Eugène Feyen, Brion, Jundt, George Saal, Israels, Anker, Knaus, Vautier, Jourdan, Compte-Calix, Rochussen, Meissonier, Madrazzo, Ziem, Boudin, Gérôme, Fromentin, Decamp, Bonington, Diaz, Th. Rousseau, Troyon, Dupré, Corot, Paul Huet, Jacque, Otto Weber, Daubigny, Bernier, Émile Breton, Chenu, César de Cock, Mlle. Colart, Bodmer, Koekkoek, Schelhour, Weissenbruch e *last not least* Maris e Mauve. Mas eu continuaria a lista não sei por quanto tempo mais, e há ainda os velhos, e estou certo de ainda ter omitido alguns dentre os melhores (13).

Londres, 6 de abril de 1875

A respeito do *Meerestille* de Heine, que eu tinha copiado no teu caderno, não é? Há algum tempo atrás eu vi um quadro de Thijs Maris que me fez pensar nele.

Uma velha cidade de Holanda, com fileiras de casas num castanho avermelhado com oitões em escadinha e patamares nas portas, telhados cinzas, e portas brancas ou amarelas, vãos e cornijas; canais com barcos e uma grande ponte levadiça branca sob a qual se encontra uma chata com um homem ao leme, a casinha do guarda da ponte que se vê pela janela sentado em sua pequena escrivaninha.

Um pouco mais longe no canal, uma ponte de pedra sobre a qual passam pessoas e uma charrete com cavalos brancos.

E movimento por toda parte; um homem com um carrinho de mão, um outro apoiado ao parapeito, olhando para a água, mulheres de preto com toucas brancas.

No primeiro plano, um cais com lajotas e um parapeito preto.

Ao longe, uma torre se ergue sobre as casas.

Acima disso tudo, o céu, num branco cinza.

É um pequeno quadro, vertical (24).

PARIS
(MAIO DE 1875 – MARÇO DE 1876)

Paris, 31 de maio de 1875

Ontem eu vi a exposição Corot. Havia em especial um quadro, o *Jardim das oliveiras*, fico contente que ele o tenha pintado.

À direita, um grupo de oliveiras perde-se no azul do céu ao crepúsculo; em segundo plano, colinas com arbustos e duas grandes árvores. No alto, a estrela da tarde.

No Salão, há três Corot muito bonitos; o mais belo, pintado pouco antes de sua morte, *Os lenhadores*, sem dúvida será publicado na *Illustration* ou no *Monde Illustré*.

Como você pode imaginar, também fui ao Louvre e ao Luxemburgo.

Os Ruysdael do Louvre são magníficos; especialmente *O bosque*, *A paliçada* e *O raio de sol*.

Espero que um dia você veja os pequenos Rembrandt, *Os peregrinos de Emaús* e dos *pendants*, *Os filósofos* (27).

Paris, 6 de julho de 1875

Aluguei um pequeno quarto em Montmartre que te agradaria. É pequeno, mas dá para um jardinzinho forrado de hera e de vinhas. Vou lhe contar as gravuras que pendurei na parede: Ruysdael: *O bosque* e *Lavadouros*; Rembrandt: *A leitura da Bíblia* (um grande quarto estilo velha-Holanda) – à noite – uma vela sobre a mesa onde a jovem mulher sentada perto do berço de sua criança lê a Bíblia; uma velha mulher sentada escuta, é algo que faz pensar: "Em verdade eu vos digo, em todo lugar onde duas ou três pessoas se reunirem em meu nome, eu estarei entre elas"; é uma antiga gravura em cobre, tão grande quanto *O bosque*, esplêndida; Philippe de Champaigne: *Retrato de uma senhora*; Corot: *A tarde*; Corot: *idem*; de Bodmer: *Fontainebleau*; Bonington: *Uma estrada*; Troyon: *A manhã*; Jules Dupré: *A tarde* (a caminhada); Maris: *Lavadeira*; o mesmo: *Um batismo*; Millet: *As horas do dia* (Gravuras em madeira 4 lâminas); v. d. Maaten: *Enterro no trigal*; Daubigny: *A aurora* (galo cantando); Charlet: *A hospitalidade* (granja cercada de pinheiros no inverno sob a neve; um camponês e um soldado frente à porta); Ed. Frère: *Costureiras*; o mesmo: *O tanoeiro* (30).

Paris, 13 de agosto de 1875

Na lista dos que eu pendurei no meu quarto, esqueci:
N. Maes: *A natividade.*
Hamon : *Se eu fosse o inverno sombrio.*
Français: *Últimos belos dias.*
Ruyperez: *A imitação de Jesus Cristo.*
Bosboom: *Cantabimus et Psallemus.*
Estou fazendo todo o possível para encontrar para você uma gravura de Rembrandt: *Leitura da Bíblia* (33).

Paris, 25 de setembro de 1875

Vou me separar de todos os meus livros de Michelet, etc., etc. Faça o mesmo.

Paris, 11 de outubro de 1875

Você seguiu meu conselho, separou-se dos livros de Michelet, Renan, etc.? Acho que isto o deixará mais tranquilo. A página de Michelet sobre o *Retrato de Senhora*, de Philippe de Champaigne, no entanto, é preciso não esquecê-la, e não se esqueça também de Renan. Contudo, afaste-o... Você conhece Erckmann-Chatrian: *O recruta*, *Waterloo* e sobretudo *O amigo Fritz* e também *A senhora Teresa*? Leia-os se puder. Mudar de alimento estimula o apetite (42).

Amsterdã (9 de maio de 1877 – julho de 1878)

Amsterdã, 27 de julho de 1877

Mendès me deu boas esperanças de que ao fim de três meses estaremos tão adiantados quanto ele se propunha caso tudo corresse bem. O que não impede que estas aulas de grego no coração de Amsterdã, em pleno bairro judeu, numa tarde muito quente e opressiva, tendo na cabeça a ameaça de muitos exames difíceis a passar frente a professores ardilosos e muito doutos, te deixem mais indisposto que os campos de trigo do Brabante, que devem estar intensamente belos num dia como este (103).

Amsterdã, 18 de agosto de 1877

Acordei cedo e vi os operários chegarem ao canteiro de obras, sob um sol magnífico. Você teria gostado de ver o aspecto peculiar deste rio de personagens negros, grandes e pequenos, primeiro na rua estreita onde ainda havia muito pouco sol, e a seguir no canteiro. Depois disto me alimentei de um pedaço de pão seco e um copo de cerveja; é uma maneira, recomendada por Dickens àqueles que estão a ponto de se suicidar, como sendo particularmente indicada para desviá-los ainda durante algum tempo deste projeto. E mesmo que não se esteja totalmente com esta disposição de espírito, é bom fazê-lo de vez em quando, pensando no quadro de Rembrandt, *Os peregrinos de Emaús* (106).

Amsterdã, 9 de janeiro de 1878

C. M.[2] perguntou-me hoje se eu não achava bela a *Phryné* de Gérôme. Eu lhe disse que me dava infinitamente mais prazer olhar uma mulher feia de Israels ou de Millet ou uma velha mulher de Ed. Frère, pois afinal o que significa um belo corpo como o desta Phryné? Isto os

2. Abreviação do nome de um tio de Vincent, Cornelius-Marinus, chamado às vezes também de tio Cor. (N.E.)

animais também têm, talvez até mais do que os homens, mas uma alma como a que existe nos homens pintados por Israels, Millet ou Frère, isto os animais não têm, e a vida não nos teria sido dada para enriquecer nossos corações, mesmo quando o corpo sofre?

Quanto a mim, sinto muito pouca simpatia por esta imagem de Gérôme, pois não vejo nela o mínimo sinal revelador de inteligência. Mãos que carregam as marcas do trabalho são mais belas que mãos como as desta imagem.

Maior ainda é a diferença entre tal moça e um homem como Parker ou Tomás de Kempis, ou como os que pintava Meissonnier; da mesma maneira que não se pode servir dois mestres ao mesmo tempo, não se pode gostar de coisas tão diferentes e sentir por elas a mesma simpatia.

C. M. me pergunta então se uma mulher ou uma moça que fossem belas não me agradariam, mas eu lhe disse que me sentiria melhor e combinaria mais com uma que fosse feia, velha ou pobre, ou infeliz, por qualquer razão, mas que tivesse alcançado a inteligência e uma alma pela experiência de vida e pelas provações ou desgostos (117).

Amsterdã, 3 de abril de 1878

Voltei a refletir sobre a nossa conversa, e involuntariamente meditei nas palavras: "Somos hoje o que éramos ontem". Isto não significa que se deva marcar passo, e não tentar desenvolver-se, ao contrário, há uma razão imperiosa para fazê-lo e para buscá-lo.

Mas para permanecermos fiéis a estas palavras, não podemos recuar, e quando começamos a considerar as coisas com um olhar livre e confiante, não podemos voltar atrás e nem hesitar.

Os que diziam "nós somos hoje o que éramos ontem" eram "homens honrados", o que se depreende claramente da constituição que redigiram, que subsistirá por todos os tempos, e da qual se disse que tinha sido escrita "sob as emanações do céu" e "com uma mão de fogo". É bom ser um "homem honrado" e procurar sê-lo cada vez mais, e fazemos bem em acreditar que para isto é preciso ser "homem introspectivo e espiritual".

Se tivéssemos a convicção de pertencer a esta categoria, seguiríamos nosso caminho com calma e confiança, sem duvidar do bom resultado final. Havia um homem que certo dia entrou numa igreja e perguntou: "Será possível que o meu zelo tenha me enganado, que eu tenha tomado o mau caminho e que continue errado? Ah! Se eu me livrasse dessa incerteza e se pudesse ter a firme convicção de que acabaria por vencer e alcançar êxito". E uma voz então lhe respondeu: "E se tivesses essa certeza, que farias então? Faças portanto como se a tivesses, e não serás perturbado". O homem então continuou seu caminho, não mais incrédulo mas crente, e voltou à obra, sem duvidar nem hesitar mais. No que se refere a ser "homem introspectivo e espiritual", será que não poderíamos desenvolver em nós este estado pelo conhecimento da história em geral e de determinadas personalidades de cada época em particular, desde a história sagrada até a da Revolução, e desde a *Odisseia* até os livros de Dickens e de Michelet? E não poderíamos tirar algum ensinamento da obra de homens como Rembrandt, ou das *Ervas daninhas* de Breton, ou *As horas do dia* de Millet, ou *O benedicite* de De Groux ou Brion, ou *O recruta* de De Groux (ou senão de Conscience) ou *Os grandes carvalhos* de Dupré, ou até mesmo os moinhos e as planícies de areia de Michel?

Falamos bastante sobre qual é o nosso dever, e como poderíamos chegar a algo de bom, e chegamos à conclusão que nosso objetivo em primeiro lugar deve ser o de achar um lugar determinado, e uma profissão à qual possamos nos dedicar integralmente.

E acredito que estávamos igualmente de acordo de que o necessário é sobretudo ter em vista o objetivo final, e que uma vitória, após toda uma vida de trabalho e de esforços, vale mais que uma vitória obtida mais cedo.

Aquele que vive sinceramente e encontra aflições verdadeiras e desilusões, e que jamais se deixa abater por elas, vale mais que os que sempre vão de vento em popa, e que conheceriam uma prosperidade apenas relativa. Pois, em quem constatamos da maneira mais visível um valor superior, senão naqueles a quem se aplicam as palavras: "Lavradores, vossa vida é triste, lavradores, vós sofreis na vida, lavradores, vós sois bem-aventurados", senão naqueles que carregam os estigmas de "toda uma vida de luta e de trabalho suportada sem jamais se curvar"? É bom se esforçar em assemelhar-se a eles.

Avançamos portanto em nossa estrada *indefessi favente Deo.* No que me diz respeito, devo tornar-me um bom pregador que tenha algo de bom a dizer e que possa ser útil no mundo, e talvez fosse melhor eu conhecer um tempo relativamente longo de preparação, e estar solidamente confirmado numa firme convicção, antes de ser chamado a falar aos outros... A partir do momento em que nos esforcemos em viver sinceramente, tudo irá bem, mesmo que tenhamos inevitavelmente que passar por aflições sinceras e verdadeiras desilusões; cometeremos provavelmente também pesados erros e cumpriremos más ações, mas é verdade que é preferível ter o espírito ardente, por mais que tenhamos que cometer mais erros, do que ser mesquinho e demasiado prudente. É bom amar tanto quanto possamos, pois nisso consiste a verdadeira força, e aquele que ama muito realiza grandes coisas e é capaz, e o que se faz por amor está bem feito. Quando ficamos admirados com um ou outro livro, por exemplo, tomando ao acaso: *A andorinha, A calhandra, O rouxinol, As aspirações do outono, Daqui eu vejo uma senhora, Eu amava esta pequena cidade singular,* de Michelet, é porque estes livros foram escritos de coração, na simplicidade e na pobreza de espírito. Se só pudéssemos dizer umas poucas palavras, mas que tivessem um sentido, seria melhor que pronunciar muitas que não fossem mais que sons vazios, e que poderiam ser pronunciadas com tanto mais facilidade, quanto menos utilidade tivessem.

Se continuarmos a amar sinceramente o que na verdade é digno de amor, e não desperdiçarmos nosso amor em coisas insignificantes, nulas e insípidas, obteremos pouco a pouco mais luz e nos tornaremos mais fortes.

Quanto antes procurarmos nos qualificar num certo ramo de atividade e numa certa profissão, e adotarmos uma maneira de pensar e de agir relativamente independente, e quanto mais nos ativermos a regras fixas, mais firme se tornará o caráter, sem que para isto tenhamos de nos tornar limitados.

E é sensato fazer estas coisas, porque a vida é curta e o tempo passa depressa; se nos aperfeiçoamos numa única coisa e a compreendemos bem, alcançamos além disto a compreensão e o conhecimento de muitas outras coisas.

Às vezes é bom ir ao fundo e frequentar os homens, e às vezes somos até obrigados e chamados a isto, mas aquele que prefere permanecer só e tranquilo em sua obra, e não quer ter mais que uns poucos amigos, é quem circula com maior segurança entre os homens e no mundo. É preciso não se fiar jamais no fato de viver sem dificuldades ou sem preocupações ou obstáculos de qualquer natureza, mas não se deve procurar ter uma vida muito fácil. E mesmo nos ambientes cultos e nas melhores sociedades e circunstâncias mais favoráveis, é preciso conservar algo do caráter original de um Robinson Crusoé ou de um homem da natureza, jamais deixar extinguir-se a chama interior, e sim cultivá-la. E aquele que continua a guardar a pobreza e que a preza, possui um grande tesouro e ouvirá sempre com clareza a voz de sua consciência; aquele que escuta e segue esta voz interior, que é o melhor dom de Deus, acabará por encontrar nela um amigo e jamais estará só...

Que seja este o nosso destino, meu rapaz, que teu caminho seja próspero, e que Deus esteja contigo em todas as coisas e te faça triunfar, é o que te desejo com um cordial aperto de mão em tua partida.

Teu irmão que te ama,

VINCENT (121).

ETTEN
(22 DE JULHO DE 1878 – 15 DE AGOSTO DE 1878)

Etten, 22 de julho de 1878

Como o Pai já deve lhe ter dito por carta, fomos semana passada a Bruxelas em companhia do pastor Jones de Isleworth, que passou aqui o domingo...

Visitamos a escola flamenga de formação; ela mantém um curso de três anos enquanto que, como você sabe, no caso mais favorável os estudos na Holanda ainda

Ik voor my vooral als gy hier waart zou
ge meer en meer op figuur me concentreeren
Ik zal u even die landschappen op krabbelen
die ik opgeteekend heb

Zie daar 't genre van studies die ik zoude verlangen
gy direkt aangreept. Het landschap gaat leeren
aankyken in zyn eenvoudige lynen en tegenstellingen
van licht en bruin. 't Bovenste zag ik heden was
geheel en al Michel. De grond was superbe
in de natuur. Myn studie is my nog niet ryp genoeg
maar het effekt greep my aan en was wel zeer
licht en bruin zoo als ik het u hier teeken

Fac-símile de uma das cartas de Van Gogh a Theo.

tomam seis anos. E nesta escola não se exige nem mesmo ter terminado os estudos para poder disputar um lugar de missionário. O que se exige é o dom de poder dar facilmente conferências cordiais e populares ou de poder dirigir-se ao povo preferivelmente de maneira breve e forte, que sábia e longa. Desta forma dão menos importância ao conhecimento profundo das línguas antigas e aos longos estudos teológicos (ainda que tudo que se conheça neste campo constitua uma viva recomendação), mas levam mais em consideração o caráter apropriado ao trabalho prático e até natural. Mas ainda não chegamos nisso; primeiro, não é de repente, mas somente após muitos exercícios, que se adquire o dom de dirigir-se ao povo com gravidade e sentimento, e sem violência e afetação, pois as palavras a dizer devem ter um significado e uma intenção moral e devem conseguir incitar os ouvintes a se esforçarem para que suas inclinações tomem raízes na verdade. Em uma palavra, é preciso ser um pregador popular para ali ter chances de êxito.

"Esses senhores" de Bruxelas exprimiram o desejo de que eu vá para lá por um período de três meses, a fim de travarmos melhor conhecimento, mas afinal isto ficaria muito caro, e devemos evitar isto ao máximo. Por isso prefiro ficar por enquanto em Etten para me preparar, e é daqui que de vez em quando irei fazer uma visita seja ao pastor Pietersen, em Malines, seja ao pastor de Jonge, em Bruxelas, para que possamos nos conhecer reciprocamente. O tempo que isto levará dependerá inteiramente do que se disser em Bruxelas...

Como era bela a excelente gravura em madeira publicada pela *Illustration* sob o título *Um jovem cidadão do ano V*, devida a Jules Goupil; você também a viu; consegui obtê-la e pendurei-a na parede do quartinho onde pude me instalar, ou seja, o quarto de estudos, que tem vista para o jardim e cujo muro exterior é forrado de hera. Eis o que a revista em questão diz do famoso quadro: "Um olhar que viu o espetáculo da pavorosa guilhotina, um pensamento que sobreviveu a todas as cenas da revolução. Ele está quase espantado de achar-se ainda vivo após tantas catástrofes". É um fenômeno notável na arte e continuará a ter o mesmo efeito sobre inúmeras pessoas; e quem tiver sensibilidade para a grande arte, ficará tão impressionado quanto com um retrato de Fabritius ou alguns outros quadros mais ou menos místicos da escola de Rembrandt (123).

Começo de agosto de 1878

Nestes últimos dias eu fiz um pequeno desenho segundo *Uma manhã de domingo,* de Émile Breton, com pena, tinta e lápis. Como é bela esta obra – fez ele algo de especial este ano e você tem visto bastante suas obras? Escrevi ontem e hoje uma dissertação sobre a parábola do grão de mostarda, que chegou a vinte e sete páginas. Espero que contenha algo de bom (124).

BRUXELAS
(AGOSTO DE 1878 – 15 DE NOVEMBRO DE 1878)

Laeken, 15 de novembro de 1878

Foi precisamente no momento em que os varredores de rua voltavam com suas carroças puxadas por velhos cavalos brancos, havia uma longa procissão destas carroças perto da chamada Granja do Barro, no começo do caminho de sirga à beira do rio. Alguns destes velhos cavalos brancos parecem-se com certa velha gravura em água-tinta, que talvez você conheça bem, uma gravura que não tem um valor artístico muito grande, mas que contudo me chamou a atenção e me impressionou. Estou falando da última série de gravuras intitulada *A vida de um cavalo.* Esta gravura representa um velho cavalo branco, mirrado e esquelético, e totalmente esgotado por uma longa vida de dura faina, de um trabalho longo e penoso. O pobre animal se encontra num lugar indescritivelmente solitário e abandonado, uma campina onde cresce um capim seco e árido, tendo aqui e ali uma árvore retorcida, dobrada e despedaçada pela borrasca. Uma caveira jaz por terra e ao longe, em segundo plano, o esqueleto descorado de um cavalo, ao lado de uma choupana onde mora um homem que trabalha de esfolador. Um céu tempestuoso sobrepõe-se ao conjunto, é um dia acre e rude, um tempo sombrio e escuro.

É uma cena triste e profundamente melancólica e que deve impressionar qualquer um que saiba e sinta que um dia nós também deveremos passar pelo que se chama de morte, e "que o fim da vida humana são lágrimas ou cabelos brancos". O que existe além é um grande mistério que só Deus conhece, e que nos revelou de maneira irrefutável por sua palavra, que há uma ressurreição dos mortos.

O pobre cavalo, o velho servidor fiel, está lá paciente e passivo, corajoso apesar de tudo, e por assim dizer decidido, como a velha guarda que disse: "A guarda morre mas não se rende", e espera sua última hora. Involuntariamente esta gravura me veio à memória quando vi esta tarde os cavalos da Granja do Barro.

E os próprios carroceiros, com suas roupas sujas e imundas, pareciam mergulhados e enraizados ainda mais profundamente na miséria do que aquela longa procissão, ou melhor, aquele grupo de pobres que o mestre De Groux desenhou em seu *Banco dos pobres.* Veja você, isto continua a me impressionar e é característico que, ao vermos a imagem de um abandono indizível e indescritível – da solidão, da pobreza e da miséria, o fim das coisas ou seu extremo –, surja então em nosso espírito a ideia de Deus. Pelo menos para mim é sempre o caso e o Pai também diz: "É no cemitério que eu prefiro tomar a palavra, porque ali todos pisamos o mesmo chão, e não somente pisamos o mesmo chão, mas também sempre percebemos isto".

Fiquei contente que tenhamos podido ver o museu juntos, e sobretudo a obra de De Groux e Leys e tantos outros quadros notáveis como aquela paisagem de Coosemans, entre outros. Estou muito contente com as duas gravuras que você me deu, mas você deveria ter aceito de mim aquela pequena água-forte: *Os três moinhos.* E depois você mesmo a comprou – e nem sequer pela metade do preço, como eu teria gostado. É preciso conservá-la em sua coleção, pois ela é notável ainda que a execução não seja tão boa; na minha ignorância acredito ter que atribuí-la preferivelmente a Brueghel, o Camponês, que a Brueghel, o Jovem. Junto à presente o pequeno croquis em questão: *Na mina de carvão.*

Bem que eu gostaria de começar a fazer alguns croquis grosseiros das inúmeras coisas que se encontram pela estrada, mas como tudo isto me distrairia de meu próprio trabalho, é melhor não começar. Desde minha volta para casa, comecei um sermão sobre "a figueira estéril", Lucas, XIII, 6-9.

Este pequeno desenho *Au Charbonnage* na verdade não é muito extraordinário, mas a razão pela qual eu o fiz tão maquinalmente é que aqui se vê tanta gente que trabalha nas minas e é um povo bem característico. Esta casinha fica perto do caminho de sirga à beira do rio; na verdade é um pequeno botequim contíguo a uma grande oficina, onde os operários vêm comer seu pão e beber um copo de cerveja na hora do rancho.

Na época eu havia solicitado na Inglaterra um lugar de missionário entre os mineiros, nas minas de carvão; recusaram então minha solicitação dizendo-me que eu deveria ter pelo menos vinte e cinco anos. Você bem sabe que uma das raízes ou verdades fundamentais não somente do Evangelho, mas de toda a Bíblia é: "A luz que resplandece nas trevas". *Das trevas para a luz.* Ora, quem são os que mais carecem disso, quem são os que saberão escutá-lo? A experiência ensina que quem trabalha nas trevas, no coração da terra, como os mineiros nas minas de carvão, sensibiliza-se muito com a palavra do Evangelho, e nela tem fé. Ora, há no sul da Bélgica, no Hainaut, entre os arredores de Mons e a fronteira francesa, e mesmo um pouco além, uma região chamada Borinage, onde vive uma curiosa população de operários trabalhando em inúmeras minas de carvão. Eis o que se encontra num pequeno manual de geografia sobre eles: "Os borins (habitantes do Borinage, região a oeste de Mons) ocupam-se exclusivamente da extração do carvão. É imponente o espetáculo destas minas de hulha abertas a trezentos metros sob a terra, e onde desce diariamente uma população de operários digna de nossa consideração e de nossa simpatia. O mineiro é um tipo peculiar no Borinage; para ele o dia não existe, e, salvo aos domingos, ele praticamente não desfruta dos raios de sol. Ele trabalha arduamente sob a luz de uma lanterna cuja claridade é pálida e alvacenta, numa galeria estreita, o corpo dobrado em dois, às vezes obrigado a rastejar; trabalha para arrancar das entranhas da terra esta substância mineral cuja grande utilidade conhecemos; ele trabalha, enfim, em meio a mil perigos incessantemente renovados; mas o mineiro belga tem um caráter alegre, está acostumado a esse tipo de vida, e quando entra na caverna, com seu chapéu munido de uma lâmpada destinada a guiá-lo nas trevas, ele se confia a seu Deus, que vê seu trabalho e que o protege, assim como a sua mulher e suas crianças".

Portanto, o Borinage fica ao sul de Lessines, onde se encontram as pedreiras.

Eu gostaria muito de ir para lá como missionário. O estágio de três meses previsto pelos senhores de Jong e o pastor Pietersen está chegando ao fim. Antes de começar a pregar e partir para suas grandes viagens de apostolado e de atividade entre os gentios, Paulo passou três anos na Arábia. Se eu pudesse durante dois ou três anos trabalhar em silêncio numa região como esta, e lá aprender e observar constantemente, eu não voltaria sem ter algo a dizer que realmente valesse a pena ser escutado, digo isto com toda humildade, mas com franqueza.

Neste dia fui passeando até depois de Forest, e tomei um atalho que leva a uma pequena igreja coberta de hera. Vi numerosas tílias ainda mais emaranhadas e por assim dizer ainda mais góticas que aquelas que tínhamos visto no parque e, ao longo da alameda levando ao cemitério, troncos e raízes retorcidos, fantásticos como aqueles burilados por Albrecht Dürer no *Ritter, Tod und Teufel.*[3] Você já viu alguma vez um quadro ou uma reprodução fotográfica de Carlo Dolci: *O jardim das oliveiras*? Nele existe algo de rembrandtiano; vi-o recentemente. A grande e brutal água-forte sobre o mesmo tema segundo Rembrandt, ou seja, a que forma conjunto com aquela: *A leitura da Bíblia,* com suas duas mulheres e o berço, sem dúvida você conhece? Depois que você me disse que viu aquele quadro do pai Corot sobre o mesmo tema. Voltei a lembrar dele,

3. Em alemão no original: *O Cavaleiro, a Morte e o Diabo.* (N.T.)

eu o vi na exposição de suas obras pouco após sua morte e me impressionou muito.

Quanta beleza na arte, desde que possamos reter o que vimos. Jamais ficamos então deserdados, nem verdadeiramente solitários, jamais sós (126).

BORINAGE
(15 DE NOVEMBRO DE 1878 – 20 DE AGOSTO DE 1880)

Petit Wasmes, 26 de dezembro de 1878

Borinage-Hainaut

Você deve saber que não há quadros no Borinage, que aqui geralmente não se sabe nem mesmo o que é um quadro. Assim desde minha partida de Bruxelas nada vi em termos de arte. O que não impede que a região seja muito peculiar e muito pitoresca. Aqui tudo fala, por assim dizer, e tudo é cheio de caráter.

Nestes últimos dias, dias sombrios que antecedem o Natal, a neve caiu. Tudo lembrava os quadros medievais de Brueghel, o Camponês, e de tantos outros que conseguiram exprimir de uma maneira tão impressionante o efeito característico do vermelho e do verde, do preto e do branco. O que se vê aqui sempre me lembra a obra de, por exemplo, Thijs Maris, ou de Albrecht Dürer. Existem aqui caminhos profundos cobertos de espinheiros e de velhas árvores retorcidas com suas raízes caprichosas, que se parecem muito com aquele caminho de uma água-forte de Dürer: *O cavaleiro e a morte.*

Particularmente nestes últimos dias era curioso ver à tarde, sobre a neve branca na hora do crepúsculo, os operários das minas voltando para casa. Estas pessoas quando saem das minas para a luz do dia surgem todas pretas, parecem limpa-chaminés. Suas casas são geralmente pequenas, pode-se até dizer que são choupanas, ao longo dos caminhos profundos, nos bosques e nas vertentes das colinas. Aqui e ali ainda se veem telhados cobertos de musgo e à noite as janelas com pequenas vidraças lançam sua suave claridade.

Veem-se aqui, ao redor dos jardins, dos campos e das lavouras, aquelas sebes de espinho negras, como em nossa região no Brabante se veem as matas de corte e pequenos bosques de carvalho, ou na Holanda, cercas de troncos de salgueiro. Com a neve destes últimos dias, isto dava o efeito de escrituras sobre papel branco, como as páginas do Evangelho...

Durante uma reunião esta semana, comentei o texto Atos XVI:9: "À noite, sobreveio a Paulo uma visão, na qual um varão macedônio estava em pé e lhe rogava, dizendo: Passa à Macedônia e ajuda-nos". E foi com atenção que me escutaram, quando eu tentei descrever o aspecto deste macedônio sedento pelo consolo do Evangelho e pelo conhecimento do único Deus verdadeiro. E sobre como deveríamos imaginá-lo como sendo um operário com feições de dor, de sofrimento e de fadiga, sem nenhuma aparência de beleza, mas com uma alma imortal ávida de alimento que não perece, especialmente a palavra de Deus. E sobre como Jesus Cristo é o mestre, que pode fortalecer, consolar e aliviar um operário que tem a vida dura, porque ele próprio é o grande homem da dor, que conhece nossas enfermidades, que foi chamado ele próprio de filho do carpinteiro, embora fosse o Filho de Deus, que trabalhou trinta anos numa humilde oficina de carpintaria para cumprir a vontade de Deus, e Deus quer que, imitando Cristo, o homem leve uma vida humilde sobre a Terra, não aspirando coisas elevadas, mas dobrando-se à humildade, aprendendo no Evangelho a ser doce e humilde de coração (127).

Wasmes, abril de 1879

Não faz muito tempo, fiz uma excursão muito interessante: passei seis horas numa mina.

E além do mais numa das minas mais velhas e mais perigosas das redondezas, chamada Marcasse. Esta mina tem uma péssima reputação, graças aos inúmeros acidentes que lá acontecem, seja na descida, seja na subida, seja por causa do ar sufocante ou das explosões de grisu, ou dos lençóis de água subterrâneos, ou do desmoronamento de antigas galerias, etc. É um lugar sombrio e à primeira vista tudo à sua vizinhança tem um aspecto melancólico e fúnebre.

Os operários desta mina são geralmente pessoas macilentas pálidas de febre, têm um aspecto cansado e gasto, crestado e precocemente envelhecido, as mulheres em geral são descoradas e sem viço. Ao redor da mina miseráveis casas de mineiros, com algumas árvores mortas completamente enegrecidas, cercas de espinho, montes de estrume e de cinzas, montanhas de carvão inutilizável, etc. Maris teria feito disto um quadro admirável (129).

Wasmes, junho de 1879

Não conheço melhor definição da palavra arte que esta: "A arte é o homem acrescentado à natureza"; à natureza, à realidade, à verdade, mas com um significado, com uma concepção, com um caráter, que o artista ressalta, e aos quais dá expressão, "resgata", distingue, liberta, ilumina.

Um quadro de Mauve ou de Maris ou de Israels diz mais e fala mais claro que a própria natureza (130).

15 de outubro de 1879

Uma melhoria na minha vida – por acaso não a desejaria, por acaso não precisaria? Gostaria de melhorar bem mais. Mas precisamente porque o desejo, tenho medo de "remédios piores que a doença".

Pode-se censurar um doente se ele se dá conta do valor de seu médico e se prefere não ser curado às avessas ou por um charlatão? (132).

Julho de 1880

Meu caro Theo,

É um pouco a contragosto que lhe escrevo, não o tendo feito há tanto tempo, e isto por muitos motivos.

Até certo ponto, você se tornou um estranho para mim, e eu também talvez o seja para você mais do que você imagina; talvez fosse melhor para nós dois não continuarmos assim. É possível que nem mesmo agora eu lhe tivesse escrito, não fosse o fato de eu me sentir na obrigação, na necessidade de lhe escrever; não fosse o fato de você mesmo me fazer sentir esta necessidade. Soube em Etten que você tinha me enviado cinquenta francos. Pois bem, eu os aceitei. Certamente a contragosto, certamente com um sentimento bem melancólico, mas estou numa espécie de beco sem saída ou de atoleiro, como fazer de outro modo?

E é portanto para agradecer que lhe escrevo.

Como talvez você já saiba, voltei ao Borinage[4], meu pai me disse que seria melhor ficar pelas vizinhanças de Etten: eu disse que não e acredito ter agido melhor assim. Involuntariamente, tornei-me na família uma espécie de personagem impossível e suspeito, seja como for, alguém que não merece confiança. A quem poderia eu ser útil de alguma maneira?

É por isto que antes de mais nada, sou levado a crer, seja vantajoso, e melhor resolução a tomar, e o mais razoável, que eu vá embora e me mantenha a uma distância conveniente, que eu faça como se não existisse.

O que para os pássaros é a muda, a época em que trocam de plumagem, a adversidade ou o infortúnio, os tempos difíceis, são para nós, seres humanos. Podemos permanecer neste tempo de muda, podemos também deixá-lo como que renovados, mas de qualquer forma isto não se faz em público, é pouco divertido, e por isto convém eclipsar-se. Pois seja.

Agora, por mais que reconquistar a confiança de toda uma família, talvez não totalmente desprovida de preconceitos e outras qualidades igualmente honoráveis e elegantes, seja de uma dificuldade mais ou menos desesperadora, eu ainda tenho algumas esperanças de que pouco a pouco, lenta e seguramente, a cordial compreensão seja restabelecida com uns e outros.

---

4. Região das minas de carvão onde Vincent desenvolveu sua relação com os mineiros. (N.E.)

Assim é que em primeiro lugar eu gostaria muito de ver esta cordial compreensão, para não dizer mais, restabelecida entre meu pai e eu, e desejaria muito que ela igualmente se restabelecesse entre nós dois.

Compreensão cordial vale infinitamente mais que mal-entendido.

Preciso agora lhe aborrecer com algumas coisas abstratas, no entanto gostaria muito que você as escutasse com paciência. Sou um homem de paixões, capaz de, e sujeito a fazer coisas mais ou menos insensatas, das quais às vezes me arrependo mais ou menos.

Muitas vezes me ocorre falar ou agir um pouco depressa demais, quando seria melhor esperar com um pouco mais de paciência. Acredito que outras pessoas também possam às vezes cometer semelhantes imprudências.

Agora, sendo assim, o que se deve fazer, devo considerar-me como um homem perigoso e incapaz de qualquer coisa? Penso que não. Mas trata-se de por todos os meios tirar destas paixões o melhor partido. Por exemplo, para falar de uma paixão entre outras, tenho uma paixão mais ou menos irresistível pelos livros e preciso me instruir continuamente, estudar, se você quiser, assim como preciso comer meu pão. Você poderá entender isto. Quando eu estava num ambiente de quadros e de coisas de arte, você sabe muito bem que fui tomado por uma paixão violenta, que chegava ao entusiasmo. E não me arrependo, e ainda agora, *longe dele, muitas vezes sinto saudades do mundo dos quadros.*

Você talvez se lembre bem que eu sabia perfeitamente (e pode ser que ainda o saiba) o que era um Rembrandt, ou o que era um Millet, um Jules Dupré, um Delacroix, um Millais ou um Maris? Bom – agora não estou mais neste ambiente, no entanto esta coisa que se chama alma pretende-se que não morre jamais, e que vive sempre e busca sempre mais e mais e ainda mais. Em vez de sucumbir de saudades, eu disse: "O país ou a pátria estão em todos os lugares". Em vez de me deixar levar pelo desespero, tomei o partido da melancolia ativa enquanto tinha a potência de atividade, ou em outras palavras, preferi a melancolia que espera e que aspira e que busca, àquela que embota e, estagnada, desespera.

Portanto, estudei mais ou menos seriamente os livros ao meu alcance, como a *Bíblia* e a *Revolução Francesa* de Michelet, e, no último inverno, Shakespeare e um pouco de Victor Hugo e Dickens, e Beecher Stowe e ultimamente Ésquilo e muitos outros, menos clássicos, vários grandes pequenos mestres. Você bem sabe que, entre os que se classificam como pequenos mestres encontram-se um Fabritius ou um Bida.

Agora quem é absorvido por tudo isto às vezes é chocante, *shocking*[5] para os outros, e sem querer peca mais ou menos contra certos usos e formas e conveniências sociais.

No entanto, é pena que se leve isto a mal. Por exemplo, você sabe que frequentemente eu negligenciei meu asseio, eu o admito, e admito que isto seja *shocking*. Mas veja bem, a penúria e a miséria contribuíram de algum modo para isto, e depois às vezes este é um bom método para garantir a solidão necessária, para poder aprofundar mais ou menos este ou aquele estudo que nos preocupa.

Um estudo muito necessário é o da medicina, não há um homem que não tenha desejado conhecê-la um mínimo que seja, que não tenha procurado saber pelo menos de que se trata e, veja, eu ainda não sei nada disto. Mas tudo isto me absorve, tudo isto me preocupa, tudo isto me faz sonhar, imaginar e pensar? Já fazem agora talvez cinco anos, não sei ao certo, que vivo mais ou menos sem lugar, errando aqui e ali. Agora vocês dizem: desde tal ou qual época você caiu, você se apagou, você não fez mais nada. Será que isto é totalmente verdade?

É verdade que ora ganhei meu pedaço de pão, ora ele me foi dado por bondade de um amigo; vivi como pude, nem bem nem mal, como dava; é verdade que perdi a confiança de muitos; é verdade que minha situação pecuniária está num triste estado; é verdade que o futuro me é bem sombrio; é verdade que eu poderia ter feito melhor; é verdade que só para ganhar meu pão eu perdi tempo; é verdade que meus próprios estudos estão num estado lamentável e desesperador, e que me falta mais, infinitamente mais do que o que tenho. Mas vocês chamam isso de cair, de não fazer nada?

5. Em inglês no original. (N.T.)

Talvez você diga: mas por que você não continuou como gostaríamos que continuasse, pelo caminho da universidade? Não responderei mais do que isso: é muito caro; e ademais este futuro não seria melhor do que o de agora, no caminho em que estou.

Mas no caminho em que estou devo continuar – se eu não fizer nada, se não estudar, se não procurar mais, então estarei perdido. Então, ai de mim.

Eis como eu vejo a coisa: continuar, continuar, isso é que é necessário.

Mas qual é o seu objetivo definitivo?, você perguntará. Este objetivo torna-se mais definido, desenhar-se-á lenta e seguramente como o croquis que se torna esboço e o esboço que se torna quadro, à medida que se trabalhe mais seriamente, que se aprofunde mais a ideia, no início vaga, o primeiro pensamento fugidio e passageiro, a menos que o fixemos.

Você deve saber que entre os missionários acontece o mesmo que com os artistas. Há uma velha escola acadêmica muitas vezes execrável, tirânica, a abominação da desolação, enfim, homens que têm uma espécie de couraça, uma armadura de aço de preconceitos e convenções; estes, quando estão à testa dos negócios, dispõem dos cargos e, por meios indiretos, buscam manter seus protegidos e excluir os homens naturais.

Seu Deus é como o deus do beberrão Falstaff de Shakespeare, "o interior de uma igreja", "*the inside of a church*"; na verdade certos senhores missionários (???) se acham por uma estranha coincidência (e talvez eles pró prios, se fossem capazes de alguma emoção humana, ficariam um pouco surpresos de aí se acharem) plantados no mesmo ponto de vista que o beberrão típico tem das coisas espirituais. Mas há pouco a temer que algum dia sua cegueira a este respeito se transforme em clarividência.

Este estado de coisas tem seu lado ruim para quem não está de acordo com tudo isto, e que de toda sua alma, de todo coração, e com toda a indignação de que é capaz, protesta contra isto.

Quanto a mim, respeito os acadêmicos que não são como estes; mas os respeitáveis são mais raros do que acreditaríamos à primeira vista. Agora, uma das causas pelas quais eu estou agora deslocado – e por que durante tantos anos estive deslocado – é simplesmente porque tenho ideias diferentes das desses senhores que dão cargos àqueles que pensam como eles. Não se trata de uma simples questão de asseio, como hipocritamente me censuraram, é uma questão mais séria que isto, posso lhe garantir.

Por que lhe digo tudo isto? Não é para me queixar, não é para me desculpar naquilo em que eu possa ter mais ou menos errado, mas simplesmente para lhe dizer isto:

Quando de sua última visita no verão passado, quando nós dois passávamos perto da caverna abandonada que chamam de “A Feiticeira”, você me lembrou que houve uma época em que também passeávamos os dois perto do velho canal e do moinho de Rijswick, “e então”, você me dizia, “nós estávamos de acordo sobre muitas coisas, mas”, você acrescentou, “desde então você mudou muito, você já não é mais o mesmo”. Pois bem, isto não é bem assim; o que mudou, é que minha vida era então menos difícil, e meu futuro aparentemente menos sombrio; mas quanto ao meu íntimo, quanto à minha maneira de ver e de pensar, nada disto mudou, e se de fato houvesse alguma mudança, é que agora eu penso e acredito e amo mais serenamente aquilo que na época eu também já pensava, acreditava e amava.

Seria portanto um mal-entendido se você persistisse em acreditar que, por exemplo, agora eu seria menos caloroso por Rembrandt ou Millet ou Delacroix ou quem ou o que quer que fosse, pois acontece justo o contrário, apenas, veja você, há várias coisas em que acreditar e amar, e há algo de Rembrandt em Shakespeare, e de Corrège em Michelet, e de Delacroix em Victor Hugo e ainda há algo de Rembrandt no Evangelho e algo do Evangelho em Rembrandt, como queira, isto dá mais ou menos na mesma, desde que se entenda a coisa como bom entendedor, sem querer desviá-la para o mau sentido e se levarmos em conta os termos da comparação, que não tem a pretensão de diminuir os méritos das personalidades originais. E em Bunyan há algo de Maris ou de Millet e em Beecher Stowe há algo de Ary Scheffer.

Agora, se você pode perdoar um homem que se aprofunda nos quadros, admita também que o amor aos livros é tão sagrado quanto o amor a Rembrandt, e inclusive acredito que os dois se completam.

Gosto muito do retrato de homem de Fabritius que certo dia, ao passearmos também os dois, contemplamos longamente no museu do Harlem. Bom, mas eu gosto da mesma forma de *Richard Cartone*, de Dickens em sua Paris e sua Londres de 1793, e eu poderia ainda lhe mostrar outras figuras estranhamente comoventes em outros livros, com semelhanças mais ou menos impressionantes. E acredito que Kent, um personagem do Rei Lear de

Shakespeare, é tão nobre e distinto quanto uma figura de Th. de Keyser, embora Kent e Rei Lear tenham supostamente vivido muito tempo antes. Isto para não dizer mais nada. Meus Deus, como é belo Shakespeare. Quem é misterioso como ele? Sua palavra e sua maneira de fazer equivalem a um pincel fremente de febre e emoção. Mas é preciso aprender a ler, como é preciso aprender a ver e aprender a viver.

Portanto, você não deve acreditar que eu renegue isto ou aquilo, sou uma espécie de fiel na minha infidelidade e, embora mudado, sou o mesmo e meu tormento não é mais do que este: no que eu poderia ser bom?

Não poderia eu servir e ser útil de alguma maneira? Como poderia saber mais e aprofundar este ou aquele tema? Como você vê, isto me atormenta continuamente. Além disto, sinto-me como um prisioneiro de meu tormento, excluído de participar nesta ou naquela obra, e tendo estas ou aquelas coisas necessárias fora de meu alcance. Por isto sentimo-nos melancólicos, e sentimos grandes vazios ali onde poderiam existir amizades e elevadas e sérias afeições, e sentimos um terrível desânimo corroendo nossa própria energia moral, e a fatalidade parece poder colocar obstáculos aos instintos de afeição, e uma maré de desgosto nos invade. E então dizemos: até quando, meu Deus?

O que você quer? O que se passa no íntimo revela-se exteriormente? Fulano tem uma grande chama queimando em sua alma, e ninguém jamais vem nela se esquentar, e os transeuntes só percebem um pouquinho de fumaça no alto da chaminé e seguem então seu caminho. E agora, o que fazer? Sustentar esta chama interior, ter substância em si mesmo, esperar pacientemente, e no entanto com quanta impaciência, esperar, dizia, a hora em que alguém desejará aproximar-se – e ficar? Que sei eu? Quem quer que acredite em Deus, que espere a hora que cedo ou tarde chegará.

Agora, no momento, ao que parece todos os meus negócios vão mal, e isto já está assim há um tempo bastante considerável, e assim pode ficar durante um futuro mais ou menos longo. Mas pode ser que, depois que tudo pareça ter dado errado, de repente tudo comece a melhorar. Não conto com isto, talvez isto nunca aconteça, mas no caso de acontecer alguma mudança para melhor, computaria isto como um ganho, ficaria contente, e diria: "Enfim, *afinal havia alguma coisa*".

Mas no entanto – você dirá – você é um ser execrável, já que tem ideias impossíveis sobre a religião, e escrúpulos de consciência pueris. Se os tenho impossíveis ou pueris, possa eu me livrar disto, é tudo o que peço. Mas veja mais ou menos o ponto em que me encontro. Você encontrará em *O filósofo sob os tetos*, de Souvester, como um homem do povo, um simples operário muito miserável que seja, se imaginava a pátria. "Você talvez jamais pensou no que é a pátria", retomou ele pousando uma mão em meu ombro, "é tudo o que te envolve, tudo o que te criou e te alimentou, tudo que amaste, este campo que vês, estas casas, estas árvores, estas jovens que passam ali rindo, são a pátria. As leis que te protegem, o pão pago por teu trabalho, as palavras que tu trocas, a alegria e a tristeza provenientes das coisas ou dos homens entre os quais vives, são a pátria. O quartinho onde outrora viste tua mãe, as lembranças que ela te deixou, a terra em que ela repousa são a pátria. Tu a vês, tu a respiras em todos os lugares. Imagines os direitos e os deveres, as afeições e as necessidades, as lembranças e o reconhecimento, reúne tudo isso numa palavra e esta palavra será a pátria".

Ora, da mesma forma tudo o que é verdadeiramente bom e belo, de beleza interior moral, espiritual e sublime nos homens e em suas obras, acredito que vem de Deus, e tudo o que há de ruim e de mau nas obras dos homens e nos homens, não é de Deus, e Deus também não o acha bom.

Mas involuntariamente sou levado a crer que a melhor maneira de conhecer Deus é amar muito. Ame tal amigo, tal pessoa, tal coisa, o que quiser, e você estará no bom caminho para depois saber mais, eis o que eu digo a mim mesmo. Mas é preciso amar com uma grande e séria simpatia íntima, com vontade, com inteligência, e é preciso sempre procurar saber mais, melhor e mais. Isto conduz a Deus, isto conduz à fé inabalável.

Para citar um exemplo, alguém que ame Rembrandt, mas ame-o seriamente saberá que há um Deus, e Nele terá fé. Alguém que se aprofunde na história da Revolução

Francesa – não será incrédulo, verá que também nas grandes coisas há uma potência soberana que se manifesta.

Alguém que tenha assistido, mesmo que por pouco tempo, ao curso gratuito da grande universidade da miséria e que tenha prestado atenção às coisas que seus próprios olhos veem e que seus ouvidos percebem, e que tenha refletido sobre isto, também acabará por crer e talvez aprenda mais do que imagina. Procure entender a fundo o que dizem os grandes artistas, os verdadeiros artistas, em suas obras-primas, e encontrará Deus nelas. Um o terá dito ou escrito num livro, outro, num quadro.

Depois, leia simplesmente a Bíblia e o Evangelho: isso dá o que pensar, muito em que pensar, tudo em que pensar. Pois bem, pense este muito, pense este tudo, isto eleva seu pensamento acima do nível ordinário, independente de você. Já que sabemos ler, leiamos então.

Depois, às vezes pode-se até ficar um pouco abstraído, um pouco sonhador. Há quem fique abstraído demais, sonhador demais; talvez seja o que ocorre comigo, mas é minha culpa. Afinal, quem sabe, não havia motivo para isto. Estava abstraído, preocupado, inquieto por uma ou outra razão, mas a gente se refaz! O sonhador às vezes cai num poço, mas dizem que logo ele se reergue.

E o homem abstraído, em compensação, por vezes também tem sua presença de espírito. Às vezes é um personagem que tem sua razão de ser por um ou outro motivo que não distinguimos à primeira vista, ou que, na maioria das vezes, esquecemos involuntariamente. Fulano, que andou agitado como se estivesse num mar tempestuoso, chega enfim ao seu destino; um outro que parecia não valer nada e ser incapaz de exercer qualquer função acaba por encontrar uma e, ativo e capaz de agir, mostra-se totalmente outro do que parecia à primeira vista. Escrevo-lhe um pouco ao acaso o que me vem à pena, ficaria muito contente se de alguma maneira você pudesse ver em mim mais que um vagabundo.

Acaso haverá vagabundos e vagabundos que sejam diferentes? Há quem seja vagabundo por preguiça e fraqueza de caráter, pela indignidade de sua própria natureza: você pode, se achar justo, me tomar por um destes.

Além deste, há um outro vagabundo, o vagabundo que é bom apesar de si, que intimamente é atormentado por um grande desejo de ação, que nada faz porque está impossibilitado de fazê-lo, porque está como que preso por alguma coisa, porque não tem o que lhe é necessário para ser produtivo, porque a fatalidade das circunstâncias o reduz a este ponto, um vagabundo assim nem sempre sabe por si próprio o que poderia fazer, mas, por instinto, sente: "No entanto, eu sirvo para algo, sinto em mim uma razão de ser, sei que poderia ser um homem completamente diferente. No que é que eu poderia ser útil, para o que poderia eu servir; existe algo dentro de mim, o que será então?".

Este é um vagabundo completamente diferente; você pode, se achar justo, tomar-me por um destes.

Um pássaro na gaiola durante a primavera sabe muito bem que existe algo em que ele pode ser bom, sente muito bem que há algo a fazer, mas não pode fazê-lo. O que será? Ele não se lembra muito bem. Tem então vagas lembranças e diz para si mesmo: "Os outros fazem seus ninhos, têm seus filhotes e criam a ninhada", e então bate com a cabeça nas grades da gaiola. E a gaiola continua ali, e o pássaro fica louco de dor.

"Vejam que vagabundo", diz um outro pássaro que passa, "esse aí é um tipo de aposentado". No entanto, o prisioneiro vive, e não morre, nada exteriormente revela o que se passa em seu íntimo, ele está bem, está mais ou menos feliz sob os raios de sol. Mas vem a época da migração. Acesso de melancolia – "mas" dizem as crianças que o criam na gaiola, "afinal ele tem tudo o que precisa". E ele olha lá fora o céu cheio, carregado de tempestade, e sente em si a revolta contra a fatalidade. "Estou preso, estou preso e não me falta nada, imbecis. Tenho tudo o que preciso. Ah! por bondade, liberdade! ser um pássaro como outros."

Aquele homem vagabundo assemelha-se a este pássaro vagabundo...

E os homens ficam frequentemente impossibilitados de fazer algo, prisioneiros de não sei que prisão horrível, horrível, muito horrível.

Há também, eu sei, a libertação, a libertação tardia. Uma reputação arruinada com ou sem razão, a penúria, a fatalidade das circunstâncias, o infortúnio, fazem prisioneiros.

Nem sempre sabemos dizer o que é que nos encerra, o que é que nos cerca, o que é que parece nos enterrar, mas no entanto sentimos não sei que barras, que grades, que muros.

Será tudo isto imaginação, fantasia? Não creio; e então nos perguntamos: meu Deus, será por muito tempo, será para sempre, será para a eternidade?

Você sabe o que faz desaparecer a prisão. E toda afeição profunda, séria. Ser amigos, ser irmãos, amar, isto abre a porta da prisão por poder soberano, como um encanto muito poderoso. Mas aquele que não tem isto permanece na morte.

Mas onde renasce a simpatia, renasce a vida.

Além disso, às vezes a prisão se chama preconceito, mal-entendido, ignorância, falta disto ou daquilo, desconfiança, falsa vergonha.

Mas para falar de outra coisa, se eu caí, por outro lado você subiu. E se eu perdi simpatias, você por seu lado as ganhou. Eis o que me deixa contente; falo sério e isto sempre me alegrará. Se você fosse pouco sério e pouco profundo, eu poderia temer que isso não durasse muito, mas como acredito que você seja muito sério e muito profundo, sou levado a crer que isto durará.

Só que se lhe fosse possível ver em mim algo mais que um vagabundo da pior espécie eu ficaria muito contente. Então se eu puder alguma vez fazer algo por você, ser-lhe útil em alguma coisa, saiba que estou à sua disposição.

Se aceitei o que você me deu, você também poderia, caso de alguma forma eu puder ajudá-lo, pedir-me: eu ficaria contente e consideraria isso uma prova de confiança. Nós estamos muito distantes um do outro e podemos ter pontos de vista diferentes; contudo, em dado momento, algum dia, poderíamos ajudar-nos um ao outro.

Por hoje eu lhe aperto a mão, agradecendo novamente a bondade que você teve comigo.

Agora, se mais cedo ou mais tarde você quiser me escrever, meu endereço é chez Ch. Decrucq, rue du Pavillon 8, em Cuesmes, perto de Mons.

E saiba que escrevendo-me você me fará bem.

Do seu,

VINCENT (133).

Cuesmes, 20 de agosto de 1880

Caro Theo,

Se eu não me engano você ainda deve ter *Os trabalhos do campo* de Millet.

Você poderia ter a bondade de emprestá-los por algum tempo e de enviá-los pelo correio?

Você deve saber que estou rabiscando desenhos grandes a partir de Millet, e que estou fazendo *As horas do dia*, assim como *O semeador*...

Rabisquei um desenho que representa mineiros de carvão, homens e mulheres, indo à mina pela manhã sob a neve, num atalho ao longo de uma cerca de espinhos; sombras que passam vagamente discerníveis no crepúsculo, ao fundo se esfumam contra o céu as grandes construções da mina.

Estou-lhe enviando o croquis para que você possa ter uma ideia. Mas sinto a necessidade de estudar o desenho de figuras em mestres como Millet, Breton, Brion ou Boughton ou outros. O que você me diz do croquis, a ideia te parece boa? (134)

Estudei um pouco certas obras de Hugo neste último inverno. *O último dia de um condenado* é um belíssimo livro sobre Shakespeare. Comecei o estudo deste escritor já há muito tempo, é tão belo quanto Rembrandt – Shakespeare está para Charles Dickens ou para V. Hugo, como Ruysdaël está para Daubigny e Rembrandt para Millet. O que você diz em sua carta sobre o Barbizon é verdade e eu lhe direi algumas coisas que lhe demonstrarão que esta também é minha maneira de ver. Eu não vi Barbizon, mas apesar de não ter visto, no último inverno vi Courrières. Tinha empreendido uma viagem a pé principalmente no Pas-de-Calais, não na Mancha, mas no departamento ou província.

Comecei esta viagem pensando em talvez encontrar algum trabalho qualquer, eu teria aceito qualquer coisa. Mas afinal, meio sem querer, eu não saberia muito bem definir por que, eu disse a mim mesmo: é preciso que eu visite Courrières. Eu só tinha dez francos no bolso, e tendo começado a viagem de trem, logo eu estava sem vintém, e tendo ficado na estrada por uma semana, enfrentei muitas dificuldades. Contudo, vi Courrières, e a fachada do ateliê de sr. Jules Breton. O exterior deste ateliê me desapontou um pouco, visto que se trata de um ateliê novinho, recentemente construído com tijolos, de uma regularidade metodista, um aspecto inóspito, gélido e irritante. Se pudesse ver o interior não teria pensado mais na fachada, sou levado a crê-lo e até estou certo disto, mas, o que você quer?, o interior eu não pude divisar.

Pois não ousei me apresentar para entrar. Procurei em outros lugares de Courrières algum vestígio de Jules Breton ou de algum outro artista; tudo o que descobri foi o seu retrato num fotógrafo, e depois na velha igreja, num canto escuro, uma cópia da *Descida ao sepulcro* de Ticiano, que na obscuridade me pareceu ser muito bela e de um tom magistral. Seria dele? Não sei, tendo sido impossível discernir alguma assinatura.

Mas nenhum sinal de artista vivo. Apenas havia um café chamado "Café Belas-Artes", também de tijolos novos, inóspito, gélido e mortificante. Este café era decorado com espécies de afrescos ou pinturas murais, que representavam episódios da vida do ilustre cavaleiro Dom Quixote. Esses afrescos, que ninguém nos ouça, me pareceram então consolos bastante desastrados, e mais ou menos medíocres. Não sei de quem são.

Mas em todo caso eu vi os campos de Courrières, as pedras de moinho, a gleba escura ou terra de marga, mais ou menos cor de café, com manchas esbranquiçadas onde aparece a marga, o que para nós, que estamos acostumados a terras pardacentas, é coisa mais ou menos extraordinária.

Aliás o céu francês me pareceu muito mais fino e límpido que o céu do Borinage, esfumaçado e brumoso. Além disto havia granjas e alpendres que ainda conservavam, Deus seja louvado e agradecido, seus telhados de palha muscosa; avistei também as nuvens de corvos famosas pelos quadros de Daubigny e de Millet. Para não mencionar em primeiro lugar, como seria correto, as figuras características e pitorescas dos diversos trabalhadores, lavradores, lenhadores, criados conduzindo suas parelhas, e algumas silhuetas de mulheres com toucas brancas. Até em Courrières, ainda havia uma mina de carvão, vi o dia ir-se embora e chegar a escuridão, mas não havia operárias em roupas de homem como no Borinage; somente mineiros com a cara cansada e miserável, enegrecidos pelo pó do carvão, ataviados com andrajos de mina, um deles com um velho capote de soldado.

Por mais que esta etapa tenha sido dura para mim, e que eu tenha voltado esgotado, os pés machucados, e num estado mais ou menos melancólico, não me arrependo, pois vi coisas interessantes, e aprende-se a ver com olhos mais justos nas duras provas da própria miséria. Ganhei alguns pedaços de pão pelo caminho, aqui e ali, em troca de alguns desenhos que eu tinha em minha mala. Mas no fim dos meus dez francos, tive que acampar em pleno campo, uma vez num carro abandonado, todo branco de geada pela manhã, pousada bastante ruim, outra vez num monte de feixes de lenha, e uma vez, e foi um pouco melhor, numa pedra de moinho deteriorada, onde consegui arranjar um ninho um tanto confortável, embora uma chuva fina não aumentasse precisamente o bem-estar.

Pois bem, e foi no entanto nesta grande miséria que eu senti renascerem minhas energias e que disse a mim mesmo: seja como for, eu vou me reerguer de novo, retomarei o lápis que abandonei no meu grande desalento, e recomeçarei a desenhar, e desde então parece que tudo mudou para mim, e agora eu estou a caminho e meu lápis já se tornou um pouco mais dócil, e parece querer ficar cada vez mais dia a dia. Foi a grande e prolongada miséria que me desencorajou a tal ponto que eu não conseguia fazer mais nada.

Outra coisa que eu vi nesta excursão foram as aldeias de tecelões.

Os mineiros e os tecelões são ainda uma espécie um pouco à parte com relação aos outros trabalhadores e artesãos; sinto por eles grande simpatia, e me consideraria feliz se algum dia puder desenhá-los de forma a que estes tipos ainda inéditos, ou quase, sejam dados a conhecer.

O homem do fundo do abismo, *de profundis*, é o mineiro, o outro tem um ar sonhador, quase pensativo, quase sonâmbulo: é o tecelão. Já fazem quase dois anos que eu vivo entre eles e aprendi a conhecer um pouco do seu caráter original, pelo menos o dos mineiros, principalmente. E cada vez mais vejo algo de comovente, e até pungente, nestes pobres e obscuros operários, os últimos de todos, por assim dizer, e os mais desprezados, que ordinariamente idealizamos, talvez pelo efeito de uma imaginação intensa, mas muito falsa e injusta, como uma raça de malfeitores e de bandidos. Malfeitores, bêbados, bandidos, os há aqui como em qualquer parte, mas não correspondem em nada ao verdadeiro tipo.

Em sua carta você me falou vagamente sobre ir a Paris ou seus arredores, cedo ou tarde, quando fosse possível e quando eu quisesse. Por certo, tenho um grande e ardente desejo de ir seja a Paris, seja a Barbizon ou alhures. Mas como poderia fazê-lo, se não ganho um tostão, e embora trabalhe duro ainda seja preciso muito tempo para chegar ao ponto de pensar em algo parecido com ir a Paris? Pois na verdade, para poder trabalhar como se deve, seriam necessários pelo menos cem francos por mês; pode-se viver com menos, mas com dificuldades, talvez em demasia.

Pobreza impede que surjam os bons espíritos, é o velho provérbio de Pallizy, que encerra alguma verdade e que é totalmente verdadeiro se entendermos sua verdadeira intenção e seu alcance.

No momento não vejo como a coisa seria praticável, e é melhor que eu fique aqui, trabalhando como posso e como puder. Além do mais é mais barato viver por aqui. Contudo, não poderei mais continuar por muito tempo no quartinho onde estou agora. Ele já é muito pequeno, além de ter duas camas, a das crianças e a minha. E agora que estou desenhando os Bargues, em formato já bastante grande, não saberia lhe dizer o quanto estou aflito. Não quero incomodar as pessoas em sua casa, e me disseram que quanto ao outro quarto, não há maneira de eu ficar com ele, mesmo pagando mais, pois a mulher precisa dele para lavar a roupa, o que numa casa de mineiros de carvão acontece quase todos os dias. Gostaria portanto de simplesmente alugar uma casinha de operário, o que custa nove francos por mês em média.

Você ainda me fala de Méryon: o que você diz dele é verdade, conheço um pouco suas águas-fortes. Quer ver algo curioso? Coloque um destes rabiscos tão corretos e tão poderosos ao lado de alguma prancha de Viollet-le-Duc, ou de qualquer um que faça arquitetura. Você verá então Méryon em plena luz por causa da outra água-forte que servirá, em que lhe pese, de reflexo ou de contraste. Bom, o que você percebe então? O seguinte: Méryon, mesmo quando desenha tijolos, granito, barras de ferro, ou o parapeito de uma ponte, põe algo da alma humana, animada por não sei que comoção íntima, em sua água-forte. Vi desenhos de arquitetura gótica de V. Hugo. Pois bem, sem ter a poderosa e magistral execução de Méryon, havia algo do mesmo sentimento. Que sentimento é este? Ele tem algum parentesco com o que Albrecht Dürer exprimiu em sua *Melancolia*, que hoje em dia James Tissot e M. Maris (por mais diferentes possam ser eles entre si) também têm. Com razão algum crítico profundo disse de James Tissot: "É uma alma atormentada". Mas seja como for há ali algo da alma humana; e é por esta razão que é grande, é imenso, infinito; e ponha ao lado Viollet-le-Duc e você verá pedras, enquanto que o outro, ou seja, Méryon, é Espírito. Méryon teria um tal poder de amar, que agora, como Sydney Cartone de Dickens, ele amaria as próprias pedras de certos lugares.

Mas a pérola preciosa em evidência, a alma humana, nós também a encontramos, mais e melhor, e num tom mais nobre, mais digno, mais evangélico, se me é permitido dizê-lo, em Millet, em Jules Breton, em Jozef Israels.

Mas, para voltar a Méryon, ele tem ainda, ao que me parece, algum longínquo parentesco com Jongkind e talvez Seymour Haden, pois em certos momentos estes dois artistas foram muito fortes. Espere, talvez algum dia você verá que eu também sou um trabalhador, e embora eu não saiba de antemão o que me será possível, espero ainda fazer alguns rabiscos onde poderia haver algo de humano. Mas antes é preciso desenhar os Bargues, e fazer outras coisas mais ou menos espinhosas. O caminho é estreito, a porta é estreita, são poucos os que a encontram (136).

BRUXELAS
(15 DE OUTUBRO DE 1880 – 12 DE ABRIL DE 1881)

Bruxelas, 1º de novembro, 72 boulevard du Midi

Desenhei estes últimos dias uma coisa que me custou muito trabalho, mas estou contente por tê-la feito, ou seja, desenhei à pena um esqueleto em dimensões bem grandes, em cinco folhas de papel Ingres.

1 folha: a cabeça, esqueleto e músculos.

1 folha: tronco, esqueleto.

1 folha: palma da mão, esqueleto e músculos.

1 folha: dorso da mão, esqueleto e músculos.

1 folha: bacia e pernas, esqueleto.

Fiz este trabalho a partir de um manual de John: *Esboços anatômicos para uso dos artistas.* Nesta obra há um grande número de outros desenhos da mão, do pé, etc., etc., que me parecem muito eficazes e muito claros.

E agora vou terminar completamente o desenho dos músculos, especialmente do tronco e das pernas, que formarão com os desenhos já executados um corpo humano inteiro; virão então o corpo visto de costas e de lado.

Portanto, você vê que eu prossigo com uma certa energia; estas coisas não são tão fáceis e exigem tempo e sobretudo muita paciência.

Vou tratar de conseguir na escola de veterinária reproduções anatômicas, por exemplo, de cavalos, de vacas, de carneiros, e desenhá-las como a anatomia do homem. Existem leis de proporção, de luz e de sombra, de perspectiva, que *devemos conhecer* para poder desenhar; se não tivermos este conhecimento, sempre estaremos numa "luta estéril" e jamais conseguiremos "parir". É por isso

que acho que agi bem ao conceber o assunto desta forma e quero me esforçar para formar aqui, neste inverno, um certo capital de anatomia; não podemos esperar por muito mais tempo, e afinal isto ficaria ainda mais caro, pois seria uma perda de tempo. Acredito que esta será também sua maneira de ver. O desenho é uma luta dura e árdua. Fui à casa do sr. Van Rappard, que mora atualmente à rua Traversière, 6ª, e conversei com ele. Ele tem boa aparência; ainda não vi nada dele além de algumas pequenas paisagens feitas à pena. Mas ele mora de um modo sobretudo luxuoso, e ignoro se é um homem com quem eu, por exemplo, poderia viver ou trabalhar, isto por razões financeiras. Em todo caso proponho-me a voltar para lá. Deu-me a impressão de ser uma pessoa séria (138).

Bruxelas, janeiro de 1881

Meu caro Theo,

Quase todos os dias tenho algum modelo; um velho contínuo, ou algum operário, um moleque que eu faço posar. Domingo que vem, talvez eu tenha um ou dois soldados que virão posar. E como agora não estou mais de mau humor, faço de você, e de todo o mundo em geral, uma ideia completamente diferente e melhor. Também voltei a desenhar uma paisagem, uma chameca, o que não fazia há muito tempo.

Gosto muito de paisagens, mas gosto dez vezes mais daqueles estudos de costumes, às vezes de uma verdade assustadora, como os de Gavarni, Henri Monnier, Daumier, de Lemud, Henri Pille; Th. Schuler, Ed. Morin, G. Doré (por exemplo, em sua: *Londres)*, A. Lançon, De Groux, Félicien Rops,[6] etc., etc... os desenharam magistralmente.

Agora, sem pretender de forma alguma chegar tão alto quanto eles, continuando contudo a desenhar estes tipos de operários, etc., espero chegar a ser mais ou menos capaz de trabalhar na ilustração de jornais ou de livros. Principalmente quando estiver em condições de pagar mais modelos, inclusive modelos de mulheres, farei ainda mais progressos, sinto-o e sei disso.

E chegarei, provavelmente, também a conseguir fazer alguns retratos. Mas sob condição de trabalhar muito; sequer um dia sem uma linha, como dizia Gavarni (140).

Eu poderei ficar trabalhando na casa de Rappard ainda por cerca de uma semana, mas depois provavelmente ele partirá. Meu pequeno quarto de dormir é muito exíguo, e a luz não é boa, e as pessoas fariam objeções se eu velasse uma parte da luz da janela; não posso nem mesmo pendurar na parede minhas águas-fortes ou meus desenhos. Portanto, se Rappard partir em maio, terei que me mudar e gostaria bastante de ir trabalhar por algum tempo no campo, em Heyst, Calmpthout, Etten, Scheveningue,

---

6. Van Gogh refere-se a grandes caricaturistas e gravadores da época que faziam enorme sucesso nos jornais populares e em cartazes de rua. (N.E.)

Katwijk, ou alhures, ou, o que seria mais perto, Schaerbeek, Haeren, Groenendael (142).

ETTEN
(ABRIL DE 1881 – DEZEMBRO DE 1881)

Quando não chove, eu saio todos os dias, geralmente para a charneca. Faço meus estudos bem grandes, como você já pôde ver quando de sua última visita. É assim que estou fazendo entre outros uma cabana na charneca, e também aquele celeiro com telhado de caniço no aterro de Roosendael, que aqui chamam de celeiro protestante. Provavelmente você se lembrará do que eu estou dizendo.

A seguir, o moinho logo à frente deste pasto, e os olmos do cemitério.

E ainda um outro com lenhadores ocupados numa vasta planície onde uma grande floresta de pinheiros foi derrubada. E trato também de desenhar instrumentos de trabalho como: carroças, arados, ancinhos, carrinhos de mão, etc., etc.

O estudos dos lenhadores é o mais bem-sucedido e acho que te agradará.

É possível que Rappard venha novamente aqui no verão por algum tempo, recebi uma carta dele (145).

Etten, setembro de 1881

Caro Theo,

Embora eu tenha acabado de lhe escrever, tenho ainda algo a lhe dizer.

Principalmente que houve mudanças no meu desenho, tanto na maneira de fazê-lo quanto nos resultados. E também depois de algumas coisas que Mauve me disse, recomecei a trabalhar com modelos vivos. Felizmente consegui convencer diversas pessoas, entre outras Piet Kaufman, o operário. O estudo cuidadoso, o desenho constante e repetido dos *Exercícios a carvão* de Bargues, me deram uma concepção melhor do desenho das figuras.

Aprendi a medir, e a ver e buscar as linhas principais. De modo que o que outrora me parecia desesperadamente impossível, vai se tornar pouco a pouco possível, graças a Deus.

Desenhei até cinco vezes um camponês com uma enxada, um lavrador, em todos os tipos de atitudes, duas vezes um semeador, duas vezes uma menina com uma vassoura. A seguir, uma mulher com uma touca branca, descascando batatas, e um pastor apoiado em seu bastão, e enfim um velho camponês doente, sentado numa cadeira perto do fogão, a cabeça entre as mãos e os cotovelos sobre os joelhos. Evidentemente não ficarei nisto; uma vez que o primeiro carneiro passou pela ponte, o resto da tropa o seguirá. Será preciso que eu desenhe diversos lavradores, semeadores, trabalhadores, homens e mulheres. Que eu examine e estude tudo que faz parte da vida do campo. Como muitos outros o fizeram e ainda o fazem. Frente à natureza, não me sinto mais impotente como outrora.

De Haia eu trouxe alguns Conté de madeira (assim como alguns lápis de cor) e os uso muito para trabalhar.

Estou começando também a trabalhar com pincel e esfuminho, com um pouco de sépia ou de nanquim, e de quando em vez com um pouco de cores. É evidente que os desenhos que eu fiz nestes últimos tempos parecem-se muito pouco com o que eu já havia feito até hoje. A dimensão das figuras é aproximadamente igual às do *Exercício a carvão.*

No que diz respeito à paisagem, acho que de forma alguma ela vá sofrer com isso, muito ao contrário, ela ganhará (150).

Recebi do tio de Princenhage, na semana passada, uma caixa de cores que é bastante boa, boa o suficiente em todo caso para começar (as cores são de Paillard). E estou muito contente. Comecei imediatamente a fazer uma espécie de aquarela segundo o motivo abaixo (151).

A natureza começa sempre resistindo ao desenhista, mas quem leva sua tarefa realmente a sério não se deixa confundir, pois esta resistência, ao contrário, é um excitante para obter melhores resultados, e no fundo a natureza e um desenhista sincero estão de acordo. Mas a natureza é certamente "intangível", é preciso contudo atacá-la, e com a mão firme. E após ter lutado e combatido por algum tempo com a natureza, esta acaba por ceder e tornar-se dócil. Não que eu já o tenha conseguido, ninguém mais que eu sabe disso, mas a coisa está começando a funcionar.

A luta com a natureza às vezes tem aquilo que Shakespeare chama de "Taming the shrew" (isto é, vencer quem resiste, pela tenacidade, "por bem ou por mal"). Sob muitos pontos de vista, mas mais especialmente para o desenho, eu acredito que "atacar com força é melhor que afrouxar".

Sinto cada vez mais que especialmente o desenho de figuras é uma boa coisa, que indiretamente é útil ao desenho de paisagens. Quando queremos desenhar um tronco de salgueiro como se fosse um ser vivo – e na verdade ele é isso –, tudo que o cerca vem de forma relativamente espontânea desde que tenhamos concentrado toda nossa atenção sobre a árvore em questão, e que não nos detenhamos antes de lhe dar vida (152).

Etten, 3 de setembro de 1881

Meu caro Theo,

Há algo que me atormenta e que eu quero te contar, talvez você já esteja a par, e eu não lhe conte nenhuma novidade. Eu queria lhe dizer que neste verão comecei a amar

K[7]. Mas quando me declarei, ela me respondeu que seu passado e seu futuro permaneciam inseparáveis para ela, e que jamais ela poderia corresponder aos meus sentimentos.

Tive então que resolver um terrível dilema: resignar-me a este "jamais, não, jamais", ou considerar a coisa como não resolvida, guardar boas esperanças e não me resignar?

Escolhi esta última hipótese.

Enquanto isto continuo a trabalhar duro, e desde que a encontrei meu trabalho está bem mais fácil.

Um ano em sua companhia seria salutar para ela e para mim, mas os pais são realmente teimosos neste ponto.

Mas você compreenderá que eu não pretendo negligenciar nada que possa me aproximar dela e estou decidido a amá-la até que ela acabe por me amar.

Acontece-lhe, às vezes, Theo, de ficar apaixonado? Eu gostaria que isto lhe acontecesse, pois, creia-me, as "pequenas misérias" também têm seu valor. Às vezes ficamos desolados, há momentos em que acreditamos estar no inferno, mas há ainda outras coisas, e melhores. Há três graus:

1º. não amar e não ser amado;

2º. amar e não ser amado (é o meu caso);

3º. amar e ser amado.

Quanto a mim, pretendo que o segundo grau valha mais que o primeiro, mas o terceiro! É o *summum.*

Pois bem, *old boy,* fique também apaixonado, e conte-me por sua vez, seja amável num caso como o meu e mostre-me simpatia.

Rappard veio aqui, trouxe algumas aquarelas que revelam progressos. Espero que Mauve venha logo, senão irei visitá-lo. Estou desenhando muito e acredito que estou melhorando, trabalho mais com o pincel que antes. Está tão frio que estou desenhando apenas *figuras* de interior; uma costureira, um cesteiro, etc.

....

Se algum dia você ficar apaixonado, e tiver que ouvir um "jamais, não, jamais", sobretudo não se resigne! Mas você é tão felizardo que, espero, isto nunca lhe acontecerá (153).

---

7. Kee Voos, prima de Vincent, viúva e mãe de um filho. (N.E.)

Etten, 7 de setembro de 1881

Old boy, esta carta é só para você, você cuidará de guardá-la apenas para si, não é?

Preciso lhe perguntar antes de mais nada se lhe espanta *um mínimo* que possa existir um amor suficientemente sério e ardente para não se deixar esfriar nem mesmo por inúmeros "jamais, não, jamais"? Parece-me certamente que longe de espantá-lo, isto deva parecer-lhe natural e "razoável".

O amor, com efeito, é algo positivo, algo forte, algo a tal ponto real que é tão impossível para alguém que ama arrancar fora este sentimento quanto atentar contra a própria vida. Se você me responder: "Mas no entanto há homens que atentam contra a própria vida", eu direi simplesmente: "Não penso ser um homem com tais inclinações".

Realmente eu tomei gosto pela vida, e estou muito feliz por amar. Minha vida e meu amor são um só. "Mas, você objetará, você se acha frente a um 'jamais, não, jamais'." Ao que eu respondo: *old boy*, provisoriamente, considero este "jamais, não, jamais" como uma pedra de gelo que estreito junto ao coração para derreter.

Saber quem triunfará, o frio desta pedra de gelo ou o meu calor vital, é uma questão delicada sobre a qual prefiro provisoriamente não me pronunciar, e gostaria bastante que os outros também não falassem a respeito, se não tiverem nada melhor a dizer que "não é derretível", "tarefa de louco" e outras amáveis insinuações. Se eu tivesse debaixo do nariz um *iceberg* da Groenlância ou da Nova Zembla, de não sei quantos metros de altura, de espessura e de largura, certamente a situação seria crítica se quiséssemos estreitar esta massa e abraçá-la junto ao peito para fundi-la.

Mas visto que provisoriamente não percebi de forma alguma à minha proa uma massa de gelo de tais dimensões, visto que, digo, com todos estes "jamais, não, jamais" ela não mede tantos metros de altura, de espessura e de largura, e que, se avaliei bem, ela pode ser abraçada, ainda não pude me dar conta do caráter "insensato" de minha conduta.

No que me diz respeito, portanto, estreito junto ao coração o gelo "jamais, não, jamais"; não vejo nenhuma outra solução, e se pretendo me esforçar por fazê-lo desaparecer e derretê-lo, quem é que poderia formular objeções???

Não sei em que manual de física foi que eles aprenderam que o gelo não se derrete.

Sinto-me muito inclinado à melancolia quando vejo tanta gente dar tanta importância às coisas, mas não tenho a mínima intenção de ficar eu próprio melancólico e de deixar abater-se a coragem com que estou armado. Longe de mim esta ideia.

Quem quiser que seja melancólico, para mim já basta, eu quero apenas ficar feliz como uma cotovia na primavera! Não quero cantar nenhuma canção além de: *Amar mais!* Você se satisfaria, Theo, com este "jamais, não, jamais"? De você eu realmente acredito o contrário. Mas parece que tem gente que tem prazer, talvez até "sem sabê-lo", evidentemente com a melhor das boas vontades, com as melhores intenções, em tentar me arrancar este gelo do peito, e que inconscientemente joga sobre o meu amor ardente mais baldes de água fria do que imagina.

Mas esteja certo de que não serão estes baldes de água fria que me esfriarão, *old boy*, por enquanto.

Não lhe parecem simplórias as pessoas que insinuaram que eu deveria me preparar, que cedo eu ficaria sabendo que ela aceitou um outro partido mais rico, que ela teria se embelezado e seria pedida em casamento, que ela decididamente gostaria pouco de mim se eu fosse além do "irmão e irmã" (é o limite máximo!)? Que seria realmente uma pena se "neste ínterim" (!!!) eu deixasse passar uma outra ocasião talvez melhor!!!...

Quem não aprendeu a dizer: "ela e nenhuma outra" acaso sabe o que é o amor? Quando me disseram todas essas coisas, eu senti de todo meu coração, de toda minha alma, com toda minha inteligência: "ela e nenhuma outra". "Fraqueza, paixão, desatino, falta de conhecimento da vida, eis o que você está demonstrando", talvez aleguem alguns, ao dizermos: "ela e nenhuma outra", "previna-se, trate de ajeitar as coisas". Longe de mim esta ideia!

Que minha fraqueza seja minha força, eu quero depender dela e de mais ninguém, e mesmo se pudesse eu não iria querer ser independente *dela*.

Ela realmente amou um outro e seus pensamentos estão sempre neste passado, e ela parece ter escrúpulos de consciência só com a ideia de um possível novo amor. Contudo, há uma frase, e você a conhece: "É preciso ter amado, depois desamado, depois amar novamente!"

"Ame novamente: minha cara, minha três vezes cara, minha bem-amada."

Eu vi que ela pensava sempre no passado e nele mergulhava com devoção. Então um pensamento me ocorreu: embora eu respeite este sentimento e seu grande luto me comova e me impressione, sempre vejo nele algo de fatal.

Ele não pode portanto enternecer meu coração, mas é preciso ser firme e decidido como um estilete de aço. Quero me esforçar para fazer nascer algo de novo, que não faça desaparecer o antigo, mas que tenha o mesmo direito à existência.

E foi então que eu comecei – sem graça e sem habilidade no início, contudo com decisão suficiente para chegar às palavras: K. eu te amo como a mim mesmo – e foi então que ela me disse: jamais, não, jamais.

Jamais, não, jamais, o que é que podemos lhe opor: "Amar mais!" Ainda não posso dizer quem prevalecerá. Deus sabe, eu só sei esta única coisa: "That I had better stick to my faith".

Quando este verão eu ouvi o "jamais, não, jamais", meu Deus, como foi terrível; embora não fosse inesperado, eu senti no início algo esmagador como a danação eterna – e realmente – naquele instante eu me senti, por assim dizer, jogado por terra.

Mas então, nesta inexprimível angústia de minha alma, uma ideia brotou como um brilho na noite, era esta: resigna-se quem *pode* se resignar, mas se *podes crer*, então creia! Levantei-me então, não como um resignado, mas com fé e não tive nenhum outro pensamento além deste: *ela* e ninguém mais!

Você me dirá: com o que vocês viverão se ela se decidir a dar-lhe ouvidos; ou talvez: você não a conseguirá. Mas não, você não dirá isto. Quem ama vive, quem vive trabalha, quem trabalha tem pão.

Ademais estou calmo e confiante neste assunto, e precisamente isto exerce sua influência em meu trabalho, que cada vez mais me atrai, justamente porque me dou conta de que triunfarei. Não que eu venha a me tornar algo de extraordinário, mas algo bem comum, e por isto eu entendo que minha obra será sã e "razoável", e que terá uma razão de ser, e poderá servir para algo. Acredito que nada nos coloque com tanta intensidade na realidade como um verdadeiro amor. E quem vive na realidade estará no mau caminho? Penso que não. Mas com o que eu poderia comparar este sentimento característico, esta constatação característica do estado amoroso? Pois para um homem é realmente a descoberta de um novo hemisfério ficar seriamente apaixonado em sua vida.

E é por isto que eu gostaria que você, por sua vez, ficasse apaixonado, mas para isto é preciso uma "*ela*"; no que diz respeito a este "*ela*"; entretanto, é como com as outras coisas: quem *procura* acha, por mais que o fato de achar seja uma *felicidade*, e não um mérito pessoal (154).

Etten, 12 de novembro de 1881

Mas precisamente porque o amor é tão forte, nós geralmente não somos fortes o suficiente durante nossa juventude (quero dizer 17, 18, 20 anos) para conseguir segurar firme nosso leme.

Veja, as paixões são as velas do barquinho.

E alguém com vinte anos abandona-se inteiramente a seus sentimentos, apanha vento demais nas velas e seu barco faz água – e naufraga – a não ser que ele se recupere.

Alguém que em compensação iça em seu mastro a vela "Ambição" e singra direto pela vida, sem acidentes, sem sobressaltos, até que – até que enfim, enfim aparecem circunstâncias que o fazem observar: não tenho velas o bastante, e diz então: daria tudo o que tenho por um metro quadrado de vela a mais e não o tenho. Ele se desespera.

Ah! mas então ele reconsidera e imagina poder utilizar uma outra força; ele pensa na vela até então desprezada que sempre tivera guardada no porão. E é esta vela que o salva.

A vela "Amor" deve salvá-lo, e se ele não a içar, ele não chegará nunca (157).

HAIA
(DEZEMBRO DE 1881 – SETEMBRO DE 1883)

7 de janeiro de 1882

Você sabe que me obstino em fazer aquarelas, e se conseguir acertar minha mão elas se venderão.

Mas você pode estar certo, Theo, que quando fui pela primeira vez à casa de Mauve com meu desenho feito à pena e que Mauve me disse: – Você deveria tentar trabalhar com carvão, com pastel, com pincel e com esfuminho – eu tive tremendas dificuldades para trabalhar com este material novo. Fui paciente e isto não parecia me ajudar em nada; então às vezes perdi a paciência a ponto de pisotear meu carvão e perder toda a coragem.

Algum tempo depois eu lhe enviei desenhos feitos a pastel, a carvão, com pincel, e voltei à casa de Mauve com toda uma série de desenhos, sobre os quais naturalmente ele tinha uma série de observações a fazer, você também, e com razão, mas eu já tinha dado um passo adiante.

Eis-me novamente num período de luta e de desânimo, de paciência e impaciência, de esperança e de desalento. Mas é preciso que eu o atravesse vitoriosamente e logo terei uma concepção melhor da aquarela (169).

Prefiro não comer ao meio-dia durante seis meses, e assim fazer economias, do que receber de quando em vez dez florins de Tersteeg junto com suas censuras.

Gostaria de saber o que diriam os pintores de seu argumento "trabalhar menos com modelos para economizar", quando, depois de muita procura, encontramos modelos que não são tão caros.

Trabalhar sem modelo é a peste para um pintor de figuras, principalmente no início (179).

P. S. – Theo, é quase um milagre!!!

Primeiro me avisam para ir buscar sua carta. Em segundo lugar C. M. me encomenda doze pequenos desenhos à pluma, vistas de Haia, das quais algumas já estavam prontas (o Paddemoes – o Geest – a Vleersteg estavam prontas), a 2,50 florins por peça, preço fixado por mim, com a promessa de que se eu os fizer a seu gosto, ele me encomendará outros doze, cujos preços ele fixará acima dos meus. *Tertio,* eu encontro Mauve, liberado felizmente de seu grande quadro, e que me promete sua próxima visita. Portanto, "tudo está bem, tudo vai bem, e tudo irá ainda melhor!".

E ainda uma coisa que me impressionou, e me impressionou muito: eu havia dito que a modelo não deveria vir hoje – não havia dito por que –, mas a pobre mulher apareceu assim mesmo, e eu protestei. "Sim, mas eu não vim para posar, eu vim simplesmente ver se o senhor tinha o que comer": ela me trazia uma porção de vagem e batatas. Apesar de tudo na vida há coisas que valem a pena.

Eis algumas palavras que me tocaram e me comoveram muito no Millet de Sensier, são palavras de Millet:

"A arte é um combate – na arte é preciso dar o sangue".

"Trata-se de trabalhar como muitos escravos: *Eu preferiria não dizer nada, do que me exprimir frouxamente.*"

Foi apenas ontem que li esta última frase de Millet, mas antes eu já havia sentido o mesmo, e é por isso que às vezes sinto a necessidade de me exprimir com um rude lápis de carpinteiro ao invés de um fino pincel. "Cuidado Tersteeg! Cuidado! Você decididamente está errado" (180).

Jamais ouvi um bom sermão sobre a resignação e sequer jamais imaginei um que fosse bom, salvo este quadro de Mauve e a obra de Millet.

É bem a resignação, mas a verdadeira, não a dos pastores, estes pangarés desgrenhados, estes pobres pangarés desgrenhados, negros, brancos, castanhos; eles estão lá pacientes, submissos, prontos, resignados, calmos. Num instante terão que puxar por mais um trecho a pesada balsa, a faina chega ao fim. Um pequeno momento de pausa. Eles ofegam, estão cobertos de suor, mas não murmuram nada, não protestam nada, não reclamam de nada. Há muito tempo eles estão acostumados, acostumados há anos. Eles estão resignados a viver mais um pouco e a trabalhar; mas amanhã eles irão ao esfolador; "pois seja", eles estão prontos.

Vejo neste quadro uma filosofia notavelmente elevada, prática e silenciosa; ele parece dizer: "saber sofrer sem reclamar, esta é a única coisa prática, aí está a grande ciência, a lição a aprender, a solução do problema da vida". Parece-me que este quadro de Mauve seria um dos raros quadros diante dos quais Millet se deteria longamente murmurando: "Este pintor tem alma" (181).

Theo, eu decididamente não sou um paisagista; se faço paisagens, *sempre haverá nelas vestígio de figuras.*

Contudo, é muito bom que haja pessoas que sejam essencialmente paisagistas. E me preocupa muito que você seja uma delas "sem sabê-lo". O que me incita a lhe falar desta questão é que, em meio a dificuldades financeiras, sinto que nada é mais seguro que um trabalho manual, no sentido literal de trabalho executado com as mãos. Se você se tornasse pintor, uma das coisas que o espantariam seria que a profissão de pintor, com tudo o que ela comporta, é realmente um trabalho relativamente duro do ponto de vista físico; abstração feita do esforço de espírito, da tortura intelectual, este trabalho exige diariamente um esforço de energia bastante considerável (182).

A pintura é uma profissão que, tanto quanto, por exemplo, a de ferreiro ou a de médico, permite ganhar o suficiente para viver. Um artista, em todo caso, é diametralmente oposto a um aposentado, e, como já o disse, se queremos estabelecer algum paralelo, há mais analogias com o ferreiro ou o médico. Lembro-me muito bem, quando você me escrevia a este respeito, que antes, quando você me dizia que eu deveria me tornar pintor, eu achava isto muito fora de propósito e não queria nem ouvir falar a respeito.

O que acabou com a minha dúvida foi a leitura de um livro compreensivo sobre a perspectiva, de Cassagne: *O guia do A.B.C. do desenho*, e o fato de que oito dias depois eu desenhei o interior de uma pequena cozinha com fogão, cadeira, mesa e janela, tudo em pé e em seu lugar, enquanto que antes eu atribuía a um sortilégio ou ao acaso o fato de um desenho ter *profundidade* e uma perspectiva correta. Se você tivesse desenhado ao menos uma única coisa como se deve, tomaria um gosto irresistível em atacar mil outras coisas.

Mas fazer passar este primeiro e único carneiro pela ponte, aí está a dificuldade!

Um belo dia em que as pessoas começarem a dizer que eu sei desenhar bem mas não sei pintar, talvez eu apareça com um quadro quando menos esperaram. Mas enquanto me parecer que *tenho de fazê-lo* ou que *me é proibido* fazer outra coisa além do desenho, eu certamente não o farei.

Com respeito à pintura, há duas maneiras de pensar: *how not to do it* e *how to do it*; *how to do it* com muito desenho e pouca cor, *how not to do it* com muita cor e pouco desenho (184).

Abril de 1882

E é a consciência de que nada (exceto a doença) pode me arrancar esta força que começa agora a se desenvolver, é esta consciência que faz com que eu encare o futuro com coragem, e que no presente eu possa suportar muitos dissabores.

É uma coisa admirável olhar um objeto e achá-lo belo, pensar nele, retê-lo, e dizer em seguida: vou desenhá-lo, e trabalhar então até que ele esteja reproduzido.

Naturalmente, contudo, esta não é uma razão para que eu me sinta satisfeito com minha obra a ponto de acreditar que não precisaria melhorá-la. Mas o caminho para fazer melhor mais tarde é fazer hoje tão bem quanto possível, e então naturalmente haverá progresso amanhã.

O pequeno desenho junto a esta foi esboçado a partir de um grande estudo que tem uma expressão mais sombria. Há um poema de Tom Hood, eu acho, no qual ele fala de uma grande dama que não pode pregar os olhos à noite porque, tendo saído de dia para comprar um vestido, ela tinha visto num quarto enfumaçado as pobres costureiras pálidas, tuberculosas e esgotadas trabalhando. E aí sua opulência lhe dá remorsos de consciência e à noite ela acorda cheia de angústia. Em uma palavra, é uma figura de mulher esbelta e branca, inquieta numa noite sombria (185).

Mauve me quer mal por eu ter dito que "eu sou um artista", e eu não me retrato, pois vai de si que esta frase subentende o significado de "sempre procurar sem jamais encontrar a perfeição". É exatamente o contrário de "eu já sei, eu já encontrei".

Esta frase significa, pelo quanto eu saiba, "eu procuro, eu persigo, eu o faço com toda dedicação".

No entanto, Theo, eu tenho ouvidos para escutar; quando me dizem: "Você tem um mau caráter", que devo fazer?

Eu dei meia-volta e parti só, mas com muita tristeza no coração por Mauve ter ousado me dizer isto. Eu não pedirei explicações, e também não pedirei desculpas. E contudo – e contudo – e contudo!

Eu gostaria que Mauve se arrependesse.

Suspeitam algo de mim – está no ar –, existe algo por trás de mim. Vincent esconde algo que não pode vir à luz.

Pois bem, senhores, vou contá-lo aos senhores que dão tanto valor às formas e à civilização, e isto é claro sob a condição de que se fale a sério: o que é mais civilizado, mais delicado, mais viril, abandonar uma mulher ou apiedar-se de uma desprezada?

Neste inverno eu encontrei uma mulher grávida, abandonada pelo homem cujo filho ela carregava no corpo[8].

Uma mulher grávida que, no inverno, vagava pelas ruas, que devia ganhar seu pão você bem sabe como.

Tomei esta mulher como modelo e trabalhei com ela durante todo o inverno.

Não pude pagar-lhe o salário completo de uma modelo, mas isto não impede que eu lhe tenha pago suas horas de pose, e que, graças a Deus, eu tenha podido salvá-la, ela e sua criança, da fome e do frio, repartindo com ela meu próprio pão. Quando encontrei esta mulher, fiquei impressionado por seu aspecto doentio.

Eu a fiz tomar banhos, dei-lhe fortificantes tanto quanto pude, ela ficou bem mais saudável. Fui com ela a

---

8. Refere-se a Classina Maria Hoornik ou, abreviação, "Sien". É dela que ele fala nas cartas seguintes. Vincent passa a viver com ela e sua filha e produz alguns retratos antológicos como os célebres desenhos "sorrow", que quer dizer tristeza. (N.E.)

Leyde, onde há um instituto para mulheres grávidas que lá podem dar à luz. (Não era de se espantar que ela estivesse doentia, a criança estava em má posição, ela teve que sofrer uma operação, tiveram que virar a criança especialmente com ajuda do fórceps. Entretanto, há grandes possibilidades de que ela escape desta. Ela deve dar à luz em junho.)

Parece-me que qualquer homem que valha o couro de seus sapatos, achando-se frente a um caso semelhante, teria agido da mesma forma.

Achei tão simples e evidente o que tinha feito, que acreditei poder guardar isto em silêncio. Era-lhe difícil posar, contudo ela aprendeu; fiz progressos no meu desenho porque tinha um bom modelo. Esta mulher agora está ligada a mim como uma pomba domesticada; quanto a mim, eu só posso me casar uma única vez, e quando poderia fazê-lo melhor do que com ela, se esta é a única maneira de continuar a ajudá-la, senão a miséria irá enxotá-la de novo para o caminho que leva ao precipício. Ela não tem dinheiro, mas ela me ajuda a ganhar dinheiro com o meu trabalho.

Eu estou cheio de alegria e de ambição por minha profissão e meu trabalho; se por algum tempo abandonei a pintura e as aquarelas, é porque fiquei muito amargurado com o abandono de Mauve e, se ele reconsiderasse o que me disse, eu poderia recomeçar com vontade. Por enquanto, não posso nem mesmo ver um pincel, isto me deixa nervoso.

Acreditei que me entenderiam sem palavras. Bem que eu pensava em outra mulher, pela qual meu coração bateu, mas ela estava longe e não queria me ver, enquanto que esta corria pelo inverno, doente, grávida, faminta; não pude agir de outra maneira. Mauve, Theo, Tersteeg, meu pão está em suas mãos, vocês me deixariam sem pão ou me dariam as costas? Já contei tudo, e aguardo pelo que vocês dirão (192).

Eis o que penso sobre o lápis de carpinteiro. Os velhos mestres, com o que teriam desenhado? Certamente não com um Faber B, BB, BBB, etc., etc., mas com um pedaço de grafite bruto. O instrumento do qual Michelângelo e Dürer se serviram provavelmente era muito parecido com um lápis de carpinteiro. Mas eu não estava lá, e portanto não sei de nada. Sei, no entanto, que com um lápis de carpinteiro podemos obter intensidades distintas das destes finos Faber, etc.

O carvão é o que há de melhor, mas quando se trabalha muito, o frescor se perde, e para conservar a precisão é preciso fixar sem demora. Para a paisagem é a mesma coisa; vejo que desenhistas como Ruysdaël, Goyen, Calame, e também Roelofs, por exemplo, entre os modernos, tiraram dele um ótimo partido. Mas se alguém inventasse uma boa pena para trabalhar ao ar livre, com tinteiro, o mundo talvez visse mais desenhos à pena.

Com carvão mergulhado na água pode-se fazer coisas excelentes, pude ver isto com Weissenbruch; o óleo serve para a fixação e o preto torna-se mais quente e mais profundo. Mas é preferível que eu faça isto daqui a um ano e não agora. É o que digo a mim mesmo, pois não quero que a beleza se deva a meu material, e sim a mim mesmo (195).

Saiba que atualmente eu estou fora desde as quatro horas da manhã, pois é difícil ficar na rua durante o dia, por causa dos transeuntes e dos moleques, e também porque é a melhor hora para ver as grandes linhas, quando as coisas ainda estão num mesmo tom (202).

GRAVURAS EM MADEIRA QUE VINCENT POSSUI

1 pasta *Tipos populares irlandeses*, mineiros, fábricas, pescadores, etc., na maioria pequenos esboços à pena.

1 pasta *Paisagens e animais*, Bodmer, Giacomelli, Lançon, a seguir algumas paisagens determinadas.

1 pasta *Trabalhos do campo* de Millet, a seguir Breton, Feyen Perrin e lâminas inglesas de Herkomer, Boughton, Clausen, etc.

1 pasta Lançon.

1 pasta Gavarni, completada por litografias, nenhuma rara.

1 pasta Ed. Morin.

1 pasta G. Doré.

1 pasta Du Maurier, muito cheia.
1 pasta Ch. Keene e Sambourne.
1 pasta J. Tenniel completada pelos *cartoons* de Beaconsfield.

desenhistas da revista *Punch*

Falta John Leech, mas esta lacuna pode ser facilmente preenchida pois pode-se obter uma reimpressão destas gravuras em madeira, o que não é muito caro.

1 pasta Barnard.

1 pasta Fildes e Charles Green, etc.

1 pasta *Pequenas gravuras em madeira francesas*, álbum Boetzel, etc.

1 pasta *Cenas a bordo de navios ingleses e croquis militares.*

1 pasta *Heads of the People* por Herkomer, completada por desenhos de outros artistas e por retratos.

1 pasta *Cenas da vida popular londrina*, desde os fumantes de ópio e White Chapel e The Seven Dials, até figuras das damas mais elegantes, e Rotten Row of Westminster Park. Foram juntadas cenas correspondentes de Paris e de Nova York. O conjunto é um curioso "Tale of two cities".

1 pasta *As grandes lâminas de Graphic, London News, Harpers Weekly Illustration,* etc., entre as quais, Frank Holl, Herkomer, Fred. Walker, P. Renouard, Menzel, Howard Pyle.

1 *The Graphic portfolio,* ou seja, uma edição à parte de reproduções não a partir de clichês, mas as próprias estampas de algumas gravuras em madeira, entre as quais as *Homeless* e *Hungry* de Fildes. Alguns livros ilustrados, entre os quais Dickens, e o *Frederico, o Grande,* de Menzel, pequena edição (205).

Pouco a pouco e lentamente nasceu entre ela e eu alguma coisa diferente: *uma necessidade manifesta de um pelo outro,* tanto que ela e eu não podemos mais nos separar, e nos insinuamos cada vez mais em nossas vidas recíprocas, e então foi o *amor.* O que existe entre Sien e eu é *real,* não é um sonho, é a realidade. Considero uma grande benção que meus pensamentos e que minha atividade tenham encontrado um ponto fixo, uma direção determinada. É possível que eu tenha tido por K. mais *paixão*, e que sob certos pontos de vista ela também fosse mais bonita que Sien; mas que o amor por Sien seja menos sincero, certamente não, pois as circunstâncias são muito graves, e o que importa é agir, e assim foi desde o início de nosso encontro.

Veja o resultado; quando você vier me ver, não me encontrará mais desencorajado ou melancólico, mas estará num ambiente no qual acredito você poderá se acomodar, e que pelo menos não *te* desgostará. Um jovem ateliê, um lar ainda jovem, em plena ação.

Não um ateliê místico e misterioso, mas um ateliê que deita suas raízes em cheio na própria vida. *Um ateliê com um berço e uma cadeira de criança.* Onde, portanto, não há estagnação, mas onde tudo incita, conduz e estimula à atividade.

Quando um ou outro vem me dizer que eu seria um mau financista, mostro-lhe minhas instalações. Eu fiz o melhor que pude, irmão, para fazer com que você possa ver (e não somente você, mas qualquer um que tenha olhos) que me esforço, e às vezes consigo, para fazer as coisas de um modo prático. *How to do it* (212).

Hoje eu fiz um estudo do berço de criança com alguns toques de cor.

Além disto, estou trabalhando num desenho igual aos prados que lhe enviei recentemente.

Minhas mãos ficaram um pouco brancas demais para o meu gosto, mas o que é que eu posso fazer?

Eu vou voltar ao campo, pouco me importa que me arrependa, desde que eu não me abstenha de trabalhar. A arte é ciumenta, ela não quer que a doença lhe tenha precedência. Faço, portanto, a seu gosto.

Espero, portanto, que logo você receba cartas razoáveis.

Pessoas como eu não deveriam ficar doentes.

É preciso entender bem como eu considero a arte. Para chegar à verdade, é preciso trabalhar longamente e muito. O que eu quero dizer e o que eu aspiro é tremendamente difícil, e no entanto não acredito estar aspirando alto demais.

Quero fazer desenhos que *impressionem* certas pessoas. *Sorrow* é um pequeno começo, é possível que uma pequena paisagem como a Laan van Meerdevoort, as campinas de Rijswijk, o secadouro de pescado também sejam um pequeno começo. Pelo menos eles contêm algo que vem diretamente do meu coração.

Seja na figura, seja na paisagem, eu gostaria de exprimir não algo sentimentalmente melancólico, mas uma profunda dor.

Em suma, quero chegar ao ponto em que digam de minha obra: este homem sente profundamente, e este homem sente delicadamente. Apesar da minha suposta grosseria, você me entende? Ou precisamente por causa dela.

O que é que sou aos olhos da maioria – uma nulidade ou um homem excêntrico ou desagradável –, alguém que não tem uma situação na sociedade ou que não a terá; enfim, pouco menos que nada.

Bom, suponha que seja exatamente assim, então eu gostaria de mostrar por minha obra o que existe no coração de tal excêntrico, de tal nulidade.

Esta é minha ambição, que está menos fundada no rancor que no amor "apesar de tudo", mais fundada num sentimento de serenidade que na paixão. Ainda que frequentemente eu esteja na miséria, há contudo em mim uma harmonia e uma música calma e pura. Na mais pobre casinha, no mais sórdido cantinho, vejo quadros e desenhos. E meu espírito vai nesta direção por um impulso irresistível.

Cada vez mais prescindo de outras coisas, e quanto mais prescindo delas mais rápido se torna meu olhar para ver o lado pictórico. A arte pede um trabalho obstinado, um trabalho apesar de tudo e uma observação sempre contínua.

Por obstinado eu quero dizer um trabalho constante, mas igualmente a fidelidade à sua concepção, apesar do que dizem uns ou outros.

Eu espero realmente, irmão, que dentro de alguns anos, e até mesmo já agora, você veja pouco a pouco coisas da minha mão que te compensarão um pouco pelos sacrifícios que você fez.

Nestes últimos tempos eu não conversei mais com pintores. E não fiquei muito mal. Não é tanto a língua dos pintores, mas a língua da natureza à qual é preciso dar ouvidos. Compreendo melhor agora do que há um ano atrás por que Mauve me dizia: "Não me fale tanto de Dupré, fale-me antes desta margem de fosso ou de algo análogo". Isto parece brutal, e no entanto é totalmente correto. Sentir as coisas em si mesmas, a realidade, é mais importante que sentir os quadros; em todo caso é mais fecundo e mais vivificante.

Porque tenho da arte e da própria vida, de quem a arte é essência, um sentimento tão vasto e tão amplo, acho irritante e falso quando vejo pessoas posando de acadêmicos. No que me diz respeito, encontro em muitos quadros modernos um encanto particular que os antigos não têm.

Uma das expressões mais elevadas e nobres da arte continua sempre sendo para mim a arte inglesa, por exemplo, Millais, Herkomer e Frank Holl. O que eu quero dizer da diferença entre as artes antiga e moderna é que os artistas modernos talvez sejam mais pensadores.

Há ainda uma grande diferença de sentimento entre o Chill October de Millais, e os prados de Overveen de Ruysdaël, por exemplo. Tanto quanto entre os emigrantes irlandeses de Holl e as mulheres lendo a Bíblia de Rembrandt.

Rembrandt e Ruysdaël são sublimes, tanto para nós quanto para seus contemporâneos, mas há na arte moderna alguma coisa que nos atinge de uma maneira mais pessoalmente íntima.

O mesmo vale para as gravuras em madeira de Swain, e as dos velhos mestres alemães.

Foi portanto um erro quando há alguns anos os modernos foram tomados pelo furor de imitar os antigos.

É por isto que eu acho tão certo o que diz o pai Millet: "Parece-me absurdo que os homens queiram parecer o que de fato não são".

Esta parece uma frase simples, e no entanto ela é de uma profundidade insondável como o oceano, e quanto a mim estimo ser bom tomar a peito estas palavras (218).

Nós estamos naturalmente de acordo, tanto quanto eu o compreendo, sobre o preto na natureza. O preto absoluto na verdade não existe. O preto, como o branco, existe em quase todas as cores e forma a infinita variação de *cinzas*, diferentes em tom e em vigor. Tanto que na natureza não se vê na verdade nada além destes tons ou intensidades.

As cores fundamentais são apenas três: vermelho, amarelo, azul. O alaranjado, o verde e o violeta são tons "compostos".

Pela associação do preto com um pouco de branco, produzem-se variações infinitas de cinza: cinza-*vermelho*, cinza-*amarelo*, cinza-*azul*, cinza-*verde*, cinza-*laranja*, cinza-*violeta*.

Dizer a quantidade que existe de cinzas-verdes diferentes, por exemplo, é impossível, variam ao infinito.

Mas toda a química das cores não é mais complicada que estas simples cores fundamentais. E uma boa compreensão disto vale mais que setenta cores diferentes, visto que, com as três cores fundamentais mais o branco e o preto, podemos fazer mais de setenta tons e intensidades. O colorista é aquele que, vendo uma cor na natureza, consegue analisá-la bem e dizer por exemplo: este cinza-verde é um amarelo com preto e quase nada de azul, etc.

Enfim, aquele que sabe fazer em sua palheta os cinzas da natureza.

Mas para tomar notas ao ar livre ou fazer um pequeno esboço, tanto quanto para o remate mais tarde, um sentido fortemente desenvolvido do contorno é condição absoluta.

Ataquei de novo este rude tronco de salgueiro, e acredito que tornou-se a melhor de minhas aquarelas. Uma paisagem sombria, esta árvore morta perto de um charco estagnado coberto de lentilhas d'água, ao longe um desvio da estrada de ferro do Reno onde linhas se cruzam, prédios pretos e esfumarados, mais longe campinas verdes, um caminho para o transporte de carvão, e um céu onde avançam as nuvens, cinzas com uma única pequena borda resplandecendo em branco, e um fundo azul lá onde as nuvens se dispersam um pouco. Enfim, eu quis fazê-lo tal como parece-me que o pequeno guarda-barreiras com sua blusa e sua bandeirinha vermelha deve enxergá-lo e senti--lo quando pensa: Como o dia está triste hoje...

O sentimento e o amor pela natureza encontram cedo ou tarde um eco naqueles que se interessam pela arte. O pintor tem como dever mergulhar completamente na natureza, e utilizar toda sua inteligência, colocar todo seu sentimento em sua obra, para que ela se torne compreensível para os outros. Mas trabalhar tendo em vista apenas a venda não é precisamente, no meu entender, o verdadeiro caminho, a não ser para zombar dos apreciadores (221).

Quero dizer simplesmente que pintei três estudos. Um da fileira de troncos de salgueiro na campina – (atrás da Geestbrug), a seguir um estudo da estrada cinzenta pertinho de casa – e hoje eu estive nas hortas da Laan van Meerdervoort, e encontrei um campo de batatas com um riacho. Um homem de blusa azul e uma mulherzinha estavam lá colhendo as batatas, e eu acrescentei estas figuras.

O campo era uma terra arenosa e branca, meio roçada – meio coberta de fileiras de tocos ressequidos entremeados de ervas daninhas verdes.

No horizonte, um verde sombrio e alguns telhados.

Foi com verdadeiro prazer que eu fiz este último estudo. Devo lhe dizer que a pintura não me parece tão estranha quanto você poderia imaginar. Ao contrário, ela me é muito simpática, pois é um poderoso meio de expressão.

E permite ao mesmo tempo dizer coisas delicadas, deixar falar um cinza ou um verde delicado em meio à rudeza.

Estou muito contente por ter os apetrechos necessários, pois frequentemente já tive que refrear meus desejos. Isto entreabre um horizonte bem mais amplo (224).

Sábado à tarde eu ataquei um assunto com o qual já tinha sonhado muitas vezes.

É uma vista sobre prados verdes com montes de feno. Eles são atravessados por um caminho cinzento ao longo de um riacho. E, no horizonte, no meio do quadro, o sol se põe, num vermelho-fogo.

É-me impossível desenhar o efeito às pressas, mas veja a composição.

E não era mais que uma questão de cor e de tom, o matiz da gama de cores do céu; primeiro, uma névoa lilás, na qual o sol vermelho está meio coberto por uma nuvem violeta-escuro com uma delgada beirinha de vermelho brilhante; perto do sol, reflexos de vermelhão, mas acima, uma faixa amarela que se torna vermelha e azulada mais ao alto; o chamado *Cerulean-blue,* e então aqui e ali nuvens lilás e cinza que recebem os reflexos do sol.

O solo era uma espécie de tapeçaria de verdes – cinza-castanho, mas cheia de matizes e formigamentos –, a água do pequeno riacho brilha neste solo colorido.

É uma coisa que Émile Breton, por exemplo, pintaria.

Pintei ainda um grande trecho de duna – empastado e pintado à vontade.

Destes dois, da pequena marina, do campo de batatas, *estou certo que ninguém dirá que são meus primeiros estudos de pintura.*

Para lhe dizer a verdade, isto me surpreende um pouco, achei que os primeiros estudos não se pareceriam com nada, e que mais tarde eles melhorariam. E na verdade tenho que dizer que eles se assemelham a alguma coisa e isto me surpreende um pouco.

Acho que isto se deve ao fato de que, antes de começar a pintar, desenhei e estudei perspectiva o tempo necessário para poder compor um assunto que eu visse.

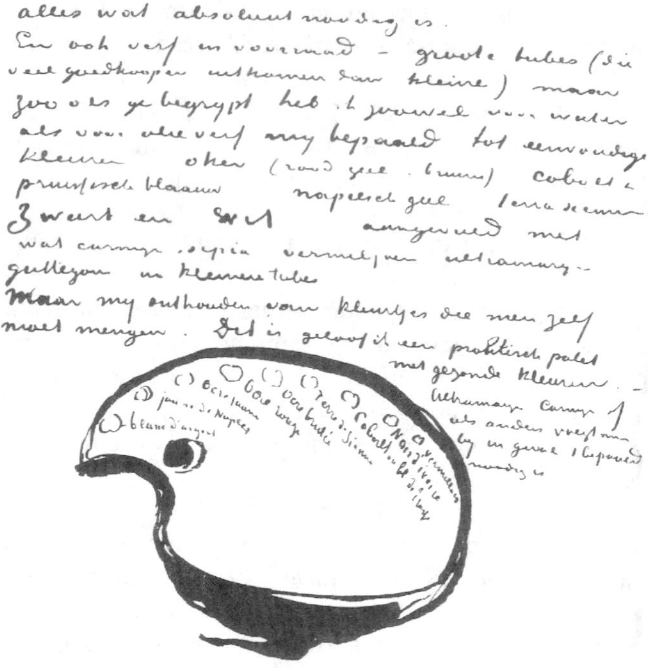

Desde que comprei minhas cores e meus utensílios de pintor, eu suei e trabalhei a ponto de ficar completamente esgotado depois de ter pintado sete estudos. Ainda há um com uma pequena figura, uma mãe com uma criança à sombra de uma grande árvore, numa harmonia de tons sobre uma duna iluminada pelo sol de verão. É um efeito quase italiano.

Eu literalmente não pude me conter, não pude me abster e nem parar de trabalhar...

Eu queria simplesmente lhe dizer o seguinte, eu sinto que há coisas de cor que surgem em mim enquanto eu pinto, coisas que eu não possuía antes, coisas importantes e intensas...

Tanto quanto eu possa me dar conta, não são os piores pintores que ficam às vezes uma semana ou quinze dias sem poder trabalhar. Existe uma causa para isto, são precisamente estes que "dão o sangue", como diz Millet. Isto não é um obstáculo, e na minha opinião, quando necessário, não devemos nos poupar. Se durante algum tempo estamos esgotados, depois nos restabelecemos, e ganhamos com o fato de os estudos estarem armazenados, exatamente como o trigo ou o feno do camponês. Quanto a mim, não penso provisoriamente em descansar (225).

Existe na pintura algo de infinito – não posso lhe explicar mais que isso –, mas é uma coisa admirável para exprimir uma atmosfera. Existem nas cores coisas escondidas de harmonia e de contraste que colaboram por si próprias, e das quais não poderíamos tirar proveito sem isto (226).

Esta semana pintei no bosque alguns estudos bem grandes que eu tratei de levar mais adiante e de aprofundar mais que os primeiros.

Aquele que, na minha opinião, é o mais bem-sucedido, nao é nada mais que um trecho de terra roçada, areia

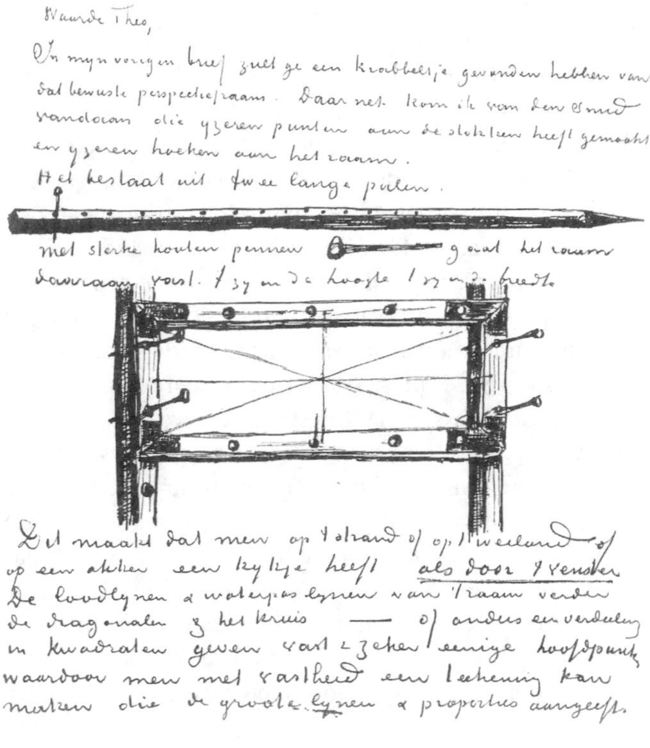
Waarde Theo,
In mijn vorigen brief zult ge een krabbeltje gevonden hebben van dat bewuste perspectiefraam. Daar net kom ik van den smid vandaan die yzeren punten aan de stokken heeft gemaakt en yzeren hoeken aan het raam.
Het bestaat uit twee lange palen.
met sterke houten pennen gaat het raam daaraan vast. 't zy in de hoogte 't zy in de breedte.
Dit maakt dat men op 't strand of op 't weiland of op een akker een kykje heeft als door 't venster.
De loodlynen & waterpaslynen van 't raam verder de diagonalen & het kruis — of anders een verdeeling in kwadraten geven vast zeker eenige hoofdpunten waardoor men met vastheid een teekening kan maken die de groote lynen & proporties aangeeft.

branca, preta e castanha, após uma pancada de chuva. Tanto que os torrões de terra se incendeiam aqui e ali e falam melhor por si.

Após estar desenhando durante algum tempo este trecho de terra, houve uma tempestade com um formidável aguaceiro, que durou bem uma hora. Mas eu tinha tomado um tal gosto pela coisa, que fiquei no meu posto e procurei bem ou mal um abrigo debaixo de uma grande árvore. Quando a tempestade passou e as gralhas voltaram a voar, não me arrependi de ter esperado, graças ao admirável tom sombrio que o solo do bosque tinha adquirido depois da chuva.

Como já tinha começado ajoelhado, antes da tempestade, com um horizonte baixo, tive que me ajoelhar no barro, e é por causa de tais aventuras, que se produzem frequentemente sob as mais diversas formas, que no meu entender não é supérfluo usar roupas de operário, onde não há o que estragar. O resultado, desta vez, foi que eu tive que voltar ao ateliê cheio de barro, o que não impede que Mauve, quando falávamos de um de seus estudos, tenha me dito com razão que é um trabalho árduo desenhar estes pedaços de terra e de conferir-lhes espaço.

O outro estudo do bosque tem como tema grandes troncos de faias verdes sobre um fundo de arbustos secos e uma pequena figura de moça em branco. A grande dificuldade foi conservar a luminosidade, e colocar o céu entre as árvores que se encontravam a diferentes distâncias, o lugar e a espessura relativa destes troncos sendo modificados pela perspectiva. É preciso fazer de maneira a que possamos respirar e passear na floresta, e ela deve exalar...

O que eu gosto na pintura é que, com as mesmas dificuldades que um desenho dá, trazemos de volta algo que dá uma impressão bem melhor e é muito mais agradável de olhar. E ao mesmo tempo é mais exata. Em uma palavra, a pintura nos recompensa mais pelas dificuldades que o desenho. Só que é uma necessidade absoluta, antes de começar, que se saiba desenhar com relativa segurança a proporção exata e o lugar dos objetos. Se nos enganamos, tudo está perdido...

Nestes últimos dias li em parte um livro bastante melancólico: *Cartas e diário de Gérard Bilders.*

O que eu não gosto nele é que, *pintando*, reclame de seu terrível fastio e de sua preguiça como sendo algo sobre o que ele não pode fazer nada, e continua a andar no mesmo círculo mesquinho de amigos, em diversões e num tipo de vida que o enojam. Enfim, ele é para mim uma figura simpática, mas prefiro ler a vida do pai Millet ou de Th. Rousseau ou de Daubigny.

Quando se lê o livro de Sensier sobre Millet, fica-se encorajado, ao passo que o livro de Bilders deixa doente.

Numa carta de Millet, eu sempre encontro uma enumeração das dificuldades, mas também "mesmo assim eu fiz isto ou aquilo", e a seguir a perspectiva de outra coisa que ele absolutamente quer fazer, e que aliás ele executa.

E em G. Bilders é frequente demais: "Eu estive na fossa esta semana e perdi meu tempo, e eu fui a esse concerto ou a essa peça e voltei ainda mais doente". O que me impressiona em Millet são estas simples palavras: "É preciso *ainda assim* que eu faça isto ou aquilo" (227).

Pintei esta semana algo que, acredito, lhe dará aproximadamente a impressão de Scheveningue, como a vimos quando lá estivemos passeando. Um grande estudo de areia, mar e céu – um grande céu de cinza tênue e de branco quente, onde transparece uma única pequena mancha de azul delicado –, a areia e o mar foram tratados em claro, de forma que o conjunto torna-se fulvo, animado contudo por pequenas figuras e barcos de pesca coloridos de uma maneira brutal e curiosa. O assunto do esboço que estou fazendo é um barco de pesca levantando a âncora. Os cavalos estão prontos para serem atrelados e puxar o barco até o mar. Envio-lhe em anexo um pequeno esboço. Ele me custou muito trabalho, eu teria preferido pintá-lo sobre painel ou sobre tela. Tratei de colocar-lhe mais cor, especialmente mais profundidade e firmeza de colorido. É bem curioso que você e eu frequentemente tenhamos as mesmas ideias. Assim é que ontem à tarde eu voltei com um estudo do bosque, e precisamente nesta semana estive muito tomado por esta questão da profundidade do colorido. E eu teria gostado muito de falar contigo precisamente sobre o estudo que fiz, e eis que, na sua carta desta manhã –, você me conta por acaso ter ficado impressionado em Montmartre com as cores fortemente pronunciadas que permanecem harmoniosas.

Não sei se ficamos impressionados precisamente pela mesma coisa, mas sei muito bem que aquilo que me impressionou especialmente você mesmo o teria sentido igual, e talvez visto da mesma forma.

O bosque já está ficando bastante outonal, com efeitos de cor que eu raramente encontrei nos quadros holandeses.

Ocupei-me ontem à tarde com um terreno arborizado um pouco em declive coberto de folhas de faia carcomidas e secas. O solo era de um vermelho-castanho ora mais claro, ora mais escuro, ainda mais por causa das sombras projetadas pelas árvores que lançavam linhas, ora mais fracas, ora mais fortes, meio apagadas. Tratava-se, e eu constatei que isto era bem difícil, de obter profundidade de colorido, a enorme força e a firmeza deste terreno, e contudo somente pintando é que me dei conta de quanta claridade ainda havia nesta obscuridade. O problema é conservar a claridade, e conservar ao mesmo tempo o calor e a profundidade deste tom rico.

Pois não se pode imaginar um tapete tão admirável quanto este castanho-vermelho profundo sob o calor de um sol de crepúsculo outonal temperado pelos galhos.

Deste solo surgem jovens faias, que recebem luz de um lado e são de um verde cintilante, o lado escuro destes troncos sendo de um verde negro quente e poderoso.

Atrás destes pequenos troncos, atrás deste solo castanho-vermelho há um céu, muito tênue, azul-cinza, quente, quase nada azul, cintilante. E abaixo há uma margem nebulosa de verdura e um emaranhado de pequenos troncos e de flores amareladas. Algumas figuras procurando lenha vagueiam como massas sombrias de sombras misteriosas.

A touca branca de uma mulher que se abaixa para alcançar um ramo seco contrasta de repente com o vermelho-castanho profundo do solo. Uma saia apanha

luz – uma sombra projetada desaparece –, uma silhueta escura de um homem ergue-se sobre a mata. Uma touca branca, um capuz, um ombro, um busto de mulher se perfilam contra o céu. Estas figuras são grandes e cheias de poesia, aparecem no crepúsculo de uma sombra profunda, como "enormes terracotas" em formação num ateliê.

Estou descrevendo-lhe a natureza, eu mesmo não sei até que ponto consegui reproduzi-la em meu esboço, mas sei muito bem como fiquei impressionado pela harmonia de verde, vermelho, preto, amarelo, azul, castanho, cinza. Era bem no estilo de Groux, um efeito como por exemplo o daquele esboço da *Partida do recruta,* outrora no Palácio Ducal.

Eu tive muitas dificuldades para pintá-lo. Há no fundo um tubo e meio de branco – e no entanto este fundo é muito escuro –, a seguir ocre-vermelho, amarelo, castanho, preto, terra de siena, bistre, e o resultado é um castanho-vermelho, mas que varia do bistre ao bordô profundo e ao rosa-pálido e fulvo. Há ainda musgos e uma pequena faixa de relva fresca, que apanha luz e brilha forte, e que foi muito difícil de reproduzir. Eis enfim um esboço que, independente do que digam, pretendo que tenha um significado e que seja expressivo.

Ao fazê-lo, disse a mim mesmo: não vamos embora antes de ver o efeito do outono e do crepúsculo aqui, o que ele tem de misterioso, de sério.

Sou obrigado – como o efeito não permanece – a pintar rapidamente; as figuras foram colocadas com algumas pinceladas enérgicas, e de uma só vez. Fiquei impressionado ao ver o quanto estes pequenos troncos sustentam-se solidamente no chão; comecei-os com o pincel, mas por causa do solo já empastado – uma pincelada fundia-se como nada, e foi então que, apertando o tubo, fiz brotarem as raízes e os troncos – e modelei-os um pouco com o pincel.

Sim – ei-los, estão brotando e estão solidamente enraizados. Num certo sentido estou contente por não ter *aprendido* a pintar. Talvez eu tivesse *aprendido* a deixar passar despercebidos efeitos deste tipo, agora digo: não, é precisamente isto que eu tenho que conseguir, se isto não for possível, muito bem, mas eu quero tentar, embora não saiba como fazê-lo. *Eu mesmo não sei* como os pinto; venho sentar-me com uma tela branca frente ao local que me impressiona, vejo o que tenho diante dos olhos, e digo a mim mesmo: esta tela branca deve tornar-se alguma coisa – e volto insatisfeito –, coloco-a de lado e depois de ter descansado eu a olho com uma certa angústia – e continuo insatisfeito, porque aquela maravilhosa natureza está muito na minha cabeça para que eu possa estar satisfeito – mas no entanto vejo na minha obra um eco do que me impressionou, vejo que a natureza me contou algo, falou comigo, e que eu anotei isto em estenografia. No meu estenograma podem haver algumas palavras indecifráveis – erros ou lacunas –, no entanto, resta alguma coisa do que o bosque, a praia ou a figura disseram, e não é uma linguagem baça ou convencional, que não tenha nascido da própria natureza, mas de um jeito de fazer ou de um sistema engenhoso. Eis aqui mais um pequeno esboço das dunas. Havia lá alguns desses pequenos arbustos cujas folhas são brancas de um lado, verde-escuro do outro e que se agitam e brilham constantemente. Atrás, o bosque escuro (228).

Sinto em mim a força de produzir, tenho consciência de que chegará um tempo em que poderei, por assim dizer, *cotidianamente* fazer uma ou outra coisa boa, e isto, regularmente (229).

Estou possuído pelos novos prazeres que sinto nas coisas que vejo, porque tenho uma nova esperança de fazer algo que tenha alma.

Estou a tal ponto lambuzado de cores que há cores até nesta carta; estou ocupado com a grande aquarela do banco.

Gostaria muito que ela desse certo, mas o grande problema é manter o desenho por uma profundidade de tom, e a luminosidade é extremamente difícil (230).

Estive algumas vezes em Scheveningue nestes últimos dias, e uma tarde tive a sorte de ver chegar um barco de pesca. Perto do monumento há uma casinha de tábuas onde um homem fica de sentinela. Tão logo o barco se aproximou de forma a ficar visível, o homem saiu com uma grande bandeira azul, seguido por um bando de moleques que não lhe chegavam aos joelhos. Era para eles um enorme prazer poder ficar perto do homem da bandeira e imaginar que assim estavam ajudando a retornar o barco de pesca. Alguns minutos após o homem agitar sua bandeira, passou um rapaz montado num velho cavalo, que devia ir buscar a âncora.

Homens e mulheres, e também mães com crianças, juntaram-se então ao grupo para receber a tripulação.

Quando o barco chegou a uma distância suficiente, o homem a cavalo entrou no mar e voltou com a âncora.

A seguir, os homens foram trazidos à terra nas costas de rapazes calçados com botas altas, e a cada homem que chegava havia um concerto de boas-vindas.

Quando todos chegaram, o bando retornou à casa como carneiros ou uma caravana, com o rapaz sobre o camelo, quero dizer, o cavalo, adiantando-se ao bando como um fantasma. Evidentemente, dediquei toda minha atenção a esboçar os diferentes incidentes.

Também pintei alguma coisa, especialmente o grupo que esbocei ao lado.

Ainda pintei um estudo marinho, nada mais que um trecho de areia, mar e céu cinza e solitário; às vezes, preciso desta solidão – onde não há mais que o mar cinza – com um único pássaro aquático, e nenhum outro ruído além do rumor das ondas. É para me refrescar dos rumores do Geest ou do mercado de batatas.

A seguir, ocupei-me esta semana principalmente com esboços para aquarelas. Continuei a completar a grande aquarela do banco e também um esboço de mulher no jardim do hospital e um trecho do Geest.

Mas como é difícil dar-lhes vida e movimento, e colocar as figuras em seu lugar mantendo-as separadas. É o grande problema: *encarneirar* grupos de figuras que, embora formando um conjunto, olhem por cima da cabeça ou dos ombros uns dos outros; enquanto que, no primeiro plano, as pernas das primeiras figuras se destacam energicamente, e que, mais longe, as saias e as calças formam uma espécie de mistura onde ainda assim haja desenho.

A seguir, à direita e à esquerda, segundo o ponto de vista, a extensão ou o estreitamento dos lados. Em matéria de composição, todas as cenas possíveis que comportem figuras, seja um mercado, seja a chegada de um barco, seja um grupo de pessoas perto de uma cozinha popular, ou na sala de espera do hospital, no Montepio, os grupos que conversam ou passeiam na rua, todos se baseiam no mesmo princípio do rebanho de carneiros, daí a palavra *encarneirar*, e tudo se reduz às mesmas questões de luz, de escuro e de perspectiva (231).

Fazer estudos, no meu entender, é semear, é fazer quadros, é colher.

Acredito que se pense muito mais corretamente quando as ideias surgem do contato direto com as coisas, do que quando se olham as coisas com o objetivo de encontrar esta ou aquela ideia.

O mesmo vale para a questão do colorido. Há cores que por si só contrastam agradavelmente, mas eu me esforço em fazê-lo como o vejo, antes de me pôr a trabalhar para consegui-lo como eu o sinto. E no entanto o sentimento é uma grande coisa sem a qual não poderíamos executar nada (233).

Fiz mais estudos de velhos do hospício e esta semana espero conseguir uma mulher do hospício. Mas estou numa grande penúria, é preciso muita coisa e ainda devo um pouco de dinheiro a Stam. Imagine que esta semana, para minha grande surpresa, recebi de casa um pacote com um paletó de inverno, uma calça grossa, e um quente casaco de mulher; fiquei muito emocionado.

O cemitério com as cruzes de madeira está martelando minha cabeça, talvez eu faça alguns estudos preliminares – gostaria dele sob a neve –, um enterro de camponês ou algo análogo. Enfim, um *efeito* como o esboço dos mineiros anexo.

Para completar as estações, envio-lhe mais um pequeno esboço da primavera e um do outono, que me vieram à cabeça quando eu fazia o primeiro (236).

Estou totalmente de acordo com o que você diz a respeito dos momentos que vivemos às vezes, em que parecemos impenetráveis para as coisas da natureza ou em que a natureza parece não nos falar mais.

Isto me acontece tão frequentemente, e às vezes me permite começar outras coisas. Se estou rebelde à paisagem ou aos efeitos de luz, dedico-me às figuras, e vice-versa. Frequentemente não há nada a fazer a não ser esperar que isto passe, mas mais de uma vez eu consegui afastar a insensibilidade trocando os temas aos quais dou atenção. Mas as figuras me interessam cada vez mais. Eu me lembro de ter vivido uma época em que a sensibilidade para a paisagem me obcecava fortemente, e que eu ficava mais impressionado com um quadro ou um desenho nos quais um efeito de luz ou uma atmosfera estivessem bem expressos do que com uma figura.

Em geral, os pintores de figuras inspiravam-me um frio respeito, mais que uma calorosa simpatia.

Lembro-me ainda de ter ficado particularmente impressionado nesta época por um desenho de Daumier, um velho sob as castanheiras dos Champs-Elysées (uma ilustração para Balzac), embora este desenho não fosse tão importante; mas sei muito bem que ele me impressionou particularmente pela concepção forte e viril de Daumier. E disse a mim mesmo: deve ser bom sentir e pensar desta maneira, e passar por cima de uma porção de coisas para concentrar-se no que dá o que pensar, e no que diz respeito de uma maneira mais pessoal ao homem enquanto homem, mais do que às pradarias e nuvens.

Desejo tão frequentemente sua presença e penso tanto em você. O que você me escreve a respeito do caráter de certos artistas parisienses que vivem com mulheres, que são menos mesquinhos que outros, e que talvez por desespero agarram-se aos jovens, parece-me correto. Há pessoas semelhantes lá e aqui. Talvez lá seja ainda mais difícil para o homem conservar um pouco de frescor na vida doméstica, porque lá quase é preciso ir contra a corrente. Como são numerosos os que se desesperaram em Paris, num desespero calmo, razoável e lógico. Ainda li algo a este respeito sobre Tassaert, de quem gosto muito e cuja sorte me deu muita pena.

Acho toda tentativa nesta direção digna de respeito. Acho também que é possível conseguir, e que não se deve começar por desesperar, mesmo que às vezes desanimemos e que às vezes sintamos um certo abatimento. É preciso reviver, recobrar o ânimo, mesmo que a solução seja diferente do que se acreditava no começo. Não creia que eu despreze pessoas do tipo das que você me descreve, porque suas vidas não seriam baseadas em princípios sérios e ponderados. Minha opinião a este respeito é a seguinte: o resultado deve ser um *ato*, não uma ideia abstrata. Só aprovo princípios e os julgo dignos quando eles se traduzem em atos. Aprovo que se pondere e se esforce por ser consciencioso, pois isto determina de antemão a atividade de um homem e forma um conjunto com seus diversos atos. Acho que aqueles que você me descreve poderiam adquirir um pouco mais de solidez agindo de uma forma mais ponderada. Mas, pensando bem, eu os prefiro àqueles que ficam espalhando seus princípios sem fazer o mínimo esforço e nem sequer imaginar colocá-los em prática. Pois estes últimos não tiram nenhum proveito de seus belos princípios, enquanto que os primeiros são precisamente aqueles que, quando se decidem a viver com energia e ponderação, são capazes de grandes coisas. Pois as grandes coisas não se fazem só por impulso, e são o encadeamento de muitas pequenas coisas reunidas num todo.

O que é desenhar? Como o conseguimos? É a ação de abrir-se um caminho através de um muro de ferro invisível, que parece encontrar-se entre o que *sentimos* e o que *podemos.* Como atravessar este muro, já que de nada serve golpeá-lo com força? Devemos minar este muro e atravessá-lo à base de lima e, no meu entender, lentamente e com paciência. E é assim que poderemos continuar assíduos neste trabalho sem nos distrairmos, a menos que não ponderemos e não arranjemos nossas vidas segundo nossos princípios. E isto vale tanto para as coisas artísticas quanto para as outras. E a grandeza não é uma coisa fortuita, ela deve ser *desejada.* Determinar se os atos de um homem devem conduzi-lo aos princípios, ou os princípios aos atos, esta é uma coisa que me parece tão difícil de saber, e que vale tanto a pena quanto saber quem nasceu primeiro, se a galinha ou o ovo. Mas considero como uma coisa positiva e de grande importância que nos esforcemos em desenvolver nossa energia e nosso pensamento (237).

Vi nestes últimos dias, e tenho também em minha coleção uma grande gravura em madeira de um quadro de Roll, *Uma greve de mineiros.* Por acaso você conhece este pintor, e, em caso afirmativo, o que você já viu dele? Este quadro representa o pátio de uma mina de carvão, frente ao qual fervilha um grupo numeroso de homens, mulheres e crianças que visivelmente tomaram de assalto o prédio. Eles estão em pé ou sentados ao redor de uma carroça tombada e são controlados por guardas a cavalo. Um homem ainda atira uma pedra, mas uma mulher trata de segurar seu braço. Os caracteres são excelentes; são desenhados de forma rude e brutal e também pintados em consonância com o tipo de assunto. Não chega a ser como um Knaus ou Vautier, mas tem mais paixão, por assim dizer – quase nenhum detalhe, o conjunto concentrado e simplificado –, mas tem muito estilo. Há muita expressão, atmosfera e sentimento, e os movimentos das figuras, as diferentes ações, estão magistralmente expressos.

Fiquei muito impressionado, assim como Rappard, a quem enviei um exemplar. Estava num velho número da *Illustration.*

Por acaso eu tenho um de um desenhista inglês, Emslie, que tem como tema homens entrando numa mina para socorrer vítimas de acidentes, enquanto as mulheres esperam. Temas assim raramente são abordados. Quanto ao de Roll, um dia assisti a uma cena análoga: o que acho belo em seu quadro é que ele exprime exatamente uma situação dessas, embora só se vejam poucos detalhes. Isto me fez pensar numa frase de Corot: "Há quadros onde não há nada, e *no entanto tudo está neles*". O conjunto tem algo de grande e de clássico na composição e nas linhas, como num belo quadro histórico, e esta é uma qualidade que continua tão rara hoje quanto sempre o foi e continuará sendo. Isso me faz pensar um pouco em Géricault, especialmente na *Balsa da Medusa,* e ao mesmo tempo em Munkaczy, por exemplo (238).

Preciso perguntar-lhe se há no comércio reproduções baratas de Daumier e, no caso afirmativo, quais? Sempre o achei muito bom, mas foi só nestes últimos tempos que comecei a acreditar que ele é ainda mais importante do que eu pensava. Se souber algo especial a seu respeito, ou se tiver conhecimento de coisas importantes sobre seus desenhos, você poderia me escrever?

Eu já tinha visto algumas de suas caricaturas, e talvez por isto tivesse dele uma falsa impressão. Suas figuras sempre me impressionaram especialmente, mas acho que conheço apenas uma ínfima parte de sua obra, e acredito, por exemplo, que as caricaturas não constituam em absoluto o normal ou o principal de sua obra.

Lembro-me que no ano passado nós tínhamos falado a respeito na estrada de Princenhage, e que você me dizia achar Daumier melhor que Gavarni. Eu tinha tomado o partido de Gavarni e lhe falara do livro que lera sobre ele. Este livro agora está contigo. Devo dizer contudo que, apesar de minha estima por Gavarni não ter diminuído, começo a acreditar que não conheço mais que uma parte muito pequena da obra de Daumier, *e que a parte de sua obra que eu não conheço* encerra precisamente os elementos que (por mais que eu já aprecie o que conheço dele) mais me interessariam. E me ocorre vagamente, mas eu posso estar enganado, que você tinha me falado de grandes desenhos, de tipos ou de retratos populares, e eu gostaria de conhecê-los. Se houvesse várias coisas dele tão belas quanto uma reprodução que eu encontrei recentemente, *As cinco épocas de um bebedor,* ou aquela figura de um velho sob a castanheira da qual já lhe falei, sim, realmente, talvez ele fosse o mestre de todos nós. Você poderia me dar algumas informações a este respeito? (239)

Às vezes penso no ano passado, quando cheguei nesta cidade. Eu imaginava que os pintores formassem uma espécie de círculo ou de associação onde reinassem o calor e a cordialidade e uma certa unanimidade. Isto me parecia natural e eu não imaginava que *pudesse* ser diferente.

Não gostaria de perder as ilusões que alimentava a este respeito quando vim para cá, mesmo que tenha de modificá-las e distinguir entre o que é e o que poderia ser.

Não poderia acreditar que é natural haver tanta frieza e desacordo. A que se deve isto? Não sei e não me sinto autorizado a examinar esta questão, mas parto do princípio, no que me diz respeito, de que devo me abster de duas coisas: primeiro não se deve brigar, deve-se antes favorecer a paz, tanto para os outros quanto para si mesmo. E o que devemos evitar a seguir, na minha opinião, é o desejo de ser na sociedade algo além de um pintor, quando se é um pintor. Como pintores, devemos abstrair-nos de todas as ambições sociais e não participar do que fazem as pessoas que moram no Voorhout, no Willemspark, etc... Pois nos velhos ateliês enegrecidos e escuros reinava um espírito de camaradagem e de sinceridade que valia infinitamente mais que isto que ameaça substituí-los (256).

O que eu gostaria de saber de você é se lhe parece que este modo de fazer poderia eventualmente eliminar algumas das objeções que você tinha ao lápis. São algumas *Heads of the people* e eu teria a intenção de, procurando muitas coisas do gênero, estabelecer um conjunto que não fosse totalmente indigno de receber o título de *Heads of the people.*

Espero, meu velho, que trabalhando muito eu faça algum dia algo de bom. Eu ainda não cheguei lá, mas não desisto, estou me esforçando para consegui-lo, gostaria de realizar algo sério, algo vigoroso, que tenha alma!

Em frente, em frente (257).

Exatamente porque busco e gostaria de manter uma verdadeira amizade, é difícil resignar-me a uma amizade convencional.

Quando, *de ambas as partes,* existe o desejo de viver uma amizade, se às vezes não estamos de acordo, não nos magoamos tão facilmente, ou, se nos magoamos, rapidamente nos recuperamos. Mas quando isso é convencional, é quase inevitável que surja o rancor, exatamente porque não podemos nos sentir livres, e mesmo que não déssemos vazão a nossos sentimentos estes acabariam por deixar reciprocamente uma duradoura impressão desagradável e então podemos perder as esperanças de representar algo um para o outro. Onde há convencionalismo, há desconfiança, e da desconfiança nasce toda a espécie de intrigas. E, com um pouco mais de sinceridade, tornaríamos a vida mais fácil para todos.

Entretanto, acostumamo-nos às situações existentes, mas isto não é normal, e se fosse possível de repente voltar trinta, quarenta ou cinquenta anos atrás, acho que nos sentiríamos mais à vontade do que hoje; quer dizer, eu e você, por exemplo, nos sentiríamos mais à vontade. Daqui a cinquenta anos, acho, ninguém vai querer reviver esta *época.* Pois se ela der origem a uma época de decadência, estaremos muito entorpecidos para refletir a respeito, e caso se produza uma mudança para melhor, "tanto melhor".

Não penso que seja absurdo julgar possível que volte a acontecer uma espécie de época rococó, já que, na história da Holanda, o que chamamos de época rococó teve sua origem no relaxamento dos princípios e na substituição do original pelo convencional. Quando os holandeses querem, tornam-se os síndicos dos têxteis, mas quando o sal perde o sabor vem uma época de decadência. A história prova que não acontece de um golpe, mas pode dar um (266).

Deverei, contudo, passar por outros fracassos, pois acho que a aquarela exige uma grande habilidade e uma grande rapidez no trabalho. Deve-se trabalhar no material meio úmido para obter harmonia, e não há muito tempo para pensar. Trata-se, portanto, não de trabalhar fragmentadamente, e sim de esboçar quase de um só golpe estas vinte ou trinta cabeças. Eis algumas frases espirituosas sobre a aquarela: "A aquarela é algo diabólico", e outra de Whistler, que disse: "Sim, eu fiz isso em duas horas, mas trabalhei anos para poder fazê-lo em duas horas".

....

Você se lembra de me ter trazido no verão passado alguns pedaços de pastel da montanha? Eu quis então utilizá-los mas não funcionou. Sobraram-me alguns pedaços que usei de novo nos últimos dias; anexo um esboço feito com ajuda deste pastel, você notará que é de um preto quente e característico. Gostaria muito que neste verão, por exemplo, você me trouxesse um pouco mais.

Ele oferece uma grande vantagem. Os pedaços sólidos são muito mais fáceis de segurar, quando se faz um esboço, que um pequeno Conté que não se tem como segurar e que se quebra a todo momento.

Este pastel é, portanto, excelente para fazer esboços ao ar livre (270).

Este pastel da montanha tem uma *alma* e uma vida, no Conté eu vejo algo de morto. Mesmo que dois violinos tenham mais ou menos o mesmo aspecto exterior, às vezes ao tocá-los um produz um belo som que o outro não tem.

O pastel da montanha encerra muitas tonalidades. Diria que o pastel da montanha quase entende o que queremos, escuta com inteligência e obedece, enquanto que o Conté é indiferente e não colabora.

O pastel da montanha tem uma verdadeira alma cigana; você poderia me enviar um pouco, se não for pedir demais? (272)

Acho que estou descobrindo no pastel da montanha toda espécie de características que fazem dele o meio por excelência para reproduzir certas coisas da natureza. Esta manhã dei um passeio fora da cidade, nos campos atrás de Zuidbuitensingel, onde Maris morou no início e onde se encontra o depósito de cinzas. Olhei por muito tempo uma fileira de troncos de salgueiro, os mais nodosos, os mais retorcidos e os mais embaraçados que eu jamais vi. Eles delimitavam um trecho de horta – recentemente roçada – e refletiam-se num riacho sujo – muito sujo –, mas onde já resplandeciam alguns brotos de ervas primaveris. Mas estes troncos rugosos e escuros, a terra roçada da qual se podia, por assim dizer, ver a fecundidade, tudo isto tinha qualquer coisa de curiosamente quente em tons escuros e poderosos, que me fez pensar no pastel da montanha. Tão logo eu o tenha de novo, pretendo dedicar-me também à paisagem (273).

Às vezes parece-me que os preços dos diferentes acessórios para desenhistas e pintores aumentaram terrivelmente. Certamente mais de um pintor deve estar contrariado. Um dos meus ideais seria que houvesse mais instituições como, por exemplo, o Graphic, onde as pessoas que querem trabalhar encontram todos os materiais desde que provem capacidades manifestas e energia. Assim como, antigamente, Cadard deu condições a mais de um artista que, por causa dos custos, jamais faria águas-fortes se tivesse que pagar de seu próprio bolso.

Gozo de mais vantagens que muitos artistas, contudo não posso fazer tudo o que estaria animado ou teria vontade de executar. As despesas são tantas, a começar pelo modelo, a comida e a casa, terminando com as diversas cores e pincéis.

E tudo isto é um trabalho de tecelão em que os diversos fios não podem se misturar.

Mas temos todos as mesmas dificuldades, e exatamente porque todos aqueles que pintam ou que desenham têm de enfrentá-las e quase sucumbem a elas, por que não se dão mais as mãos para trabalhar juntos, como soldados de uma mesma fileira? E, sobretudo, por que os ramos da arte menos onerosos são a tal ponto desprezados? (274)

Para quem procura exprimir o que há de brutal numa figura, sua amplitude e sua força, a aquarela não é o meio mais simpático. Se buscamos mais exclusivamente o tom ou a cor, já não se dá o mesmo, a aquarela então presta-se a isso com excelência. Posso *até* admitir que, destas mesmas figuras reais, seja possível fazer outros estudos de outros pontos de vista (particularmente tom e cor) realizados com outra intenção; mas coloco a questão de saber se, admitindo que meu estado de espírito e minha sensibilidade pessoal fazem-me observar em primeiríssimo lugar o caráter, a estrutura e a ação das figuras, as pessoas me censurarão por, seguindo esta sensibilidade, eu acabar fazendo não uma aquarela, mas apenas um desenho em marrom ou preto?

Sem dúvida existem aquarelas cujos contornos são expressos muito energicamente, como por exemplo as de Regamey, as de Pinwell, Walker e Herkomer, nas quais às vezes penso (ou nas do belga Meunier), mas mesmo que eu buscasse isso, Tersteeg ainda assim não se daria por satisfeito. Sempre diz que não é vendável, e em primeiríssimo lugar é preciso ser vendável.

Quanto a mim, atribuo a isto o seguinte significado: "O senhor é uma mediocridade e o senhor é pretensioso em não querer submeter-se e fazer coisinhas medíocres; o senhor se torna ridículo com suas supostas pesquisas, e o senhor não trabalha".

É o que está por trás das palavras que Tersteeg me disse no ano passado e no ano retrasado, e isto continua a me chocar.

Acho que Tersteeg será sempre para mim "*the everlasting no*".

Não sou o único. Quase todos os que procuram seu próprio caminho têm atrás de si ou ao seu lado alguém deste tipo que eternamente desestimula. Pode ocorrer que isto atormente e perturbe e que terminemos aturdidos, por assim dizer.

Mas, como eu dizia, isto é o "*everlasting no*", em compensação, no exemplo dos homens de caráter, encontramos um "*everlasting yes*", e vemos neles o que significa ter uma "fé de carvoeiro" (297).

É preciso que eu tente me fortalecer um pouco, pois se recuperasse um pouco minhas forças, por menos que fosse, já seria mais do que tempo de me valer delas.

Pois perdi minhas forças, não é normal que eu esteja cansado por ter andado uma distância como daqui ao Correio, e é assim que eu estou agora. Ah! eu não me deixo abater, mas tenho que me cuidar.

No fundo minha saúde não está comprometida e não se trata de um estado crônico, pois ele não é provocado pelos excessos e sim pela falta de alimentação ou por uma alimentação que foi ficando muito pouco substancial. Faça, portanto, todo o possível para vir rapidamente, irmão, pois não sei até quando vou conseguir aguentar. Estou muito abatido, sinto que vou sucumbir sob este peso.

Digo-lhe francamente que começo a ter medo de não conseguir escapar disto, pois minha constituição seria bastante boa se não tivesse que jejuar tanto tempo, mas sempre precisei jejuar ou então trabalhar menos, e sempre que possível escolhi a primeira solução, até o momento em que me vi excessivamente fraco. Como continuar a resistir? Vejo de forma tão nítida, tão clara, a influência deste estado de coisas sobre minha obra, que me pergunto ansiosamente como seguir em frente.

Sobretudo, irmão, não fale disto, pois se certas pessoas viessem a sabê-lo, diriam: "Está vendo, há muito tempo já o havíamos previsto e predito", e não somente continuariam a não me ajudar, mas ainda me tirariam a possibilidade de recobrar pacientemente minhas forças e de me reerguer.

Nas atuais circunstâncias, meu trabalho não poderia ser diferente do que é (304).

Pintei mais um estudo sobre a praia. Há alguns diques, ou molhes – quebra-mares –, há inclusive alguns excelentes, feitos de pedras roídas pelo tempo e de galhos entrelaçados. Instalei-me num deles para pintar a maré crescente, até o momento em que o mar chegou tão perto de mim que tive de salvar toda minha tralha. Além disso há entre a aldeia e o mar alguns arbustos de um verde-escuro bronzeado, desgrenhados pelo vento de alto-mar, e tão reais que muitos deles fazem pensar: "Mas é o próprio *Arbusto* de Ruysdaël!" Atualmente o trem a vapor chega até lá, pode-se portanto ir, mesmo tendo bagagem ou estudos ainda frescos para transportar.

É preciso retroceder não apenas dez, mas trinta ou até quarenta e cinquenta anos atrás, para chegar à época em que se pintavam as dunas, etc... no seu verdadeiro aspecto. Naqueles tempos as coisas eram mais ruysdaëlianas que hoje.

Se quisermos ver algo que evoque a atmosfera de um Daubigny ou de um Corot, é preciso ir mais longe, onde o solo quase não tenha sido violado pelos passos dos banhistas, etc...

Scheveningue é sem dúvida muito bonito, mas há muito tempo a natureza não é mais virgem; contudo, extraordinariamente encontrei a natureza virgem durante a excursão de que lhe falei.

Veja mais ou menos como era este quebra-mar.

Raramente o silêncio e a natureza isolada me falaram assim nestes últimos tempos (307).

Acho, no que me concerne, que existe na vida de cada pintor um período de tentativas, e acredito que já tenha passado por isto há algum tempo. Por outro lado, que em mim tudo avança regular mas seguramente e que, mais tarde, através de um trabalho melhor, terei uma visão *retrospectiva* do que estou fazendo hoje, que ressaltará melhor o que há nisto de simples e de verdadeiro, e – já que você mesmo o diz – uma maneira vigorosa de conceber e de ver as coisas (317).

Fui portanto a Voorburg e de lá a Leidschendam. Você conhece aquela natureza: árvores soberbas, cheias de majestade e de serenidade, ao lado de horríveis cupulazinhas verdes tipo brinquedinhos, e tudo o que a pesada imaginação dos aposentados holandeses pode conceber de absurdo em matéria de jardinzinhos, de caramanchões, de varandas. As casas quase todas muito feias, algumas, contudo, velhas e distintas. Mas, neste momento, bem alto, lá em cima, pastagens infinitas como o deserto seguem-se umas às outras, formam-se das imensas massas de nuvens, e o vento bate contra a fieira de casas de campo com seus ramalhetes de árvores do outro lado do canal, onde passa o negro caminho cinzento.

Eram soberbas estas árvores, eu quase diria que havia um drama em cada *figura*, quero dizer, em cada árvore. E, apesar de tudo, o conjunto era quase ainda mais belo que essas árvores atormentadas consideradas cada uma intrinsecamente, justamente porque o momento era tal que mesmo estas absurdas cupulazinhas tomavam um caráter estranho, molhadas pela chuva e sacudidas pelo vento.

Esta imagem me fez ver como também um homem de modos e atitudes absurdos ou cheio de excentricidades e de caprichos, tão logo sinta-se atingido por uma dor verdadeira ou comovido por uma desventura, pode tornar-se uma figura dramática de um caráter extraordinário. Cheguei a pensar um instante na sociedade atual, em como ela também, enquanto precipita-se para sua própria ruína, pode às vezes, vista por contraste à luz de uma renovação, aparecer por momentos como uma grande e escura silhueta.

Sim, para mim, o drama da tempestade na natureza, o drama da dor na vida, são certamente os mais perfeitos. O "Paradou" é belo, mas Gethsemani é ainda mais belo (319).

DRENTHE

(SETEMBRO – NOVEMBRO DE 1883)

Tudo aqui é belo, aonde quer que se vá. A charneca é muito mais extensa que no Brabante, ao menos perto de Zundert ou de Etten, um tanto monótona ao meio-dia, sobretudo quando há sol; mas precisamente este efeito, que em vão várias vezes eu já quis pintar, não gostaria de perdê-lo. O mar também não é sempre pitoresco, mas também é preciso ver estes momentos e estes efeitos se queremos entender seu verdadeiro caráter. Então, no abrasamento do meio-dia, a charneca às vezes não é nada encantadora, é irritante, aborrecida e cansativa como um deserto, pouco hospitaleira e de certa forma hostil. Pintá-la sob esta luz intensa e representar este afastamento dos planos até o infinito é algo vertiginoso.

No entanto não se deve crer que tal paisagem deva ser entendida de maneira patética, muito ao contrário, quase nunca é o caso. Este mesmo lugar irritante e aborrecido – à tarde, quando um pobre e pequeno personagem se dilui no crepúsculo –, quando esta enorme extensão de terra, queimada pelo sol, fica escura em oposição aos sutis tons lilás de um céu ao cair da tarde, e que a última tênue linha azul do horizonte separa céu e terra, ele pode tornar-se sublime como num J. Dupré.

O mesmo acontece com os homens, camponeses e mulheres; não é sempre que eles são interessantes, mas, quando se é paciente com eles, vemos tudo o que essas pessoas têm de Millet.

Ontem eu descobri um dos mais característicos cemitérios que jamais vi; imagine um trecho de charneca cercado por uma sebe de pequenos pinheiros colados uns aos outros de forma que nos parecem simplesmente um pinhal. Contudo há uma entrada, uma curta aleia, por onde se chega aos túmulos cobertos de tufos de relva e de estevas. Vários deles indicados por tabuletas brancas nas quais se leem os nomes.

É muito bonito ver estevas de verdade sobre os túmulos; o cheiro de terebintina tem algo de místico, a linha escura dos pinheiros que cerca o cemitério separa um céu resplandecente de uma terra rude que em geral é rosa, fulva, castanha, amarelada, tendo entretanto em todo lugar tons lilases.

Não era nada fácil de pintar, procurarei ainda efeitos diferentes deste cemitério; sob a neve, por exemplo, ele deve ficar muito característico. Eu já tinha ouvido falar de Liebermann, mas tua descrição de sua composição me esclareceu muito a seu respeito.

Sua cor deve ser *infinitamente* melhor que a de Henkès (você o diz muito bem, "cor de ardósia com transições para o cinza-amarelo e o cinza-castanho"). Compreendo-o perfeitamente pelo que você diz. *Isto*, esta maneira de pintar, é uma coisa maravilhosa quando a descobrimos.

E se desejo muito pintar, isto se explica precisamente porque eu quis algo de vigoroso em minha composição e, confesso-o com *muito prazer* – embora tenha ouvido dizer muitas vezes: "você não deve ter um sistema" –, algo de sistemático, também.

É o que ele e muitos outros têm. Por sua descrição, vejo que ele, Liebermann, deve aproximar-se muito do estilo de Herkomer. Sobretudo por sua maneira consequente de ir até o fim em seu sistema e de analisar isso, essas pequenas manchas de luz e de sombra produzidas pelos raios de sol através das folhagens, coisa que faz muita gente embaralhar a vista.

Estou ocupado com outro estudo de um sol vermelho entre bétulas que se encontram nunca campina pantanosa de onde se erguem os vapores brancos da tarde, sobre os quais ainda vemos uma linha de horizonte de um azul-cinzento formado por massas de árvores e alguns telhados (325).

Não vejo como descrever-lhe a região como deveria, pois me faltam as palavras, mas imagine as margens do canal como quilômetros e quilômetros de Michel ou de Th. Rousseau, Van Goyen ou de Ph. de Koninck.

Diferentes faixas ou planos de cor que se tornam cada vez mais estreitos à medida que se aproximam do horizonte. Aqui e ali, acentuados por uma choupana entre

manchas de relva, ou uma pequena granja, ou alguns magros álamos, choupos, carvalhos, em toda parte tufos de turfa, e seguidamente passam barcos carregados de turfa ou de espadanas vindos dos pântanos. Aqui e ali algumas vacas magras, de coloração delicada, às vezes alguns carneiros e porcos. As figuras que aparecem de tempos em tempos na campina têm quase sempre muito caráter, às vezes têm um encanto prodigiosamente sutil; desenhei, particularmente, uma mulher num barco; tinha uma fita preta em volta dos enfeites de sua touca, pois estava de luto; e também, mais tarde, uma mãe com sua criança; esta levava um lenço malva ao redor da cabeça. Há muitos tipos de Ostade entre eles; fisionomias que lembram porcos ou corvos, mas, de tempos em tempos, uma figura bonita que é como um lírio entre os espinhos.

Enfim, estou muito contente com esta viagem, pois estou com os olhos cheios com tudo que vi. Esta tarde, a charneca estava extraordinariamente bela. Num dos álbuns Boetzel há um Daubigny que reproduz exatamente este efeito. O ar era de um delicado lilás-branco inexprimível. Nada de nuvens encarneiradas, pois estavam mais amontoadas umas sobre as outras e recobriam todo o céu, como flocos matizados de lilás, de cinza, de branco, com um pequeno e único rasgo através do qual penetrava o azul. A seguir, no horizonte, uma linha vermelha resplandecente; abaixo, a espantosa extensão sombria da charneca marrom, e sobre a brilhante linha vermelha uma quantidade de telhados baixos de pequenas choupanas. À tarde, esta charneca frequentemente tem efeitos que os ingleses denominam pelas expressões *weird* e *quaint*. Moinhos quixotescos ou singulares, massas de pontes levadiças perfilam suas caprichosas silhuetas sobre o trêmulo céu da tarde.

Com os reflexos na água ou na lama e os vidros de suas janelas iluminados, uma aldeia como esta pode ser muito simpática (330).

N. Amsterdã

Tudo aqui é perfeitamente belo, como eu gosto. Quero dizer que aqui é a paz.

Vejo também outra coisa bela: o trágico; mas este trágico está em toda parte, enquanto que aqui não são *somente* efeitos de Van Goyen que encontramos. Ontem desenhei troncos de carvalho apodrecidos, chamados troncos de turfa (são carvalhos que ficam desaparecidos talvez um século sob a turfa e que formam, por sua vez, uma nova camada de turfa; quando se escava encontra-se estes troncos de turfa).

Estes troncos estavam num charco, em meio à lama preta.

Alguns, pretos, encontravam-se sob a água na qual reverberavam, outros, descorados, sobre a campina preta. Um caminhozinho branco atravessa a planície, e atrás há ainda mais turfas, de um preto de fuligem. Por cima, um céu de tempestade. Este charco na lama com seus troncos apodrecidos era tão absolutamente melancólico e dramático como Ruysdaël, como Jules Dupré. Veja um pequeno esboço do Veen.[9]

Você me escreveu sobre Liebermann: seu colorido consiste em tons cinza-ardósia, com transições para o castanho, principalmente para o amarelo-cinza. Nunca vi nada dele, mas agora que vejo a natureza daqui, entendo perfeitamente como ele chega logicamente a isto. Os objetos também me fazem frequentemente, por suas cores, pensar em Michel; você sabe que também nele o céu é cinza (às vezes cinza-ardósia), a terra, castanha com amarelos-cinzentos. É totalmente real e conforme a natureza.

Há efeitos Jules Dupré; certamente os há, mas, durante o outono, é exatamente igual ao que você escreve de Liebermann. Se eu encontrar o que procuro – e por que não o encontraria? –, certamente farei com frequência a mesma coisa na mesma gama.

Claro, para ver desta maneira, não se deve observar a cor local isoladamente, mas considerar esta cor local com relação ao tom do céu.

Este céu é cinza, contudo tão luminoso que nosso branco *puro* talvez não possa reproduzir sua luz e seu

9. O "Veen", na Holanda, designa ao mesmo tempo a turfa e a turfeira. Diz-se "o Veen" no sentido em que se diz a região, as dunas, os campos. (N.E.)

brilho. E se o céu, sobre a tela, já é cinza, ficando assim muito inferior à força da natureza, o quanto ainda não será necessário, para manter a lógica, abaixar em alguns tons os castanhos e os cinza-castanhos?

Acho que se analisarmos isto por um instante desta maneira, isto parecerá tão normal que dificilmente poderemos entender como é que nunca o vimos assim antes.

Mas é a cor local de um campo verde ou de uma charneca castanha, considerada isoladamente, que nos induz tão facilmente ao erro (331).

Você foi envolvido em alguns acontecimentos que eu não julgo indiferentes. Melhor e de uma forma diferente que a maioria, você leu os livros de Zola, que considero os melhores sobre a época atual.

Você me disse um dia: "Eu sou como aquela pessoa de Potbouille", e eu lhe respondi: não. Se você fosse *assim*, melhor seria partir para um novo negócio, mas você é mais profundo que ele, e não sei se "no fundo" você é um homem de negócios. "No fundo, bem no fundo", vejo em você o artista, o verdadeiro artista.

Você teve experiências sentimentais pelas quais não procurou, e que lhe deixaram marcas; veja, as coisas acontecem como acontecem. Por quê? Para onde você vai? Este é o novo começo de uma carreira análoga? Decididamente acho que não, é mais profundo que isto. Você precisa mudar, mas isto significa uma regeneração total, não uma repetição da mesma coisa. Você não se enganou no passado; e como o passado não se impôs, você deveria ser o que foi, seu passado é correto. Significa que isto *não* era simplesmente uma preparação geral, as fundações, uma preparação de terreno e ainda não a verdadeira solução? Por que não seria *esta* a explicação? Parece-me que se trata precisamente disto.

Acho que as coisas falam por si tão alto que me parece impossível dizer-lhe outra coisa além do óbvio; mesmo a seus próprios olhos.

Além disto, é bastante curioso, no meu entender, que, precisamente nestes últimos dias, tenha se operado em mim uma mudança. Que precisamente agora eu esteja numa atmosfera que me exalta tão poderosamente, que ordena, regula, fortalece, renova e engrandece meus pensamentos a ponto de eu estar completamente dominado por ela. E que eu possa lhe escrever possuído pelos sentimentos que esta triste charneca solitária faz nascer em mim. Precisamente neste momento, sinto em mim o começo de algo melhor. Algo que ainda não é, mas no entanto eu vejo em minha obra coisas que recentemente eu ainda não havia feito. A pintura está se tornando mais fácil para mim, sinto o desejo de começar um monte de coisas que até agora deixei passar. Sei que isto coincide com tal indefinição das circunstâncias que não é muito certo que eu possa continuar aqui. É possível que, por circunstâncias vindas de seu lado, as coisas tomem um outro rumo. Mas eu o lamentaria muito, ainda que aceitasse tudo com calma.

Não posso evitar imaginar o futuro composto não somente por mim, mas por você e por mim, pintores e colaboradores, camaradas, nesta pequena região de turfas (333).

Preferiria ganhar 150 francos por mês como pintor do que 1.500 francos por mês por outros meios, mesmo como negociante de quadros. Acredito que poderia aprender minha profissão tanto em Paris quanto aqui na charneca; na cidade eu teria a oportunidade de aprender ainda alguma coisa com os outros, de aproveitar suas experiências, e isto não me é de todo indiferente; por outro lado, trabalhando aqui, acredito também poder progredir, mesmo sem ver outros pintores (335).

Conheço duas pessoas agitadas em seu íntimo pela mesma luta: "sou pintor" e "não sou pintor". Rappard e eu mesmo. Uma luta às vezes medonha, uma luta que é justamente a diferença entre nós e alguns outros que levam as coisas menos a sério; para nós mesmos às vezes é muito duro; após uma crise de melancolia, um pouco de luz, um pouco de progresso; alguns outros têm que lutar menos, talvez trabalhem mais facilmente, mas também o caráter do indivíduo se desenvolve menos.

Você também teria que passar por esta luta;[10] e previno-o: esteja intimamente persuadido de que você corre o risco de ser desestimulado por pessoas que, sem dúvida alguma, agirão com as melhores intenções do mundo.

Se algo em seu íntimo lhe disser "você não é pintor", *é então que você deve pintar*, meu velho, e também esta voz se calará, mas somente desta maneira; aquele que ao sentir isto corre a seus amigos contar suas penas perde um pouco de sua energia, um pouco do que tem de melhor em si. Só podem ser seus amigos aqueles que também lutam contra isso, aqueles que pelo exemplo de sua própria atividade estimulam o que há de ativo em você mesmo. É preciso pôr-se ao trabalho com firmeza, com uma certa consciência de que o que se está fazendo está de acordo com a razão, como o camponês que guia seu arado, ou como nosso amigo que, no meu pequeno esboço, ara seu campo, e o ara sozinho. Se não temos cavalo, somos nosso próprio cavalo, é o que um monte de gente faz aqui.

Há uma frase de Gustave Doré que eu sempre achei muito bonita: *Eu tenho a paciência de um boi.* Vejo nesta frase ao mesmo tempo algo bom, uma certa honestidade decidida; enfim, esta frase contém muitas coisas: é uma verdadeira frase de artista. Quando pensamos em pessoas cujo espírito concebe coisas deste gênero, parece-me que raciocínios como aqueles que se ouvem demais entre os negociantes de quadros sobre "o dom dos artistas" são um horrível grasnido de corvo. *Eu tenho paciência*, como é calmo, como é digno; talvez não o disséssemos se justamente não houvesse todo este grasnido de corvos.

Eu não sou um artista – como é grosseiro – mesmo pensá-lo de si próprio – será possível não termos paciência,

---

10. Theo, enfrentando dificuldades na Casa Goupil, onde trabalha, menciona numa carta um vago projeto de tornar-se pintor. Vincent, então, escreve várias vezes a seu irmão tentando persuadi-lo a abandonar definitivamente a profissão de *marchand* e consagrar-se inteiramente à pintura, o que os aproximaria um do outro. Ele chegará mesmo a estabelecer nos menores detalhes materiais um plano de vida comum, baseado num empréstimo de seu senhorio em Drenthe, sem sequer duvidar que este o concederia. (N.E.)

não aprender com a natureza a ter paciência, a ter paciência vendo silenciosamente surgir o trigo, crescerem as coisas? Seria possível imaginar algo tão absolutamente morto quanto pensar que não podemos nem sequer crescer? Será que pensaríamos em contrariar intencionalmente nosso próprio desenvolvimento? Digo isto para mostrar o quanto acho estúpido falar de artistas que sejam dotados ou não.

Mas, se queremos crescer, é preciso nos entranharmos na terra. Digo-lhe, portanto: plante-se na terra de Drenthe, você germinará; não se resseque numa calçada.

Há plantas que crescem nas cidades, você me dirá, pois seja, mas você é trigo e seu lugar é num campo de trigo...

Não imagino nem um pouco estar lhe dizendo qualquer novidade, só lhe peço que não procure ideias melhores que as que você já carrega em si (336).

Pense em Barbizon,[11] esta história é sublime. Quando lá chegaram os primeiros que ali se iniciaram, eles estavam longe de revelar o que no fundo realmente eram. A região os formou; eles só tinham uma certeza, suponho: não se pode fazer nada de bom na cidade, é preciso ir ao campo, pensavam; é preciso que eu aprenda a trabalhar, que eu me torne totalmente diferente do que sou no momento, sim, algo oposto ao que sou. Diziam a si mesmos: o que eu faço não vale nada, vou me renovar na natureza.

Ao menos, é o que penso comigo mesmo, se fosse necessário ir a Paris – ainda que lá eu devesse encontrar o que fazer –, acho meu futuro aqui infinitamente melhor. O que mais me atrai em Paris, o que mais me faria progredir, seria o fato de estar contigo, de discutir com alguém que sabe o que é um quadro, que compreende o que a pesquisa tem de sensato. Acho Paris muito bom, porque você está em Paris, e por isto mesmo *até* em Paris a coisa iria melhor, se desta forma eu estivesse menos só.

11. Barbizon – Aldeia em Seine-et-Marne, na orla ocidental das florestas de Fontainebleau. Ficou célebre pelas suas belas paisagens e por ser o lugar predileto de grandes pintores de paisagens como Corot, Rousseau, Daubigny, Millet, Troyon, que formaram a chamada "escola de Barbizon".(N.T.)

Vamos, meu velho, venha pintar comigo na charneca os campos de batata, venha pois correr comigo atrás do arado e do pastor, venha comigo ver os fogos, tomar um banho de ar puro sob a tempestade que sopra na charneca. Venha para o verde. Não conheço o futuro, se é preciso esperar ou não por mudanças, ou se teremos o vento a favor, mas em todo caso não posso falar de outro modo: não é em Paris, não é na América que é preciso procurar, tudo é eternamente igual. Mude, de fato, mas é na charneca que é preciso procurar (339).

Gostaria de lhe falar um pouco de um passeio que fiz a Zweeloo, a aldeia onde Liebermann morou por muito tempo e fez estudos para seu quadro do último Salão, com as lavadeiras. E onde Termeulen e Jules Bakhuijzen também viveram muito tempo. Imagine um passeio pela charneca, às três horas da manhã, numa carroça descoberta (eu estava acompanhando o homem em cuja casa estou hospedado e que ia ao mercado de Assen). Pelo caminho – um *diek*, como se diz por aqui – sobre o qual, para aterrar, jogaram barro em vez de areia. Foi ainda mais divertido que no barco. Quando começou a clarear um pouco e os galos começaram a cantar em torno das choupanas dispersas pela charneca, as poucas casinhas frente às quais passávamos, cercadas por choupos despojados de onde ouvíamos caírem as folhinhas amarelas – uma velha torre mutilada num pequeno cemitério limitado por um monte de terra e um trigal –, tudo, tudo, tudo tornou-se exatamente igual aos mais belos Corot. Uma calma, um mistério, uma paz, como só ele pintou.

Entretanto, ainda estava completamente escuro quando chegamos a Zweeloo, às seis horas da manhã; vi os verdadeiros Corot, ainda antes do amanhecer.

Nossa entrada na aldeia, entretanto, foi tão bela. Os telhados imensos e musgosos das casas, as estrebarias, os estábulos, os celeiros.

Aqui as moradias são muito grandes entre carvalhos de um bronze soberbo. No musgo, tons de um verde-ouro; no chão, de um escuro lilás-cinza puxando para o vermelho, o azul, ou o amarelo; tons de uma pureza inexprimível no verde dos pequenos trigais; tons negros nos troncos úmidos, contrastando com a chuva dourada das folhas de outono, agitadas e sussurrantes que, como perucas descabeladas sobre as quais se tivesse soprado, pendiam por um fio dos galhos dos choupos, das bétulas, das tílias, das macieiras; e ainda deixavam passar a luz do céu.

Um céu sem nenhuma mancha, luminoso, não branco, mas de um lilás que desafia a análise, um branco no qual se vê fluir o vermelho, o azul, o amarelo, um céu que reflete tudo e que sentimos sobre nós em toda parte, que é vaporoso e que se concilia com a leve bruma abaixo.

Tudo se resolve numa gama de cinza delicado. Contudo, não encontrei um único pintor em Zweeloo; aliás, as pessoas me disseram que eles nunca vinham no inverno.

Espero justamente vir aqui no próximo inverno. Já que não havia pintores, decidi voltar a pé e desenhar um pouco a caminho, em vez de esperar a volta de meu senhorio. Pus-me a fazer um pequeno esboço do famoso pomar de macieiras do qual Liebermann fez seu grande quadro. A seguir, retomei o caminho que havíamos trilhado de manhã cedo.

....

Passava perto de uma pequena igreja igualzinha à *Igreja de Gréville* do pequeno quadro de Millet no Luxemburgo; aqui, em vez do pequeno camponês do quadro com sua enxada, havia um pastor com um rebanho de carneiros perto da cerca. Ao fundo não se percebia o mar, mas sim um mar de trigo jovem, um mar de sulcos de arado em vez do mar de ondas.

O *efeito produzido* – o mesmo. Vi então lavradores muito ocupados – uma carroça de areia, pastores, homens trabalhando na estrada, carroças de esterco. Eu desenhava num pequeno albergue à beira da estrada uma velhinha ocupada em sua roda de fiar, um pequeno personagem negro que parecia saído de um conto de fadas – pequeno personagem negro frente a uma janela clara, pela qual se via o céu claro, um atalho atravessando o verde delicado dos campos e alguns patos bicando a relva.

Quando a seguir caiu o crepúsculo, imagine o silêncio, a paz deste momento. Imagine neste instante uma pequena

alameda de choupos altos, com suas folhas de outono, imagine uma larga estrada de barro, inteirinha de barro preto, tendo à direita ao infinito a charneca, à esquerda ao infinito a charneca, as negras silhuetas triangulares de algumas choupanas de palha através de cujas janelas brilhava a luz vermelha do fogo – algumas poças de uma água amarelada e suja que refletiam o céu, nas quais apodrecem os troncos de turfa; imagine este monte de barro, a tarde, ao crepúsculo, tendo, em cima, um céu esbranquiçado, tudo, portanto, preto sobre branco. E entre este monte de barro, um personagem hirsuto, o pastor, um rebanho de coisas de formas ovaladas, metade lã, metade lama, que se empurram em massa, se apertam – o rebanho.

Você o vê chegando – você fica no meio –, você se volta e o segue. Ele avança dificilmente e a contragosto na estrada enlameada. E surge ao longe a granja, alguns telhados com musgo e montes de palha e de turfa entre os choupos.

A pastora também é uma silhueta quase triangular, toda escura. A porta está toda aberta. Atrás, pelas frestas das tábuas, ainda brilha a claridade do céu.

Toda a caravana de lã e de lama desaparece em massa nesta caverna; uma vez lá dentro, o pastor e uma mulher segurando uma lanterna fecham a porta hermeticamente.

A volta do rebanho no crepúsculo é o final da sinfonia que escutei ontem.

Este dia passou-se como um sonho, estive todo o dia tão mergulhado nesta música pungente que literalmente me esqueci de comer e de beber. Eu tinha comido um pedaço de pão camponês e uma xícara de café no pequeno albergue onde desenhara a mulher com a roda de fiar. O dia tinha desaparecido e, desde a alvorada até o crepúsculo, ou melhor, entre uma e outra noite, eu tinha me perdido nesta sinfonia.

Voltava para casa e, sentando-me defronte ao fogo, me dava conta que tinha fome, constatava que tinha uma fome medonha... E eis como as coisas vão por aqui. Tem-se absolutamente a mesma impressão que numa exposição das *Cem obras-primas,* por exemplo. O que é que trazemos de um dia como este? Nada além de uma quantidade de esboços. Ainda assim, trazemos outra coisa mais: um tranquilo desejo de trabalhar (340).

NUENEN
(DEZEMBRO DE 1883 – NOVEMBRO DE 1885)

O isolamento é uma coisa bastante penosa, a gente se sente como numa prisão. No entanto, ainda não posso afirmar até que ponto isto adiantará os meus negócios. O que, aliás, você também não faz.

De minha parte, vejo-me frequentemente melhor entre pessoas que ignoram até mesmo o significado da palavra isolamento por exemplo, os camponeses e os tecelões, do que no mundo civilizado. É uma felicidade para mim. Assim, enquanto estou aqui, envolvo-me intimamente com os tecelões (351).

Escreva-me, se quiser, de forma um pouco mais detalhada a respeito da exposição de Manet, diga-me quais os quadros que lá estão. Eu sempre achei Manet muito original. Você conhece o artigo que Zola escreveu sobre ele? Lamento não ter visto dele mais que umas poucas pinturas. Gostaria sobretudo de ver alguns de seus nus.

Não acho um exagero que alguns – Zola, por exemplo – sejam seus *entusiastas*, embora, de minha parte, não ache de forma alguma que ele possa figurar entre os primeiríssimos deste século. Mas é um talento que *muito certamente* tem sua "razão de ser", o que já é muito. O artigo que Zola escreveu sobre ele se encontra no *Meus ódios.*

Quanto a mim, não posso estar de acordo com Zola quando ele *conclui* que Manet é um homem que em suma abre um novo futuro às concepções modernas na arte. Para mim, não é Manet, é Millet, o pintor essencialmente moderno graças a quem o horizonte se abriu para muitos (355).

Pensei muito em você, estes últimos dias, especialmente por causa de um pequeno livro seu e que Van L. me emprestou: os poemas de François Coppée. Conhecia apenas alguns deles e na época já tinham me impressionado.

É um destes verdadeiros artistas *que dão o sangue*, o que é visível por mais de uma comovente confidência.

E mais artista ainda por se preocupar com tantas coisas tão diferentes, e por saber pintar tão bem uma sala de espera cheia de imigrantes de terceira classe que lá passam a noite – tudo isto cinza, sombrio e melancólico – e ainda desenhar, numa atmosfera totalmente diferente, uma pequena marquesa dançando o minueto, tão elegante quanto um personagem de Watteau (357).

Após ler sua carta a respeito dos desenhos, eu lhe enviei imediatamente uma aquarela de um tecelão e cinco desenhos à pena. De minha parte, direi francamente, acho correto o que você diz, que meu trabalho deve melhorar, mas também acho que sua energia para tirar proveito dele poderia ser um pouco mais acentuada.

Você *jamais vendeu nada meu, nem pouco, nem muito* e na verdade você *nem mesmo tentou.*

Veja você, eu *não me ofendo,* mas é totalmente inútil contentarmo-nos com palavras. De qualquer forma, eu acabaria resmungando.

Por seu lado, continue também a falar *francamente.*

Quanto a saber se é vendável ou invendável, este é um estribilho maçante, e não estou nem um pouco disposto a gastar minha energia nisto.

À guisa de resposta, veja, faço chegar às suas mãos alguns novos trabalhos e continuarei a fazê-lo de muito boa vontade, maior boa vontade impossível.

Apenas que é preciso de uma vez por todas que você diga francamente, eu prefiro, se você acredita poder se ocupar deles em seguida ou se sua dignidade não o permite. Abstração feita do passado, encontro-me frente ao futuro e, reserva feita do que você pensa, estou totalmente decidido a dar-lhe uma boa feição.

Também é preciso que eu me vire, Theo, e, no que lhe diz respeito, ainda estou no mesmo ponto em que estava há alguns anos; o que você diz de meu trabalho atual ("quase vendável, mas..."), é *mais ou menos textualmente a mesma coisa que você me escrevia quando eu lhe enviei os meus primeiros esboços brabantinos de Etten.*

É por isto que eu digo que este é um estribilho maçante. E quando reflito, prevejo que você dirá sempre a mesma coisa; mas se até o presente momento eu evitei quase que sistematicamente tomar qualquer providência junto aos *marchands,* agora vou mudar de tática e tentar ativamente achar alguns apreciadores para minhas obras.

Pintei a igrejinha e novamente um tecelão. Os estudos de Drenthe são francamente tão ruins? Não estou com muita vontade de lhe enviar os estudos pintados aqui; não, não vale a pena, você poderá vê-los se acaso vier na primavera.

Sim, o que devo pensar do que você diz de meu trabalho? Por exemplo, falemos de meus estudos e Drenthe. Alguns são muito superficiais, eu mesmo lhe disse; mas o que é que recebo por aqueles que foram pintados simplesmente ao ar livre, calmamente, sossegadamente, onde não tento exprimir nada *além do que aquilo que vi*, o que é que recebo?: "Será que você não está muito obcecado por Michel?" (Penso aqui no estudo da choupana na obscuridade, e na maior das cabanas de palha, principalmente naquela com o pequeno campo verde no primeiro plano.) Sem dúvida você dirá a mesma coisa do velho cemitério.

E, no entanto, nem para o cemitério, nem para as choupanas, pensei em Michel, pensei apenas no assunto que tinha diante de meus olhos (358).

Acho muito importante o que você escreve a respeito do Salão. O que você fala de Puvis de Chavannes me dá um *enorme* prazer, pelo fato de você ver sua obra desta maneira; compartilho totalmente sua opinião sobre o talento dele.

No que diz respeito aos coloristas, no fundo estou com você. Posso me interessar muito por um Puvis de Chavannes; isto não impede que eu experimente a mesma coisa que você diante de uma paisagem com vacas de Mauve, e diante de quadros de Maris e de Israels.

No que diz respeito à minha própria cor, você *não* encontrará em minha obra daqui tons prateados, mas antes tons escuros (por exemplo, betume e bistre); não tenho dúvidas de que alguns me condenarão. Mas você verá por si mesmo como eles são, quando vier para cá.

Parece-me que as pessoas de Nuenen são em geral melhores que as de Etten ou de Helvoirt; aqui há mais sinceridade, ao menos é a minha impressão, agora que eu já estou aqui há algum tempo.

Aqui as pessoas têm um pouco a mentalidade de um *dominée*[12], mas de um jeito com o qual eu me adapto bastante facilmente.

---

12. Pastor protestante. (N.E.)

Às vezes a realidade está muito mais perto do Brabante do que nós *sonhamos.*

Devo confessar que estou voltando a alimentar meu primeiro projeto, caído por terra, que era de me fixar no Brabante (368).

Escrevo-lhe a respeito de uma passagem do *Os artistas de meu tempo,* de Charles Blanc.

"Três meses aproximadamente antes da morte de Eugène Delacroix, nós o reencontramos, Paul Chenavard e eu, nas galerias do Palais-Royal, às dez horas da noite. Foi à saída de um grande jantar onde se havia discutido questões de arte, e a conversação sobre este mesmo assunto tinha se prolongado entre nós dois, com aquela vivacidade, aquele calor que dispensamos sobretudo às discussões inúteis. Falávamos sobre a cor, e eu dizia:

'Para mim os grandes coloristas são aqueles que não pintam o tom local', e eu ia desenvolver meu tema quando percebemos Eugène Delacroix na galeria da Rotunda.

Ele veio a nós exclamando: tenho certeza de que eles estão discutindo pintura! Com efeito, disse-lhe eu, eu estava a ponto de sustentar uma tese que não é, acredito, um paradoxo, e da qual vós sois, em todo caso, melhor juiz que ninguém; eu dizia que os grandes coloristas não pintam o tom local, e convosco certamente não precisarei ir além.

Eugène Delacroix deu dois passos para trás piscando o olho segundo seu hábito: "Isto é perfeitamente verdadeiro", disse ele, "veja um tom por exemplo (e indicava com o dedo o tom cinza e sujo do chão): pois bem, se disséssemos a Paul Véronèse: pinte-me uma bela mulher loira cuja pele tenha este tom, ele a pintaria, e a mulher *seria uma loira em seu quadro*".

A respeito de "cores pobres", não se deve, no meu entender, considerar as cores de um quadro por si mesmas; uma "cor pobre" pode muito bem exprimir o verde tênue e vigoroso de uma campina ou de um trigal quando, por exemplo, estiver sustentada por um castanho-vermelho, um azul-escuro ou um verde-oliva.

Não posso deixar de acreditar que De Bock, que batizou certas cores de *snotkleurtjes* (pobres crianças, remelentas), não teria no fundo objeções ao que precede, pois eu o ouvi dizer um dia que, em certos quadros de Corot, nos céus vespertinos, por exemplo, havia tons que eram muito *luminosos* no quadro e que, considerados em si mesmos, eram *tons cinzentos relativamente escuros.*

Logo lhe escreverão de casa para agradecer sua carta.

Mas, para voltar novamente a esta questão de que poderíamos com uma corzinha suja como o cinza do chão pintar um céu crepuscular ou uma mulher loira, quando a aprofundamos, notamos que ela se desdobra.

Pois, para começar, há o seguinte:

Uma cor escura pode parecer, ou melhor, *produzir claridade*; isto, no fundo, ainda é mais uma questão de tom.

Mas, então, no que diz respeito à *cor* propriamente dita, um vermelho-cinza, relativamente pouco vermelho, parecerá mais ou menos vermelho, em função das cores que lhe farão vizinhança.

Assim com o azul e com o amarelo. Basta colocar um pouquinho de amarelo numa cor para fazê-la tornar-se muito amarela, quando colocamos esta cor num – ou ao lado de um – violeta ou num lilás.

Lembro-me como alguém se esforçava em reproduzir um telhado vermelho sobre o qual batia a luz, por meio do vermelhão e do amarelo-cromo, etc... Não funcionava.

Jaap Maris fê-lo em mais de uma aquarela modulando ligeiramente com ocre-vermelho uma cor que era avermelhada. E isto reproduzia perfeitamente a luz do sol sobre os telhados vermelhos. Se tiver tempo, eu lhe transcreverei ainda uma passagem do livro sobre Delacroix tratando das leis a que as cores estão sempre sujeitas. Mais de uma vez já pensei que, quando se fala de cor, se está falando na verdade do tom. E talvez atualmente haja mais tonalistas do que coloristas. Não é a mesma coisa, embora possam muito bem ir de par (370).

Li com muito prazer *Os mestres de outrora,* de Fromentin. Vi *tratadas* neste livro, em diversas passagens, as mesmas questões que me preocupavam muito nestes últimos tempos e nas quais penso continuamente, especialmente desde o fim da minha estada em Haia, onde ouvi repetir-se o que Israels havia dito sobre o fato de começar numa tonalidade menor e procurar dar-lhe um valor claro por meio de tons ainda relativamente escuros. De expressar, enfim, a luz por oposição à obscuridade. Já sei tudo o que você pensa do "muito preto", entretanto ainda não estou absolutamente convencido, para citar apenas um exemplo, que um céu cinza deva sempre ser pintado no tom local. E o que Mauve faz, mas Ruysdaël não o fez, Dupré não o faz, Corot e Daubigny???

E o mesmo que ocorre com a paisagem, ocorre com a figura; entendo que Israels pintava um muro branco de forma totalmente diferente que Regnault ou Fortuny.

E, por consequência, a figura, com relação a esse muro, dá um efeito totalmente diferente.

Quanto a mim, quando ouço você falar num monte de nomes novos, nem sempre entendo, pois não vi absolutamente *nada* deles.

Segundo o que você me disse a respeito do "impressionismo", entendi tratar-se de coisa bem diferente do que eu acreditava, mas o que se deve entender por isto ainda não está claro para mim. No que me diz respeito encontro em Israels, por exemplo, tantas coisas, que tenho uma curiosidade ou uma atração muito pequena por qualquer coisa que seja diferente ou nova.

Já faz muito tempo, Theo, que estou desgostoso com certos pintores atuais que nos privam do bistre e do betume, com os quais se pintaram tantas coisas magníficas, e que, bem utilizados, dão sabor, riqueza e generosidade ao colorido, sendo sempre tão distintos. E que possuem propriedades tão notáveis e específicas.

Aliás, também exigem esforço para que se aprenda a utilizá-los, pois deve-se usá-los de forma diferente que as cores ordinárias, e acho muito provável que mais de uma pessoa tenha ficado assustada com as tentativas que é preciso fazer no início e que, naturalmente, não dão certo logo ao primeiro dia em que se começa a utilizá-los.

Agora já faz aproximadamente *um ano* que eu comecei a utilizá-los, justamente para os interiores, mas no começo tudo saiu terrivelmente ruim; apesar de tudo, conservei a lembrança de algumas coisas bem bonitas.

Você tem mais oportunidades que eu de ouvir falar de livros de arte. Quando encontrar boas obras como, por exemplo, o livro de Fromentin sobre os pintores holandeses, ou se você se lembrar de uma delas, não se esqueça que eu desejo muito que você compre algumas, deduzindo do que você costuma me enviar, desde que tratem de *técnica.* Tenho a intenção de aprender seriamente a teoria; não considero isto de forma alguma inútil, e acredito que frequentemente o que sentimos ou o que pressentimos instintivamente torna-se claro e certo quando somos guiados por alguns textos que tenham um real sentido prático.

Quando ouço dizer que "na natureza não há preto", penso que na realidade o preto também não existe na cor.

Sobretudo não se deve cair no erro de acreditar que os coloristas não empregam o preto, pois não é preciso dizer que desde que o preto entre em composição com elementos azuis, vermelhos ou amarelos, estes tornam-se cinzas, seja vermelho-escuro, amarelo ou azul-cinzento. Acho especialmente muito interessante o que Charles Blanc, no *Artistas de meu tempo,* diz sobre a técnica de Velázquez, cujas sombras e semitons consistem, na maioria das vezes, *em cinzas frios e incolores,* em que o preto e um pouco de branco são os elementos de base. Neste meio neutro e incolor, a menor nuvenzinha, por exemplo, já é muito expressiva (371).

Contudo, meu estoque de cores é tal que eu só posso me lançar com muita prudência em novas coisas de formato maior, tanto mais que isto me ficaria ainda mais caro por causa dos modelos, desde que eu ainda possa encontrar modelos convenientes para o tipo que tenho em mente (faces rudes, planas, com a testa baixa e grossos lábios; não traços sugeridos, e sim cheios e no gênero de Millet), e vestidos como eu imagino.

Pois aqui tudo se relaciona muito exatamente, e não temos a liberdade de dispensar a cor das roupas, pois o efeito reside na aproximação do tom índigo quebrado e do tom cobalto quebrado, realçados pelos elementos ocultos de laranja e castanho-ruço do trigo.

Isto poderia ser algo que expressasse bem o verão. O verão, em minha opinião, não é fácil de expressar; na maioria das vezes um efeito de verão é inclusive impossível ou feio; ao menos esta é minha impressão, mas em compensação há os crepúsculos.

Mas é preciso dizer que não é fácil encontrar no verão um efeito de sol que seja tão rico, tão simples e tão agradável de ver quanto os efeitos característicos das outras estações.

Na primavera há o trigo novo verde tênue e as macieiras rosas em flor.

No outono há o contraste das folhas amarelas com os tons violetas.

No inverno há a neve e os pequenos personagens negros.

Portanto, se no verão há a oposição dos azuis com um elemento laranja no bronze dourado dos trigais, poderíamos fazer exatamente deste modo um quadro que exprimisse bem a atmosfera das estações, com todos os contrastes de cores complementares (vermelho e verde, azul e laranja, amarelo e violeta, branco e preto) (372).

Não pude dar outra forma à minha última carta. Mas saiba que me parece tratar-se de uma desavença inevitável entre você e eu, mais que qualquer outra coisa cuja culpa fosse exclusivamente nossa.

Você me conta que logo haverá uma exposição de Delacroix. Bom. Você certamente verá lá um quadro: *A barricada*, que conheço apenas por biografias de Delacroix. Foi pintado, acho, em 1848. Você conhece, além disso, uma litografia de Lemud, acho; se não for dele, é de Daumier; ela também representa a barricada de 1848. Gostaria que você nos imaginasse os dois vivendo neste ano de 1848, ou num período análogo, pois quando do golpe de estado de Napoleão aconteceu algo de semelhante. Não lhe direi nada que o irrite – aliás, esta nunca foi minha intenção. Quero apenas fazê-lo compreender em que medida a separação que se deu entre nós está relacionada com as correntes gerais que se produzem no mundo, e que desta forma esta separação não tem nada a ver com uma maldade deliberada. Suponha, portanto, que estejamos em 1848.

Quem eram aqueles que se encontraram frente a frente e que podemos tomar como representantes de todos os outros? Guizot, ministro de Luís Felipe, de um lado; Michelet e Quinet com os estudantes, do outro.

Começarei com Guizot e Luís Felipe: eram eles maus ou tirânicos? Não precisamente, eram gente, pelo que vejo, igual a, por exemplo, papai e o avô, o velho Goupil. Pessoas, enfim, de aspecto extremamente venerável, grave e sério. Mas, quando as observamos um pouco mais atentamente e de perto, têm algo de lúgubre, de inexpressivo, de caduco, a tal ponto que nos deixariam doentes. Acaso será exagero?

À parte as diferenças de posição, o mesmo espírito, o mesmo caráter. Estou enganado?

Tomemos agora, por exemplo, Quinet ou Michelet, ou, mais tarde, Victor Hugo. A diferença entre eles e seus adversários seria afinal tão formidável? Sim, mas vendo as coisas superficialmente ninguém o diria; eu mesmo *certa época* achei igualmente bons um livro de Guizot e um livro de Michelet. Mas, no meu caso, à medida que fui mais a fundo, percebi a diferença, e mais, a *contradição.*

Percebi, enfim, que um gira em círculos, perde-se, e que do outro, ao contrário, resta algo de infinito. Desde então aconteceram muitas coisas. Mas tenho como certo que, se você e eu tivéssemos vivido *naquela época,* você se encontraria ao lado de Guizot e eu ao lado de Michelet. E permanecendo os dois coerentes consigo mesmos, poderíamos com uma certa tristeza nos encontrar frente a frente, como inimigos, por exemplo, numa das barricadas, você à frente, soldado do governo, eu atrás, revolucionário ou rebelde.

E veja que hoje, em 1884 *(por acaso os algarismos são exatamente os mesmos, mas invertidos),* encontramo-nos novamente frente a frente, embora na verdade não haja barricadas. Mas elas ainda existem para os espíritos que não podem estar de acordo. "*O moinho não mais existe, mas o vento continua.*"

E encontramo-nos, em minha opinião, frente a frente em campos diferentes, não há nada a fazer.

Quer você queira ou não, *você* deve continuar, *eu* devo continuar. Mas, como somos irmãos, não é preciso que nos matemos um ao outro (no sentido figurado).

Quanto a nos ajudarmos como dois homens que se encontram lado a lado no mesmo campo, é impossível, pois, se tivéssemos que nos reunir, nos arriscaríamos a cair sob o fogo do outro.

As frases irritantes que me brotam são balas atiradas não contra você, que é meu irmão, mas mais geralmente contra o partido no qual você se encontra. Também não me sinto diretamente visado pelas frases irritantes que vêm de ti. *Mas você está atirando contra a barricada* e acredita ter méritos por isto; acontece que eu estou atrás dela.

Pense portanto um instante em tudo isto, se puder, pois não acho que você encontrará muito o que corrigir. Não posso falar diferente do que penso; é mais ou menos desta forma que é preciso ver as coisas.

Espero que você entenda o que quero dizer no sentido figurado.

Nem eu nem você nos ocupamos com política, mas estamos na Terra, no mundo, e os homens agrupam-se por si próprios em categorias.

Será que as nuvens podem escolher, *afinal*, se pertencem a um ou outro grupo da tempestade? Se carregarão eletricidade negativa ou positiva? É bem verdade que os homens não são nuvens. Enquanto indivíduos, fazemos parte de um todo que constitui a humanidade. Nesta humanidade há partidos. Até que ponto é a vontade própria, até que ponto é a fatalidade das circunstâncias, que fazem com que pertençamos a um ou a outro partido?

Enfim, estava-se então em 48, agora estamos em 84; *o moinho não existe mais, o vento continua.* Trate ainda assim de saber por si próprio de que lado você realmente se encontra, assim como eu tento sabê-lo por mim mesmo (379).

Os jovens de *agora* não querem *ouvir* falar de *mim;* muito bem, *isto não me incomoda; seja* como homens, *seja* como pintores, a geração de meados de 48 me é muito mais cara que a de 84; e, no que diz respeito a 48, *não* os Guizot, mas os *revolucionários, Michelet, e também os pintores camponeses de Barbizon* (380).

Rappard continua por aqui e ainda ficará ao menos por uma semana, pois seu trabalho está indo às maravilhas.

Ele está fazendo fiandeiras e diferentes estudos de cabeças; já fez uma dezena de estudos que eu acho muito bonitos.

Falamos muito sobre o impressionismo; *acho* que é assim que você classificaria meu trabalho. Mas aqui, na Holanda, é difícil compreender o que quer dizer na verdade o impressionismo.

Mas nos interessa muito, tanto a ele quanto a mim, saber o que representa a tendência atual. É certo que concepções novas e imprevistas estão se formando. Que se começa a pintar num tom totalmente diferente de alguns anos atrás. A última coisa que estou fazendo é um estudo de uma aleia de choupos com suas folhas de outono amarelas, onde o sol forma aqui e ali, entre as folhas caídas no chão, manchas brilhantes que se alternam com as sombras projetadas pelos troncos das árvores.

No fim do caminho há uma casinha de camponeses e acima o céu azul entre as folhas.

Acredito que, dentro de um ano, se continuar a pintar muito e sem interrupções, terei mudado muito mais minha maneira e minhas cores, e que as tornarei ainda um pouco mais escuras ao invés de claras (383).

Você está com toda a razão quando diz que "eu chegaria melhor a um bom resultado se fizesse bons quadros ao invés de discutir questões revolucionárias".

Inclusive acho isto tão verdadeiro que, enquanto você escrevia isso, eu justamente fazia novas gestões tendo diretamente como objetivo progredir, precisamente perguntando se eu poderia pintar ainda alguns estudos no ateliê de Mauve.

Você continua em sua carta a frase acima me perguntando "se eu talvez lhe poderia fornecer novos elementos a respeito das reformas a introduzir no comércio de arte".

Você quer um conselho no seu interesse e no meu próprio? Deixe de generalidades, apoie minhas gestões junto a Mauve e Tersteeg.

Que você me ajude a subir a correnteza – e ganhando dinheiro –, não somente pelo envio de dinheiro, mas também por sua influência, uma colaboração mais estreita e uma amizade de melhor quilate. Tenho em mim forças suficientes para realizar alguma coisa e também ganhar dinheiro.

E então, como você mesmo diz, se eu fizer progressos em minha pintura e se chegar a ter uma boa posição independente, terei mais valor que agora. Entro, ou seja, mais tarde, quando as coisas estiverem um pouco melhores para mim, tentarei com muita boa vontade dar-lhe novos elementos para esta questão da reforma do comércio; com efeito, certamente tenho sobre isto minhas ideias, que resultam de minha própria experiência sobre o que impede os pintores de progredir, e conheço o tipo de coisa que torna a vida dos pintores às vezes insuportável (384).

Não posso me preocupar com o que as pessoas pensam de mim, é preciso que eu *avance*, é nisto que tenho que pensar (388).

Está triste lá fora, os campos são uma verdadeira margueira de montes de terra preta com um pouco de neve, e há frequentemente dias onde não há mais que bruma e lama; à tarde, o sol vermelho, pela manhã, os corvos, a relva seca e a verdura murcha apodrecendo, bosquezinhos negros, e os galhos dos choupos e dos salgueiros eriçados sobre um céu triste, como montes de arame farpado. Isto, eu só vejo de passagem, mas combina totalmente com os interiores muito sombrios nestes escuros dias de inverno.

Combina também com a fisionomia dos camponeses e dos tecelões. Não ouço estes últimos se lamentarem, mas eles têm uma vida dura. Suponhamos que um tecelão que trabalhe duro faça uma peça de sessenta varas[13] em uma semana. Enquanto ele tece, é preciso que uma mulher embobine para ele, ou seja, que ela enrole o fio nos fusos; são, portanto, *dois* a trabalhar e a ter que viver deste trabalho. Por esta peça, o tecelão ganha líquido nesta semana,

13. Vara, antiga medida correspondendo a 1,10 m aproximadamente. (N.T.)

por exemplo, quatro florins e meio, e, quando ele a leva ao fabricante, frequentemente é obrigado a ouvir que não receberá uma nova peça para tecer em menos de oito ou quinze dias. Portanto, não somente o salário é baixo, mas o trabalho é bem escasso. Assim, essa gente fica frequentemente nervosa e inquieta. É um estado de espírito diferente daquele que eu conheci entre os "carvoeiros" (mineiros), num ano em que houve greves e muitos acidentes (392).

Acredito que quando já tentamos atentamente descobrir os mestres, em certos momentos acabamos por encontrá-los na própria realidade. Quero dizer que também se vê na realidade o que chamamos de suas *criações*, à medida que nossos olhos e nossa sensibilidade vão se assemelhando aos seus. E acredito também que, se os críticos ou os conhecedores estivessem mais familiarizados com a natureza, sua faculdade de julgar seria melhor que agora, quando só conhecem a rotina de viver entre quadros e compará-los entre si. O que em si é excelente, mas falta uma base sólida quando passam a esquecer que a natureza existe e não a aprofundam.

Se mais tarde eu fizer algo melhor, não trabalharei em todo caso de modo *diferente* que agora, quero dizer que será a mesma maçã, mas ela estará mais madura; nem sequer mudarei o que venho pensando desde o início. E esta é a razão pela qual digo a meu próprio respeito: se não valho nada agora, não valerei mais no futuro, mas se eu valer alguma coisa mais tarde, é porque também valho alguma coisa agora. Pois o trigo é trigo, mesmo que algumas pessoas da cidade no início o tomem por capim e vice-versa.

Em todo caso, se as pessoas acham bom ou ruim o que faço e como o faço, de minha parte eu não vejo outro partido a tomar além de lutar com a natureza por tanto tempo quanto necessário para que ela me confie seus segredos.

Continuo a trabalhar em diversos estudos de cabeças e de mãos (393).

Continuo sempre à procura do azul. As figuras de camponeses, aqui, em regra geral, são azuis. No trigo maduro, ou destacando-se sobre as folhas secas de uma ala de faias, de forma que os matizes escalonados de azul-escuro e de azul-claro recobram vida e passam a expressar-se opondo-se aos tons dourados ou aos castanhos-vermelhos; isto é muito bonito, e desde o começo me impressionou. As pessoas daqui também vestem instintivamente roupas do mais belo azul que eu jamais vira.

É um pano grosso que eles mesmos tecem, o fio de urdume é preto, a trama azul e isto forma composições riscadas de preto e de azul. Quando estes tecidos desbotam e ficam descorados pelo tempo e pela chuva, eles adquirem um tom delicado extremamente suave, muito bom para realçar as cores da pele. Um tom suficientemente azul para reagir com todas as cores nas quais há elementos ocultos de laranja, e suficientemente desbotado para não destoar.

Mas esta é uma questão de cor, e no ponto em que me encontro atualmente a questão da forma me interessa ainda mais. Parece-me que conseguimos exprimir melhor a forma com um colorido quase monocromático cujos tons difiram principalmente em intensidade e em valor. Por exemplo, *A fonte*, de Jules Breton, foi pintada praticamente com uma só cor.

Mas convém estudar cada cor em si mesma em função de suas oposições, antes que se possa ter toda a certeza de manter a harmonia (394).

Pensam que imagino – não é verdade – recordo-me dizia alguém que sabia compor magistralmente.

No que me diz respeito, eu não posso *mostrar* nenhum quadro ainda, a rigor nem sequer um *desenho*. Mas o que faço bem são estudos, e é por isto mesmo que com razão posso imaginar que um dia também me será possível compor muito rapidamente. E, aliás, é difícil dizer onde acaba o estudo e onde começa o quadro (396).

Há pessoas que protegem pintores numa época em que eles ainda não o merecem. Bom.

Mas quantas vezes não acontece que isto termine mal, o que é desagradável para as duas pessoas em causa. De um lado, porque o protetor fica desapontado por ter gasto um dinheiro que virou, ou ao menos parece ter virado, fumaça.

Por outro lado, porque o pintor acredita poder exigir mais confiança, mais paciência e mais demonstrações de interesse que as que lhe são dispensadas. Mas, na maioria dos casos, é por causa da negligência que existe dos dois lados que surgem os mal-entendidos.

Quero crer que este não será o caso entre nós dois.

E quero crer que pouco a pouco meus estudos lhe darão um pouco mais de alento. Nem você nem eu somos contemporâneos daquela geração que Gigoux, num livro que recebi de ti, chama de "os audaciosos".

Mas a meu ver não deixa de ser conveniente conservar este entusiasmo em nossa época, pois, de qualquer forma, é muitas vezes verdade que a fortuna sorri aos audaciosos e, independentemente do que possa acontecer, especialmente da felicidade ou da "alegria (?) de viver", é preciso obrar e ter audácia, se queremos viver realmente.

E digo: pintemos e produzamos em abundância, e *sejamos nós mesmos com nossos defeitos e nossas qualidades*; digo "nós", pois o dinheiro que você me envia, este dinheiro que, eu sei, custa-lhe muito ganhar para mim, lhe dá o direito, se algo de bom resultar de meu trabalho, de considerá-lo como sendo em parte criação sua (399).

Estou pensando no que diz Millet: "*Não quero suprimir de maneira alguma o sofrimento*, pois frequentemente é ele que faz os artistas se expressarem mais energicamente".

Quando digo que sou um pintor de camponeses, isto é bem real e você verá adiante que é aí que eu me sinto em meu ambiente. Não foi por nada que durante tantas noites meditei junto ao fogo, entre os mineiros, os turfeiros e os tecelões, salvo quando o trabalho não me deixava tempo para a reflexão.

Eu me envolvi tão intimamente com a vida dos camponeses de tanto vê-la continuamente e todos os dias que realmente não me sinto atraído por outras ideias.

Você me escreve que a opinião do público, vale dizer, sua indiferença, sobre a obra de Millet, como você teve a oportunidade de constatar estes dias na exposição, é pouco animadora tanto para os artistas quanto para aqueles que vendem seus quadros. Estou de acordo contigo, mas Millet também a experimentou e a conheceu por si mesmo. Lendo Sensier, impressionou-me o que ele conta do começo de sua carreira. Não me recordo textualmente, mas lembro-me bem do sentido; particularmente, que esta indiferença seria muito difícil para ele, se sentisse a necessidade de calçar belos sapatos e se tivesse uma vida palaciana, mas, dizia ele, "já que ando de tamancos, eu me sairei bem". Aliás, foi o que aconteceu.

Também espero jamais perder de vista "que se trata de andar de tamancos"; quero dizer com isto que se trata de ficar contente em ter o que beber, o que comer, onde dormir e com que se vestir. Trata-se em suma de ficar contente com o que têm os camponeses.

É assim que Millet fazia, e aliás ele *não queria outra coisa,* e é o que faz com que, a meus olhos, ele tenha, *enquanto homem,* mostrado o caminho a seguir a pintores que, por sua vez, não o seguem, como por exemplo Israels e Mauve, que na verdade vivem abastadamente.

E repito: Millet é o "pai Millet", ou seja, o conselheiro e o guia dos jovens pintores em todos os domínios. A maioria dos que eu conheço – embora eu não conheça muitos – recusaria tal favor; mas quanto a mim, penso como ele e acredito totalmente no que ele diz. Se me estendo um pouco demais nesta frase de Millet, é exatamente porque você escreve que quando os citadinos pintam camponeses, por mais que seus personagens sejam magnificamente bem pintados, involuntariamente, entretanto, eles nos lembram mais os habitantes dos arrabaldes parisienses.

Eu também já tive esta impressão (se bem que, em minha opinião, a mulher colhendo batatas de B. Lepage constitua uma evidente exceção), mas isto deriva justamente do fato de que, na maioria das vezes, os pintores não se envolvem *pessoalmente* com a vida dos camponeses. Por outro lado, Millet disse, "na arte é preciso dar o sangue".

De Groux – e esta era *uma* de suas qualidades – pintava lindamente bem os camponeses. (E o Estado lhe encomendava pinturas históricas!. .. que ele também fazia muito bem, mas como era melhor quando podia ser *ele mesmo.)*

Continua a ser uma vergonha e um prejuízo para os belgas que de Groux ainda não seja totalmente apreciado como o merece. De Groux é um dos *bons mestres do gênero Millet.* Mas se o grande público não o reconheceu, e ainda não o reconhece, e se ele continua à sombra como Daumier, como Tassaert, ainda há, contudo, quem – Mellery, por exemplo, para citar apenas um – atualmente trabalhe de novo segundo *sua própria* sensibilidade.

Ultimamente, eu vi de Mellery, numa revista ilustrada, uma família de barqueiros na cabine de sua chalupa; o homem, a mulher e as crianças ao redor de uma mesa.

No que diz respeito à simpatia *geral* que as pessoas possam ter por mim, li em Renan, há alguns anos, algo que nunca me saiu da lembrança e em que sempre continuarei a acreditar; quem quiser fazer algo de bom ou de útil não deve contar com a aprovação ou a apreciação geral, nem desejá-la, mas, ao contrário, não esperar simpatia ou ajuda senão de muito poucos, de pouquíssimos espíritos (400).

Anexo, algumas páginas interessantes a respeito da *cor*; trata-se de grandes verdades nas quais Delacroix acreditava.

Acrescente a isto: *os antigos não começavam pela linha, mas pelo meio,* ou seja, é preciso começar pelas bases elipsoidais ou pela esfera das massas em vez de começar pelo contorno.

Sobre este assunto, descobri o livro de Gigoux que diz isto com muita precisão, mas o fato em si já me preocupava há muito tempo.

Os antigos admitiam apenas três cores primárias, o amarelo, o vermelho e o azul, e os pintores modernos também não admitem outras. Estas três cores, com efeito, são as únicas indecomponíveis e irredutíveis. Todo mundo sabe que o raio solar se decompõe numa sequência de sete cores, que Newton chamou de primitivas: o violeta, o índigo, o azul, o verde, o amarelo, o laranja e o vermelho; mas é claro que o termo primitivas não pode convir a três destas cores, que são compostas, pois o laranja se faz com o vermelho e o amarelo, o verde com amarelo e azul, o violeta com azul e vermelho. Quanto ao índigo, ele também não pode figurar entre as cores primitivas, pois não é mais que uma variedade do azul. É preciso, portanto, reconhecer, com os antigos, que na natureza há apenas três cores verdadeiramente elementares, as quais misturando-se duas a duas engendram três outras cores compostas ditas binárias: o laranja, o verde e o violeta.

Estes rudimentos desenvolvidos pelos sábios modernos conduziram à noção de certas leis que formam uma luminosa teoria das cores, teoria esta que Eugène Delacroix conhecia cientificamente e a fundo, após tê-la conhecido por instinto (ver *Gramática das artes e do desenho*, 3ª ed., Renouard). Se combinarmos duas das cores primárias, o amarelo e o vermelho, por exemplo, para compor uma cor binária, o laranja, esta cor binária atingirá seu maior brilho quanto mais a aproximarmos da terceira cor primária não usada na mistura. Da mesma forma, se combinarmos o vermelho e o azul para produzir o violeta, esta cor binária, o violeta, ressaltará pela vizinhança imediata do vermelho. Chama-se com razão de complementar cada uma das três cores primitivas, com relação à cor binária que lhe corresponde. Assim, o azul é complementar do laranja, o amarelo é complementar do violeta, e o vermelho complementar do verde. Reciprocamente, cada uma das cores compostas é complementar da cor primitiva não usada na mistura. Esta exaltação recíproca é o que se chama de lei do contraste simultâneo.

Se as cores complementares forem tomadas com valores iguais, ou seja, com um mesmo grau de vivacidade e de luminosidade, sua justaposição as levará uma e outra a uma intensidade tão violenta, que os olhos humanos mal poderão suportar.

E, por um fenômeno singular, *estas mesmas cores, que se exaltam por sua justaposição, se destruirão se misturadas*. Assim, quando misturamos o azul e o laranja em quantidades iguais, o laranja deixando de ser alaranjado e o azul deixando de ser azul, a mistura destrói os dois tons, *resultando num cinza absolutamente incolor*. Mas se misturarmos dois complementares em proporções desiguais, eles se destruirão apenas parcialmente e teremos *um tom quebrado* que será uma variedade de cinza. Sendo assim, novos contrastes poderão nascer da justaposição de dois complementares, sendo um puro e o outro quebrado. A luta sendo desigual, uma das cores triunfa, e a intensidade da dominante não impede a harmonia entre as duas.

E se agora aproximarmos os semelhantes em estado puro, mas com diversos graus de energia, por exemplo, o azul-escuro e o azul-claro, obteremos um outro efeito, no qual haverá contraste pela diferença de intensidade, e harmonia pela semelhança das cores. Finalmente, se dois semelhantes são justapostos, um em estado puro, o outro quebrado, por exemplo, azul-puro com azul-cinza, resultará um outro tipo de contraste, que será atenuado pela analogia. Vemos, portanto, que existem vários meios, diferentes entre si, mas igualmente infalíveis, de fortalecer, sustentar, atenuar ou neutralizar o efeito de uma cor, e isto trabalhando com o que a cerca, sem mexer propriamente nela. Para realçar e harmonizar estas cores, ele emprega ao mesmo tempo o contraste das complementares e a harmonia das análogas, em outros termos: a repetição de um tom vivo pelo mesmo tom quebrado (401).

Existe – eu acho – uma escola de impressionistas.

Mas não a conheço muito. Sei entretanto muito bem quem são os artistas verdadeiros e originais em torno dos quais girarão, como ao redor de um eixo, os paisagistas e os pintores de camponeses. Delacroix, Millet, Corot e o resto. Isto é o que sinto, embora mal expresso.

Quero dizer com isto que, mais que as pessoas, existem regras, princípios ou verdades fundamentais, tanto para o *desenho* quanto para a *cor*, aos quais é *preciso recorrer quando se encontra algo de verdadeiro.*

No caso do desenho, existe, por exemplo, a maneira de trabalhar em círculos, baseando-se especialmente nas formas ovais para o desenho das figuras. Os gregos já sabiam disso e isso será assim até o fim dos tempos. No caso da cor, há questões eternas como, por exemplo, a que foi colocada por Corot a Français, quando Français (que já tinha um nome) perguntava a Corot (que ainda não tinha um nome, que era inclusive desconhecido ou, antes, conhecido em seu detrimento), quando ele (Français) veio a Corot perguntar-lhe certas coisas: "O que é um tom quebrado? O que é um tom neutro?"

Coisa que podemos mostrar melhor na palheta do que exprimir por palavras.

Quero portanto assegurar a Portier nesta carta que minha crença em Eugène Delacroix e nestas pessoas antigas é muito exata e correta.

E enquanto trabalho num quadro em que não se veem claridades de uma lâmpada à maneira de Dou ou de van Schendel, talvez não seja inútil observar que uma das coisas mais belas dos pintores de nosso século foi pintar a *obscuridade*, que apesar de tudo é *cor*.

Tenho esperanças de que a pintura destes comedores de batata dará certo. Fora isto estou trabalhando também num pôr de sol vermelho.

Para pintar a vida do camponês, é preciso ser mestre em tantos temas. Que bom é isto sobre os personagens de Millet: *seu camponês parece ter sido pintado com a terra que semeia!*

Como é correto e verdadeiro. E como é importante poder fazer em sua palheta essas cores que *não sabemos como chamar e que formam a base de tudo.*

Talvez você esteja voltando a se preocupar novamente, quase me atrevo a dizer *certamente*, com as questões da *cor* e principalmente com as cores quebradas e neutras (402).

No que diz respeito aos comedores de batata, é um quadro que ficaria bem cercado de ouro, tenho certeza. Ficaria igualmente bem numa parede coberta por um papel que tivesse o tom profundo do trigo maduro.

Caso ele não seja destacado do resto desta maneira, ele *simplesmente* nem deve ser visto.

Ele *não mostra seu valor* num mundo escuro, e menos ainda num mundo baço. Pois é um interior muito cinza.

Aliás, na realidade, ele também se encontra numa moldura dourada, se assim podemos dizer, pois o espectador veria um forno e o reflexo das chamas nas paredes brancas que foram, é verdade, excluídas do quadro, mas que, na realidade, encerram todo o conjunto.

Ainda uma vez, portanto, é preciso separá-lo do resto emoldurando-o com qualquer coisa num tom dourado ou de cobre.

Pense nisto, por favor, se quiser vê-lo como ele deve ser visto.

Esta proximidade com um tom dourado, ao mesmo tempo, ilumina certas manchas em lugares que você não imaginaria, e suprime o aspecto marmóreo que ele teria caso fosse colocado, por infelicidade, sobre um fundo baço ou preto.

As sombras foram pintadas com azul e uma cor dourada produz efeito sobre isto. Ontem eu o levei a Eindhoven na casa de um amigo que também pinta. Daqui a três ou quatro dias eu o terminarei lá, com um pouco de clara de ovo, e trabalharei ainda em certos detalhes... Como este amigo também trabalha a partir de modelos, ele também vê muito bem o que existe numa cabeça ou numa mão de camponês e, falando em mãos, ele me disse ter chegado a uma noção totalmente diferente de como fazê-las.

Apliquei-me conscientemente em dar a ideia de que estas pessoas que, sob o candeeiro, comem suas batatas com as mãos, que levam ao prato, também lavraram a terra, e que meu quadro exalta portanto o trabalho manual e o alimento que eles próprios ganharam tão honestamente.

Quis que ele fizesse pensar num modo de vida totalmente diferente do nosso, de gente civilizada. Assim, portanto, não desejo nem um pouco que todo mundo o ache nem sequer mesmo belo ou bom.

Durante todo o inverno tive em minhas mãos os fios desse tecido para o qual buscava a feição definitiva, e se agora ele tornou-se um tecido de aspecto rude e grosseiro, não deixa de ser verdade que os fios foram escolhidos com cuidado e seguindo certas regras. E até pode ser que ele seja uma *verdadeira* pintura *de camponeses. Eu sei que ele é isto.* Mas quem preferir ver camponeses edulcorados que passe ao largo. Por mim, estou convencido que afinal obtêm-se melhores resultados pintando-os em sua rudeza que conferindo-lhes uma beleza convencional.

Com sua saia e sua camisola azuis, cobertas de poeira e remendadas, e que sob o efeito do tempo, do vento e do sol tenham tomado os mais delicados matizes, uma camponesa é, na minha opinião, mais bonita que uma dama; que ela se vista como uma dama, e tudo que há de verdadeiro nela desaparece.

Um camponês é mais belo entre os campos em suas roupas de fustão, do que aos domingos quando vai à igreja ridiculamente vestido como um senhor.

E, da mesma forma, seria um erro, na minha opinião, dar a uma pintura de camponeses um certo polimento convencional. Se uma pintura de camponeses cheira a toucinho, a comida, a batatas, perfeito! Isso não é nocivo; se um estábulo cheira a esterco, bom! É por isto mesmo que é um estábulo; se os campos têm um cheiro de trigo maduro ou de batatas, ou de guano e de esterco, é justamente aí que está a saúde, especialmente para as pessoas da cidade.

Através de quadros como estes, *eles aprendem algo de útil.* Um quadro de camponeses não deve nunca ser perfumado. Estou curioso em saber se você encontrará no meu algo que lhe agrade, espero que sim. Estou contente que o sr. Portier tenha dito que quer ocupar-se de minhas obras. De minha parte, fiz coisas mais importantes do que simples estudos.

No que se refere a Durand-Ruel, mesmo que ele tenha achado que os desenhos não valem grande coisa, mostre-lhe este quadro. Se ele o achar ruim, bom. Mas mostre-o assim mesmo, a fim de que ele veja que nós colocamos energia em nossa luta. Certamente você ouvirá dizer: "que borrão", prepare-se para isto como eu mesmo já me preparei. Mas certamente acabaremos por fazer algo de *verdadeiro* e *honesto.*

A pintura da vida dos camponeses é coisa séria e, no que me diz respeito, eu me censuraria se não tentasse fazer quadros de tal forma que provoquem sérias reflexões nas pessoas que pensam seriamente na arte e na vida.

Millet, de Groux e tantos outros nos mostraram por seus exemplos que tinham *caráter* e sabiam não se preocupar com censuras como *"sujo, grosseiro, porco, fedido, etc..."*; e só duvidar deles já seria uma vergonha.

Não, temos que pintar os camponeses como se fôssemos um deles, sentindo, pensando como eles mesmos.

Como se não pudéssemos ser diferentes.

Penso frequentemente que os camponeses constituem um mundo à parte, em muitas coisas muito melhor que o mundo civilizado (404).

Quando esta tarde cheguei à choupana, encontrei as pessoas comendo à luz da janelinha em vez de estarem à mesa sob a luz do candeeiro. Era espantosamente belo. A cor também era extraordinária, você se lembra daquelas cabeças pintadas frente à janela; o efeito era o mesmo, mas ainda mais escuro.

De forma que as duas mulheres e o interior eram de uma cor mais ou menos parecida com a de sabão verde-escuro.

Mas a figura de homem, à esquerda, estava ligeiramente iluminada pela luz que entrava por uma porta, mais adiante. Assim, a cor da cabeça e das mãos era a mesma que, por exemplo, a de uma moeda de dez centavos, em suma, cor de cobre-mate. E seu capote, onde batia a luz, era de um azul desbotado, o mais delicado que se possa imaginar.

No que diz respeito aos quadros *claros* de agora, vi tão poucos nestes últimos anos. Contudo, pensei bastante a respeito. Corot, Millet, Daubigny, Israels, Dupré e muitos outros *também pintaram quadros claros,* o que quer dizer que, por mais profunda que seja a gama, o olhar penetra em todos os cantos e em todas as profundidades.

Mas estes que acabo de citar não são gente que se prenda literalmente ao tom local, seguem a gama na qual começaram, vão até o fim em suas concepções sobre a cor, o tom e o desenho. Quero dizer que intrinsecamente *suas luzes são quase sempre cinzas bastante escuros,* que nos quadros dão um aspecto luminoso pelo contraste; esta é uma verdade que você pode verificar todos os dias. Entenda bem. Não digo que Millet *não* use o branco quando pinta a neve, mas pretendo que ele e os outros tonalistas, se um dia o quisessem, poderiam fazê-lo do mesmo modo que Delacroix disse de Véronèse, que pinta mulheres nuas, brancas e loiras com uma cor que em si mesma se assemelha muito à lama das ruas (405).

Nos meus novos desenhos começo as figuras pelo tronco e parece-me que elas adquirem assim maior amplitude e largura. No caso de não bastarem cinquenta, desenharei cem, e se isto ainda não for o suficiente farei ainda mais, até chegar exatamente onde quero, ou seja, até que tudo seja redondo e que na forma não haja de modo algum nem fim nem começo, mas que se forme um conjunto harmonioso de vida.

Você sabe que é precisamente esta a questão que Gigoux trata em seu livro *Não começar pela linha, mas pelo meio.*

Muntz diz: *o modelado é a virtude da arte,* e o que ele mudou na frase de Ingres é que Ingres dizia: *o desenho é a virtude da arte,* acrescentando *eu gostaria de assinalar o contorno com um arame.* Hébert também tinha o que ele mesmo chamava de *consideração pela linha.*

Há outros ainda que pretendem que todos os dogmas são absurdos enquanto tais. Pena que isto também seja um dogma. É preciso pois limitarmo-nos a fazer aquilo que fazemos, e tentar tirar disto alguma coisa, procurar dar-lhe vida.

Se não tivessem importunado tanto Thys Maris, e se não o tivessem levado a ficar melancólico demais para trabalhar, talvez ele tivesse feito coisas espantosas.

Penso tanto neste rapaz, Theo, pois como sua obra é admirável!

É pura fantasia, mas que mestre.

Deus, se este sujeito pudesse ser ainda o que era no começo, que centro teria se tornado.

Pois a escola holandesa atual precisa de elementos novos que saibam fazer alguma coisa (408).

Eis o esboço de uma cabeça que acabo de fazer. Na minha última remessa de estudos você recebeu a mesma, precisamente a maior delas, mas pintada de uma maneira lisa.

Desta vez, não estendi minha pincelada, e aliás a cor é totalmente outra.

Eu ainda não havia conseguido uma cabeça a tal ponto *pintada com terra,* mas agora várias outras se seguirão.

Se tudo for bem, se eu ganhar um pouco mais, e assim puder viajar mais, pois bem! Espero então também poder algum dia pintar cabeças de mineiros.

Qual é a opinião de Portier sobre os comedores de batata? Eu mesmo sei muito bem que há defeitos, mas justamente porque vejo que as cabeças atuais estão ficando mais poderosas, ouso pretender que, comparados com os quadros seguintes, os comedores de batata também perdurarão (409).

Despachei hoje o citado caixote, contendo, além do que eu lhe escrevi, mais um quadro, *Cemitério de camponeses.* Omiti certos detalhes – quis exprimir como esta ruína demonstra que *há séculos* os camponeses de lá são enterrados nos próprios campos que lavraram durante a vida –, quis dizer o quão simples é o fato de morrer e ser enterrado, tão tranquilamente como a queda de uma folha de outono – nada mais que um pouco de terra revolvida – uma pequena cruz de madeira. Lá onde termina a relva do cemitério, os campos dos arredores traçam, além do muro, uma última linha sobre o horizonte – como um horizonte marinho. E esta ruína me conta como uma fé, uma religião ficou carcomida, por mais que tenha tido fundamentos sólidos, e como, entretanto, para os pequenos camponeses, viver e morrer é e sempre será a mesma coisa que é para a relva e as florzinhas que lá crescem, naquela terra de cemitério, o fato de germinarem e murcharem, singelamente.

"As religiões passam, Deus permanece", disse Vitor Hugo, a quem também acabam de enterrar.

Não sei se você encontrará algo nestes dois temas: a choupana com telhado de caniço fez-me pensar num ninho de rouxinol (411).

Pergunto-lhe, você conhece na velha escola holandesa um único lavrador, um único semeador??? Alguma vez eles tentaram fazer um "trabalhador"? Será que Velázquez o tentou em seu *Carregador de água*, ou em seus tipos do povo? Não.

Nos velhos quadros, os personagens não *trabalham*. Estou penando estes dias numa mulher que eu vi no último inverno arrancando cenouras na neve.

Pois bem! Millet o fez, Lhermitte, e em geral os pintores de camponeses deste século – um Israels –, que acham isto mais belo que qualquer outra coisa.

Mas *mesmo* em nosso século, como são poucos, entre a legião de pintores, os que se dedicam à *figura* pela *figura* – sim, antes de mais nada –, ou seja, pela forma e pelo modelado; os que só conseguem imaginar um trabalhador trabalhando, e que necessitam daquilo que os antigos evitavam, inclusive os antigos holandeses, que recorriam

demais às ações convencionais; quantos sentem a necessidade *de pintar a ação pela ação.*

De forma que a pintura ou o desenho sejam realmente um desenho da *figura* pela figura e a inexprimível forma harmoniosa do corpo humano, mas ao mesmo tempo a ação de *colher cenouras na neve.*

Expresso-me claramente? Espero que sim; diga portanto isto a Serret. Posso exprimi-lo resumidamente: um nu de Cabanel, uma dama de Jacquet e uma camponesa, *exceto as de Bastien Lepage, é claro,* mas uma camponesa de um *parisiense* que aprendeu a desenhar na academia, nos farão perceber os membros e a estrutura do corpo sempre da mesma forma, correta nas proporções e na anatomia, às vezes encantadora. Mas quando Israels, ou quando Daumier, ou Lhermitte, por exemplo, desenham uma figura, percebemos *muito mais a forma do corpo,* e no entanto, e é por isto que cito propositadamente Daumier, as proporções serão quase arbitrárias, a anatomia e a estrutura não serão nem um pouco corretas *aos olhos dos acadêmicos,* mas terão *vida.* E especialmente em Delacroix.

Ainda não está bem explicado. Diga a Serret *que eu ficaria desesperado se minhas figuras fossem boas,* diga-lhe que eu não as *quero* academicamente corretas, diga-lhe que o que quero dizer é que se fotografássemos um homem lavrando, *ele certamente não estaria lavrando.* Diga-lhe que eu acho as figuras de Michelângelo admiráveis, embora as pernas sejam decididamente muito compridas, os quadris e as coxas muito largos. Diga-lhe que é por isto que Millet e Lhermitte são aos meus olhos os verdadeiros pintores, porque eles não pintam as coisas como elas são, segundo uma análise rebuscada e seca, mas como eles, Millet, Lhermitte, Michelângelo, as sentem. Diga-lhe que meu grande desejo é aprender a fazer tais incorreções, tais anomalias, tais modificações, tais mudanças da realidade, de forma que resultem, sim, mentiras, se lhe apraz, mas mais verdadeiras que a verdade literal.

Exprimir *o camponês em sua ação,* esta é, repito, uma figura essencialmente moderna, o próprio cerne da arte moderna, o que nem os gregos, nem a Renascença, nem os antigos holandeses fizeram.

Na verdade, não me aconteceu muitas vezes de ver claramente enunciada, nos artigos sobre arte, a diferença entre, por um lado, tanto os grandes quanto os pequenos mestres atuais (os grandes, por exemplo, Millet, Lhermitte, Breton, Herkomer, os pequenos, por exemplo, Raffaëli e Regamey) e, por outro lado, as escolas antigas (418).

Quando penso em Millet ou em Lhermitte, acho a arte moderna tão grande quanto Michelângelo e Rembrandt – a antiga é infinita, a nova também é infinita –, a antiga, *gênio*, a nova, *gênio*. Alguém como Chenavard sem dúvida não acreditaria nisto. Mas, quanto a mim, estou convencido que, com respeito a isto, podemos ter fé no presente.

O que faz com que eu saiba o que quero colocar em minha própria obra, e o que eu me esforçarei por atingir, por mais que eu tenha que me perder pessoalmente, é que tenho uma fé absoluta na arte (423).

Você receberá uma grande natureza-morta representando batatas, às quais tentei dar *corpo;* quero dizer exprimir a matéria de tal forma que ela se torne massas que tenham peso e que sejam sólidas, que sentíssemos se, por exemplo, tivéssemos que arremessá-las (425).

Esta semana fui a Amsterdã; não tive tempo de ver quase nada além do museu; fiquei lá três dias; cheguei na terça, parti na quinta. O resultado é que estou *muito contente* por ter ido "custe o que custar"; não me lembro de ter ficado tanto tempo sem ver quadros. Não sei se você se lembra que há, à esquerda da *Ronda noturna*, consequentemente *en pendant* com os *Síndicos dos têxteis*, um quadro (que até agora me era desconhecido) de Frans Hals e P. Codde representando uma vintena de oficiais em serviço. Você prestou atenção? Se não, só *este* quadro isolado – sobretudo para um colorista – vale a viagem a Amsterdã. Há nele uma figura, a figura de um porta-estandarte, no ângulo esquerdo, logo ao lado da moldura – esta figura é, dos pés à cabeça, cinza, eu diria cinza-pérola –, de um tom neutro característico, obtido, acho, com laranja e azul misturados de forma a se neutralizarem; fazendo variar este tom fundamental, tornando-o aqui um pouco mais claro, lá um pouco mais escuro, o pintor chegou a dar a impressão que a figura inteira é toda num único e mesmo cinza. Contudo, os sapatos de couro são de uma matéria diferente que as meias, que diferem dos calções, que diferem do gibão – cada vez uma outra matéria é representada, todas muito diferentes em cor – e tudo no entanto é pintado com cinza de uma única e mesma família.

Calma! Não é tudo.

Neste cinza, ele vai colocar azul e laranja e um pouco de branco; o gibão é ornado com fitas de cetim de um azul divinamente tênue, a cinta e a bandeira são laranja – um colarinho branco.

Laranja-branco-azul, como eram então as cores nacionais – laranja e azul justapostos, a mais maravilhosa gama; sobre um fundo cinza, estas duas cores – que eu chamaria de pólos elétricos (sempre em matéria de cor) – sabiamente misturadas e reunidas de maneira a se destruírem neste cinza e neste branco.

Mais adiante, ele introduziu neste quadro outras gamas laranja sobre outras azuis, mais adiante ainda os mais belos pretos sobre os mais belos brancos; as cabeças – uma vintena – fervilhando de espírito e de vida, e perfeitas! E uma cor! E as figuras de toda essa gente, soberbas até os pés.

Mas raras vezes eu vi figura mais divinamente bela que a daquele homenzinho laranja-branco-azul no ângulo esquerdo. É algo único.

Delacroix se entusiasmaria – e se entusiasmaria ao extremo. Eu fiquei literalmente paralisado. E, de resto, você conhece o cantor, aquele homem rindo – o busto de um preto esverdeado com carmim-carmim, até na cor da pele.

Você conhece o busto do homem em amarelo, limão tênue, cujo rosto, por oposição de tons, é de um bronze ousado e magistral, vermelho-borra de vinho (violeta).

Burger escreveu sobre *A noiva judia*, de Rembrandt, como escreveu sobre Vermeer de Delft, como escreveu sobre Frans Hals, abandonando-se e se esmerando. *Os síndicos* são perfeitos, é o mais belo Rembrandt; mas *A noiva judia* – considerada à parte –, que quadro íntimo, infinitamente simpático, pintado "com uma mão de fogo". Veja você, nos *Síndicos* Rembrandt continua fiel à natureza, mesmo quando, *também* aí e mais uma vez, ele vai às alturas, às mais elevadas alturas, alturas infinitas; contudo, Rembrandt ainda podia fazer diferente, quando não experimentava a necessidade de permanecer fiel, no sentido literal da palavra, como nos retratos, quando ele podia ser *poeta*, vale dizer, Criador.

É isto o que se vê na *Noiva judia*.

Como Delacroix teria entendido bem este quadro. Que sensibilidade nobre, de uma profundidade imensa. *É preciso morrer várias vezes para pintar assim*, eis uma frase que lhe pode muito bem ser aplicada.

Podem dizer o que quiserem dos quadros de Frans Hals, ele nunca deixa de estar *com os pés no chão*, enquanto que Rembrandt penetra tão fundo no mistério que diz coisas que nenhuma língua pode exprimir. É com justiça que se diz de Rembrandt: o Mágico... Não é um ofício fácil.

Empacotei várias naturezas-mortas que você receberá na próxima semana, com ainda duas lembranças de Amsterdã que peguei às pressas, assim como alguns desenhos. Enviarei também daqui a pouco um livro de Goncourt: *Querida*. Goncourt é sempre belo e sua maneira de trabalhar tão fiel, e ademais é tão trabalhado!

Vi dois quadros de Israels em Amsterdã, especialmente *O pescador de Zandvoort* e um dos seus últimos: uma velha mulher encarquilhada como um pacote de trapos, junto ao leito de morte de seu homem.

Achei as duas obras maravilhosas. Recitem o que quiserem sobre a técnica, com palavras de fariseus, vazias e hipócritas, o verdadeiro pintor deixa-se guiar por esta consciência que chamamos sentimento. Sua alma, seu espírito, não estão a serviço de seu pincel, mas seu pincel é que está a serviço de seu espírito. Assim também a tela é que tem medo do bom pintor e não o pintor da tela.

Também vi em Amsterdã quadros de contemporâneos, Witcamp e outros. Witcamp é com certeza o melhor, lembra Jules Breton. Outros em que penso, mas que não citarei, e que se esgrimem com o que chamam de técnica, são precisamente os que, a meu ver, têm *uma técnica fraca*. Você conhece todos esses tons cinzas que eles acham distintos e que são fracos, e chatos, secos, pueris. Atualmente, fabricam-se cores especiais compostas de tintas ordinárias misturadas com branco puro, para uso dos pintores que trabalham no que acreditam ser uma gama de tons distintos.

Repito, a *técnica*, a mistura das cores, o modelado do *Pescador de Zandvoort*, por exemplo, é, a meus olhos, puro Delacroix, e soberbo; e os cinzas de hoje, chatos e frios, pouco significam em termos de técnica; são uma camada de *pintura*, e Israels está acima da *pintura*.

Fique sabendo que não estou falando de Jaap Maris, de Willem Maris, de Mauve, Neuhuys, que trabalham todos como se deve, em sua própria gama, Blommer, etc.

Mas a escola desses mestres, seus alunos, parece-me que ela é fraca, Theo.

Também vi Fodor.

O pastor de Decamps é, é preciso dizê-lo, uma obra-prima; lembra-se do Meissonnier, o esboço de um leito de morte? Do Diaz?

Depois, Bosboom, Waldorp, Nuyen, Rochussen, os artistas *pessoais* daquele período, há quarenta anos atrás. Estes eu sempre gosto de rever.

Rochussen é expressivo como Gavarni.

As naturezas-mortas que lhe envio são estudos de cor.

Ainda farei várias; não creio que isso seja inútil. Elas ficarão um pouco menos boas em algum tempo, mas dentro de um ano, por exemplo, estarão melhores que agora, quando tiverem secado bem e recebido uma boa camada de verniz.

Se você pregar à parede de seu quarto uma grande quantidade de meus estudos com percevejos, uns entre os outros, tanto os de agora como os antigos, você verá, acredito, que há uma relação entre estes estudos e que as cores se harmonizam bem.

Falando do "muito escuro", estou muito contente que achem meus estudos muito escuros, especialmente quanto mais vejo quadros nesta gama pueril e fria.

Observe, pois, *O pescador de Zandvoort*, com o que foi pintado? Foi, sim ou não, pintado com vermelho, azul, amarelo, preto e um pouco de branco fosco, com castanho (o todo bem misturado e bem quebrado)? Quando Israels diz que não se deve escurecer, ele certamente não quer dizer o que fazem hoje. Ele quer dizer que devemos colocar cor nas sombras, mas isto não exclui nenhuma gama; por mais baixa que seja, e certamente não a dos pretos e dos castanhos, e dos azuis profundos, é evidente.

Mas o que pensar deste assunto? Melhor pensar em Rembrandt, em Frans Hals, em Israels, que nesta distinta impotência (426).

Para se obter algo que tenha calor, é preciso fazê-lo com calor, senão não se afugenta facilmente o frio. Isto que chamam de luminosidade é, em muitos casos, o feio tom de ateliê, de um ateliê de cidade bem pouco simpático. Parece que nunca veem nem a aurora e nem o crepúsculo. É como se não existisse nada além das horas do meio-dia, das duas às três; uma hora muito boa, sim, mas quase sempre sem mais personalidade que um pedaço de trapo (427).

O que você me escreve a respeito de um certo estudo de um cesto de maçãs foi bem observado. Mas é de você mesmo que isto vem??? Pois creio lembrar-me, e até diria que *tenho certeza* que não *foi sempre assim* que você viu as coisas. De qualquer *forma,* estamos agora em vias de concordar sobre as cores. Continue pois a refletir *nestas* questões, pois você verá aonde isto o levará; Burger, Manz e Sylvestre não o ignoravam.

Dizer-lhe *como* eu pintei este estudo é muito simples: o verde e o vermelho são complementares. Desta forma há nas maçãs um certo vermelho por si mesmo muito "canalha", e mais além, ao lado destas, outras puxam para o verde. Há ainda uma ou duas maçãs de outra cor que tomam o conjunto de um certo rosa, muito bom. Este rosa é a cor quebrada resultante da mistura do vermelho e do verde acima citados.

Eis o motivo pelo qual há uma relação entre as cores. Existe um segundo contraste: o mundo contrasta com o primeiro plano, um é de uma cor neutra obtida quebrando o azul pelo laranja; o outro é da mesma cor neutra, apenas modificada pela adição de um pouco de amarelo.

O último estudo é o grande – o melhor na minha opinião, –, apesar do fundo preto fosco, que propositalmente eu deixei fosco, já que os ocres são cores essencialmente *não* transparentes. Quanto a este estudo, o maior, com as batatas, foi feito modificando, quebrando estes ocres não transparentes com um azul transparente.

O ocre vermelho formando um laranja com o ocre amarelo, sua combinação com o azul é mais neutra; e com relação a esta cor neutralizada, eles se tornam seja mais vermelhos, seja mais amarelos. A luminosidade mais forte de toda esta tela é simplesmente o ocre amarelo puro. E a razão para que este amarelo fosco ainda seja expressivo está no fato de ele estar num campo grande de uma espécie de violeta quase neutro; com efeito... o ocre vermelho com azul produz tons violetas.

Ora, os ninhos também foram pintados sobre um fundo preto desenhado, pois quero deixar claro nestes estudos que os objetos não se encontram em seu ambiente natural, mas sobre um fundo convencional. Um ninho *vivo* na natureza é coisa completamente diferente; mal enxergamos o próprio ninho, na verdade o que vemos são os pássaros.

O Rembrandt de Lacaze realmente está no espírito da última época de Rembrandt. Já se fazem bem uns doze anos que o vi, mas eu me lembro, pois ele me impressionou tanto quanto o busto de Fabritius que está em Rotterdam.

Se bem me lembro, a mulher nua da coleção Lacaze também é muito bela, mas de um período posterior. Frente à *Lição de anatomia* de Rembrandt, ah! Realmente fiquei abismado! Você se lembra das cores da pele? *É pura terra,* especialmente os pés. Veja bem: também em Frans Hals as cores da pele são terrosas, aqui no sentido que você conhece. Pelo menos quase sempre. E há também, às vezes, eu até diria sempre, uma relação de oposição entre o tom das roupas e o tom do rosto. O vermelho e o verde se opõem; o cantor *(Dupper)* que tem tons carmins na tez, tem manchas negras com tons verdes, e sobre estas manchas, fitas *num vermelho diferente* deste carmim. O rosto do homenzinho laranja-azul-branco sobre o qual eu lhe escrevi[14] é de uma cor neutra, rosa terroso, violácea, em oposição à sua roupa de couro amarelo à Frans Hals.

O homem *amarelo* "limão tênue" tem violeta fosco no rosto, não há dúvida. Portanto, quanto mais escura é a roupa, mais claro às vezes o rosto, e não por acaso; assim é no seu retrato e de sua mulher no jardim, há *dois* violetas negros (violeta-azul e violeta ruço) e um preto liso (preto--amarelo?); repito, violeta ruço e violeta-azul, preto e preto; portanto, as três cores mais escuras – assim, portanto, as figuras são *muito* brancas, *extraordinariamente* brancas, mesmo para Hals.

Enfim, Frans Hals é um colorista *entre os coloristas,* colorista como Véronèse, como Rubens, como Delacroix, como Velázquez.

Já se disse mais de uma vez e com razão que Millet, Rembrandt e, por exemplo, Israels, são mais harmonistas que coloristas. E desta vez você dirá: o *preto* e o *branco* podem ou não ser empregados, são ou não frutos proibidos?

Creio que não. Frans Hals usa ao menos vinte e sete pretos. E o branco? Mas você sabe muito bem quantos quadros extraordinários foram feitos intencionalmente com branco sobre branco por alguns coloristas modernos. Que significa portanto dizer: não se deve? Delacroix chamava isto de *repousos* e os empregava enquanto tais. Não se deve ter preconceitos quanto a isto, pois podemos empregar todos os tons, desde que eles estejam no lugar certo e em relação com o resto, é claro.

Você bem sabe que muitas vezes eu acho muito boas as coisas de Apol, como, por exemplo, seu branco sobre branco.

Seu pôr do sol no bosque de Haia, por exemplo, que está em Amsterdã. Realmente, esta coisa é diabolicamente bela.

Não, o preto e o branco têm sua razão de ser e seu significado, e os que pretendem escamoteá-los não o conseguem.

14. Ver carta 426. (N.E.)

O mais lógico, certamente, é considerar cada um deles como *neutro*: o branco, a mais alta combinação do vermelho, do azul e do amarelo mais luminosos possível; o preto, a mais alta combinação do vermelho, do azul e do amarelo mais escuros possível; nada tenho a acrescentar a esta relação, acho-a absolutamente verdadeira.

Portanto, o *luminoso* e o *escuro*, o *tom*, no que diz respeito ao *valor*, está em relação direta com esta quarta gama do *branco ao preto*.

Com efeito, temos:

Gama 1	do amarelo	ao violeta
Gama 2	do vermelho	ao verde
Gama 3	do azul	ao laranja
Somam:		
uma 4ª gama	do branco	ao preto
(a dos tons neutros, vermelho+azul+ amarelo)	(vermelho+azul +amarelo, luz extrema).	(vermelho+azul +amarelo, preto extremo).

É assim que pessoalmente entendo os pretos e os brancos.

Quando misturo vermelho e verde até chegar ao verde avermelhado ou vermelho esverdeado, obtenho, acrescentando o branco, o verde-rosa ou o rosa esverdeado. E, se você quiser, acrescentando o preto, obtenho o verde-castanho, ou o castanho esverdeado. Está claro ou não?

Quando misturo amarelo e violeta, até chegar ao lilás-amarelo ou amarelo-lilás, em outras palavras, até chegar ao amarelo neutralizado ou ao lilás neutralizado, obtenho cinzas pela adição do branco ou do preto.

Enfim, os cinzas e os castanhos entram em consideração sobretudo quando tornamos as cores mais claras ou mais escuras, quaisquer que sejam, aliás, sua natureza e seu teor em vermelho, amarelo ou azul.

É correto, em minha opinião, falar-se de cinzas ou de castanhos-claros, de cinzas ou de castanhos-escuros. Mas como é belo o que nos conta Sylvestre sobre Delacroix, ao dizer que ele pegava um tom ao acaso em sua palheta, "um matiz violáceo inominável", que atirava este tom em algum canto, *tanto para representar a maior luminosidade quanto para a sombra mais profunda,* e que com esta *lama* ele conseguia trabalhar de tal forma que ela resplandecia como a luz ou ficava muda como uma sombra profunda.

Assim ouvi falar de uma experiência com uma folha de papel de cor neutra. Ela ficava esverdeada sobre um fundo vermelho, avermelhada sobre um fundo verde, azulada sobre o laranja, amarelada sobre o violeta, violácea sobre o amarelo.

E mais: supondo que se queira, num quadro, clarear certa *cor de barro,* ou certa *snotkleur*[15] – como Delacroix dizia de Véronèse, que podia pintar um nu loiro com uma cor semelhante à do barro de tal forma que, no quadro, ele *se tornava* efetivamente loiro –, pois bem, pergunto, como isso seria possível, senão pela oposição de fortes intensidades nos pretos azuis, ou nos violetas, ou nos castanhos ruços?

Você, que sempre procura ver se há sombras escuras, e que acha que estas sombras escuras, e mesmo pretas, não valem nada, acha que tem razão? Acho que não, pois senão o *Dante* de Delacroix, por exemplo, ou ainda *O pescador de Zandvoort,* nada valeriam, pois neles há realmente as mais fortes intensidades de pretos-azuis ou violetas.

Acaso Rembrandt e Hals não usavam o preto? E Velázquez? Não somente um, mas vinte e sete pretos diferentes, posso lhe garantir. Assim, este "não se deve usar o preto", vamos! Você se dá conta do que isto quer dizer? Sério, reflita! Pois penso que você ainda poderia chegar à constatação que acho a mais plausível; que você aprendeu e compreendeu mal a questão dos *tons,* ou melhor, que você a aprendeu e compreendeu de um modo *impreciso.* Acontece com tanta gente, a maioria é assim. Mas graças a Delacroix e a outros de sua época, você acabará compreendendo. Diga-me, você notou que meus estudos com fundo preto são todos compostos numa tonalidade muito baixa??? E quando os componho *mais baixo* que a natureza, você notou que não somente minhas sombras,

---

15. Cor castanha. (N.T.)

mas também minhas luzes, tornam-se proporcionalmente mais escuras, e que apesar de tudo eu preservo a relação entre os tons?

Meus estudos não têm para mim nenhuma razão de ser além de uma espécie de ginástica para subir e descer nos tons; assim, não se esqueça que pintei meu musgo branco ou cinza com uma cor de barro e que apesar de tudo, no estudo, ele fica claro.

Adeus, saudações,

VINCENT (428).

A questão das cores complementares, do contraste simultâneo e da destruição recíproca dos complementares é a primeira e a mais importante; outra é a questão da influência recíproca de dois semelhantes, por exemplo, um carmim e um vermelhão, um rosa-lilás e um azul-lilás. A terceira questão é a de se opor um azul-pálido ao mesmo azul-escuro, um rosa a um castanho-vermelho, um amarelo-limão a um amarelo-camurça, etc. Mas a primeira questão é a mais importante.

É certo que, estudando as leis das cores, podemos chegar a compreender por que achamos belo o que achamos belo, em vez de ter uma fé instintiva nos grandes mestres; e isto atualmente é bastante necessário, se pensarmos o quanto os julgamentos tornaram-se terrivelmente arbitrários e superficiais.

Você não deve tentar tirar meu pessimismo com respeito ao comércio de quadros, pois *não* é necessariamente daí que resulta meu desânimo. Por mim, penso isto: suponha que eu tenha razão em comparar cada vez mais a singular mixórdia de preços na pintura a uma espécie de tráfico no gênero do comércio das tulipas. Suponha, pois, que assim como o tráfico de tulipas no século passado, o comércio de quadros – e outros ramos desta especulação – desapareça do jeito que veio, no fim deste século, ou seja, bastante rapidamente. Terminado o tráfico de tulipas, *o cultivo de flores permanece.* E, por mim, estou contente por ser um pequeno jardineiro mais ou menos bom ou ruim que trabalha com gosto em seu viveiro.

No momento, minha palheta se degela e a aspereza do início desapareceu.

Muitas vezes ainda quebro a cabeça para começar, mas assim mesmo as cores se sucedem como que sozinhas, e ao tomar uma cor como ponto de partida, me vem claramente à cabeça o que deduzir e como chegar a dar-lhe vida.

Na paisagem, Jules Dupré é certamente como Delacroix, pois que enorme variedade de emoções ele exprime em suas sinfonias de cores!

Aqui, uma marinha com os mais tênues verdes-azuis e azuis quebrados e toda espécie de tons nacarados. Lá, uma paisagem de outono com uma folhagem que vai do vermelho profundo borra de vinho até o verde violento, do laranja pronunciado até o sombrio havana, tendo ainda outras cores no céu, cinzas, lilazes, azuis, brancos, que também contrastam com as folhas amarelas. Ainda mais adiante um pôr de sol em preto, em violeta, em vermelho vivo. E, ainda mais fantástico, como um canto de jardim que vi dele e que jamais esqueci: preto na sombra, branco no sol, um verde pronunciado, um vermelho vivo, e depois ainda um azul-escuro, um castanho-verde betuminoso e um amarelo-claro. Cores que realmente conversam entre si.

Sempre louvei Jules Dupré, e mais tarde ele será ainda mais apreciado que agora. Pois é um verdadeiro colorista, sempre interessante, e com algo tão poderoso e tão dramático.

Sim, é certamente o irmão de Delacroix.

Como já disse, acho muito correta sua carta sobre os pretos, e quando você diz que não se deve pintar a cor local, também está certo.

Contudo, não me satisfaz. Para mim, existem muito mais coisas atrás deste "não pintar a cor local".

"Os verdadeiros pintores são os que não fazem a cor local", este foi o objeto das discussões de Blanc e de Delacroix.

Não posso entender por isto, *a grosso modo,* que um pintor faz bem quando parte das cores de sua palheta em vez de partir das cores da natureza?

Quero dizer que quando desejamos, por exemplo, pintar uma cabeça, olhamos de uma vez por todas a natureza que temos à nossa frente; então dizem-nos: esta cabeça é uma harmonia de castanho-vermelho, de violeta, de amarelo, o todo quebrado; colocarei um violeta, um amarelo e um castanho-vermelho em minha palheta, e vou quebrá-los.

Conservo da natureza uma certa ordem de sucessão e uma certa precisão na atribuição dos tons, estudo a natureza para não fazer coisas insensatas, para permanecer "razoável", mas interessa-me menos que minha cor seja precisamente idêntica, ao pé da letra, a partir do momento em que em minha tela ela fique tão bela quanto na vida.

Um retrato de Courbet tem mais valor, é enérgico, livre, pintado com toda espécie de belos tons profundos de castanho-vermelho, dourados, violetas mais frios na sombra tendo preto como "contraste", com um pedaço de pano tingido de branco para repousar a vista, é mais belo que um retrato de quem quer que seja que tenha imitado a cor do rosto com uma horrível *exatidão.*

A cor por si só exprime alguma coisa, não se pode prescindir disto, é preciso tirar partido; o que produz beleza, beleza verdadeira, também é verdadeiro. Quando Véronèse pintou os retratos de suas elegantes pessoas nas *Bodas de Canaã,* ele aplicou toda a riqueza de sua palheta em violetas-escuros, em maravilhosos tons dourados. Então sobraram-lhe ainda um anil delicado e um branco nacarado nos quais ele tinha pensado – e que não figuram no primeiro plano. Ele os meteu atrás – e foi notável, por si mesma, esta cor transformou-se num ambiente de palácio de mármore e num céu, o que completa de forma característica o grupo de figuras. Este fundo é tão soberbo porque nasceu espontaneamente de um cálculo de cores.

Estou errado ao dizer isto? Não foi pintado como um todo, de forma diferente da que seria se ele tivesse pensado ao mesmo tempo no palácio e nas figuras?

Toda esta arquitetura e este céu são convencionais e subordinados às figuras, foram calculados para torná-las belas. Isto realmente é pintura, e é mais belo que a imitação exata das próprias coisas.

É preciso pensar em algo e tornar seu ambiente indispensável, fazê-lo decorrer do resto.

Dediquei-me durante anos, quase inutilmente e com toda espécie de resultados sofríveis, ao estudo da natureza, à luta com a realidade, não o nego.

Não gostaria de privar-me deste *erro.*

Quero admitir que teria sido loucura e uma estupidez continuar sempre do mesmo modo, mas *não* que eu tenha me esforçado à toa.

"Começa-se por matar, termina-se por curar", é um ditado de médicos (429).

4 de novembro de 1885

Estou totalmente preocupado com essas leis das cores. Ah, se as tivéssemos aprendido quando jovens!

Mas é o que acontece com a maioria das pessoas; ter, por uma espécie de fatalidade, que procurar por muito tempo a luz. Pois as leis das cores que Delacroix codificou pela primeira vez, e que pôs com clareza ao alcance de todos os homens em toda sua amplitude e com todas suas relações, como Newton fez com a gravidade e Stephenson com o vapor, estas leis das cores, repito, são uma verdadeira luz, sem a mínima dúvida.

Não se inquiete que eu deixe aparecerem em meus estudos as pinceladas com espessuras mais ou menos grandes de cor. Isto não significa nada; se as deixarmos por um ano (seis meses também bastam) e então as rasparmos rapidamente a navalha, a pintura terá uma cor muito mais consistente do que se tivesse sido levemente pintada. É bom para a conservação das cores que, especialmente as partes luminosas de um quadro, sejam solidamente pintadas. E os antigos, assim como os franceses atualmente, já faziam esta raspagem. Acredito que os vernizes de uma cor transparente se interpenetram e com frequência desaparecem completamente com o tempo se são aplicados antes que a preparação do quadro esteja completamente seca. Mas aplicados *mais tarde* eles resistem muito bem.

Você mesmo frequentemente observou que com o tempo meus estudos de ateliê, em vez de perderem a cor, ficam melhores.

Acho que isto vem do fato de que minha cor é resistente, quando não emprego óleo. Depois de um ano o pouco de óleo, que existe em toda cor, desaparece e então obtém-se uma boa pasta sólida.

Pintar assim, ou seja, de forma a que a obra seque bem, é, na minha opinião, uma questão importante: é lamentável que certas cores resistentes como o cobalto sejam tão caras. Não sei o que se deve pensar dos cromos e do vermelho de garança, mas posso muito bem imaginar que certos quadros, especialmente os crepúsculos americanos – você conhece esta espécie de pintura –, obtidos com *vernizes* de cromos, resistirão terrivelmente pouco ao tempo.

Daubigny e Dupré, ao contrário, conservam-se. Não é curioso que este Vermeer de Delft em Haia tenha conservado uma cor tão maravilhosa, com toda sua série de tons ousados, vermelho, verde, cinza, castanho, azul, preto, amarelo, branco? (430)

Caro Theo,

Recebi ontem à tarde o livro de Goncourt, comecei a lê-lo imediatamente, e embora eu ainda tenha de relê-lo com calma, esta manhã eu já tinha uma noção do conjunto; você vê, portanto, que eu estava com muita vontade de tê-lo.

Não achei que ele elogia demais Boucher.

Se eu não conhecesse mais que estas três coisas diferentes de Boucher: um rico azul (céu), um bronze (figura de homem) e um branco de nácar (figura de homem), sobretudo acrescentando a anedota da duquesa de Orléans, eu já acharia que ele é *alguém* no mundo da pintura. Goncourt não o elogia demais, porque ao mesmo tempo diz: *canalha,* e isto sem irritar os honrados burgueses, da mesma forma que se pode chamar de canalha a pintura de Bouguereau, de Perrault, etc.

Além disto, no meu entender ele não elogia demais Boucher, pois não temo por um instante que Goncourt pensasse em negar a superioridade de Rubens, por exemplo. Rubens, que era até mesmo mais produtivo que Boucher, nunca menos que ele, e que, mais que ele, era o pintor das mulheres nuas.

O que em Rubens quase nunca exclui o lado pungente e íntimo no qual eu penso, especialmente naqueles retratos de mulher em que ele ainda é autêntico ou se supera.

Mas Chardin!

Sempre desejei saber alguma coisa do *homem* (*Watteau*. Era exatamente o que eu pensava).

Terceiro estado, o gênero Corot no que diz respeito à bonomia, mas com mais mágoa e azar na vida.

É um livro admirável. Latour é espirituoso e voltairiano.

O pastel é um processo que eu gostaria muito de conhecer; sem dúvida algum dia também o farei; deve ser possível aprendê-lo em algumas horas, se soubermos *pintar* uma cabeça.

Apreciei muito o que ele disse da técnica de Chardin. Estou cada vez mais convencido que os verdadeiros pintores não acabavam no sentido que muitas vezes se dá ao termo acabar, ou seja, com tanta precisão que se possa enfiar o nariz.

As melhores pinturas, e justamente as mais perfeitas do ponto de vista técnico, ao olharmos de perto, são feitas com uma cor ao lado da outra e produzem seu efeito a uma certa distância. Rembrandt não largou a presa apesar de todos os sofrimentos que isto lhe valeu. (Esses bons burgueses achavam Van der Helst bem melhor, porque também se podia vê-lo de perto.)

Nisto Chardin é tão grande quanto Rembrandt. Israels tem algo de parecido, e por mim sempre achei Israels "admirável" justamente por causa de sua técnica. *Seria bom demais* se todo mundo soubesse disso e pensasse assim, como diria *Bonnemort*.

Para trabalhar assim, também é preciso ser um pouco mágico, o que custa muito a aprender; e a frase sombria e sarcástica de Michelângelo: "meu estilo destina-se a produzir grandes imbecis", também é verdadeira no que diz respeito aos audaciosos da *cor*, pois isto também os fracos e os que não têm personalidade não conseguem *imitar*.

Acho que meu trabalho está avançando.

Ontem à tarde aconteceu-me uma coisa que vou lhe contar tão exatamente quanto possível. Você conhece os três carvalhos atrás do jardim de casa; eu me matei em cima deles pela quarta vez. Estive durante três dias sentado frente a eles com uma tela do tamanho da choupana e do cemitério de camponeses que você tem.

Tratava-se daquelas cabeleiras de folhas havana, de modelá-las e dar-lhes a forma, a cor, o tom necessários. À tarde peguei o quadro e fui a Eindhoven, onde mora aquele amigo, que tem um salão bastante suntuoso (tapeçaria cinza, móveis preto e ouro) e o penduramos à parede.

Pois bem! Jamais tive tanta convicção de que chegarei a fazer boas coisas, de que conseguirei avaliar minhas cores de maneira a obter o efeito que desejo. Nele havia havana, verde tênue, e branco (cinza), e mesmo branco puro, tal como sai do tubo. (Você vê que de meu lado, mesmo que eu tenha uma fraqueza pelo escuro, não tenho nenhum preconceito contra o outro extremo, por mais extremo que seja.)

Embora este homem tenha dinheiro, embora ele quisesse muito meu quadro, eu me senti dominado por tal entusiasmo, ao ver que era o que devia ser, que meu quadro, sem tirar nem pôr, com a doce e melancólica paz resultante da combinação de cores, criava uma atmosfera, que *não pude me decidir a vendê-lo.*

Mas como ele tinha ficado impressionado, eu o dei e ele o aceitou simplesmente, como eu queria, sem muitas palavras, dizendo-me apenas que "este troço é diabolicamente bom".

Acho que ainda não tanto. Antes é preciso que eu ainda veja alguns Chardin, alguns Rembrandt, antigos mestres holandeses e franceses e que medite ainda um pouco sobre eles, porque, empregando um pouco menos de cor do que empreguei neste, ainda quero ir muito mais longe.

Você sabe que os Goncourt fizeram gravuras e desenhos. Você não deve achar que me falta sentido prático quando insisto tanto para que você persista em desenhar ou em pintar.

Você poderia muito bem conseguir. Se você quisesse, o resultado não seria medíocre. E *precisamente* para o *comércio,* para ser realmente um *conhecedor* de arte, isto lhe daria uma superioridade com relação a muitos outros, uma superioridade que, na verdade, faz muita falta.

Não sei o que o futuro me reserva. Atualmente, quando leio alguma coisa sobre este perfeito demônio que foi o famoso La Tour, penso, meu Deus! como é verdade, e como este sujeito soube entender bem a vida (exceto quanto à sua horrível avareza), e também a pintura.

Acabo de ver alguns Frans Hals, pois bem!, você sabe que fiquei tão entusiasmado que em seguida lhe escrevi extensamente sobre a questão de *colocar o tema de um só golpe.* Que analogia há entre as intenções de La Tour, etc., e de Frans Hals, quando eles exprimem a vida *com um pastel* que poderíamos fazer desaparecer *com um sopro.* Não sei o que farei e o que o futuro me reserva, mas espero não esquecer as lições que assim aprendi nestes últimos tempos. Colocar seu tema nitidamente *de um só golpe,* mas com um esforço absolutamente impregnado com todo seu espírito e com toda sua atenção.

Atualmente, nada me agrada mais que o trabalho com pincel – até para desenhar –, em vez de fazer o esboço a carvão.

Quando penso em como os antigos holandeses preparavam seus quadros, constato que há *relativamente* pouco desenho propriamente dito. E, contudo, eles desenham de uma maneira impressionante. Mas creio que na maioria dos casos eles começaram, continuaram e terminaram com pincel.

Eles *não preenchiam.* Por exemplo, um Van Goyen. Acabo de ver dele, na coleção Dupper, um carvalho numa duna sob a tempestade, e de Cuyp, uma vista de Dordt.

Uma técnica impressionante, mas feita com nada, como que espontânea, e não se preocupando com a cor, aparentemente não se pode ser mais simples.

Mas quer se trate de figuras ou de paisagens, sempre houve, entre os pintores, uma tendência a convencer as pessoas de que um quadro era algo mais que uma representação da natureza como a veríamos num espelho, algo mais que uma imitação; vale dizer que é uma diversão.

Ainda gostaria de lhe falar muito do que Chardin, em especial, me faz pensar a respeito da cor e da necessidade de não se fazer cor local. Acho isto admirável: "Como surpreender, como dizer de que é feita esta boca desdentada, que tem delicadezas infinitas. Isto é feito com apenas alguns traços de *amarelo* e algumas pinceladas de *azul*!!!"

Quando li isto, pensei em Vermeer de Delft, a paisagem de Haia; quando a vemos de perto, é *incrível*, é feita com cores totalmente diferentes das que imaginaríamos olhando-a de uma certa distância.

Saudações. Não quis deixar de lhe dizer o quanto achei belo o livro de Goncourt.

Sempre seu,

VINCENT (431).

Caro Theo,

Encontrei no livro de Goncourt a frase seguinte que você sublinhou no artigo sobre Chardin. Depois de ter falado sobre como os pintores são pagos de forma medíocre, ele diz: "Que fazer? Tornar-se o quê? É preciso lançar-se numa condição subalterna ou morrer de fome. Adota-se a primeira opção", acrescenta ele, e, à exceção de alguns *mártires*, os demais acabam como "professores de esgrima, soldados ou comediantes".

No fundo tudo isto continua sendo uma realidade. Como você sublinhou o que precede, pensei que sem dúvida você gostaria de saber o que eu espero fazer no futuro, ainda mais que eu acabo de lhe anunciar que desfiz meu atual ateliê.

Os tempos não são mais os mesmos que na época de Chardin. E atualmente há muitas coisas que é difícil de eliminar por meio da razão.

O número de pintores aumentou muito. Atualmente, se um pintor faz algum "trabalho extra", fatalmente cria uma impressão desfavorável no público.

Racionalmente não estou acima disto; eu diria: continue a pintar, faça pois cem estudos, e, se isto não for o suficiente, faça duzentos, e veja se isto não te faz passar a vontade de "fazer um extra".

Ora, habituar-se à pobreza, ver como um soldado ou um carregador vivem e conservam sua boa saúde em todas as circunstâncias, alimentando-se e morando como o povo simples, é tão útil quanto ganhar um mísero florim a mais por semana.

Afinal não estamos no mundo para nos divertirmos e não é preciso viver melhor que ninguém.

No fundo, de *nada* serve viver relativamente um pouco melhor; de qualquer forma não podemos conservar nossa juventude. Se *isto* fosse possível! Mas o que realmente nos faria felizes, materialmente felizes, ser e continuar sendo jovens por muito tempo, não é possível aqui, e nem mesmo na Arábia ou na Itália, embora lá *isto* seja um pouco mais fácil que aqui.

E por meu lado penso que temos mais chances de continuarmos fortes e de nos renovarmos sob o "terceiro-estado" atual. Enfim! digo portanto que, pintando, busco encontrar um meio de viver sem preocupações. Mas acho que estou certo em não negligenciar o retrato, se pretendo ganhar alguma coisa. Sei que não é fácil fazê-lo ao gosto das pessoas, que exigem "ser parecido", e não me atrevo a dizer antecipadamente estar certo de meu sucesso. Contudo não acho a coisa impossível, pois sem dúvida as pessoas daqui não devem ser diferentes das pessoas de outros lugares. Os camponeses e as pessoas da aldeia não se enganam e dizem sem rodeios, *a despeito do que eu lhes diga se lhes asseguro que se enganam: isto* é René de Greef, isto é Toon de Groot, e isto é Dien van de Beek, etc. Chegam às vezes até a reconhecer uma figura de costas. Os burgueses da cidade, e as "cortesãs" não menos que eles, são loucos por um retrato. E Millet descobriu inclusive que os capitães de navio *apreciavam quem fosse* capaz de fazê-los. (Estes retratos sem dúvida destinam-se a suas amantes deixadas em terra.) Isto ainda não foi explorado. Você se lembra disto no Sensier? Sempre me lembro como Millet manteve-se desta maneira no Havre.

Assim pois, tenho um vago projeto de ir a Antuérpia. Com o que e como, ainda me é impossível prever.

Consegui saber o endereço de seis *marchands* de quadros; gostaria, portanto, de levar alguma coisa comigo. Depois, tenho a intenção de pintar, tão logo chegue lá, alguns cantos da cidade, e além disso expô-los sem demora. Portanto, concentrar tudo para chegar a algum resultado. E como eu parto pobre, de qualquer forma não tenho muito a perder.

Aqui eu conheço demais a região e as pessoas, e estou muito apegado. Tenho certeza de que tudo não se acabou. Alugarei um quarto onde guardarei minhas coisas e assim estarei ao abrigo para o caso de querer me retirar algum tempo de Antuérpia, ou se sentir saudade do campo.

Quanto a "fazer um bico", desde o início, Tersteeg, por exemplo, não parou *de me martelar isto.*

E realmente era martelar, ainda que isto viesse exatamente de Tersteeg. Os que mais falam disto são os mais incapazes de dar uma solução. E, quanto a isto, para esclarecer um pouco o meu caso, a única coisa que eu poderia fazer, se "fizesse um bico", seria, caso conhecesse alguns *marchands,* ou alguns pintores, por exemplo, viajar com eles para a Inglaterra, etc.

Coisas deste tipo, que se relacionam diretamente com a pintura, naturalmente são uma exceção; senão, um pintor deve, em regra geral, ser pintor e nada mais.

Também não se esqueça que eu não encontrei a melancolia no berço; nas redondezas me deram por apelido *Het Schildermenneke,* e não é totalmente sem uma certa dose de malícia que vou para lá.

Também pensei em Drenthe, mas é muito difícil realizá-lo.

Contudo, será o caso de fazê-lo se meus trabalhos sobre o campo agradarem em Antuérpia. Se as coisas daqui pudessem agradar, seja agora, seja mais tarde, eu continuaria neste caminho e alternaria com outras parecidas de Drenthe.

Mas o problema é que só posso fazer uma coisa de cada vez, e, se estou firmemente ocupado em pintar camponeses, não poderia começar a trabalhar na cidade.

O momento é bom para me evadir, pois tive problemas com relação a modelos e, em todo caso, vou me mudar. A este respeito, aliás, é de se prever que isto não acabaria nunca, neste ateliê com o pastor e o fabriqueiro da paróquia estando logo aí ao lado. Assim, pois, vou me mudar.

De resto, isto não deixa uma impressão durável nas

pessoas e, alugando outro quarto e deixando as coisas sossegarem durante um ou dois meses, a intriga perderá muito sua importância.

Não seria melhor se eu pudesse estar lá nos próximos meses, dezembro e janeiro? Em Amsterdã eu tinha uma pensão por cinquenta centavos numa biboca popular; poderia fazer o mesmo lá ou, melhor ainda, poderia fazer um acordo com um ou outro pintor para poder trabalhar em seu ateliê. Existe ainda uma outra razão: é que não é totalmente impossível que lá eu encontre oportunidades de pintar nus. Na academia, certamente não vão me querer, não mais do que eu gostaria, aliás, mas, por exemplo, no estúdio de um escultor (certamente deve haver alguns por lá), encontra-se simpatia bastante facilmente. Não é preciso dizer que tendo dinheiro consegue-se tantos modelos quantos se quiser, mas sem isto é mais difícil. Contudo, certamente deve-se encontrar pessoas lá com quem a gente possa se arranjar para as despesas e que disponham de modelos para o nu. Preciso disto por muitos motivos (433).

Desejaria ir agora à Antuérpia. Sem dúvida a primeira coisa que eu farei lá será ir ver os quadros de Leys em *sua sala de jantar,* se é que os podemos ver. Você conhece aquele *Passeio sobre as muralhas,* e aquela que foi gravada por Bracquemond: *A mesa, A criada.*

Imagino que deva ser bonito lá, no inverno, nas docas sob a neve.

Naturalmente levarei alguns quadros, e serão aqueles que de outro modo eu lhe teria enviado dentro em pouco.

Um grande moinho na charneca, à tarde, e uma vista da aldeia atrás de uma fileira de choupos amarelos, uma natureza-morta e um certo número de desenhos com figuras.

No momento estou um pouco bloqueado em meu trabalho. Está geando muito, de forma que é impossível ir trabalhar ao ar livre. É melhor que eu me abstenha totalmente de pintar modelos enquanto estiver morando nesta casa; a não ser, talvez, quando eu voltar. Assim, estou economizando minhas telas e minhas cores para ter mais munição lá. *Quanto antes eu partir daqui, melhor.*

Recebi nestes últimos dias uma carta de Leurs a respeito de meus quadros. Tersteeg e Wisselingh os haviam visto e "não simpatizaram com eles", segundo ele me escreve.

Apesar de tudo, continuo convencido de que conseguirei fazer certas pessoas mudarem de opinião, mesmo supondo que Tersteeg e Wisselingh não o queiram.

Acabo de ler alguns livros no gênero das *Recordações* de Gigoux, que meu amigo de Eindhoven trouxe, e encontrei coisas muito interessantes sobre pessoas de agora, a começar por Paul Huet. E me anima ver que não estou me dando mal para pintar a natureza, nem no que diz respeito à técnica da pintura, embora confesse de bom grado que ainda mudarei e que isto é necessário.

Assim, veja as cabeças que estão contigo. Há algumas boas, eu tenho quase toda certeza. Pois bem, portanto, em frente! Acho que não me aborrecerei este inverno. É evidente que sobretudo será questão de trabalhar duro. Mas justamente há algo de extraordinário na sensação de que é preciso ir à luta.

Pelo fato de que por muito tempo trabalhei *isoladamente*, imagino que, mesmo *que eu queira e que eu possa* aprender algo com os outros e que até mesmo empreste algo de suas técnicas, continuarei sempre a *ver com meus próprios olhos* e a ter minha própria maneira de conceber.

Que eu vá tentar aprender alguma coisa, nada mais certo. E sobretudo com o nu, se puder. Imagino contudo que não estarei em condições de conseguir logo de início bons modelos e *na quantidade* que desejo, mas sim que terei que ganhar dinheiro fazendo outra coisa para consegui-los. Seja paisagens, seja cantos da cidade, seja retratos, como já lhe falei ou, se necessário, fazendo letreiros e decoração. Ou, o que eu não disse em minha carta anterior, entre as coisas que eu bem *poderia fazer* como extra, dar aulas de pintura, começando por naturezas-mortas, o que, acredito, seja um método diferente dos mestres de desenho. Eu já tentei isto com meu amigo de Eindhoven e me atreveria a recomeçar.

Aqui, não fiz nada mais que pintar incansavelmente para *aprender a pintar,* para adquirir sólidos princípios sobre a cor, etc., sem dar muito espaço a outras preocupações. Mas quando parti durante alguns dias para Amsterdã, fiquei muito satisfeito em voltar a ver quadros. Pois às vezes é diabolicamente duro ficar totalmente fora da pintura e do mundo dos pintores e não ver nada dos outros.

Desde então, tive muita vontade de voltar por algum tempo.

Quando ficamos totalmente distanciados disto durante anos e lutamos com a natureza, é verdade que não estamos perdendo tempo e que, sem dúvida, armazenamos ânimo e saúde, o que jamais é supérfluo, pois a vida de pintor já é bem dura.

Quanto ao meu trabalho, será preciso ajustá-lo segundo as circunstâncias, quero dizer que, se puder entrar em relações com um apreciador de arte, farei tudo para lhe mostrar algo meu.

Mas o que for diferente não está perdido e, especialmente se eu conseguir fazer alguns novos estudos de cabeças ou de figuras, você os verá imediatamente. Acho que você gostaria de uma das paisagens que estou levando, talvez até das duas, mas acho que sobretudo a com as folhas amarelas lhe agradaria. Junto um rápido esboço.

O horizonte é uma linha escura sobre a linha clara do céu branco e azul. Sobre esta linha escura há pequenas manchas vermelhas, azuladas e verdes ou castanhas formando a silhueta dos telhados e dos pomares, o campo é esverdeado. O céu, mais alto, sobre o qual delgados troncos negros e as folhas amarelas se destacam, é cinza. O primeiro plano coberto por folhas amarelas que caíram, e aí dentro duas figuras pretas e uma azul. À direita, um tronco de carvalho, preto e branco, e um tronco verde com folhas castanho-vermelhas (434).

Você tem razão em me dizer que sentirei falta de um ateliê na Antuérpia. Mas tenho de escolher entre um ateliê sem trabalho aqui, ou trabalho sem ateliê lá.

Optei pela última alternativa, e com um entusiasmo tão grande que é como se fosse uma "volta do exílio". De fato, estive durante muito tempo distanciado do mundo da pintura. E neste meio tempo minhas forças amadureceram um pouco, de maneira que eu me sinto mais independente com respeito às intrigas e capaz de lhes fazer frente. Quero dizer que em Haia eu era mais fraco que os outros com meu pincel – não o digo em desenho e no que se refere a pintar e colocar cores, era mais fácil me confundir que agora.

Desejo violentamente ver Rubens. Mas você notou como Rubens é teatral, e teatral até quanto ao sentimento de seus temas religiosos, frequentemente, inclusive, de um mau teatro? Veja, tome Rembrandt, Michelângelo, tome *O pensador* de Michelângelo. Ele representa claramente um pensador, não é? Mas seus pés são pequenos e ágeis, e sua mão tem a rapidez de um raio como a garra de um leão, e este pensador é ao mesmo tempo um homem de ação, vemos que seu pensamento é uma concentração de espírito, tendo em vista unicamente saltar e agir de uma maneira ou de outra.

Rembrandt faz *diferente*. Especialmente seu Cristo, nos *Discípulos de Emaús*, é uma alma num corpo, o que não é sempre assim num busto de Michelângelo, mas, ainda assim, no gesto que ele faz para convencer há algo de poderoso.

Coloque agora Rubens ao lado disto, uma de suas múltiplas figuras meditativas – e você tem gente que, para estimular a digestão, retirou-se num canto. Assim, em tudo que é religioso ou filosófico, ele é *sem graça* e *vazio*. Mas o que ele sabe fazer são mulheres – como Boucher e melhor que ele –, é aí que ele é quem mais faz pensar e que ele é o mais profundo. O que ele sabe fazer – combinações de cor –, o que ele sabe fazer é uma rainha, um homem de Estado – bem analisados, tais como o são.

Mas o sobrenatural – ali onde começa a magia – não, a não ser colocar algo de infinito numa expressão de mulher, que contudo não é dramática.

Encontrei uma passagem a respeito de Gainsborough que me impele ainda mais a trabalhar *numa só pincelada*. Veja:

"É este arrebatamento do toque que produz tanto efeito. A espontaneidade de sua impressão está toda aí, e se comunica ao espectador. Gainsborough tinha aliás um método perfeito para assegurar o conjunto de suas composições. Esboçava a largos traços seu quadro e o conduzia harmoniosamente de cima para baixo, sem isolar sua atenção em pequenos fragmentos, sem insistir nos detalhes, pois buscava o efeito geral e quase sempre o encontrava graças a esta visão da tela, que ele olhava como olhamos a natureza, de um só golpe de vista" (435).

ANTUÉRPIA
(NOVEMBRO DE 1885 – FEVEREIRO DE 1886)

Começo por lhe contar que vi a sala de jantar de Leys, você sabe: *O passeio sobre as muralhas, Os patinadores, A recepção, A mesa,* e num painel entre as janelas, *São Lucas.* Para meu espanto, a composição, pelo menos ao que me parece, era muito diferente das composições definitivas, embora eu ainda não tenha tido a oportunidade de compará-las às fotos dos *quadros.*

É pintado em afresco, portanto, sobre o gesso das paredes. Um afresco pode e na verdade deve durar séculos, mas estes já estão sensivelmente descorados e especialmente o que está em cima da chaminé (fragmento da *Recepção),* que até mesmo já está rachado. Além disso, o filho do barão Leys – que é um espertinho – transformou a sala aumentando uma porta de forma que nos *Patinadores* as pernas dos homens que estão sobre a ponte e olham sobre a balaustrada estão deitadas, o que dá um efeito desfavorável.

Além do mais, a luz é horrivelmente ruim, mas acho que a sala foi originalmente pintada para ser vista sob luz artificial. Por isto, como eu não podia ver nada, pedi à empregada, a quem dei uma gorjeta, que acendesse o lustre, e assim pude ver melhor.

Apesar de tantas coisas que em parte me decepcionaram (em primeiro lugar a cor do afresco e, receio, um mau processo de afresco, com o que Leys não nos tinha acostumado), apesar de tantas coisas que me decepcionaram, ainda assim é soberbo.

A criada, a mulher perto da padaria, a namorada e as outras figuras no *Passeio sobre as muralhas,* a vista sobre a cidade a voo de pássaro, a silhueta das torres e dos telhados sobre o céu, o movimento dos patinadores sobre os fossos gelados são de uma execução soberba.

Vi também o Museu de Pinturas Antigas e o Museu Moderno. Concordo contigo em dizer que as figuras do primeiro plano – as cabeças – no *Cristo no purgatório* são *muito* bonitas, mais bonitas que o resto e que a figura principal; especialmente aquelas duas cabeças de mulheres loiras são Rubens de primeira qualidade. *O jovem pescador,* de Frans Hals, impressionou-me particularmente; M. de Vos, retrato de um decano de guilda, Rembrandt *muito* bonito, dois pequenos Rembrandt que talvez não sejam de Rembrandt mas de N. Maas?? Ou de algum outro; Jordaens, o *Concerto de família;* Van Goyen, S. Ruysdaël. E o Quentin Matsys, o desenho de Santa Bárbara por Van Eyck, etc...

Museu Moderno: o grande Mols segue o estilo de Mesdag com traços característicos de Vollon (Vollon o conhecia bem), Braeckeleer, *não* os ruins: um albergue brabantino, curiosamente belo; belas paisagens de C. de Cock, Lamotinière, Coosemans, Asselbergs, Rosseels, Baron, Munthe, Achterbach, um belo Claus, velhos Leys, um no gênero de Braeckeleer, ainda romântico, outro belo; um belo retrato de Ingres, um belo retrato de David, ainda outras coisas bonitas, e também coisas horríveis, como as vacas em escala natural do piedoso e respeitoso Verboekhoven, etc... (436).

PS. – Estranho que meus estudos pareçam mais escuros aqui na cidade que no campo. Será que isto se deve ao fato de a luz ser menos clara em toda a cidade? Não sei. Mas isto é mais importante do que parece à primeira vista, impressionou-me e me ajudará a entender que certas coisas que estão aí contigo pareçam tão mais escuras do que eu as imaginava no campo. Mas as que eu trouxe, o moinho, a aleia com as árvores no outono, a natureza-morta e dois ou três quadros pequenos não ficaram mal (437).

Acho Rubens muito bonito por causa de sua maneira franca de pintar, de trabalhar com os meios mais simples.

Não classificaria Henri de Braeckeleer entre as pessoas que buscam a todo momento efeitos nacarados, pois nele existe um esforço muito curioso, muito interessante, para atingir a exatidão, e ele é muito pessoal.

Não renuncio à ideia que tenho sobre o retrato, pois é uma boa coisa lutar por isto, e mostrar às pessoas que existe nelas algo além do que um fotógrafo com sua máquina pode revelar (439).

Mas prefiro tanto pintar figuras, e também acho que um dia o mercado ficará abarrotado de paisagens, e embora haja muitas dificuldades por causa dos modelos há mais oportunidades deste lado.

Os *marchands* dizem que o que se vende melhor são as cabeças e as figuras de mulheres.

Será preciso que eu me decida na primavera se vou ou não para os arredores de Nuenen. Gostaria que você me desse sua opinião sobre este assunto (440).

Ontem pintei alguns estudos em que se vê a catedral.

E também tenho um pequeno do Parque.

Contudo prefiro pintar os olhos dos homens, mais que as catedrais, pois nos olhos há algo que nas catedrais não há, mesmo que elas sejam majestosas e se imponham; a alma de um homem, mesmo que seja um pobre mendigo ou uma prostituta, é mais interessante a meus olhos (441).

Acabo de terminar alguns estudos, e me parece que quanto mais eu pinto mais faço progressos. Logo que recebi seu dinheiro, arranjei um belo modelo a partir do qual fiz uma cabeça em tamanho natural.

É totalmente claro, exceto o que é preto, mas a cabeça se destaca de maneira uniforme sobre um fundo onde procurei colocar um reflexo dourado.

Veja aliás a gama de cores: uma cor de pele de uma bela tonalidade; no pescoço mais bronzeado cabelos negros de azeviche, de um preto que eu tive de fazer com carmim e com azul da prússia; um branco duvidoso para a blusa; amarelo claro muito mais luminoso que o branco para o fundo. Uma nota de vermelho vivo nos cabelos negros de azeviche e um segundo traço vermelho vivo no branco fosco.

É uma empregada de um café-concerto e, apesar de tudo, a expressão que eu procurei é um pouco a de um *ecce homo.*

E é justamente o que eu queria como expressão, ainda que eu tenha querido continuar real apesar disto. Quando a modelo chegou em casa, ela demonstrava visivelmente ter tido algumas noites muito carregadas. Ela me disse então algo bem típico: *a mim a champanhe não me alegra, ela me deixa muito triste.*

Eu tinha o que precisava, e procurei algo ao mesmo tempo voluptuoso e desolado. Comecei um novo estudo a partir dela, mas de perfil.

Vi ontem uma grande foto de um Rembrandt que não conhecia e que me impressionou admiravelmente. É uma cabeça de mulher, a luz caía sobre o peito, o pescoço, o queixo e as abas do nariz, as bochechas.

A testa e os olhos sob a sombra de um grande chapéu tendo sem dúvida plumas vermelhas, e também havia vermelho ou amarelo, sem dúvida, na blusinha decotada. Um fundo escuro. A expressão, um sorriso misterioso como o do próprio Rembrandt em seu autorretrato com Saskia ao colo, em que ele está com um copo de vinho nas mãos.

Todos os meus pensamentos atualmente estão cheios de Rembrandt e de Frans Hals, não porque eu veja muitos de seus quadros, mas porque eu vejo no povo daqui muitos tipos que me fazem pensar naquela época.

O cobalto é uma cor divina, não há nada tão belo para colocar em volta dos objetos; o carmim é o vermelho do vinho e é quente, espirituoso como o próprio vinho.

O verde-esmeralda também. Não chega a ser uma economia privar-se destas cores.

Do cádmio também.

Acredito que você compreenda bem a importância de ser verdadeiro para que eu me permita lhe falar com franqueza.

Pelo mesmo motivo que quando pinto camponeses, quero que eles sejam camponeses, pela mesma razão, quando são putas quero que tenham uma expressão de putas.

É por isto que esta cabeça de puta de Rembrandt me impressionou tanto.

Porque ele captou infinitamente bem esse sorriso misterioso com a seriedade que só ele, o mago dos magos, poderia.

Isto é algo novo para mim, e quero atingi-lo a qualquer preço. Manet o fez, e também Courbet, pois bem, por Deus! Tenho a mesma ambição, porque além disso senti até a medula a infinita beleza das análises femininas dos grandes mestres da literatura, Zola, Daudet, Goncourt, Balzac.

Nem mesmo Stevens me satisfaz, pois suas mulheres não são aquelas de quem pessoalmente eu saiba alguma coisa. E acho que as que ele escolhe não são as mais interessantes. Enfim, seja como for, eu quero ir adiante a qualquer custo, quero ser eu mesmo.

É que sinto em mim a obstinação e estou acima do que as pessoas possam dizer de mim e de minha obra (442).

Antes que eu me esqueça, quero começar respondendo sua pergunta do outro dia, a respeito do quadro de Franck ou Francken na Igreja de Santo André, e que eu vi hoje. Acho que é um bom quadro – o sentimento em especial é belo –, mas não é um sentimento muito flamengo e nem rubeniano. Lembra mais Murillo. O colorido é quente, numa gama ruiva, como em Jordaens às vezes.

As sombras da carnação são muito enérgicas, o que Rubens não tem, mas Jordaens às vezes sim. E é isto que dá algo de misterioso a este quadro que, em sua escola, é bem apreciável.

Não pude me aproximar o suficiente para perceber a técnica, o que teria valido a pena. A *Cabeça do Cristo* é menos convencional do que a concebem em geral os pintores flamengos.

Imagino, contudo, poder fazer o mesmo, e o quadro não me ensinou nada de novo.

E como não estou contente com o que atualmente sou capaz, e quero fazer progressos – passemos adiante –, vejamos outros quadros. O que me impressionou nesta igreja foi um esboço de Van Dyck ou Rubens (?), uma *Descida da cruz* colocada muito alto mas que parecia bela. Muita sensibilidade no cadáver pálido. Isto de passagem.

Existe um vitral que eu acho soberbo – muito, muito curioso. Uma praia, um mar verde com um castelo sobre as rochas, um céu azul resplandecente nos mais belos tons de azul, esverdeado, alvejado, ora com um tom mais baixo, ora mais alto.

Um enorme navio de três mastros, fantasioso e fantástico, ergue sua silhueta contra o céu; refração em todos os lados, luz na obscuridade, obscuridade na luz. Em azul, uma figura da Santa Virgem, em amarelo pronunciado, branco alaranjado. Acima ainda é vitral, em verde-escuro, com preto, com vermelho brilhante.

Enfim, você se lembra? É muito belo, e Lays, ou Jean Tissot da primeira fase, ou Thijs Maris, ficariam tomados.

Vi alguns quadros comprados para o Museu Moderno, *Verhas* e *Farasyn*. *Verhas*: damas montando em jumentos e rapazes pescando na praia; *Farasyn*: uma grande máquina do antigo mercado de peixes de Antuérpia.

Também um Émile Wauters: *O Cairo*, acho, um mercado numa praça.

O *Verhas* está bom, em todo caso é um bom quadro, com cores ousadas numa gama clara, algumas belas combinações entre uma figura laranja sobre um fundo azul-claro, verde-claro e branco.

Continuo trabalhando nos meus retratos e enfim tenho dois que decididamente "são parecidos" (um perfil e um 3/4). Não é tudo, nem mesmo é o principal.

No entanto, vale a pena pesquisá-los, e talvez assim se aprenda a desenhar. Aliás, começo a gostar cada vez mais de retratos.

Existem por exemplo alguns de Rubens muito famosos: *A Virgem com o papagaio, O Cristo sobre a palha*, etc. Quanto a mim, passo ao largo para ver antes aquele brutal retrato de homem – pintado com uma mão admiravelmente firme que às vezes tem o aspecto de um esboço, e que está pendurado não longe da *Saskia* de Rembrandt.

Numa *Descida da cruz*, de Van Dyck, aquela vertical, a grande, também há um *retrato*, decididamente um retrato e não só de uma cabeça, graças a Deus, mas de uma figura inteira, soberba, em amarelo e lilás; uma mulher inclinada que chora, o tronco, as pernas sob o vestido, executados e sentidos de forma bem íntima. Como a arte é grande quando ela é simplesmente verdadeira.

E um Ingres, um David, pintores cuja pintura realmente nem sempre é bela, que interessantes ficam quando, deixando de lado seu pedantismo, eles se permitem ser autênticos, exprimir um caráter, como nas duas cabeças no Museu Moderno. Enfim...

Ah, se pudéssemos ter os modelos que quiséssemos (443).

Domingo passado vi pela primeira vez os dois grandes quadros de Rubens, e, pelo fato de eu ter examinado os do museu por diversas vezes e à vontade, estes dois quadros, *A descida da cruz* e *A ascensão,* tornaram-se para mim ainda mais interessantes. *A ascensão* tem uma característica que me saltou aos olhos: praticamente não há figuras de mulher. Exceto nas janelas laterais do tríptico.

Consequentemente, não é o melhor. Deixe-me dizer-lhe que *A descida da cruz* me mergulha na exaltação. Não por causa da profundeza de sentimentos que encontraríamos num Rembrandt, ou num quadro de Delacroix, ou num desenho de Millet. Nada me comove menos que um Rubens do ponto de vista da expressão da dor humana.

Que eu lhe diga antes, para melhor explicar meu pensamento, que as mais belas cabeças de Madalena ou de *Mater Dolorosa* em prantos sempre me fazem pensar nas lágrimas de uma jovem donzela que tivesse, por exemplo, uma ferida, ou qualquer outra “miseriazinha da vida humana”.

Enquanto tais, estes quadros são magistrais, mas não se deve procurar neles nada mais.

Rubens é impressionante na pintura de belas mulheres comuns. Mas na expressão ele *não* é dramático. Compare-o, por exemplo, à cabeça de Rembrandt da coleção Lacaze, à figura de homem na *Noiva judia,* e você compreenderá o que eu quero dizer, especialmente suas oito figuras empoladas de rapazes que executam exercícios físicos com a pesada cruz de madeira na *Ascensão,* parecem-me *absurdas* desde que eu me ponha no ponto de vista da análise moderna das paixões e dos sentimentos humanos. Especialmente em suas expressões humanas (sempre com exceção dos retratos propriamente ditos), Rubens é superficial, vazio, empolado, e mesmo totalmente convencional, tanto quanto Jules Romain e outros pintores ainda piores da decadência.

Mas, no entanto, Rubens me mergulha na exaltação, pois é justamente ele quem busca exprimir e representar realmente – ainda que suas figuras às vezes sejam vazias – uma atmosfera de alegria, de serenidade, de dor, pela combinação das cores.

Assim, na própria *Ascensão à cruz,* a mancha branca – o cadáver numa forte intensidade de luz – é dramática em sua relação de contraste com o resto, tratado em tintas escuras.

De natureza semelhante, mas a meu ver mais belo, é o encanto da *Descida da cruz,* em que a mancha branca é relembrada pelo cabelos loiros, pelo rosto e pelo pescoço brancos das figuras de mulher, enquanto que o ambiente escuro é impressionantemente rico pelas diferentes massas de vermelho, de verde escuro, de preto, de cinza, de violeta, tratadas em menor e aproximadas das outras pelo tom.

Delacroix tentou restituir a fé nas sinfonias de cores. E diríamos que foi em vão, quando observamos que quase todo mundo considera que uma coisa está bem quanto à cor, quando nela encontramos a *exatidão* da cor local; uma mesquinha precisão.

Nem Rembrandt, nem Millet, nem Delacroix, nem quem quer que seja, nem mesmo Manet ou Courbet jamais pretenderam atingir isto, assim como Rubens ou Véronèse.

Vi ainda vários outros quadros de Rubens em diferentes igrejas. E é muito interessante estudar Rubens, precisamente porque em sua técnica ele é, ou parece ser, a própria simplicidade. Porque ele precisa de tão pouco, porque ele faz com uma mão tão lenta, e porque pinta e especialmente desenha sem nenhuma hesitação. Mas o seu forte são os retratos e as cabeças ou figuras de mulheres. É nisto que ele é profundo e também íntimo. E estes quadros conservaram seu vigor, precisamente pela simplicidade de sua técnica.

Que mais eu lhe direi? Que cada vez mais tenho vontade de retomar sem me apressar, ou seja, sem precipitação nervosa, de uma maneira calma e tranquila, todos os meus estudos de figuras, começando pelo começo. Gostaria que meu conhecimento do nu e da estrutura da figura fosse tal que eu pudesse trabalhar de memória (444).

Enfim Verlat viu meu trabalho. Quando ele viu as duas paisagens e a natureza-morta que eu tinha trazido do campo, ele me disse: "Sim, mas isto não é comigo"; mas quando eu lhe mostrei os dois retratos, ele disse: "Isto é outra coisa, em se tratando de figuras, você pode vir".

De forma que a partir de amanhã poderei ir trabalhar no curso de pintura da academia. Além disso falei com Vinck (um aluno de Leys de quem vi coisas à maneira de Leys, medievais) para às tardes desenharmos à antiga.

....

Já desenhei duas tardes lá, e devo dizer que acredito que, justamente para fazer figuras de camponeses, é muito bom desenhar à antiga, sob a condição, contudo, de que não se faça como de hábito. Os desenhos que vejo, na verdade, acho-os todos fatalmente ruins e radicalmente fracassados. E sei muito bem que os meus são totalmente diferentes: o tempo dirá quem está certo. Não há *absolutamente ninguém*, raios!, que tenha noção do que seja uma estátua antiga (446).

Os estudos dos outros (alunos) têm mais ou menos a *mesma cor* que a pele, e vistos de perto dão exatamente esta impressão – mas quando recuamos um pouco, ficam duros de ver, e chatos –, todo este rosa e este amarelo fino, etc., etc., delicados em si mesmos, dão um "efeito produzido" tão duro! Os meus, vistos de perto, são de um ruço esverdeado, cinza-amarelo, branco, preto, e muitas tintas neutras, geralmente cores inqualificáveis. Mas ficam bons, questão da cor à parte, quando recuamos um pouco, e então o ar envolve tudo e dentro há como que uma certa ondulação luminosa. Além disso, o menor pontilhado de cor com o qual se tenha eventualmente velado fica expressivo.

Alguns alunos viram meus desenhos: um deles, a propósito de minhas figuras de camponeses, começou imediatamente, nas aulas de nu, a desenhar o modelo com um modelado mais enérgico, sublinhando solidamente as sombras. Ele me mostrou este desenho, e conversamos a respeito; estava cheio de vida e tinha se tornado o mais belo desenho que vi do pessoal daqui. Sabe o que pensam a respeito? O professor Sibert fez com que ele se apresentasse e lhe disse que se ele tivesse o topete de recomeçar, isto seria considerado como zombaria para com seu professor. E eu lhe digo: era o único desenho "generosamente feito", no gênero de Tassaert ou de Gavarni. Veja você o que acontece. Mas isto não é grave e é melhor não ligar e fazer uma cara inocente como se quiséssemos muito desaprender este mau hábito, no qual infelizmente sempre recaímos. As figuras que eles desenham têm quase sempre a cabeça muito pesada e caem de cabeça para baixo, não há nenhuma que *se sustente* solidamente no chão.

E é este *sustentar-se* que já deve *aparecer no primeiro esboço* (447).

Deixe-me dizer-lhe como as coisas se passaram aqui.

O curso de pintura terminou na semana passada, pois antes do fim do curso há um concurso para aqueles que o seguiram; portanto, eu não participo.

Portanto, eu também estou desenhando durante o dia e o professor deste curso, que atualmente faz retratos pelos quais obtém altos preços, perguntou-me por diversas vezes se antes eu nunca desenhara à antiga, e se eu aprendera a desenhar sozinho.

E concluiu: "Vejo que você trabalhou bastante", e "você não levará muito tempo para progredir, e ganhará muito – é preciso um ano, mas que importa?"

Mas há ao meu lado um aluno da minha idade, do qual ele não tem a mesma opinião e que pintou por muito tempo e desenhou por *três anos* à antiga.

Em regra geral os alunos pintam sem fundo e isto é absolutamente proibido para este senhor em questão.

É isto que dá desenhos horrivelmente áridos.

Eis que Sibert, é o nome do professor – que também dirige o curso de nu – disse: "Quanto a você, desenhará como quiser, pois vejo que você leva o desenho a sério; quanto aos outros, em geral, não lhes permito fazerem fundo, porque senão eles escamoteiam o desenho das formas, ao passo que com um fundo branco eles são obrigados a fazê-las, portanto, é uma camisa de força".

Ele também disse que Verlat lhe tinha dito que meu trabalho tinha coisas boas, o que Verlat não me dissera.

Foi precisamente depois de receber sua carta que Sibert veio examinar os desenhos (os meus eram uma cabeça de Niobé e uma mão que poderia ser de Michelângelo; a mão eu havia feito em algumas horas, e justamente ele achou boa). Disse-lhe então que pensava em ir ao ateliê de Cormon, ao que ele respondeu: "Faça como quiser, mas eu lhe digo que Verlat formou vários muito bons e nós nos preocupamos em formar alunos que nos honrem, aconselho-o insistentemente a ficar".

É quase uma boa promessa de sucesso garantido. Que devo fazer? Por outro lado, travei maior conhecimento, por exemplo, com aqueles ingleses que estiveram em Paris, e ouvi suas experiências. Um deles esteve com Gérôme, outro com Cabanel, etc.

Eles pretendem que em Paris se é relativamente mais livre, e que se pode, por exemplo, escolher por si mesmo o que se quer fazer, muito mais que aqui, mas que a correção é indiferente.

Sabe o que penso? O seguinte: em Paris certamente eu trabalharia *mais* que aqui, por exemplo, um desenho por dia ou a cada dois dias. E nós conhecemos, ou melhor, você conhece muita gente boa que não se recusaria a examiná-los e a nos aconselhar.

Em todo caso temos na verdade uma pista: seja que eu fique aqui mais um pouco, seja que eu vá até você (448).

Estamos no último quarto de um século que terminará numa colossal revolução.

Suponhamos que ainda cheguemos os dois a ver seu começo no fim de nossas vidas. Certamente *não* conheceremos os tempos melhores de ar puro e de renovação de toda a sociedade após estas grandes tempestades.

Mas uma coisa é importante: não ser logrado pela falsidade de nossa época, ao menos não ao ponto de não percebermos as horas doentias, sufocantes e deprimentes que precedem a tempestade.

E que digamos: vivemos na angústia, mas as gerações futuras poderão respirar mais livremente.

Um Zola e os Goncourt clamam-no com a candura de grandes crianças; eles, os analistas mais rigorosos, cujo diagnóstico é tão brutal e tão preciso ao mesmo tempo.

E justamente aqueles que você citou, Turgueniev e Daudet, não trabalham sem objetivos e nem sem olhar a seu redor.

Mas todos eles, e com muita razão, evitam predizer utopias, e são pessimistas, já que, quando analisamos, vemos como, na história deste século, as revoluções abortam terrivelmente, mesmo que tenham começado nobremente.

Veja você, o que reconforta é não ter que correr sempre só com nossos pensamentos e nossas ideias, mas colaborar e trabalhar com um grupo.

E assim também *somos capazes* de muito mais, e somos infinitamente mais felizes. Eis o que há muito tempo eu gostaria de ter entre nós e, veja bem, imagino que se você ficasse só, você ficaria mal, pois os tempos andam pouco alegres, *a menos que encontremos a felicidade no próprio trabalho* (451).

Tenho a absoluta necessidade de lhe dizer que eu ficaria muito tranquilo se você achasse bom que, caso necessário, eu fosse a Paris bem mais cedo que em junho ou julho. Quanto mais eu penso, mais isto me parece desejável.

....

Se o caso for viver mais intensamente, pois bem!, no Brabante fico extenuado com a questão dos modelos; sempre a mesma história se repete e me parece que isto não pode dar nada de bom. Assim a gente se afasta de seu caminho. Portanto, permita-me, por favor, ir mais cedo em caso de necessidade. Diria até imediatamente. Se em Paris eu arrumar uma água-furtada, e levar minha caixa de cores e meus instrumentos de desenho, poderia, no que diz respeito ao trabalho, terminar de uma vez o que é mais urgente, esses estudos à antiga que certamente me serão úteis quando eu for ao Cormon. Posso ir desenhar no Louvre ou na Escola de Belas-Artes. Poderemos então, antes de decidirmos nos instalar em outro lugar, ponderar e refletir bem melhor.

Caso necessário, consinto em passar o mês de março em Nuenen, verei como andam as coisas por lá, e como estão as pessoas, e se consigo ter modelos ou não.

Mas se isto não der certo, o que é provável, eu poderia ir diretamente a Paris após o mês de março e começar a desenhar no Louvre, por exemplo.

....

Devo também lhe dizer que, embora eu me acostume, as críticas das pessoas da academia me são frequentemente insuportáveis, pois decididamente eles se tornaram desagradáveis. Contudo procuro sistematicamente evitar as brigas, e prossigo quietinho no meu caminho. Parece-me que estou em vias de encontrar o que procuro, e talvez o encontrasse ainda mais depressa se estivesse sozinho desenhando à antiga. Estou contente por ter ido à academia, justamente porque pude ver fartamente os resultados do que se chama "começar pelo contorno".

Pois é isso que eles fazem sistematicamente e é nisso que eles sempre me contestam: "Faça primeiro um contorno, seu contorno não está correto, não corrigirei isto se você modelar antes de ter seriamente fixado o seu contorno". Como você vê tudo se resume a isto. E você precisa ver!!! Como os resultados deste sistema são chatos, mortos e aborrecidos! Ah! eu lhe garanto, estou contente por ter visto isso de perto. David, ou pior ainda, Pieneman em plena flor. Umas vinte vezes eu quis dizer: "Vosso contorno é um truque, etc.". Mas julguei que não valeria a pena brigar. No entanto, por menos que diga, eu os irrito e eles me irritam (452).

PARIS
(MARÇO DE 1886 – FEVEREIRO DE 1888)

Paris, março de 1886

Meu caro Theo,

Não me censure por ter vindo de repente; refleti muito, e acho que dessa maneira ganhamos tempo. Estarei no Louvre a partir do meio-dia ou mais cedo, se você quiser.

Responda por favor para saber a que horas você poderia estar na Sala Quadrada. Quanto às despesas, repito, dá na mesma. De resto, não é preciso dizer, tenho dinheiro, e antes de fazer qualquer despesa desejo falar-lhe. Arranjaremos as coisas, você verá.

Assim, venha o mais cedo possível.

Com um aperto de mão,

Sempre seu,

VINCENT (459).

Paris, verão de 1887

Sinto-me triste, pois mesmo em caso de sucesso a pintura não renderá o que custa.

Fiquei comovido com o que você escreveu de casa: "Eles vão bastante bem, no entanto, é triste vê-los".

E, contudo, há uns doze anos, juraríamos que apesar de tudo a casa continuaria a prosperar e tudo iria sempre bem. Seria um prazer para a mãe se seu casamento desse certo, e, por sua saúde e seus negócios seria melhor você não ficar só.

Eu sinto passar o desejo de casamento e de crianças e em certos momentos fico bastante melancólico por me sentir assim aos trinta e cinco anos, quando deveria me sentir totalmente diferente.

E às vezes eu odeio esta sórdida pintura.

Foi Richepin que disse em algum lugar: *o amor pela arte faz perdermos o verdadeiro amor.*

Acho isto terrivelmente exato, mas de encontro a isso, o verdadeiro amor faz perdermos o gosto pela arte.

E me ocorre sentir-me já velho e fracassado, e contudo ainda suficientemente apaixonado para não ser um entusiasta da pintura. Para ter sucesso é preciso ambição, e a ambição me parece absurda. Não sei o que será, gostaria especialmente de viver menos às suas custas – e doravante isto não é impossível –, pois espero fazer progressos de forma que você possa, sem hesitações, mostrar o que faço sem se comprometer.

E de resto vou me retirar para algum lugar no Midi[16] para não ver tantos pintores que me enojam como homens...

Vi Tanguy ontem, e ele pôs na vitrine uma tela que eu acabara de fazer, fiz quatro desde sua partida e estou com uma grande em andamento.

Bem sei que estas grandes telas compridas são de difícil vendagem, mas mais tarde as pessoas verão que elas têm vida e bom humor. Agora, o conjunto formará uma decoração de sala de jantar ou de casa de campo (462).

ARLES
(FEVEREIRO DE 1888 – MAIO DE 1889)

Arles, 21 de fevereiro de 1888

Meu caro Theo,

Durante a viagem pensei em você no mínimo tanto quanto na nova região que eu avistava.

Ao menos imagino que, com o tempo, talvez de vez em quando você venha para cá. Parece-me quase impossível que se possa trabalhar em Paris, a menos que se tenha um retiro para descansar e para recobrar a calma e o aprumo. Sem isto, fatalmente fica-se entorpecido.

Por ora, apenas lhe direi que, para começar, há em toda parte pelo menos sessenta centímetros de neve, e continua a nevar. Arles não me parece maior que Breda ou Mons.

---

16. Nome dado à região sul-sudoeste da França, onde está Arles. (N.T.)

Antes de chegar a Tarascon, notei uma paisagem magnífica com imensas rochas amarelas estranhamente emaranhadas nas formas mais imponentes.

Nos pequenos vales entre estes penhascos alinhavam-se pequenas árvores redondas, de folhagem verde-oliva ou verde-cinza, que bem poderiam ser limoeiros.

Mas aqui em Arles a região parece plana. Percebi magníficas terras vermelhas plantadas com vinhas, tendo ao fundo montanhas do mais delicado lilás. E as paisagens nevadas com os cumes brancos contra um céu tão luminoso quanto a neve eram exatamente como as paisagens de inverno que os japoneses fazem.

Aqui o meu endereço:

Restaurant Carrel

30, Rue Cavalerie, Arles

(Département Bouches-du-Rhône)

Apenas dei uma voltinha pela cidade, estando mais ou menos estourado ontem à tarde.

Escreverei logo – um antiquário onde fui ontem aqui nesta mesma rua disse-me conhecer um Monticelli. Com um aperto de mão para você e os companheiros.

Do seu,

VINCENT.

Obrigado por sua boa carta e pela nota de cinquenta francos.

Até o momento não tenho achado a vida aqui tão vantajosa quanto poderia esperar, mas ao menos tenho três estudos feitos, o que em Paris, estes dias, provavelmente eu não teria conseguido fazer...

Há momentos em que sinto meu sangue voltando a querer circular em minhas veias, o que não era o caso nos últimos tempos em Paris; realmente eu não aguentava mais.

Os estudos que fiz são: uma velha mulher arlesiana, uma paisagem com neve, uma vista de um trecho de calçada com a loja de um salsicheiro. As mulheres são bem bonitas aqui, não é mentira, mas, ao contrário, o museu de Arles é atroz e é um embuste, digno de estar em Tarascon. Há também um museu de antiguidades, estas, verdadeiras (464).

Recebi aqui uma carta de Gauguin, que diz ter estado doente e de cama durante quinze dias. Que está a seco, pois tinha dívidas prementes a pagar. Que deseja saber se você vendeu alguma coisa dele, mas que não quer lhe escrever com medo de incomodar. Que está precisando tanto ganhar algum dinheiro, que estaria resolvido a baixar ainda mais os preços de seus quadros...

Para a exposição dos Independentes, faça como lhe parecer melhor. Que você diria de expor as duas grandes paisagens da colina de Montmartre? Para mim dá mais ou menos na mesma, antes, estou contando um pouco com o trabalho deste ano.

Aqui está geando muito e o campo continua nevado, tenho um estudo de uma campina branca com a cidade ao fundo. E depois dois pequenos estudos de um ramo de amendoeira já em flor apesar do tempo (466).

Finalmente esta manhã o tempo mudou e se acalmou – já tive portanto a oportunidade de aprender o que é este mistral[17]. Dei vários passeios pelas redondezas, mas por causa deste vento estava impossível fazer qualquer coisa.

O céu estava de um azul frio com um grande sol brilhante que fundiu praticamente toda neve, mas o vento era tão frio e tão seco que arrepiava a pele.

No entanto, vi coisas bem bonitas – uma ruína de abadia numa colina cheia de azevinhos, de pinheiros, de oliveiras cinzas.

Atacaremos isto em breve, espero.

Agora acabo de terminar um estudo como aquele meu que está com Lucien Pissarro, mas desta vez são laranjas.

Com isto até agora tenho oito estudos. Mas isto não conta, já que eu ainda não pude trabalhar à vontade e no calor...

Mas como para muitos de nós – certamente estamos entre estes – o futuro ainda é difícil! Acredito muito na vitória final, mas será que os artistas chegarão a desfrutá-la e verão dias mais serenos?

Sábado à tarde recebi a visita de dois pintores amadores, um dos quais é merceeiro e também vende artigos de

17. Forte vento frio e seco que sopra na região do Midi. (N.T.)

pintura, e outro é um juiz de paz, com um jeito bondoso e inteligente.

Acabo de ler *Tartarin nos Alpes*, que me divertiu muito.

O pobre Gauguin não tem sorte, receio muito que em seu caso a convalescença seja ainda mais longa que a quinzena que ele teve que passar de cama.

Meu Deus, quando será que veremos uma geração de artistas que tenham corpos saudáveis? Há momentos em que fico realmente furioso comigo mesmo, pois não adianta nada ser mais ou menos doente que os outros, o ideal seria ter um temperamento suficientemente forte para viver oitenta anos, e isto com um sangue que fosse realmente um bom sangue.

Contudo já seria consolador se soubéssemos que virá uma geração de artistas mais felizes (467).

Arles, 10 de março de 1888

Talvez fosse mais fácil convencer alguns *marchands* e apreciadores a comprar os quadros impressionistas que convencer os artistas a repartir igualmente o valor dos quadros vendidos. Contudo os artistas não encontrarão solução melhor que a de se juntarem, doar seus quadros à associação, repartir o valor das vendas, de forma que a sociedade garanta ao menos a possibilidade de existência e de trabalho a seus membros.

Se Degas, Claude Monet, Renoir, Sisley, C. Pissarro tomassem a iniciativa dizendo: nós cinco doamos cada qual dez quadros (ou melhor, doamos cada um, um valor de dez mil francos, valor estimado pelos membros-*experts*, por exemplo Tersteeg e você, que também se associariam, *experts* estes que também depositariam um capital em quadros) e além disso nos comprometemos a doar anualmente um valor de...

E convidamos vocês, Guillaumin, Seurat, Gauguin, etc., etc., a juntarem-se a nós (vossos quadros passando, do ponto de vista do valor, pela mesma avaliação).

Então, os grandes impressionistas do Grand Boulevard, doando quadros que se tornassem propriedade comum, conservariam seu prestígio, e os outros não poderiam censurá-los por guardar apenas para si as vantagens de uma reputação conquistada, sem dúvida alguma, por seus esforços pessoais e por seu gênio individual em primeiro lugar, mas, em segundo lugar, reputação crescente, consolidada e atualmente mantida também pelos quadros de todo um batalhão de artistas que até o momento trabalham mergulhados numa contínua miséria.

De qualquer forma, é de se esperar que a coisa se faça, e que Tersteeg e você tornem-se os membros-*experts* da sociedade (talvez com Portier?).

No que diz respeito ao trabalho, hoje eu trouxe uma tela de 15: é uma ponte levadiça sobre a qual passa um pequeno carro que se perfila contra um céu azul – o rio também azul, taludes alaranjados com verdura, um grupo de lavadeiras com seus corpetes e toucas coloridas. Depois, outra paisagem com uma pequena ponte rústica e lavadeiras também. Enfim, uma aleia de plátanos próximos à estação. Ao todo, desde que cheguei aqui, doze estudos.

Mas, meu caro irmão – você sabe que eu me sinto no Japão –, digo-lhe apenas isto, e ainda não vi nada em seu esplendor habitual.

É por isto (mesmo continuando aflito pelo fato de as despesas serem atualmente tão altas e os quadros sem valor), é por isto que eu não desespero de um sucesso nessa empresa que é fazer uma longa viagem ao Midi.

Aqui vejo coisas novas, aprendo, e sendo tratado com um pouco de moderação, meu corpo não me recusa seus serviços.

Gostaria, por várias razões, de instalar uma pousada que, em caso de esgotamento, poderia servir para trazer ao ar livre os pobres burros de carga de Paris, que são você mesmo e muitos de nossos amigos, os impressionistas pobres.

Assisti à investigação de um crime, cometido à porta de um bordel daqui; dois italianos mataram dois zuavos.[18] Aproveitei a oportunidade para entrar num dos bordéis da ruazinha, chamada "des ricolettes".

---

18. Corpo de infantaria francês originalmente composto apenas por soldados argelinos. (N.T.)

Limitam-se a isto minhas façanhas amorosas com as arlesianas. A multidão esteve *a ponto* (os meridionais, conforme o exemplo de Tartarin, sendo mais predispostos à boa vontade que à ação), a multidão, eu dizia, esteve *a ponto* de linchar os assassinos presos no paço da câmara, mas sua represália foi que todos os italianos e todas as italianas, incluindo os moleques saboianos, tiveram que deixar a cidade à força.

Só estou lhe contando isto para dizer que vi as ruas desta cidade cheias de pessoas excitadas. E realmente era muito bonito.

Fiz meus últimos três estudos com a ajuda do quadro perspectivo que você conhece. Dou importância ao uso do quadro, pois não me parece muito improvável que num futuro não muito distante vários artistas se utilizem dele, assim como certamente o fizeram os antigos pintores alemães e italianos, e, sou levado a crer, inclusive os flamengos.

O uso moderno deste instrumento pode diferir do emprego que antigamente lhe davam, mas não acontece o mesmo com o processo de pintura a óleo com o qual hoje obtêm-se efeitos muito diferentes dos obtidos pelos inventores do processo, J. e Hubert v. Eyck? Vale dizer que eu continuo esperando não trabalhar só para mim, creio na necessidade absoluta de uma nova arte da cor, do desenho e – da vida artística. E se trabalharmos com esta fé, parece-me que existem possibilidades de que nossa esperança não seja vã. Você ficará sabendo que a rigor continuo a estar em condições de lhe fazer chegar alguns estudos, só que enrolá-los agora ainda é impossível. Um forte aperto de mão. Domingo escrevo a Bernard e a Lautrec, pois prometi-o formalmente, aliás lhe enviarei as cartas. Lamento muito o caso de Gauguin, especialmente porque estando sua saúde abalada, ele não tem mais um temperamento que suporte bem qualquer prova, ao contrário, isto só o abateria ainda mais e deve atrapalhá-lo no trabalho. Até breve,

Sempre seu,

VINCENT (469).

Meu caro Theo,

Aí vão algumas palavras para Bernard e para Lautrec, a quem eu havia prometido formalmente escrever. Envio-as para que você lhes entregue quando possível, não há a mínima pressa, e assim você terá a oportunidade de ver o que eles estão fazendo e ouvir o que dizem, se quiser.

Nestes últimos dias de vento e chuva, trabalhei em casa no estudo do qual há um esboço na carta de Bernard. Eu queria dar-lhe as cores de um vitral e um desenho de linhas firmes.

Estou lendo *Pierre e Jean*, de Guy de Maupassant; é belo, você leu o prefácio, explicando a liberdade que tem o artista de, num romance, exagerar, criar uma natureza mais bela, mais simples, mais consoladora, e depois explicando o que talvez signifique exatamente a frase de Flaubert: *o talento é uma longa paciência*, e a originalidade é um esforço de vontade e de observação intenso?

Existe aqui um pórtico gótico, que começo a achar admirável, o pórtico de Saint-Trophime.

Mas é tão cruel, tão monstruoso feito um pesadelo chinês, que mesmo esse belo monumento de um estilo tão grandioso parece-me de um outro mundo, ao qual estou tão satisfeito por não pertencer quanto ao glorioso mundo do romano Nero.

Será preciso dizer a verdade, e acrescentar que os zuavos, os bordéis, as adoráveis menininhas arlesianas indo fazer sua primeira comunhão, o padre de sobrepeliz que se parece com um perigoso rinoceronte, os bebedores de absinto também me parecem seres de um outro mundo? Não que eu me sentisse em casa num mundo artístico, mas sim para dizer que eu prefiro rir de mim mesmo a me sentir só. E acho que eu me sentiria triste, se não levasse todas estas coisas pelo lado da gozação. Você ainda teve neve em abundância em Paris, pelo que nos conta nosso amigo *L'Intransigeant*. Entretanto, não foi mal pensado um jornalista aconselhar o general Boulanger para enganar a polícia secreta, a passar a usar óculos cor-de-rosa que, segundo ele, combinariam mais com a barba do general. Talvez isto influenciasse de maneira favorável, coisa há tanto tempo tão desejada, o comércio de quadros.

Observe que os vendedores de quadros caros arruínam-se a si mesmos ao se oporem por razões políticas ao advento de uma escola que há anos vem mostrando uma energia e uma perseverança dignas de Millet, Daubigny e outros (470).

Damasqueiros em flor – Acabo de fazer um bosque de damasqueiros em flor num pequeno pomar verde viçoso.

Tive dificuldades para o pôr do sol com figuras e uma ponte. O mau tempo impedindo-me de trabalhar no local, estraguei completamente este estudo querendo acabá-lo em casa. No entanto, imediatamente eu recomecei o mesmo tema numa outra tela, mas o tempo estando completamente diferente, numa gama cinza, e sem figuras.

Será preciso inserir meu nome no catálogo tal como eu o assino nas telas, ou seja, Vincent, e não Van Gogh, pela simples razão de que não saberiam pronunciar este último nome aqui (471).

Eu tinha trabalhado uma tela de 20 ao ar livre: num pomar, um terreno lilás lavrado, uma cerca de caniços, dois pessegueiros cor-de-rosa contra um glorioso céu azul e branco. Provavelmente a melhor paisagem que eu já fiz. No instante em que eu a trouxe para casa, recebo de parte de nossa irmã um cartão holandês dedicado à memória de Mauve, com seu retrato (muito bom o retrato), o texto ruim e não dizendo nada, uma bela água-forte. Só que um não sei-quê me tomou e me apertou a garganta de emoção, e escrevi sobre meu quadro:

VINCENT E THEO

e se você achar bom, nós dois o enviaremos assim como está a Mme. Mauve. Peguei de propósito o melhor estudo que fiz aqui; não sei o que dirão em casa, mas isto nos é indiferente; pareceu-me que era preciso em memória de Mauve algo de terno e muito alegre, e não um estudo numa gama mais séria que isto.

"Não creia que os mortos estejam mortos,
Enquanto houver viventes,

Os mortos viverão, os mortos viverão."

É assim que eu sinto a coisa, não mais triste que isto. Tenho muitas dificuldades ao pintar por causa do vento, mas amarro meu cavalete em estacas fincadas no chão, e trabalho assim mesmo, é bonito demais (472).

Meu caro Theo,

Estou num furor de trabalho, já que as árvores estão em flor e que eu gostaria de fazer um pomar da Provence de uma alegria monstruosa. Escrever-lhe com a mente descansada apresenta sérias dificuldades, ontem escrevi cartas que em seguida destruí.

... Encontrei uma coisa singular como poucas vezes farei.

É a ponte levadiça com pequeno carro amarelo e grupo de lavadeiras, um estudo em que as terras são laranja vivo, a relva muito verde, o céu e a água azuis.

Falta-lhe apenas uma moldura feita especialmente em azul real e ouro, daquele modelo com a bandeja azul, a moldura externa ouro; se preciso a moldura poderia ser de felpa azul, mas vale mais pintá-la. Acredito poder lhe assegurar que o que estou fazendo aqui é superior ao do campo de Asnières na última primavera (473).

Estou de novo em pleno trabalho, sempre pomares em flor. O ar daqui decididamente me faz bem, recomendo-lhe de viva voz; um dos seus efeitos é bem engraçado: aqui um único copinho de conhaque me sobe à cabeça, portanto, não podendo recorrer a estimulantes para fazer meu sangue circular, ao menos minha constituição se estragará menos.

Só que desde que aqui cheguei, estou com o estômago muito fraco, enfim, provavelmente é caso para ter paciência. Espero fazer progressos reais este ano, o que aliás preciso muito.

Tenho um novo pomar, que está tão bom quanto os pessegueiros cor-de-rosa, são damasqueiros num rosa muito pálido.

Atualmente estou trabalhando em ameixeiras num branco amarelo com mil ramos pretos.

Estou usando uma enormidade de telas e de cores, mas assim mesmo espero não perder dinheiro.

Ontem eu vi novamente um combate de touros, em que cinco homens trabalhavam o boi com bandarilhas e laços; um toreador esmagou o saco pulando a barreira. Era um homem loiro de olhos cinzas, que tinha muito sangue-frio, diziam que ele levará um bom tempo para se recuperar. Ele estava vestido em azul-celeste e ouro, exatamente como o pequeno cavaleiro do nosso Monticelli com três figuras num bosque. As arenas são muito bonitas quando há sol e multidão.

O mês será difícil para você e para mim, só que, se for possível para você, é interesse nosso fazer o maior número possível de pomares em flor. Atualmente estou totalmente ocupado e me faltam ainda dez, eu acho, do mesmo assunto.

Você sabe que eu sou inconstante no meu trabalho, e que este furor de pintar pomares não durará para sempre. Depois disso virão possivelmente as arenas. Depois eu tenho uma *enormidade* de coisas para desenhar, pois gostaria de fazer desenhos no gênero dos crepons japoneses. Não posso fazer nada além de bater no ferro enquanto ele ainda está quente.

Estarei esgotado após os pomares, pois são telas 25 e 30 e 20. Mas não teríamos o bastante mesmo que eu pudesse despachar duas vezes mais. Pois me parece que isto poderia definitivamente quebrar o gelo na Holanda. A morte de Mauve foi um duro golpe para mim. Você verá que os pessegueiros cor-de-rosa foram pintados com uma certa paixão.

Também me falta uma noite estrelada com ciprestes ou talvez sobre um campo de trigo maduro; aqui há noites muito bonitas. Estou numa contínua febre de trabalho.

Estou bem curioso em saber o resultado daqui a um ano, espero que então eu seja menos incomodado por doenças. Atualmente há certos dias em que sofro muito, mas isto não me inquieta nem um pouco, pois nada mais é que a reação a este inverno, que não foi normal. E o sangue está se refazendo, é o principal.

É preciso conseguir que meus quadros valham o que

neles já gastei, e que inclusive o excedam, tendo em vista tantas despesas já feitas. Pois bem, isto nós conseguiremos. Nem tudo me sai bem, é claro, mas o trabalho está avançando. Até agora você não reclamou do que eu estou gastando aqui, mas previno-lhe que se continuar meu trabalho no mesmo ritmo, terei dificuldades em conseguir. Só que o trabalho é excessivo.

Se lhe acontecer de ficar apertado um mês ou uma quinzena, avise-me, passarei imediatamente a fazer desenhos e isto nos custará menos. Isto para lhe dizer que você não deve se sacrificar sem motivo, aqui há tanto por fazer, tantos tipos de estudo, que não é a mesma coisa que em Paris, onde não podemos nem sentar onde queremos (474).

Você perguntará – eu lhe peço – ao pai Tasset ou ao pai l'Hôte, qual seu último preço para dez metros de sua tela de gesso ou absorvente e me transmitirá o resultado da discussão que provavelmente terá com esse senhor, para a entrega da mercadoria abaixo discriminada. Eis o pedido:

20 branco de prata, tubos grandes,
10 idem branco de zinco,
15 verde-Véronèse, tubos duplos,
10 amarelo cromo *limão* id.,
10 amarelo cromo (nº dois), id.,
3 vermelhão, id.,
3 amarelo cromo nº três, id.,
6 laca gerânio, tubos pequenos — recentemente moídos,
12 laca gerânio comum, — se estiverem oleosos eu
2 laca carmim, — os devolverei.
4 azul da Prússia, tubos pequenos,
4 cinabre *verde* muito claro, pequenos tubos,
2 mina laranja, tubos pequenos,
6 verde-esmeralda, tubos pequenos.

Não é preciso dizer que você comprando as cores para mim, minhas despesas aqui diminuirão em mais de 50%.

Até agora, gastei mais com minhas cores, telas, etc., que comigo. Tenho ainda um novo pomar para você, mas, por Deus, envie-me as cores sem demora. A época dos pomares em flor é tão passageira, e você sabe que este é um daqueles temas que alegram todo mundo. Tão logo eu possa pagar embalagem e franquia (a última sem dúvida mais barata aqui na estaçãozinha que na Estação de Lyon, eu lhe envio os estudos).

Por enquanto, como eu já dizia, estou sem um tostão (475).

Esta manhã trabalhei num pomar de ameixeiras em flor; de repente começou a soprar um vento formidável, um efeito que eu nunca tinha visto aqui, e que voltava de tempos em tempos. Entrementes o sol, que fazia resplandecerem todas as florzinhas brancas.

Era tão belo! Meu amigo dinamarquês veio me encontrar, e sob o risco de a qualquer instante ver toda a tralha cair por terra, continuei a pintar – há neste efeito branco muito de amarelo com azul e lilás, o céu é branco e azul. Mas o que dirão da execução dessas coisas que fazemos assim, ao ar livre? Enfim, veremos.

Fiquei arrependido por não ter pedido as cores assim mesmo ao pai Tanguy, embora não houvesse nenhuma vantagem nisso – ao contrário –, mas ele é um homenzinho tão engraçado e eu ainda penso muito nele. Não esqueça de lhe dizer bom-dia por mim se o vir, e diga-lhe que se ele quiser quadros para sua vitrine, ele os terá daqui, e dos melhores. Ah, parece-me cada vez mais que *as pessoas* são a raiz de tudo e, embora seja eternamente melancólico não viver a verdadeira vida, no sentido de que valeria mais trabalhar a própria carne que a cor ou o gesso, no sentido de que valeria mais fabricar crianças que fabricar quadros ou fazer negócios, ainda assim sentimo-nos vivendo quando pensamos que temos amigos entre os que também não estão na verdadeira vida.

Todas as cores que o impressionismo pôs na moda são inconstantes, razão a mais para empregá-las descaradamente muito cruas, o tempo as suavizará mais que o suficiente.

Assim, toda a encomenda que eu fiz, ou seja, os três cromos (o laranja, o amarelo, o limão), o azul da Prússia, o esmeralda, as lacas de garança, o verde-Véronèse, a mina laranja, tudo isto praticamente não se vê na palheta holandesa de Maris, Mauve e Israels. Só que isto se via na de Delacroix, que tinha paixão pelas duas cores mais condenadas, e pelas melhores razões, o limão e o azul da Prússia. Sem dúvida parece-me que ele fez coisas soberbas com isto, azuis e amarelos-limão (476).

Agora lhe direi que estou trabalhando nos dois quadros dos quais gostaria de fazer cópias.

O pessegueiro rosa é o que me dá mais trabalho.

Você pode ver pelos três quadrados no verso que os três pomares relacionam-se mais ou menos. Tenho agora também uma pequena pereira vertical, igualmente flanqueada por duas telas horizontais. Com isto serão seis telas de pomares em flor. Atualmente procuro todos os dias acabá-los um pouco, e dar-lhes conjunto.

Atrevo-me a esperar outros três, também formando conjunto, mas estes ainda estão apenas em estado embrionário ou de feto.

Gostaria muito de fazer este conjunto de nove telas.

Você entende que podemos considerar as nove telas deste ano como primeira parte de uma decoração definitiva muito maior (esta compõe-se de telas de 25 e de 12), que seria executada exatamente com os mesmos temas na mesma época do próximo ano.

Eis a outra peça de meio das telas de 12.

Terreno violeta, no fundo um muro com álamos retos e um céu muito azul. A pequena pereira tem um tronco violeta e flores brancas, uma grande borboleta amarela sobre uma das ramagens. No canto à esquerda, um pequeno jardim orlado de caniços amarelos, e arbustos verdes e um canteiro de flores. Uma casinha rosa. Estes portanto os detalhes da decoração de pomares em flor que eu lhe destinava.

Só que as três últimas telas existem apenas em estado provisório, e deverão representar um pomar muito grande orlado de ciprestes e grandes pereiras e macieiras (477).

Arles, 20 de abril de 1888

Aqui o esboço do pomar que eu tinha especialmente destinado a você por ocasião do 1º de maio. É absolutamente claro e absolutamente feito de um só golpe. Uma fúria de empastamentos apenas tingidos de amarelo e o lilás na primeira ramagem branca.

Cada vez duvido mais da veracidade da lenda de Monticelli bebedor de enormes quantidades de absinto. Considerando sua obra, parece-me impossível que um homem abatido pela bebida tenha feito isto.

Talvez aquela limusina,[19] a senhora La Roquette, afinal tenha influído com suas maledicências para que esta lenda se tenha enraizado (478).

Arles, maio de 1888

Eu não teria medo de nada se não fosse esta maldita saúde.

E, contudo, estou melhor que em Paris, e se meu estômago ficou muito fraco, este é um mal que eu peguei lá, provavelmente em grande parte por causa do vinho ruim que eu bebia demais. Aqui o vinho também é ruim, só que eu bebo muito pouco. E o caso é que, quase não comendo, e quase não bebendo, estou muito fraco, mas meu sangue se refaz ao invés de se estragar.

Mais uma vez, portanto, é de paciência que eu preciso neste caso, e de perseverança.

Apenas que nós já gastamos tanto dinheiro nesta maldita pintura, que não devemos esquecer que temos que recuperar isto em quadros.

Se nos atrevemos a acreditar, e continuo convencido disto, que os quadros impressionistas subirão, é preciso fazer muitos e valorizá-los. Mais uma razão pela qual é preciso cuidar tranquilamente da qualidade da coisa e não perder tempo.

A rigor eu poderia dividir com alguém o novo ateliê, e gostaria muito disso. Talvez Gauguin venha ao Midi. Talvez eu me arranje com Mc Knight. Então poderíamos cozinhar em casa.

---

19. Da região de Limoges, França. (N.T.)

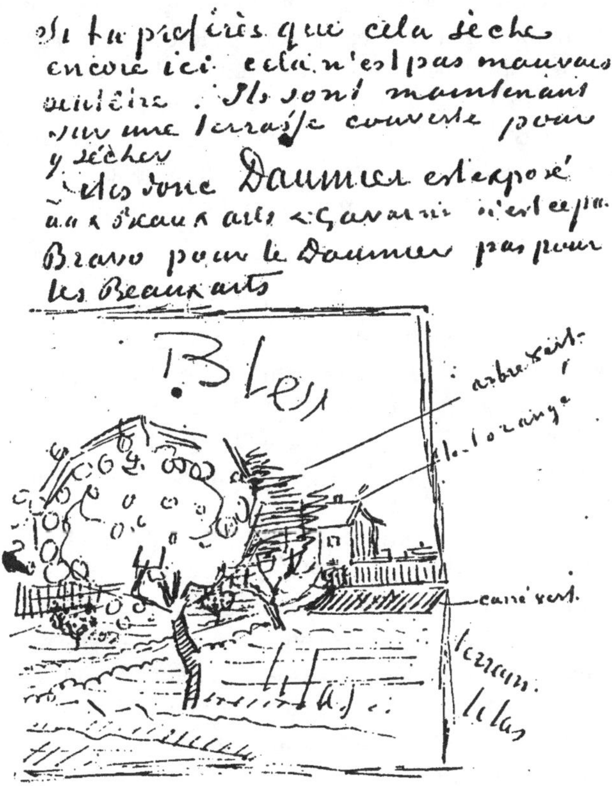
Si tu préfères que cela sèche
encore ici. cela n'est pas mauvais
ailleurs. Ils sont maintenant
sur une terrasse couverte pour
y sécher
Alors donc Daumier est exposé
aux Beaux arts & Gavarni n'est expo.
Bravo pour le Daumier pas pour
les Beaux arts

Em todo caso, o ateliê está muito na vista para que eu possa acreditar que ele possa tentar alguma mulher, e uma crise de saias dificilmente conduziria a um concubinato. Aliás, os costumes são, parece-me, menos inumanos e antinaturais que em Paris. Mas, com meu temperamento, farrear e trabalhar não são mais nem um pouco compatíveis e, dadas as circunstâncias, será preciso contentar-me em fazer quadros. O que não é propriamente a felicidade, e nem a verdadeira vida, mas o que é que você quer?

Mesmo esta vida artística, que sabemos não ser a verdadeira, parece-me tão vívida e seria uma ingratidão não contentar-se com ela.

Tenho uma grande preocupação a menos, agora que achei o pequeno ateliê branco. Perdi um tempo vendo um monte de lugares. Parecerá engraçado que a latrina fique no vizinho, numa casa bastante grande que pertence ao mesmo proprietário. Numa cidade do Midi, creio que seria um erro queixar-se, já que estas administrações são raras e sujas e que involuntariamente as imaginamos como ninhos de micróbios. Além do mais, tenho água.

Colocarei algumas japonesarias na parede (480).

Arles, 4 de maio de 1888

Aqui frequentemente penso em Renoir e em seu desenho puro e límpido. É exatamente assim que, aqui, os objetos e personagens ficam na claridade.

Acho que há o que fazer aqui quanto ao retrato. Se aqui as pessoas são de uma ignorância crassa quanto à pintura em geral, elas são *bem mais artistas* do que no norte quanto a sua própria figura e sua própria vida. Vi aqui figuras certamente tão belas quanto um Goya ou um Velázquez. Elas sabem enfiar uma nota rosa num traje preto, ou confeccionar uma roupa branca, amarela, rosa, ou ainda verde e rosa, ou ainda *azul e amarela,* onde não há nada a mudar do ponto de vista artístico. Seurat encontraria aqui figuras de homens muito pitorescas, apesar de seus trajes modernos.

Agora atrevo-me a dizer que as pessoas daqui apreciariam o retrato.

Meu pobre amigo, nossa neurose, etc., vem também de nosso modo de vida um pouco artístico demais, mas também é uma herança fatal, pois na civilização, de geração em geração, a gente vai se debilitando. Se queremos encarar o verdadeiro estado de nosso temperamento, é preciso classificar-nos entre aqueles que sofrem uma neurose que já vem de longe.

Acho que Gruby está certo neste caso – comer bem, viver bem, ver poucas mulheres, numa palavra, viver antecipadamente como se já tivéssemos uma doença cerebral e uma doença na medula, sem contar a neurose que realmente existe. Certamente isto é pegar o touro pelos chifres, o que não é má política.

E Degas faz assim e consegue.

Assim mesmo, você não sente como eu que isso é tremendamente difícil? E será que em suma não nos faria bem ouvir os sábios conselhos de Rivet e de Pangloss, esses excelentes otimistas de verdadeira e jovial raça gaulesa, que nos devolvem o amor-próprio?

Contudo, se queremos viver e trabalhar, é preciso ser muito prudentes e cuidar-nos. Água fria, ar, alimentação simples e boa, estar bem agasalhados, dormir bem, e não ter aborrecimentos (481).

Arles, 5 de maio de 1888

Como é suja esta cidade em suas ruas antigas!

As arlesianas de quem tanto se fala, sabe o que eu acho na verdade? Certo, são realmente encantadoras, mas não são mais que o que deviam ser. E veja, elas se parecem muito mais com um Mignard que com um Mantegna, pois já estão em decadência. O que não impede que sejam bonitas, bem bonitas, e só estou falando aqui do tipo mais comum – um pouco aborrecido e banal. Quantas exceções!

Há mulheres como um Fragonard – e como um Renoir. E o que não podemos classificar no que já foi feito em pintura?

O melhor a fazer seria, sob qualquer ponto de vista, retratos de mulheres e de crianças. Só que me parece que não serei eu quem fará isto, não me sinto um homem suficientemente Bel Ami para isto.

Mas ficaria extremamente contente se este Bel Ami do Midi, que Monticelli não era, mas preparava – que eu sinto no ar, mesmo sentindo não ser eu –, ficaria extremamente contente, se nos aparecesse na pintura um homem como Guy de Maupassant para pintar alegremente as belas pessoas e coisas daqui. Quanto a mim, trabalharei, e, aqui e ali, algo do meu trabalho permanecerá, mas o que Claude Monet é para a paisagem, quem será para a figura pintada?

Contudo, você, como eu mesmo, deve sentir que isso está no ar. Rodin? Ele não pinta a cor, não será ele. Mas o pintor do futuro é *um colorista como jamais houve*. Manet o preparou, mas você sabe muito bem que os impressionistas já fizeram cores mais fortes que a de Manet. Este pintor do futuro, não posso imaginá-lo vivendo em pequenos restaurantes, sendo desdentado, e frequentando bordéis de zuavos como eu.

Mas acho que estou certo, ao sentir que isto virá numa geração futura, e que nós devemos prosseguir, na medida do possível, nesta direção, sem duvidar e sem vacilar.

Acabo de reler novamente *Au Bonheur des Dames* e acho-o cada vez mais belo (482).

Você verá belas coisas em Claude Monet. E em comparação você achará bem ruim o que lhe envio. Atualmente estou descontente comigo e descontente com o que faço, mas entrevejo a possibilidade de fazer melhor na sequência.

E depois espero que mais tarde outros artistas aparecerão nesta bela região, para fazer aqui o que os japoneses fizeram em seu país.

E trabalhar nisto não é tão ruim...

Você encontrará na caixa que lhe envio caniços para Koning. A partir de agora meu endereço será:

Place Lamartine 2.

Espero – e não tenho dúvidas – que, quando de seu retorno a Paris, a primavera enfim tenha chegado, já não é sem tempo, por Deus.

Vivendo em hotel não se progride, e agora, ao fim de um ano, terei móveis, etc., que me pertencerão, e se isto não teria a mínima importância se eu estivesse no Midi apenas por alguns meses, a coisa é completamente diferente quando se trata de uma longa permanência.

E não tenho nenhuma dúvida de que sempre gostarei da natureza daqui, é como com as japonesarias, quando começamos a gostar disto não mais nos arrependemos.

O que aqui muitas vezes me deixa triste, é que é mais caro do que eu havia calculado e que eu não consigo me virar com o mesmo dinheiro que os que foram para a Bretanha, Bernard e Gauguin. Agora, já que estou melhor, apesar de tudo não me dou por vencido e, aliás, se antes eu estivesse bem de saúde, o que eu espero recuperar aqui, isso e muitas outras coisas não me aconteceriam. A caixa já teria partido, se eu não tivesse tido aborrecimentos o dia inteiro.

Digo a mim mesmo que você ainda não recebeu nada de meu trabalho, e que já gastei tanto dinheiro (483).

10 de maio de 1888

Se você separasse o que há de melhor na remessa e considerasse esses quadros como um pagamento meu em dedução do que lhe devo...

Então, no dia em que eu conseguir desta forma algo como uns dez mil francos, me sentirei mais tranquilo.

O dinheiro já gasto em outros anos também deve voltar às nossas mãos, ao menos em valores.

Ainda estou longe disto.

Mas sinto que nessa natureza aqui há tudo o que preciso para fazer coisas boas. Seria, portanto, culpa minha se eu não o conseguisse. Num único mês, Mauve *fez* e vendeu uns seis mil francos em aquarelas, pelo que você mesmo me contou na época. Pois bem, existem tais filões dos quais, em meio às dificuldades atuais, eu sinto a possibilidade.

Nesta remessa há o pomar cor-de-rosa em tela grosseira, e o pomar branco horizontal, e a ponte, os quais, se os guardarmos, acho que mais tarde poderiam subir, e uns cinquenta quadros desta qualidade nos ressarciriam de alguma forma pela pouca sorte que tivemos no passado. Pegue portanto esses três para sua coleção e não os venda, pois mais tarde valerão quinhentos cada um (485).

Agora tenho dois novos estudos como este:[20] você já tem o desenho de um deles, uma granja à beira da grande estrada nos trigais. Um pasto muito amarelo, cheio de botões dourados, uma vala com lírios de folhas verdes com flores violetas, ao fundo a cidade, alguns salgueiros cinza, uma faixa de céu azul.

Se não ceifarem o pasto, gostaria de refazer esse estudo, pois ele era muito bonito, e foi difícil encontrar a composição. Uma pequena cidade rodeada por um campo inteiramente florido em amarelo e violeta, você sabe, seria um lindo sonho japonês (487).

Tenho dois novos estudos, uma ponte e a beira de uma grande estrada. Muitos dos temas daqui são exatamente, como caráter, a mesma coisa que na Holanda; a diferença está na cor. Há enxofre em todo lugar onde bate o sol.

Você se lembrará que vimos de Renoir um magnífico jardim de rosas. Eu tinha imaginado encontrar temas

20. Ou seja, como o desenho anexo à carta. (N.T.)

semelhantes aqui, e de fato na época dos pomares em flor foi o caso. Agora o aspecto mudou e a natureza tornou-se muito mais acre. Mas um verdor e um azul! Devo dizer que as poucas paisagens que conheço de Cézanne representam muito bem a coisa, lamento não ter visto mais (488).

Fiz esta semana duas naturezas-mortas.

Uma cafeteira de ferro esmaltado azul, uma xícara (à esquerda) azul real e ouro, uma jarra de leite quadriculada azul pálido e branco, uma xícara – à direita – branca com desenhos azuis e alaranjados sobre um prato de terra amarelo-cinza, uma jarra de louça ou de faiança azul com desenhos vermelhos, verdes, castanhos, enfim duas laranjas e três limões; a mesa está coberta por uma toalha azul, o fundo é amarelo-verde, portanto, seis azuis diferentes e quatro ou cinco amarelos e alaranjados.

A outra natureza-morta é o jarro de faiança com flores silvestres.

Agradeço muito sua carta e a nota de cinquenta francos.

À medida que o sangue me volta, a ideia de triunfar também me volta. Não me espantaria muito se sua doença também fosse uma reação a este horrível inverno, que durou uma eternidade. E então será a mesma história que aconteceu comigo, respire o máximo possível este ar da primavera, durma *muito cedo*, pois você precisará de sono, e quanto à alimentação, muitos legumes frescos, e nada de vinho *ruim* ou de álcool *ruim*. E muito poucas mulheres e *muita paciência*.

Se isto não passar logo, não faz mal. Agora, lá, Gruby lhe dará uma alimentação forte à base de carne. Aqui eu não poderia comer muita carne, e aqui isto não é necessário. Quanto a mim, o torpor justamente está me deixando, não sinto mais tanta necessidade de me distrair, sou menos atormentado pelas paixões, e posso trabalhar com mais calma; poderia ficar só sem me aborrecer. O resultado é que me sinto um pouco mais velho, mas não mais triste.

Eu não acreditaria se em sua próxima carta você me dissesse não ter mais nada, este talvez seja um processo mais sério, e eu não ficaria surpreso se você ficasse, durante o tempo necessário para se restabelecer, um pouco abatido. Em plena vida artística, por momento, sempre nos assola, a nostalgia da verdadeira vida ideal e irrealizável.

E às vezes nos falta o desejo de nos relançarmos em cheio na arte e de nos restabelecermos para fazê-lo. Sabemos que somos cavalos de carga, e sabemos que será novamente a mesma carga que teremos que levar. E então perdemos a vontade, e preferiríamos viver numa campina com sol, um rio, a companhia de outros cavalos também livres, e o ato de procriação.

E talvez, no fundo, a doença venha um pouco disto, não me surpreenderia. Não mais nos revoltamos contra as coisas, e também não nos resignamos, ficamos doentes e isto nunca passará, e precisamente isto nós não conseguimos remediar.

Não sei quem foi que chamou este estado de: estar atingido pela morte e pela imortalidade. A carga que arrastamos deve ser útil a pessoas que não conhecemos.

E aí está, se acreditamos numa arte nova, nos artistas do futuro, nosso pressentimento não está errado. Quando o bom pai Corot dizia, alguns dias antes de sua morte: "Esta noite eu vi em sonhos paisagens com céus todos cor-de-rosa", pois bem, não nos vieram estes céus cor-de-rosa, e amarelos e verdes além do mais, na paisagem impressionista? Apenas para dizer que há coisas do futuro que pressentimos que realmente acontecem.

E nós que, pelo quanto sou levado a crer, não estamos de modo algum perto de morrer, sentimos contudo que a coisa é maior que nós, e mais longa que nossa vida.

Não nos sentimos à morte, mas sentimos a realidade de sermos muito pouca coisa, e que, para sermos um elo na corrente dos artistas, pagamos um alto preço em saúde, em juventude, em liberdade, as quais não desfrutamos nem um pouco, não mais que um burro de carga que puxa uma carroça cheia de gente que, essa sim, desfrutará da primavera.

Enfim, o que eu lhe desejo, como a mim mesmo, é que consigamos recuperar nossa saúde, pois precisaremos dela. Esta *Esperança* de Puvis de Chavannes é uma realidade tão grande. Há no futuro uma arte, e ela deve ser tão bela e tão jovem que, na verdade, se atualmente nela perdemos nossa própria juventude, só podemos ganhar em serenidade. Talvez seja muito tolo escrever tudo isto, mas é assim que eu o sentia, pareceu-me que você, assim como eu, estava sofrendo por ver sua juventude passar em brancas nuvens; mas se ela nasce e ressurge no que fazemos, nada está perdido e a capacidade de trabalhar é uma nova juventude. Recupere-se, portanto, com alguma seriedade, pois precisaremos de saúde. Um forte aperto de mão, também para Koning (489).

Tenho que acrescentar à presente uma encomenda de cores, contudo, caso você preferisse não comprá-las imediatamente, eu poderia desenhar um pouco mais e não perderia nada com isso.

Também dividi a encomenda em duas, conforme o que seria mais ou menos urgente.

O que é sempre urgente é desenhar, e que isto seja feito diretamente com pincel ou com outra coisa, como pena, por exemplo, nunca é o suficiente.

Procuro agora exagerar o essencial e deixar propositalmente vago o banal...

Cada vez mais eu acho que não se deve julgar o bom Deus a partir deste mundo daqui, pois este é um estudo seu que não deu certo.

Que você quer, nos estudos fracassados, quando apreciamos o artista – não encontramos muito o que criticar – e nos calamos.

Mas temos o direito de exigir algo melhor.

No entanto, seria necessário vermos outras obras da mesma mão, este mundo aqui foi evidentemente feito às pressas num daqueles maus momentos, em que o autor não sabia mais o que estava fazendo, e já tinha perdido a cabeça.

O que a lenda nos conta do bom Deus é que assim mesmo ele se esforçou tremendamente neste seu estudo de mundo.

Sou levado a crer que a lenda diz a verdade, mas então o estudo fracassou de várias maneiras. Só os mestres enganam-se desta maneira, este talvez seja o melhor consolo, já que temos então o direito de esperar que esta mesma mão criadora tenha sua revanche. E a partir de então esta vida, tão criticada por tão boas e até excelentes razões, não devemos tomá-la por outra coisa além do que ela é na realidade, e nos resta a esperança de ver coisa melhor numa outra vida (490).

29 de maio de 1888

Meu caro irmão, a ideia muçulmana de que a morte só chega quando tem que chegar – examinemos isto portanto –, a mim me parece que não temos nenhuma prova de algo assim, vinda diretamente do alto.

Ao contrário, parece-me estar provado que uma boa higiene não somente pode prolongar a vida, mas principalmente torná-la mais serena, com um curso mais límpido, enquanto que uma má higiene não somente perturba o curso da vida, mas a falta de higiene pode inclusive pôr um termo à vida antes do tempo. Pois eu não vi com os meus próprios olhos um homem valoroso morrer por falta de um médico inteligente? Ele estava tão calmo e tão tranquilo no meio disto tudo, apenas dizia sempre: "se eu tivesse um outro médico", e morreu encolhendo os ombros, com uma cara que eu nunca esquecerei...

Sabe o que deveríamos fazer com estes desenhos? – álbuns de 6, ou 10, ou 12, como os álbuns dos desenhos originais japoneses. *Tenho muita vontade* de fazer um álbum assim para Gauguin e outro para Bernard. Pois ficarão melhores que isso, os desenhos.

É engraçado, vi numa destas tardes em Mont Majour um pôr de sol vermelho, que lançava seus raios nos troncos e nas folhagens dos pinheiros enraizados num monte de rochas, colorindo de laranja-fogo os troncos e as folhagens, enquanto que outros pinheiros, em planos mais recuados, desenhavam-se em azul da Prússia contra um céu azul-verde tênue, cerúleo. É portanto o mesmo efeito de Claude Monet; foi soberbo. A areia branca e as jazidas de rochedos brancos sob as árvores tomavam tons azulados. O que eu gostaria de fazer é aquele panorama do qual você tem os primeiros desenhos. É de uma vastidão, e não desaparece no cinza, fica verde até a última linha – esta última, a fileira de colinas, azulada. Hoje, tempestade e chuva, o que aliás será bom.

Acho que para o pomar branco será preciso uma moldura branca, fria e crua.

Saiba que eu prefiro abandonar minha pintura, que ver você se matar para ganhar dinheiro. Claro, precisamos dele, mas chegamos ao ponto de ter que procurá-lo tão longe? Você percebe muito bem que "preparar-se para a morte", ideia cristã (felizmente para ele, o próprio Cristo não partilhava dela nem um pouco, ao que me parece – ele, que amava as pessoas e as coisas daqui debaixo mais do que devia, segundo as pessoas que não viam nele mais que um maluco), se você percebe tão bem que se preparar para a morte é coisa com a qual não devemos nos importar, não percebe igualmente que a abnegação, viver para os outros, é um erro se implicar em suicídio, já que neste caso na verdade transformamos em assassinos os nossos amigos? (492).

Meu caro Theo,

Pensei em Gauguin e veja – se Gauguin quer vir para cá, temos a viagem de Gauguin e as duas camas ou os dois colchões que então teremos que comprar de qualquer forma. Mas, depois, como Gauguin é um marinheiro, é possível que consigamos fazer nossa comida em casa.

E com o mesmo dinheiro que eu gasto sozinho, poderemos viver a dois.

Você sabe que eu sempre achei idiota os pintores viverem sós, etc. Sempre se perde quando se está isolado.

Enfim, é uma resposta a seu desejo de tirá-lo de lá.

Você não pode enviar-lhe de que viver na Bretanha e enviar-me de que viver na Provence.

Mas você pode achar bom que nos juntemos, e fixar uma quantia de, digamos, 250 por mês, se todo mês além de meu trabalho você receber um Gauguin.

Não é verdade que desde que não excedamos a quantia seria até vantajoso?

Aliás, esta é a minha ideia de associar-me a outros. Portanto, aí está rascunho de carta para Gauguin, que eu escreverei, se você aprovar, com as mudanças que sem dúvida terão que ser feitas no estilo.

Mas antes de mais nada eu já escrevi assim!

Considere a coisa como um simples negócio, é melhor para todo mundo, e tratemos a coisa francamente assim. Só que, dado que você não está fazendo negócios em benefício próprio, talvez você ache justo por exemplo que eu me encarregue, e Gauguin se associaria comigo como companheiro.

Pensei que você desejaria ajudá-lo, e eu mesmo sofro por ele estar mal, coisa que não mudará de um dia para o outro.

Não podemos propor nada melhor que isto, e outros não fariam tanto.

A mim me aflige gastar tanto sozinho, mas para resolver isso não há outra alternativa além de achar uma mulher com dinheiro, ou companheiros que se associem para os quadros.

Ora, mulher eu não vejo, mas vejo os companheiros.

Se isto for conveniente para ele, será preciso não deixá-lo esmorecer.

E já seria um começo de associação. Bernard, que também vem para o Midi, nos encontrará, e saiba você que eu o vejo sempre na França, à testa de uma associação de impressionistas. E se eu puder ser útil para uni-los, de bom grado eu os acharia todos melhores que eu. Você deve sentir o quanto me contraria gastar mais do que eles; é preciso que eu encontre uma combinação mais vantajosa tanto para você quanto para eles. E assim seria. Pense bem, contudo, mas não é verdade que em boa companhia poderíamos viver com pouco, desde que gastássemos nosso dinheiro em casa?

Mais tarde podem vir dias em que não estejamos tanto em apuros, mas não conto com isso. Eu teria tanto prazer se você recebesse primeiro os Gauguin. Não sou muito esperto para cozinhar, etc., mas eles, ao contrário, estão acostumados com isto, tendo já prestado seu serviço, etc. (493).

6 de junho de 1888

Se você me enviar sua próxima carta domingo *de manhã*, é provável que neste dia eu dê uma escapada até Saintes-Maries para passar a semana. Estou lendo um livro sobre Wagner, que depois lhe enviarei – que artista, um destes na pintura, isso é que seria bom – *ainda virá.*

Acredito na vitória de Gauguin e de outros artistas, mas até que chegue esse dia ainda falta muito tempo, e mesmo que ele tivesse a sorte de vender uma ou duas telas, ainda seria a mesma coisa. Enquanto isto Gauguin poderia morrer como Méryon, desanimado; é muito ruim que ele não esteja trabalhando – enfim, veremos a resposta (494).

Quanto a nós, é preciso cuidar para não ficarmos doentes, pois, se adoecêssemos, estaríamos *mais isolados*, por exemplo, que o pobre zelador que acaba de morrer; estas pessoas têm um ambiente e veem o vaivém doméstico e vivem na ignorância. Mas nós estamos aí, sós com os nossos pensamentos, e às vezes gostaríamos de ser ignorantes.

Dado o físico que temos, precisamos viver com os companheiros (495).

Recebi uma carta de Gauguin, que diz ter recebido uma carta sua contendo cinquenta francos, o que o deixou muito comovido, e na qual você lhe adiantava algo sobre o projeto. Como eu lhe enviei minha carta para ele, ao escrever ele ainda não tinha recebido a proposta mais clara.

Mas ele diz ter experiência, quando estava com seu amigo Lavai na Martinica, os dois se viravam com menos do que se estivessem sós, e que portanto ele estava totalmente de acordo sobre as vantagens que uma vida em comum apresentaria.

Ele diz que suas dores abdominais ainda continuam e me pareceu estar bem triste.

Fala na esperança que tem de achar um capital de seiscentos mil francos, para estabelecer um comércio de quadros impressionistas, e que ele explicará seu plano, e que gostaria que você estivesse à testa deste empreendimento.

Eu não ficaria espantado se esta esperança fosse um fata morgana, uma miragem ocasionada pela miséria, pois quanto mais estamos na miséria – sobretudo quando estamos doentes –, mais pensamos em possibilidades do gênero. Portanto, vejo neste plano sobretudo mais uma prova de que ele está perdendo seu tempo, e que o melhor seria colocá-lo a prumo o mais rapidamente possível.

Ele diz que quando os marujos têm que carregar um fardo muito pesado ou levantar uma âncora, para poder levantar um peso muito grande, para serem capazes de um esforço extremo, eles todos cantam juntos para se animarem e para darem força uns aos outros.

Que é isto que falta aos artistas! Assim, me surpreenderia muito que ele não ficasse contente em vir para cá, mas as despesas do hotel e da viagem são ainda agravadas pela conta do médico, e assim será bem difícil.

Mas me parece que ele deveria deixar a dívida pendente e alguns quadros em penhor – se for para vir aqui. E caso as pessoas não aceitem isso, deixar a dívida pendente sem quadros em penhor. Bem que eu já fui obrigado a fazer o mesmo para ir a Paris, e, embora tenha perdido muitas coisas, não há outro jeito em casos como esse, e mais vale seguir em frente assim mesmo que ficar no marasmo...

Se você visse a Camargue e vários outros lugares, você ficaria como eu muito surpreso em ver que eles têm um caráter absolutamente ao estilo de Ruysdaël.

Tenho um novo tema em andamento; campos a perder de vista verdes e amarelos, que já desenhei duas vezes e que estou recomeçando em quadro, exatamente como um Salomon Konink, você sabe, o aluno de Rembrandt que fazia imensas campinas planas. Ou como um Michel, ou como Jules Dupré, mas enfim é totalmente diferente de jardins de rosas. É verdade que eu só percorri um lado da Provence, e que do outro lado existe a natureza que, por exemplo, Claude Monet pinta (496).

Estou trabalhando numa paisagem com campos de trigo, que não acho inferior ao pomar branco, por exemplo, está no gênero das duas paisagens da Colina de Montmartre, que estavam nos Independentes, mas acho que é mais sólida e tem um pouco mais de estilo. E tenho um outro tema, uma granja e algumas medas, que provavelmente será seu *pendant*. Estou muito curioso em saber o que Gauguin fará. Espero que ele possa vir. Você me dirá que não adianta nada pensar no futuro, mas a pintura avança lentamente, e nela temos que planejar bem antes.

Gauguin, tanto quanto eu, estaria salvo se vendesse algumas telas. Para poder trabalhar é preciso, tanto quanto possível, estar com a vida arranjada, e é preciso uma base um pouco firme que garanta a existência.

Se ele e eu ficarmos aqui bastante tempo, faremos quadros cada vez mais pessoais, justamente porque teremos estudado mais a fundo as coisas da região.

Eu me imagino muito dificilmente mudando de lugar, tendo começado no Midi; melhor não me mexer mais – continuar penetrando na região.

Creio ter mais chances de lograr as coisas e mesmo os negócios um pouco maiores, do que me limitando a fazê-los muito pequenos. E é justamente por isso que eu acho que vou aumentar o formato das telas e descaradamente adotar a tela de 30; elas me custam aqui quatro francos cada, o que não é caro, levando em conta o transporte.

A última tela aniquila totalmente todo o resto, só há uma natureza-morta com cafeteiras, xícaras e pratos e azul e amarelo que resista a seu lado.

Acho que isto se deve ao desenho.

Involuntariamente o que vi de Cézanne me volta à lembrança, pois ele mostrou muito – como na *Colheita* que vimos na casa de Portier – o lado rude da Provence. Ficou totalmente diferente do que era na primavera, mas certamente não é por isto que eu deixaria de gostar dessa natureza que já começa a arder desde agora. Agora em toda parte se vê ouro velho, bronze, até cobre, eu diria, e isto com o anil-verde do céu virando até o branco; isto dá uma cor deliciosa, excessivamente harmoniosa, com tons quebrados ao estilo de Delacroix.

Se Gauguin quisesse juntar-se a nós, acho que teríamos dado um passo adiante. Isto nos colocaria decididamente como exploradores do Midi, e ninguém poderia contestá-lo. É preciso que eu chegue à firmeza de cor que consegui nesta tela, que aniquila as outras. Quando penso que Portier contava na época que os Cézanne que ele tinha pareciam não valer absolutamente nada quando vistos sós, mas que, aproximados de outras telas, escureciam as cores das outras. E também que os Cézanne combinavam bem com o ouro, o que pressupõe uma gama muito elevada. Então talvez eu esteja na pista certa e meu olho esteja se formando pela natureza daqui. Esperemos ainda para ter certeza.

Este último quadro suporta o ambiente vermelho dos tijolos que calçam o ateliê. Quando eu o coloco no chão sobre este fundo vermelho-tijolo, *muito vermelho,* a cor do quadro não fica vazia ou esbranquiçada. A natureza perto de Aix, onde Cézanne trabalha, é exatamente a mesma que aqui, continuamos a estar na Crau. Se voltando com minha tela digo a mim mesmo: "Olha só, cheguei precisamente aos tons do pai Cézanne", só quero dizer com isto que Cézanne, sendo *exatamente da própria região* de Zola, e conhecendo-a portanto tão intimamente, é preciso que se faça mentalmente o mesmo cálculo para chegar a tons semelhantes. Não é preciso dizer que, vistos juntos, este resistiria, mas não seria nada parecido (497).

Você teve sorte em encontrar Guy de Maupassant, acabo de ler seu primeiro livro, *Versos*, poesias dedicadas a seu mestre Flaubert; há um "a beira d'água", que é bem ele. Aí está, o que Vermeer de Delft é, comparado a Rembrandt, entre os pintores, ele é entre os romancistas franceses comparado a Zola...

Sabe que eu acho que uma associação dos impressionistas seria um negócio no gênero da associação dos doze pré-rafaelitas ingleses, e acho que ela poderia nascer. E que então sou levado a crer que os artistas garantiriam reciprocamente sua própria existência, independentemente dos *marchands*, resignando-se cada um a doar um número considerável de quadros à sociedade, e os lucros assim como as perdas sendo comuns.

Não acredito que esta sociedade durasse indefinidamente, mas creio que enquanto ela estivesse viva, viveríamos com mais ânimo e produziríamos.

Prefiro as coisas tais como são, tomá-las como são sem mudar nada, a reformá-las pela metade.

A grande revolução: a arte aos artistas, meu Deus, talvez seja uma utopia e então tanto pior.

Acho que a vida é tão curta e passa tão rápido; ora, sendo pintor é preciso portanto pintar.

E você bem sabe também que, já que neste inverno por acaso conversamos muito com Pissarro e os outros sobre isto, agora estou me esforçando apenas para acrescentar que, pessoalmente, antes do fim do ano, pretendo fazer minha parte de cinquenta quadros e, se conseguir fazer isto, manterei minha opinião.

Nos dias em que trago de volta um estudo, digo a mim mesmo que se fosse assim todos os dias, a coisa poderia dar certo, mas nos dias em que se volta com as mãos vazias, e que assim mesmo come-se, dorme-se e gasta-se; portanto, não ficamos contentes e sentimo-nos loucos, patifes, ou velhacos (498).

Escrevo-lhe de Saintes-Maries, à beira do Mediterrâneo enfim. O Mediterrâneo tem uma cor igual à das cavalas, ou seja, mutante; nunca se sabe se é verde ou violeta, nunca se sabe se é azul, pois no instante seguinte o reflexo mutante toma um tom rosa ou cinza...

Passei uma noite à beira do mar na praia deserta. Não foi alegre, mas tampouco foi triste: foi belo. O céu de um azul profundo estava salpicado por nuvens de um azul ainda mais profundo que o azul fundamental de um cobalto intenso, e por outras de um azul mais claro, como a alvura azulada de vias lácteas. No fundo azul as estrelas cintilavam claras, esverdeadas, amarelas, brancas, rosas, mais claras, adiamantadas mais como pedras preciosas, que para nós – mesmo em Paris – seria o caso de dizer: opalas, esmeraldas, lápis-lazúli, rubis, safiras.

O mar de um ultramarino muito profundo – a praia, pareceu-me de um tom violeta e ruço pálido, com moitas sobre a duna (de cinco metros de altura, a duna), moitas azul da Prússia (499).

Agora que vi o mar aqui, percebo toda a importância que tem ficar no Midi, e sentir que é preciso exagerar ainda mais a cor – a África não estando longe daqui. Envio-lhe pela mesma remessa os desenhos de Saintes-Maries. Na hora de partir, pela manhã bem cedo, fiz o desenho dos barcos e estou com o quadro em andamento, tela de 30 com mais mar e céu à direita.

Foi antes que os barcos zarpassem, eu os tinha observado todas as outras manhã, mas, como eles partem muito cedo, não tinha tido tempo de fazê-los.

Tenho ainda três desenhos de cabanas, que eu ainda preciso e que seguirão após estes; as cabanas estão um pouco duras, mas tenho algumas mais cuidadas.

Quanto a ficar no Midi, mesmo que seja mais caro; vejamos: gostamos da pintura japonesa, sofremos sua influência, todos os impressionistas têm isto em comum, e não iríamos ao Japão, ou seja, ao seu equivalente, o Midi? Ainda acho, portanto, que, pensando bem, o futuro da nova arte está no Midi.

Apenas é má política ficar aqui sozinho, quando dois ou três poderiam se ajudar vivendo com pouco.

Gostaria que você passasse algum tempo aqui, você sentiria a coisa ao fim de algum tempo, a vista muda, vemos com um olho mais japonês, sentimos a cor de um modo diferente.

Também tenho a convicção de que justamente através de uma longa permanência aqui, eu libertarei minha personalidade.

Os japoneses desenham rápido, muito rápido, como um relâmpago; é que seus nervos são mais delicados, sua sensibilidade mais simples.

Eu só estou aqui há alguns meses, mas – diga-me, será que em Paris eu teria desenhado *em uma hora* o desenho dos barcos? Nem mesmo com o quadro; ora, isto foi feito sem medir, deixando correr a pena...

Se Gauguin viesse aqui, talvez ele e eu pudéssemos acompanhar Bernard até a África, quando este for prestar seu serviço. O que você decidiu quanto à irmã?

O que Pissarro diz é verdade, seria preciso exagerar descaradamente os efeitos produzidos pela afinação ou desafinação das cores. É como com o desenho – o desenho, a cor correta talvez não sejam o essencial a se buscar, pois o reflexo da realidade no espelho, se fosse possível fixá-lo com cor e tudo, não seria de forma nenhuma um quadro, não seria mais que uma fotografia (500).

Tive uma semana de trabalho carregado e duro nos trigais em pleno sol; resultaram estudos de trigais, paisagens e – um esboço de semeador.

Num campo lavrado, um grande campo com torrões de terra violeta – subindo contra o horizonte um semeador em azul e branco. No horizonte um campo de trigo curto e maduro.

Sobre tudo isto, um céu amarelo com um sol amarelo.

Você percebe, pela simples nomenclatura das tonalidades, que *a cor* desempenha nesta composição um papel muito importante.

E o esboço, assim como está – tela de 25 –, me atormenta muito no sentido de que eu me pergunto se não deveria levá-lo a sério e fazer dele um terrível quadro – meu Deus – como eu gostaria!

Mas é que eu me pergunto se terei a força de execução necessária.

Assim eu ponho o esboço tal como está, de lado, quase não me atrevendo a pensar nele. Já faz tanto tempo que é meu desejo fazer um semeador, mas os desejos que tenho por muito tempo nem sempre se cumprem. Portanto, eu quase tenho medo. E, contudo, depois de Millet e de Lhermitte, o que resta a fazer é... o semeador com cor e em formato grande.

Enfim consegui um modelo – um zuavo –, é um rapaz de rosto pequeno, com pescoço taurino, com olhos de tigre, e comecei com um retrato e recomecei com outro; o busto que pintei dele ficou terrivelmente duro, com uniforme de um azul de panelas esmaltadas azuis, com passamanes

de um vermelho alaranjado desbotado, com duas estrelas limão sobre o peito, um azul comum e bem difícil de fazer.

A cabeça felina muito bronzeada coberta por um boné garança, apliquei-a contra uma porta pintada de verde e os tijolos laranja de uma parede. É portanto uma combinação brutal de tons disparatados, nada cômoda de levar.

O estudo que fiz parece-me muito duro, e contudo eu gostaria de sempre trabalhar em retratos vulgares e até mesmo gritantes como este. Assim eu aprendo, e antes de mais nada é isto o que quero de meu trabalho. Agora o segundo retrato será do corpo inteiro, sentado contra um muro branco (501).

Frequentemente me aflige que a pintura seja como uma amante ruim que tivéssemos, que gasta, continua gastando e nunca está satisfeita, e me ocorre dizer que, se por acaso de tempos em tempos há um estudo razoável, seria muito mais barato comprá-lo de outro...

E ótimo que Claude Monet tenha achado um meio de fazer de fevereiro a maio esses dez quadros.

Trabalhar depressa não é trabalhar menos seriamente, isto depende da firmeza que se tenha e da experiência.

Não encontro aqui a alegria meridional de que Daudet tanto fala, ao contrário, uma graça insossa, uma indolência sórdida, mas isto não impede que a região seja bela.

No entanto, a natureza daqui deve ser muito diferente da de Bordighera, Hyères, Gênova, Antibes, onde há menos mistral, onde as montanhas dão um caráter totalmente diferente. Aqui, exceto uma cor mais intensa, a natureza lembra a Holanda, tudo é plano, só que pensamos sobretudo na Holanda de Ruysdaël, de Hobbema e de Ostade, mais que na Holanda atual.

O que me surpreende é a escassez de flores; assim, nada de sultanas nos trigais, raramente algumas papoulas.

Trabalhei ontem e hoje no *Semeador,* que está completamente modificado. O céu é amarelo e verde, o solo violeta e laranja. Certamente um quadro como esse, utilizando este magnífico tema, está por ser feito, e espero que algum dia alguém o faça, seja eu mesmo, seja um outro.

A questão continua sendo esta: *A barca de Cristo* de Eugène Delacroix e *O semeador* de Millet são de uma execução absolutamente diferente. *A barca de Cristo* – estou falando do esboço azul e verde com manchas violetas, vermelhas e um pouco de amarelo-limão para o nimbo, a auréola – fala uma linguagem simbólica pela própria cor. *O semeador* de Millet é *cinza* incolor, como também o são os quadros de Israels. Podemos agora pintar o *Semeador* com cores, com um contraste simultâneo de amarelo e de violeta, por exemplo (como o afresco de Apolo, de Delacroix, que justamente é amarelo e violeta), sim ou não? Certamente que sim. Mas faça-o, então! Sim, é o que também diz o pai Martin: "É preciso *fazer* a obra-prima". Mas vá em frente e isto o deixa abstraído como um sonâmbulo. Se ao menos conseguíssemos fazer algo de bom.

Enfim, conservemos a coragem e não desesperemos.

Espero lhe enviar logo este ensaio com alguns outros. Tenho uma vista do Ródano – a ponte de ferro de Trinquetaille, em que o céu e o rio têm cor de absinto, os cais um tom lilás, as personagens debruçadas sobre o parapeito enegrecidas, a ponte de ferro num azul intenso, tendo ao fundo azul uma nota laranja viva e uma nota verde-véronèse intensa. Ainda um ensaio inacabado, mas enfim onde busco alguma coisa mais aflita e mais aflitiva por consequência.

Nada de Gauguin, espero receber tua carta amanhã, perdoe minha indolência. Aperto de mão (503).

Você se lembra, entre os desenhos pequenos, de uma ponte de madeira com lavadouro, uma vista de cidade ao fundo? Acabo de pintar este tema em formato grande.

Devo prevenir-lhe que todo mundo vai achar que eu estou trabalhando rápido demais.

Não acredite nisto.

Não é a emoção, a sinceridade do sentimento da natureza, que nos impele? E se essas emoções são às vezes tão fortes que trabalhamos sem sentir que estamos trabalhando, quando às vezes os toques vêm numa sequência e relacionados entre si como as palavras de um discurso ou de uma carta, é preciso lembrar-se então que nem sempre foi assim, e que no futuro também haverá muitos dias pesados, sem inspiração.

Portanto, é preciso bater o ferro enquanto ele está quente e ir armazenando as barras forjadas.

Ainda não tenho nem a metade das cinquenta telas apresentáveis em público e preciso de todas elas ainda este ano.

Já sei de antemão que vão criticá-las como feitas às pressas.

Sei também que pretendo manter minhas opiniões deste inverno, quando conversamos sobre uma associação de artistas.

Não que eu tenha um grande desejo ou esperança em realizá-la, mas em se tratando de opiniões sérias resta-nos conservar sua seriedade e conservar o direito de voltar a este assunto.

Se Gauguin não vier trabalhar comigo, não terei outro recurso para compensar minhas despesas além de meu trabalho.

Esta perspectiva me assusta apenas mediocremente. Se minha saúde não me trair, despacharei minhas telas, e no conjunto haverá algumas razoáveis.

Estou quase reconciliado com o pomar que não estava na moldura e com seu *pendant* pontilhado. Entre muitos, eles serão razoáveis. Só que eu trabalho com *menos dificuldades* em pleno calor que durante a primavera. Logo eu lhe enviarei algumas telas enroladas, e as outras irão à medida que for possível enrolá-las.

Gostaria muito de duplicar a encomenda de *brancos de zinco*. Este branco de zinco é um pouco a causa da demora na secagem, mas ele tem outras vantagens nas misturas.

Não seria um prazer para Guillaumin encontrar, neste inverno, o patamar e a própria escada, sem falar no ateliê, cheinhos de telas? Portanto, você compreende que eu tenho uma certa ambição, não quanto ao *número* de telas, mas que o conjunto dessas telas represente apesar de tudo um verdadeiro labor, tanto da sua parte como da minha.

Os trigais, assim como os pomares em flor, foram uma ocasião para trabalhar. E mal tenho tempo para me preparar para a nova estação, a das vinhas.

E entre as duas eu ainda gostaria de fazer algumas marinas.

Os pomares representavam o rosa e o branco, os trigais o amarelo, as marinas o azul.

Talvez agora eu vá procurar um pouco os verdes. Ora, o outono dá toda a gama de tons.

Sabe o que eu ainda queria repetir para você? Que os meus desejos pessoais estão subordinados ao interesse de muitos e que sempre me parece que um outro poderia também se aproveitar do dinheiro que eu gasto sozinho. Seja Vignon, seja Gauguin, seja Bernard, seja qualquer outro.

E que para este tipo de combinação, mesmo que acarrete minha transferência de lugar, estou pronto.

Duas pessoas que se entendam, ou mesmo três, não gastam muito mais que uma.

Nem mesmo com as cores.

E, então, sem contar o excedente de trabalhos realizados, você teria a satisfação de estar alimentando dois ou três em vez de um.

Isto para agora ou mais tarde. E, desde que eu seja tão bom quanto os outros, saiba que dificilmente poderíamos ser enganados, pois se eles alegarem dificuldades para trabalhar, eu também conheço essas dificuldades, e talvez soubesse do que se trata. Ora, teríamos perfeitamente o direito, e possivelmente até mesmo o dever, de impelir ao trabalho.

E é isso que é preciso fazer.

Ficando só, meu Deus, não posso evitá-lo; preciso menos de companhia que de um trabalho desenfreado, e eis por que encomendo tão descaradamente telas e cores. E só assim que eu sinto a vida, quando trabalho duro.

Tendo companhia, eu sentiria um pouco menos esta necessidade, ou melhor, trabalharia em coisas mais complicadas.

Mas, isolado, só conto com minha exaltação em certos momentos, e então deixo-me levar a extravagâncias (504).

Raspei um grande estudo pintado, um jardim das oliveiras, com uma figura de Cristo azul e laranja, um anjo amarelo. Um chão vermelho, colinas verdes e azuis. Oliveiras com troncos violetas e carmins, com folhagens verdes, cinzas e azuis. Céu limão.

Raspei pois pensei que não se deve fazer figuras desta importância sem modelo (505).

Meu caro Theo,

Acabo de voltar de uma jornada em Mont Majour, e meu amigo o alferes me fez companhia. Fomos então os dois explorar o velho jardim e roubamos figos excelentes. Se o jardim fosse maior, lembraria o Paradou de Zola, grandes caniços, vinhas, heras, figueiras, oliveiras, romanzeiras com flores carnudas do mais vivo laranja, ciprestes centenários, freixos e salgueiros, carvalhos de rocha, escadas semidestruídas, janelas ogivais em ruínas, blocos de rochedos brancos cobertos de líquen, e pedaços de muros desmoronados dispersos aqui e ali na relva; novamente trouxe um grande desenho, não do jardim, contudo. Com isto tenho três desenhos quando eu tiver uma meia dúzia, os enviarei.

Ontem estive em Fontvieilles para fazer uma visita a Bock e a Mc. Kn., só que estes senhores tinham partido para uma pequena viagem de oito dias pela Suíça.

Acho que o calor sempre me faz bem, apesar dos mosquitos e das moscas.

Acho que estou certo em trabalhar neste instante sobretudo nos desenhos, e em proceder de forma a ter cores e telas de reserva para quando Gauguin chegar.

Gostaria muito que as cores nos dessem tão poucos problemas quanto a pena e o papel. Por medo de desperdiçar cores, frequentemente perco um estudo pintado.

Com o papel, em não se tratando de escrever uma carta mas um desenho, quase não há desperdício; tantas folhas Whatman, tantos desenhos. Creio que se eu fosse rico gastaria menos que agora.

Você se lembra, no Guy de Maupassant, do caçador de coelhos e outras caças, que durante dez anos tinha caçado tanto e tinha se esgotado tanto correndo atrás da caça, que no momento em que queria se casar ele não se entesava mais, o que lhe causava as maiores inquietudes e consternações?

Sem estar no caso deste senhor quanto a ter ou querer me casar, quanto ao físico estou começando a me assemelhar

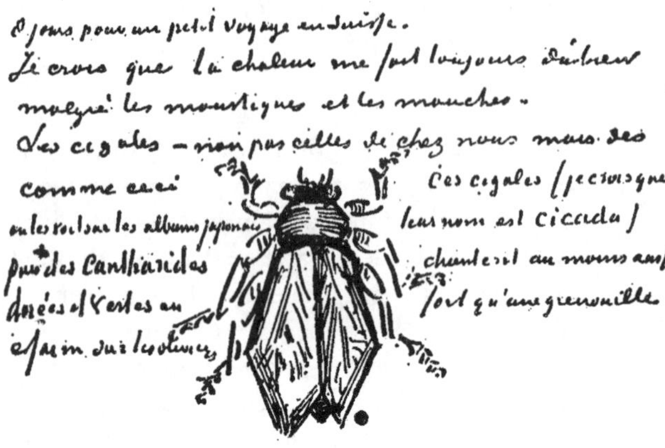

a ele. Segundo o excelente mestre Ziem, o homem torna-se ambicioso no momento em que não se entesa mais. Ora, se para mim dá mais ou menos na mesma me entesar ou não, protesto que isto deva fatalmente me levar à ambição.

É certamente um estranho fenômeno que todos os artistas, poetas, músicos, pintores, sejam materialmente infelizes, inclusive os felizes – e o que você dizia ultimamente sobre Guy de Maupassant prova-o mais uma vez. Isto renova a eterna questão: a vida é inteiramente visível para nós, ou antes da morte só lhe conhecemos um hemisfério?

Os pintores – para falar só deles –, estando mortos e enterrados, falam à geração seguinte ou a várias gerações seguintes por suas obras.

Isto é tudo, ou há ainda algo mais? Na vida de um pintor, talvez a morte não seja o mais difícil.

Eu confesso não saber nada a respeito, mas a visão das estrelas sempre me faz sonhar, *tão simplesmente* quanto me fazem sonhar os pontos negros representando cidades e aldeias num mapa geográfico. E eu me pergunto por que os pontos luminosos do firmamento nos seriam menos acessíveis que os pontos negros do mapa da França?

Se tomamos o trem para ir a Tarascon ou a Rouen, tomamos a morte para ir a uma estrela.

O que certamente é verdadeiro neste raciocínio, é que estando *na vida* nós *não* podemos ir a uma estrela, assim como estando mortos não podemos tomar o trem.

Enfim, não me parece impossível que a cólera, as pedras, a tísica, o câncer, sejam meios de locomoção celeste, assim como os barcos a vapor, os ônibus e a estrada de ferro são meios terrestres.

Morrer tranquilamente de velhice seria ir a pé (506).

Agora sua carta me dá a grande notícia: Gauguin aceitou a proposta. Claro, o melhor seria que ele viesse diretamente para cá em vez de tentar tirar-se dos apuros. Talvez ele vá se embrulhar indo antes a Paris.

É claro que nem os Ricard, nem os Leonardo da Vinci são menos belos só porque há poucos; por outro lado, os Monticelli, os Daumier, os Corot, os Daubigny e os Millet não são mais feios só porque em muitos casos são feitos com grande rapidez e que haja relativamente muitos. Quanto às paisagens, começo a achar que algumas, feitas mais rápido que nunca, estão entre as melhores coisas que estou fazendo. Assim é com aquela da qual eu lhe enviei o desenho, a colheita e também as medas, é verdade que sou obrigado a retocar *o conjunto* para acertar um pouco a execução, para harmonizar o toque, mas numa única sessão longa todo o trabalho essencial está feito, e o economizo ao máximo ao retocá-lo.

Mas quando volto de uma sessão como estas, posso lhe garantir que fico com a cabeça tão cansada, que se este trabalho se repetisse muito, como aconteceu durante a última colheita, eu ficaria completamente abstraído e incapaz de fazer um monte de coisas simples.

Nestes momentos, a perspectiva de não ficar só não me é nada desagradável.

E muitas vezes penso neste excelente pintor que era Monticelli, que diziam ser tão beberrão e demente, quando me vejo eu mesmo voltando do trabalho mental para equilibrar as seis cores essenciais, vermelho – azul – amarelo – laranja – lilás – verde.

Trabalho e cálculo áridos e em que ficamos com o espírito extremamente tenso, como um ator no palco num papel difícil, no qual temos que pensar em mil coisas ao mesmo tempo numa única meia hora.

Depois, a única coisa que alivia e distrai, no meu caso e no de muitos outros, é atordoar-se bebendo um bom gole ou fumando muito. O que sem dúvida é pouco virtuoso, mas só para voltar a Monticelli: eu queria muito ver um beberrão frente a uma tela ou sobre as pranchas.

Naturalmente é uma mentira muito grossa toda essa história perversa e jesuíta de La Roquette sobre Monticelli.

Monticelli colorista lógico, capaz de realizar os mais ramificados e subdivididos cálculos relativos às gamas de tons que ele equilibrava, certamente sobrecarregava seu cérebro com este trabalho, assim como Delacroix e Richard Wagner.

Mas se ele talvez bebia, é que, sendo – Jongkind também – mais forte de físico que Delacroix, e mais atormentado materialmente (Delacroix era mais rico), se não o tivessem feito – sou levado a crer de muito bom grado –, seus nervos lhes teriam pregado outras peças. Desta forma, Jules e Edmond de Goncourt dizem, palavra por palavra, o seguinte: "Fumamos tabacos muito fortes para nos atordoarmos".

Não creia pois que eu manteria artificialmente um estado arrebatado, mas saiba que estou em pleno cálculo muito complicado, ao qual resultam rapidamente, uma atrás da outra, telas feitas bem depressa, mas muito calculadas *previamente.* E aí está, quando lhe disserem que isso foi feito depressa demais, você poderá responder que eles também viram depressa demais. Aliás, eu agora estou retocando um pouco todas as telas, antes de remetê-las. Mas durante a colheita meu trabalho não foi mais fácil que o dos próprios camponeses que fizeram a colheita. Longe de me queixar, é justamente então que na vida artística, ainda que não seja a verdadeira, eu me sinto quase tão feliz quanto poderia estar no ideal da vida verdadeira (507).

Ontem ao pôr do sol eu estava numa charneca pedregosa onde crescem carvalhos bem pequenos e retorcidos, ao fundo uma ruína sobre a colina e trigais no pequeno vale. Era romântico a mais não poder, à Monticelli o sol derramava raios muito amarelos sobre as moitas e o solo, exatamente como se fosse uma chuva de ouro. E todas as linhas eram belas, o conjunto de uma nobreza encantadora. Não seria nada surpreendente ver surgirem de repente cavaleiros e damas voltando de uma caça ao falcão, ou ouvir a voz de um velho trovador provençal. Os solos pareceriam violetas, os longes azuis. Aliás, eu trouxe um estudo, mas que está muito abaixo do que eu teria gostado de fazer.

Eis aqui um novo tema – um canto de jardim com moitas redondas e um chorão e ao fundo tufos de loureiros-rosa. E a relva recém-ceifada com vários feixes de feno secando ao sol, um cantinho de céu azul-verde no alto.

Estou lendo Balzac: *César Birotteau*, vou enviá-lo quando tiver terminado – acho que vou reler tudo de Balzac. Ao chegar aqui eu esperava arranjar apreciadores, mas até agora não me aproximei um só centímetro do coração das pessoas. E agora Marselha? Não sei, mas isto poderia não ser mais que uma ilusão. Em todo caso, parei um pouco de especular sobre este assunto. Portanto, passam-se muitos dias sem que eu diga uma palavra a alguém, a não ser para pedir o almoço ou um café. E assim foi desde o começo.

Até o momento, no entanto, a solidão não me incomodou muito, de tão interessante que eu achei o sol mais forte e seu efeito sobre a natureza (508).

Já disse mais de uma vez como a Camargue e a Crau, salvo uma diferença na cor e na limpidez da atmosfera, me lembram a antiga Holanda do tempo de Ruysdaël. Parece-me que estas duas vistas da campina plana, cobertas por vinhas e campos de palha, vistas de cima, lhe darão uma ideia...

O encanto que estas vastas campinas exercem sobre mim é intenso. Desta forma não me *aborreci* nem um pouco, apesar das circunstâncias essencialmente aborrecidas: o mistral e os mosquitos. Se uma vista nos faz esquecer estas pequenas misérias, é porque ela tem alguma coisa. Você pode ver contudo que não há nenhum *efeito*, à primeira vista parece um mapa geográfico, um plano estratégico, quanto *à execução*. Aliás, eu passei por lá com um pintor que dizia: está aí uma coisa que seria chato pintar. Só que eu já fui bem umas cinquenta vezes a Mont Majour para ver esta vista plana, estou errado? Também estive passeando por lá com algum que *não era pintor*; e quando eu lhe disse: veja, para mim isto é belo e infinito como o mar, ele responde – e ele conhece o mar –, "eu gosto *mais* disso do que do mar, porque é tão infinito quanto ele, e contudo sentimos que é *habitado*".

Ah, eu faria um quadro, não fosse esse maldito vento. É isto que é desolador aqui, quando fincamos o cavalete em qualquer parte. E é exatamente por isto que os estudos pintados não são tão bem acabados quanto os desenhos; a tela sempre treme. Para desenhar, isto não me incomoda.

Você leu *Madame Crysanthème*? Me deu muito o que pensar o fato de os verdadeiros japoneses não pendurarem *nada nas paredes*, a descrição da clausura ou do pagode, em que não há *nada* (os desenhos e curiosidades ficam escondidos nas gavetas). Ah! é assim pois que é preciso olhar uma obra japonesa, num cômodo bem claro, inteiramente despido, aberto sobre a paisagem.

Você não quer fazer a experiência com aqueles dois desenhos da Crau e da beira do Ródano, *que não têm aparência japonesa* e que na verdade talvez o sejam mais que outros? Veja-os num café azul-claro, onde não haja nenhum outro quadro, ou ao ar livre. Talvez fosse preciso uma moldura de caniço. Aqui eu trabalho num interior despido, quatro paredes brancas e lajotas vermelhas no chão. Se insisto em que você veja assim estes dois desenhos, é que eu gostaria muito de lhe dar uma *ideia verdadeira* da simplicidade da natureza daqui (509).

A arte japonesa, decadente em sua pátria, retoma suas raízes nos artistas impressionistas franceses (510).

A arte japonesa é algo como os primitivos, como os gregos, como nossos velhos holandeses, Rembrandt, Potter, Hals, Vermeer, Ostade, Ruysdaël. *Não passa nunca...*

Você não acha que Boulanger fala muito mal? Ele não causa efeito nenhum com suas palavras. Não o acho menos sério por isto, pois está mais acostumado a valer-se de sua voz para usos mais práticos, para explicar as coisas aos oficiais ou aos intendentes de arsenais. Mas em público ele não causa o menor efeito.

Paris ainda assim é uma cidade engraçada, onde é preciso viver se matando, e onde enquanto não estivermos meio mortos não há nada a fazer, e mesmo assim...!

Acabo de ler *O ano terrível* de Victor Hugo. Nele há esperança, mas... esta esperança está nas estrelas. Acho isto verdadeiro e bem dito e belo, aliás acredito nisto de bom grado.

Mas não esqueçamos que a terra também é um planeta, por conseguinte, uma estrela ou um globo celeste. E se todas essas outras estrelas fossem iguais!!!!!! Não seria

muito divertido, enfim tudo estaria por recomeçar. Ora, para a arte, precisamos de *tempo*, não seria nada mal viver mais de uma vida. E não deixa de ter seus encantos acreditar nos gregos, nos velhos mestres holandeses e japoneses continuando sua gloriosa escola em outros globos (511).

Você verá por este esboço o tema dos novos estudos; há um vertical e um horizontal com o mesmo tema, em telas de 30. Bem que existe um tema para um quadro aí, como em outros estudos que tenho. E na verdade não sei mesmo se algum dia farei quadros calmos e tranquilamente trabalhados, pois me parece que meu trabalho continuará sempre desordenado...

Acredito contudo que o vento contínuo daqui deva ter alguma responsabilidade no fato de que os estudos pintados tenham esta aparência selvagem. Pois em Cézanne também se vê isto.

O que permite aos japoneses enfiarem suas obras de arte em gavetas e armários deve ser o fato de que os kakemonos podem ser enrolados, o que não podemos fazer com nossos estudos pintados, pois eles acabariam por rachar. Nada facilitaria mais a conservação de telas entre nós, do que fazê-las serem aceitas normalmente como adorno das residências burguesas. Como antigamente na Holanda.

Assim, aqui no Midi seria muito bom ver quadros pendurados nas paredes brancas. Mas venha ver em todos os cantos enormes medalhões Julien coloridos, uns horrores. E ai!, não mudaremos nada deste estado de coisas.

Contudo – os cafés, talvez com o tempo sejam decorados (512).

Enfim, uma tela que eu cubra vale mais que uma tela em branco. Isso – minhas pretensões não vão mais longe, não tenha dúvidas –, meu direito a pintar, minha razão de pintar, ora, isso eu ainda tenho!

Isto só me custou minha carcaça arruinada, minha cabeça bem maluca no que diz respeito a viver como eu poderia e deveria, viver como um filantropo.

E a você, só lhe custou uns, digamos, quinze mil francos, que você me adiantou.

Ora... não há do que zombarem de nós...

Todo plano carrega dificuldades dissimuladas. Como com Gauguin, isto seria tão simples, mas será que após a mudança ele ainda estará contente?

E já que não se pode fazer planos, não me preocupo que a situação esteja precária.

Sabê-la e senti-la assim é o que nos faz abrir os olhos e trabalhar.

Que agindo assim nos enganemos, eu me atrevo a duvidar, algo nos restará. E confesso nada prever quando vemos gente como Gauguin na frente de um muro. Esperemos que haja saída para eles e para nós.

Se eu pensasse, se refletisse nas possibilidades desastrosas, não conseguiria fazer nada; eu me jogo de cabeça no trabalho, volto com meus estudos; se a tempestade na cabeça estiver roncando forte, bebo um copo a mais para me atordoar.

Isto é ser maluco frente ao que *deveríamos ser.*

Mas antes eu me sentia menos *pintor*; a pintura está se tornando para mim uma distração, como a caça aos coelhos é para os malucos que a praticam para se distrair.

A atenção fica mais intensa, a mão mais firme.

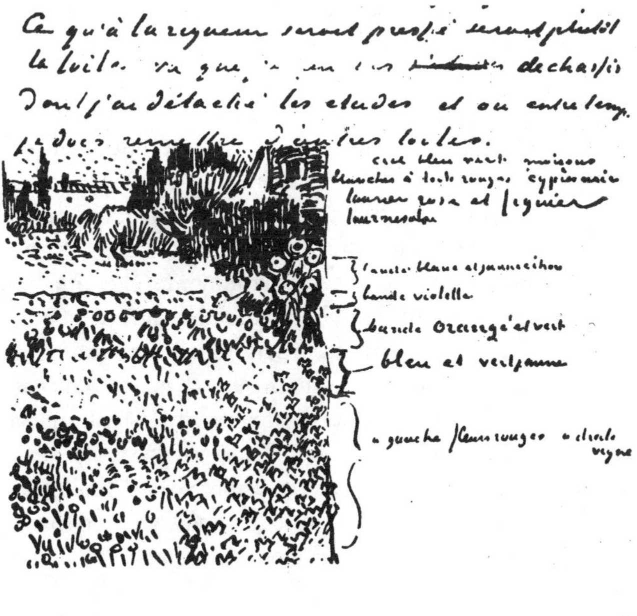

É por isto então que eu quase me atrevo a lhe garantir que minha pintura ficará melhor. Pois isso é tudo o que tenho.

Você leu no de Goncourt, que Jules Dupré também lhes parecia um *maluco*?

Jules Dupré tinha encontrado um apreciador que lhe pagava. Se eu pudesse encontrar isso e não viver tanto às suas custas!

Depois da crise que eu tive vindo para cá, não posso mais fazer planos nem nada, estou decididamente melhor agora, mas a *esperança, o desejo de chegar* lá se dissiparam e eu trabalho *por necessidade*, para não sofrer tanto moralmente, para me distrair (513).

29 de julho de 1888

Agora você me fala do vazio que às vezes sente, e é exatamente a mesma coisa que eu sinto também.

Consideremos, se você quiser, a época em que vivemos como uma grande e verdadeira renascença da arte, e a tradição carcomida e oficial que ainda está de pé, mas que no fundo é impotente e preguiçosa, os novos pintores sós, pobres, tratados como loucos, e em consequência deste tratamento, ficando realmente loucos ao menos quanto a sua vida social.

Saiba então que você faz exatamente a mesma tarefa que estes pintores primitivos, pois você lhes fornece dinheiro e vende suas telas, o que lhes permite produzir outras. Se um pintor arruína seu caráter trabalhando duro na pintura, que o torna estéril para muitas coisas, para a vida familiar, etc., etc. Se, consequentemente, ele pinta não somente com cores, mas também com abnegação e renúncia, e com o coração partido – o seu trabalho não somente também não é pago, mas também lhe custa, exatamente como para um pintor, essa dissipação meio voluntária, meio fortuita, da personalidade. Tudo isto para lhe dizer que, se você faz pintura *indiretamente*, você é mais produtivo, por exemplo, que eu. Quanto mais você se tornar fatalmente *marchand*, mais você se tornará artista.

Assim como eu espero estar no mesmo caso... quanto mais fico dissipado, doente, alquebrado, mais também me torno artista, criador, nesta grande renascença da arte da qual falávamos.

Essas coisas, claro, são assim, mas esta arte existindo eternamente, e esta renascença, este broto verde saído das raízes do velho tronco cortado, são coisas tão espirituais, que nos resta uma certa melancolia quando pensamos que com menos despesas poderíamos ter vivido a vida ao invés de viver a arte.

Você deveria, se puder, fazer-me sentir que a arte está viva, você que talvez ame a arte mais que eu.

Digo a mim mesmo que isso não se deve tanto à arte quanto a mim mesmo; que a única maneira de recobrar o equilíbrio e a serenidade é *fazer melhor*.

E eis-nos de volta ao fim de minha última carta, estou me fazendo de velho, não passa de imaginação eu acreditar que a arte é uma velharia. Agora, se você souber o que é uma *mousmé* (Você o saberá quando ler *Madame Chrysanthème* de Loti), acabo de pintar uma.

Gastei toda a semana nisso, não pude fazer nada mais, não estando novamente muito bem. Isso é o que me aborrece, se eu estivesse bem, teria entrementes rabiscado ainda algumas paisagens, mas para fazer direito minha *mousmé* eu tive que poupar minha capacidade mental. Uma *mousmé* é uma menina japonesa – no meu caso, provençal – de doze a catorze anos. Com esta, agora tenho duas figuras: o zuavo e ela...

Recebi de Bernardi dez esboços de seu bordel, existem três que são no estilo de Redon; o entusiasmo que ele tem por isso eu não partilho muito. Mas há uma mulher se lavando, bem rembrandtiana, ou à Goya, e uma paisagem com figuras, muito estranha. Ele me proíbe expressamente de enviá-los a você, mas você os receberá nesta mesma remessa.

Não somente meus quadros, mas sobretudo eu próprio nestes últimos tempos me tornei mais ou menos selvagem como Hugues van der Goes no quadro de Emile Wauters.

Apenas que, tendo cortado cuidadosamente toda minha barba, creio que me pareço tanto com o abade muito calmo no mesmo quadro, quanto com o pintor louco representado tão inteligentemente.

E não me desgosta estar um pouco entre os dois, pois é preciso viver, e sobretudo porque não há como evitar que um dia ou outro possa acontecer uma crise (514).

Começo de agosto

Como a vida é curta e como ela é vã. O que não é razão para desprezar os viventes, ao contrário.

Ademais temos razão em nos ligarmos mais aos artistas que aos quadros...

Agora estou ocupado com um outro modelo: um *carteiro* de uniforme azul engalanado de ouro, grande figura barbuda, muito socrática. Republicano fervoroso como o pai Tanguy. Um homem mais interessante que muita gente...

Vi um efeito magnífico e bem estranho esta tarde. No Ródano, um barco muito grande carregado de carvão atracado ao cais. Visto de cima ele estava todo luzidio e úmido de chuva; a água era de um branco-amarelo e cinza-pérola turvo; o céu lilás e faixa alaranjada no poente; a cidade violeta. No barco, pequenos operários azuis e branco fosco iam e vinham, levando o carregamento para terra. Era puro Hokusai. Estava muito tarde para fazê-lo, mas um dia, quando este barco de carvão voltar, será preciso atacá-lo. Foi num armazém da estrada de ferro que eu vi este efeito, é um lugar que eu acabo de achar e onde haverá ainda muita coisa para fazer (516).

Não há caminho melhor e mais curto para melhorar o trabalho que o de fazer figuras. Ademais, sempre me sinto confiante ao fazer retratos, sabendo ser este trabalho bem mais sério – talvez não seja esta a palavra correta –, mas é o que mais me permite cultivar o que tenho de melhor e de mais sério (517).

Na última semana fiz não só um, mas dois retratos do meu carteiro, um de meio corpo com as mãos, e uma cabeça em tamanho natural. O homenzinho, não aceitando dinheiro, *me saiu mais caro* comendo e bebendo comigo, além do que eu lhe dei a *Lanterna de Rochefort*. Enfim, este é um mal menor e sem importância, levando em conta que ele posou muito bem, e que eu conto pintar também seu recém-nascido dentro em pouco, pois sua mulher acaba de dar à luz...

Hoje provavelmente vou começar o interior do café em que estou hospedado, à noite à luz dos lampiões.

É o que aqui chamam de um "café noturno" (eles são bastante frequentes aqui), que permanece aberto a noite inteira. Os "vadios da noite", portanto, encontram neles um abrigo, quando não têm como pagar um alojamento ou quando estão muito bêbados para ali serem admitidos. Todas essas coisas, família, pátria, talvez sejam mais encantadoras na imaginação de pessoas como nós, que passamos muito bem sem pátria e sem família, do que em qualquer realidade. Parece-me sempre que eu sou um viajante, que está indo a algum lugar, que tem um destino.

Se digo a mim mesmo que este algum lugar, este destino, simplesmente não existe, isso me parece bem razoável e verídico.

O rufião de um bordel, quando atira alguém à porta, tem uma lógica idêntica, também é razoável e sempre tem razão, eu sei. Ademais, ao fim da carreira eu estarei errado. Que seja. Acharei então que não somente as Belas-Artes, mas também todo o resto não eram mais que sonhos, que nós mesmos não éramos absolutamente nada. Se somos *tão leves assim*, melhor para nós, nada se opondo à possibilidade ilimitada de vida futura. Daí que no caso recente da morte de nosso tio, o rosto do morto estava calmo, sereno e grave. Quando é um fato que em vida ele não era nem um pouco assim, nem quando velho, nem quando jovem. Muito frequentemente constatei este efeito, ao olhar um morto como para interrogá-lo. E isto para mim é *uma* prova, e nem a mais séria, de uma existência além-túmulo.

Também uma criança no berço, se a olharmos detidamente, tem o infinito nos olhos. Em suma, eu não sei nada, mas justamente este sentimento de *não saber* torna a vida real que vivemos atualmente comparável a um simples trajeto de trem. Andamos depressa, mas não distinguimos nenhum objeto de muito perto, e sobretudo não conseguimos ver a locomotiva.

É bastante curioso que nosso tio, assim como nosso pai, acreditassem na vida futura. Sem falar de nosso pai, ouvi várias vezes o tio argumentar a respeito.

Ah – ora essa, eles tinham mais certeza que nós, e o garantiam, zangando-se se nos atrevíamos a querer aprofundar a questão.

A *vida futura* dos artistas *através de suas obras*, não vejo grande coisa nisto. Sim, os artistas continuam passando adiante a tocha, Delacroix aos impressionistas, etc. Mas será que isto é tudo?

Se uma boa e velha mãe de família, com ideias bastante limitadas e martirizadas no sistema cristão, fosse imortal assim como o crê, e isto seriamente, e não serei eu a contradizê-la, por que um burro de carga tuberculoso ou nervoso como Delacroix e Goncourt, com ideias amplas, também não o seriam?

Já que parece que justamente as pessoas mais vazias sentem nascer esta esperança indefinível.

Basta. Para que se preocupar? Mas vivendo em plena civilização, em plena Paris e em plenas belas-artes, por que não conservaríamos este *eu* de velha senhora, se as próprias mulheres, sem sua crença instintiva neste *é assim*, não teriam forças para criar e agir?

Os médicos nos dirão então que não somente Moisés, Maomé, o Cristo, Lutero, Bunyan e outros mais eram loucos, mas também Frans Hals, Rembrandt, Delacroix e igualmente todas as boas e velhas senhoras limitadas como nossa mãe.

Ah – é grave isto. Poderíamos perguntar a esses médicos onde estariam então as pessoas razoáveis.

Seriam os rufiões de bordel, que sempre têm razão? É provável. Então, o que escolher? Felizmente não há nenhuma escolha a fazer (518).

O pequeno jardim camponês vertical é, parece-me, o melhor dos três grandes. Aquele com os girassóis é um pequeno jardim de um estabelecimento de banhos; o terceiro jardim, horizontal, é aquele do qual também fiz alguns estudos pintados.

Sob o céu azul, as manchas alaranjadas, amarelas, vermelhas das flores tomam um brilho espantoso, e no ar límpido há um não sei quê de mais feliz e de mais apaixonado que no norte.

Isso vibra como o ramalhete de Monticelli que você tem. Eu me arrependo por não produzir flores aqui. Enfim, mesmo já tendo fabricado aqui uns cinquenta desenhos ou estudos pintados, parece-me não ter feito absolutamente nada. Eu me contentaria de bom grado em não ser mais que um preparador para os outros pintores do futuro que virão trabalhar no Midi.

Agora *A colheita, O jardim, O semeador* e as duas *Marinas* são esboços feitos a partir de estudos pintados. Acho que todas estas ideias são boas, mas nos estudos pintados falta nitidez no toque. Razão a mais para que eu tenha sentido a necessidade de desenhá-los.

Quis pintar um velho camponês cujas feições eram extremamente parecidas com as de nosso pai. Só que ele era mais comum e beirava a caricatura.

Contudo eu queria fazê-lo exatamente como ele era: como um pequeno camponês.

Ele prometeu vir e em seguida disse que queria o quadro para ele, enfim, que eu teria que fazer dois iguais, um para ele e outro para mim. Disse-lhe que não. Talvez algum dia ele volte...

Por que não conservamos nossas conquistas como o fazem médicos e mecânicos? Quando eles descobrem ou acham algo, conservam este saber, mas nessas artes horríveis esquecemos tudo, não conservamos nada.

Millet nos legou a síntese do camponês e hoje, sim, temos Lhermitte, claro, há ainda alguns outros, *Meunier*... mas aprendemos hoje mais geralmente a ver os camponeses? *Não*, quase ninguém sabe produzir um.

Será que a culpa não é um pouco de Paris e dos parisienses, inconstantes e traiçoeiros como o mar?

Enfim, você tem toda razão ao dizer: sigamos nosso caminho tranquilamente, trabalhando para nós mesmos. Sabe, independentemente do sacrossanto impressionismo, ainda assim eu gostaria de fazer coisas que a geração *anterior*, Delacroix, Millet, Rousseau, Diaz, Monticelli, Isabey,

Decamps, Dupré, Jongkind, Ziem, Israels, Meunier, e muitos outros, Corot, Jacques, etc., pudesse compreender.

Ah, Manet esteve bem perto, e também Courbet, de casar a forma com a cor. Eu por mim gostaria muito de ficar quieto por uns dez anos, não fazendo mais que estudo, e depois fazer um ou dois quadros de figuras. O velho plano tão recomendado e tão raramente executado.

Se os desenhos que eu lhe envio são muito duros, é porque os fiz de maneira a poder mais tarde, se eles se conservarem, utilizá-los como referência para a pintura.

Este pequeno jardim camponês vertical é, ao natural, soberbo em cores; as dálias são de um púrpura rico e escuro, a dupla fileira de flores é rosa e verde de um lado, e laranja quase sem verdura do outro. Ao meio uma dália branca e uma pequena romeira com flores do mais resplandecente laranja-vermelho e frutas verde-amarelas. O solo cinza, os altos caniços de um verde-azulado, as figueiras esmeralda, o céu azul, as casas brancas com janelas verdes e telhados vermelhos, a manhã cheia de sol, a tarde inteiramente banhada de sombras lançadas, projetadas pelas figueiras e pelos caniços.

Se Quost estivesse lá, ou Jeannin! Que você quer, para fazer tudo seria preciso uma escola inteira de pessoas trabalhando juntas na mesma região, complementando-se como os velhos holandeses, retratistas, pintores de gênero, pintores de paisagens, pintores de animais, pintores de naturezas-mortas...

Aqui, nos dias de penúria, há apenas uma vantagem sobre o norte, o bom tempo (pois até o mistral é *ver* tempo bom). Um sol bem glorioso, em que Voltaire se esquentou bebendo seu café. Sem querer sentimos Zola e Voltaire por toda parte. É tão vivo como um Jan Steen, um Ostade.

Certamente haveria possibilidades para uma escola de pintura aqui, mas você diria que a natureza é bela em qualquer lugar, se nela mergulharmos com suficiente profundidade...

Vi no jardim de um camponês uma figura de mulher esculpida em madeira, proveniente da proa de uma nau espanhola.

Ela se encontrava num bosquezinho de ciprestes e era puro Monticelli.

Ah! estes jardins das granjas com suas grandes e belas rosas da Provence, vermelhas, e as vinhas, as figueiras! É muito poético, e o eterno sol forte, apesar do qual o verde continua muito verde.

E a cisterna de onde vem uma água clara, que irriga a granja através de regos, formando um pequeno sistema de canalização. Um velho cavalo da Camargue todo branco faz o sistema funcionar.

Nada de vacas nessas pequenas granjas.

Mas aqui, granja e espelunca noturna são menos lúgubres, menos dramáticas que no norte, pois o calor, etc., tornam a pobreza menos dura e melancólica.

Trabalhei de novo numa figura de zuavo sentado num banco contra uma parede branca; com esta, estou na quinta figura.

Esta manhã fui a um lavadouro onde havia figuras de mulher de formas tão largas quanto as Negras de Gauguin, especialmente uma vestida de branco-preto-rosa, e uma outra, bem jovem, toda em amarelo. Eram bem umas trinta, velhas e jovens (519).

Em breve você conhecerá o senhor Patience Escalier, espécie de homem com enxada, velho boiadeiro da Camargue, atualmente jardineiro numa herdade da Crau.

Hoje mesmo eu lhe envio o desenho que fiz a partir desta pintura, assim como o retrato do carteiro Roulin.

A cor deste retrato de camponês é menos escura que os comedores de batata de Nuenen – mas o muito civilizado parisiense *Portier*, provavelmente assim chamado porque atira todos os quadros porta afora,[21] vai dar com a cara no mesmo problema. Desde então você mudou, mas você verá que ele não mudou, e realmente é pena que não haja em Paris mais quadros de *tamancos*. Não acho que o meu camponês faça má figura frente, por exemplo, ao Lautrec que você tem, e inclusive atrevo-me a acreditar que o Lautrec ficará, por contraste simultâneo, ainda mais distinto, e que o meu ganhará com esta estranha aproximação, pois sua qualidade ensolarada e ardente, crestada pelo

21. Aqui Van Gogh faz um jogo de palavras com o nome do marchand Portier, palavra que literalmente significa porteiro. (N.T.)

grande sol e pelo ar puro se manifestará melhor ao lado do pó de arroz e das roupas elegantes.

Que engano os parisienses não terem tomado gosto pelas coisas rudes, pelos Monticelli, pela barbotina. Enfim, sei que não devemos desanimar só porque a utopia não se realiza.

Só que eu acho que o que eu aprendi em Paris *se esvai*, e estou voltando às ideias que me surgiram no campo, antes de conhecer os impressionistas.

Eu não ficaria muito impressionado se dentro em pouco os impressionistas encontrassem o que censurar em minha maneira de fazer, que foi fecundada mais pelas ideias de Delacroix que pelas suas.

Pois, em vez de procurar representar exatamente o que tenho sob os olhos, sirvo-me mais arbitrariamente da cor para me exprimir com força.

Enfim, deixemos isto em paz enquanto teoria, mas vou lhe dar um exemplo do que quero dizer.

Eu gostaria de fazer o retrato de um amigo artista, que tem grandes sonhos, que trabalha assim como o rouxinol canta, porque esta é sua natureza. Este homem será loiro. Eu queria colocar no quadro meu apreço, o amor que tenho por ele.

Eu o pintarei portanto tal como ele é, o mais fielmente possível para começar.

Mas o quadro não termina assim. Para terminá-lo, vou ser agora um colorista arbitrário.

Vou exagerar o loiro de sua cabeleira, chegarei aos tons alaranjados, aos cromos, ao limão pálido.

Atrás da cabeça, em vez de uma parede banal do mesquinho apartamento, pinto o infinito, faço um fundo simples com o azul mais rico, mais intenso que eu possa criar, e por esta simples combinação da cabeça loira clareada sobre este fundo em rico azul, obtenho um efeito misterioso como a estrela no anil profundo.

Também no retrato do camponês procedi desta forma. Sem, contudo, neste caso, querer evocar o brilho misterioso de uma pálida estrela no infinito. Mas sim supondo o homem terrível que eu tinha que fazer em pleno calor da colheita, em pleno Midi. Daí os laranjas fulgurantes como o ferro abrasado, daí os tons de ouro velho luminoso em meio às trevas.

Ah, meu caro irmão... e as pessoas honradas não verão nesta exageração nada mais que uma caricatura. Mas que importa? Nós lemos *A terra* e *Germinal*, e ao pintarmos um camponês, gostaríamos de mostrar que esta leitura acabou por se incorporar a nós.

Não sei se poderei pintar o carteiro *como o sinto*; este homem enquanto revolucionário é como o pai Tanguy; provavelmente é considerado um bom republicano, pois detesta cordialmente a república que desfrutamos, e porque afinal duvida um pouco e está um pouco desencantado com a própria ideia republicana.

Mas certo dia eu o ouvi cantando *A Marselhesa*, e pensei estar em 89, não no ano que vem, mas há noventa e nove anos atrás. Era um Delacroix, um Daumier, um velho e puro holandês.

Infelizmente isso tudo não posa, e no entanto seria necessário um modelo inteligente para poder fazer o quadro.

Devo dizer-lhe agora que estes dias estão sendo materialmente muito difíceis.

A vida aqui é muito cara, independente do que eu faça, mais ou menos como em Paris, onde gastando cinco ou seis francos por dia não se tem muita coisa.

Tenho modelos, consequentemente, sofro bastante.

Pouco importa, continuo assim mesmo.

Também posso lhe garantir que se por acaso você me enviasse um pouco mais de dinheiro, isto faria bem para os quadros, mas não para mim. Só me resta a escolha entre ser um bom pintor ou um mau pintor. Escolhi a primeira alternativa. Mas as necessidades da pintura são como as de uma amante ruinosa, não se consegue fazer nada sem dinheiro, e nunca se tem o suficiente.

Além do mais, a pintura deveria ser feita às expensas da sociedade, e não de artistas sobrecarregados.

Mas, aí está, não podemos falar nada, pois *ninguém nos obriga a trabalhar*, a indiferença pela pintura sendo fatalmente bastante generalizada, quase eternamente.

Felizmente meu estômago se restabeleceu a tal ponto, que eu vivi três semanas deste mês à base de biscoitos de marinheiro, leite e alguns ovos.

É o calor que restitui minhas forças, e com certeza não foi um erro vir *agora* para o Midi, em vez de esperar até que o mal fosse irreparável. Sim, agora estou tão bem quanto qualquer um, o que só me aconteceu momentaneamente em Nuenen, por exemplo, e isso não é nada desagradável. Por qualquer um entendo gente como os trabalhadores grevistas das terraplanagens, o pai Tanguy, o pai Millet, os camponeses.

Estando bem, é preciso conseguir viver com um pedaço de pão, trabalhando o dia inteiro, e ainda ter forças para fumar e beber um trago, o que é necessário nestas condições. E sentir ainda assim, claramente no alto, as estrelas e o infinito. A vida torna-se então, apesar de tudo, quase encantada. Ah! os que não acreditam no sol daqui são bem ímpios.

Infelizmente, ao lado do bom deus sol, na maior parte do tempo há este diabo de *mistral.*

O correio de sábado – valha-me Deus! – já passou, e eu estava certo de receber sua carta; mas você vê que eu não estou me perturbando (520).

O que Gruby diz, privar-se de mulheres e alimentar-se bem, é uma verdade, isso faz bem, e se, trabalhando com a cabeça, gastamos o cérebro e a medula, é muito lógico que não nos desperdicemos fazendo amor mais que o necessário.

Mas isto é mais fácil de se praticar no campo que em Paris.

O desejo por mulheres que contraímos em Paris não seria um pouco o resultado da própria doença nervosa da qual Gruby é o inimigo declarado, mais que um sintoma de vigor?

Ademais vemos este desejo desaparecer justamente no momento em que nos restabelecemos. A raiz do mal encontrando-se na própria constituição física, na fatal debilitação das famílias de geração em geração, na profissão ruim, aliás, e na triste vida em Paris, a raiz do mal certamente continua aí, e não poderíamos curá-la.

Este restaurante em que estou é bem curioso, é inteiramente cinza, o assoalho é de betume cinza como uma calçada, papel cinza nas paredes. Persianas verdes sempre fechadas, uma grande cortina verde frente à porta sempre aberta, impedindo a poeira de entrar.

Isso já é de um cinza Velázquez – como nas *Fiandeiras* –, não falta nem mesmo o raio de sol muito fino e muito violento através de uma persiana, como aquele que atravessa o quadro de V. Mesinhas com toalhas brancas, naturalmente. E, depois, atrás desse aposento cinza-Velázquez, percebe-se a antiga cozinha, limpa como uma cozinha holandesa, assoalho de lajotas muito vermelhas, legumes verdes, armários de carvalho, fogão de cozinha com os cobres luzentes, de ladrilhos azuis e brancos, e o grande fogo laranja-claro. E ainda há duas mulheres que servem, igualmente em cinza, mais ou menos como o quadro de Prévost que você tem em casa, bem comparável sob todos os aspectos.

Na cozinha uma velha mulher e uma servente baixinha e gorda, também em cinza, preto, branco. Não sei se estou descrevendo de forma suficientemente clara, mas isso é o que vi de puro Velázquez aqui.

Na frente do restaurante um pátio coberto, calçado com lajotas vermelhas, e nos muros, vinhas, convolvuláceas e trepadeiras.

Isso ainda é de um verdadeiro provençal antigo, enquanto que os outros restaurantes são tão à moda de Paris, *que mesmo não tendo nenhum tipo de porteiro* ainda assim têm uma portaria e a tabuleta "dirija-se ao porteiro".

Portanto, nem sempre tudo é deslumbrante. Também vi um estábulo com quatro vacas café com leite e um bezerro da mesma cor; o estábulo branco-azul forrado de teias de aranha, as vacas muito limpas e muito bonitas, um grande cortinado verde contra a poeira e as moscas na porta de entrada.

Cinza também, cinza-Velázquez!

Era tao calmo – este café com leite e havana da pelagem das vacas com o suave branco-cinza azulado das paredes, o tapete verde-amarelo e cintilante do exterior ensolarado fazendo-lhe uma oposição deslumbrante. Como você vê, há muita coisa por fazer além do que já fiz.

Tenho que ir trabalhar. Vi de novo uma coisa muito calma e muito bonita outro dia, uma jovem moça de tez café com leite – se bem me lembro –, cabelos cinzentos, olhos cinzas, corpete de índia rosa pálido, sob o qual se viam os seios erguidos, duros e pequenos. Isto contra o verdor esmeralda das figueiras. Uma mulher bem rústica, grande ar virginal.

Não é totalmente impossível que eu a faça posar ao ar livre, assim como sua mãe – jardineira – cor de terra, que estava então de amarelo fosco e azul desbotado.

A tez café com leite da mocinha era mais escura que o rosa do corpete.

A mãe estava surpreendente, sua figura amarelo fosco e azul desbotado se destacava em pleno sol contra um canteiro de flores resplandecentes, branco-neve e limão. Portanto, um puro Vermeer de Delft. Não é nada feio o Midi (521).

Agora temos aqui um glorioso calor forte e sem vento, que faz bem o meu gênero. Um sol, uma luz, que, na falta de algo melhor, só posso chamar de amarelo, amarelo-enxofre pálido, limão pálido ouro. Como é belo o amarelo! E como verei melhor o norte...

Quanto aos estudos, tenho dois de cardos num terreno baldio, cardos brancos da fina poeira do caminho.

A seguir, um pequeno estudo de um albergue de estrada, carruagens vermelhas e verdes; também um pequeno estudo dos vagões do Paris-Lyon-Mediterrâneo; os dois últimos estudos tendo sido aprovados como bem no tom moderno, pelo jovem êmulo do intrépido general Boulanger, o muito brilhante alferes zuavo. Este valoroso militar abandonou a arte do desenho em cujos mistérios eu me esforçava por iniciá-lo, mas por um motivo plausível, pois inopinadamente teve que fazer um exame, para o qual receio que ele estivesse pouco mais que despreparado.

Supondo que o jovem francês supracitado esteja dizendo a verdade, ele teria surpreendido seus examinadores pela firmeza de suas respostas, firmeza esta que ele teria consolidado na véspera do exame, passada num bordel...

Você recebeu os desenhos dos jardins e os dois desenhos de figura? Acho que o quadro da cabeça do velho camponês tem cores tão estranhas quanto *O semeador*, mas *O semeador* é um fracasso, e a cabeça do camponês é mais que isto. Ah, esta eu enviarei sozinha, tão logo esteja seca, e porei uma dedicatória para você (522).

Ficar despreocupado, esperar que um dia ou outro nos livremos da miséria, pura ilusão! Eu me daria por feliz em trabalhar por uma pensão não mais que suficiente, e por minha tranquilidade em meu ateliê toda minha vida.

Pois bem, se repito ainda uma vez que me é absolutamente inerente fixar-me em Pont-Aven ou em Arles, proponho-me a ser inflexível quanto a instalar um ateliê fixo, e morar nele e não em hospedarias.

Se você for bondoso o bastante para dar-nos, a Gauguin e a mim, as condições de nos instalarmos aqui, só posso lhe dizer que se não aproveitarmos esta ocasião para nos livrarmos dos senhorios, estaremos jogando fora todo o seu dinheiro e toda nossa possibilidade de resistir ao cerco da miséria...

Receio que não terei um modelo bem bonito de mulher; ela tinha prometido, mas depois – ao que parece – ganhou alguns cobres fazendo a farra e achou mais o que fazer.

Ela era extraordinária, o olhar era como o de Delacroix, e uma feição bizarra, primitiva. Levo as coisas com paciência, na falta de outro modo de suportá-las, mas esta contínua contrariedade com os modelos é bem irritante. Espero fazer esses dias um estudo de loureiros-rosa. Se pintássemos polidamente como Bouguereau, as pessoas não teriam vergonha de se deixar pintar; mas creio que o fato de acharem que o que eu faço é "malfeito", *que não é mais que quadros cheios de pintura*, me fez perder muitos modelos. Então as honradas putas têm medo de se comprometer e de que zombem de seus retratos. E há com o que quase se desanimar, quando sentimos que poderíamos fazer tantas coisas se as pessoas tivessem um pouco mais de boa vontade. Não posso me resignar a dizer que "as uvas estão verdes", não me consolo por não ter mais modelos.

Enfim, é preciso ter paciência e voltar a procurar outros.

E se, quando jovens, podemos acreditar que pelo trabalho assíduo podemos satisfazer nossas necessidades, isto atualmente torna-se cada vez mais duvidoso. Disse de novo a Gauguin, em minha última carta, que se pintássemos como Bouguereau poderíamos esperar ganhar alguma coisa, mas que o público jamais mudará, e só gosta de coisas suaves e polidas. Tendo um talento mais austero, não se deve contar com o produto do próprio trabalho; a maioria das pessoas inteligentes o suficiente para compreender e gostar dos quadros impressionistas são e continuarão a ser pobres demais para comprá-los. Será que G. ou eu trabalharemos menos só por causa disto? Não – mas seremos obrigados a aceitar a pobreza e o isolamento social como coisas inerentes. E, para começar, instalemo-nos onde a vida for mais barata. Tanto melhor se o sucesso vier, tanto melhor se algum dia pudermos viver mais folgadamente.

O que me toca o coração na obra de Zola é esta figura de Bongrand-Jundt.

É tão verdadeiro o que ele diz: "Acreditam, infelizes, que quando o artista conquistou seu talento e sua reputação, passa a estar ao abrigo? Pelo contrário, a partir de então fica-lhe proibido produzir algo que não seja totalmente bom. Sua própria reputação o obriga a cuidar tanto mais de seu trabalho quanto as chances de venda se rarefazem. Ao menor sinal de fraqueza toda a malta invejosa lhe cai em cima e destrói exatamente essa reputação e essa fé, que um público inconstante e traiçoeiro momentaneamente teve nele".

Mais forte que isto é o que diz Carlyle:

"Conheceis aqueles vagalumes que no Brasil são tão luminosos, que à noite as damas os fincam com alfinetes em suas cabeleiras; a glória é muito boa, mas, vede, ela é para o artista o que o alfinete é para esses insetos.

"Quereis triunfar e brilhar; sabeis exatamente o que estais desejando?"

Ora, eu tenho horror ao sucesso, receio a ressaca de um sucesso dos impressionistas, os dias já difíceis de hoje nos parecerão mais tarde ter sido "os bons tempos".

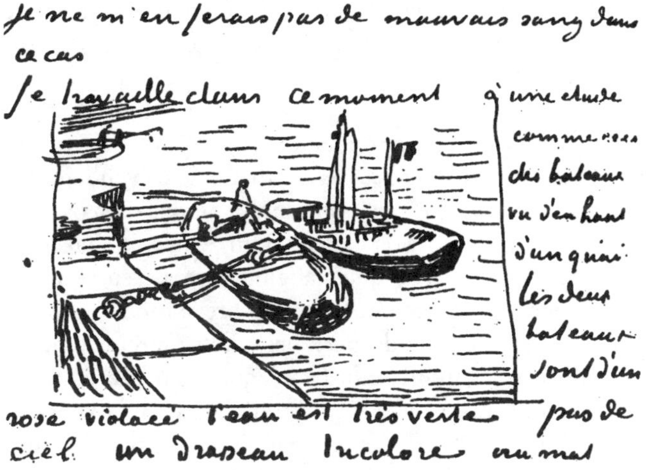

Pois bem, G. e eu temos que nos prevenir, temos que trabalhar para ter um telhado sobre a cabeça, camas, enfim, o indispensável para aguentar o cerco do fracasso, que durará por *toda nossa existência*, e temos de nos fixar no lugar mais barato. Só então teremos a tranquilidade necessária para produzir bastante, mesmo vendendo pouco ou não vendendo nada...

Concluo: viver mais ou menos como monges ou eremitas, tendo o trabalho como primeira paixão, com a resignação do bem-estar.

A natureza, o bom tempo daqui são a vantagem do Midi. Mas acredito que Gauguin jamais renunciará à batalha parisiense, ele a deseja demais, e acredita mais que eu num sucesso duradouro. Isto não me fará nenhum mal, pelo contrário, eu me desespero demais, talvez. Deixemos-lhe portanto esta ilusão, mas saibamos que o que sempre lhe será necessário é a moradia, o pão cotidiano e as cores. Este é o seu calcanhar de Aquiles, e é porque agora ele se endivida, que ele terminará derrotado de antemão.

Correndo em sua ajuda, nós mesmos lhe tornamos a vitória parisiense de fato possível.

Se eu tivesse as mesmas ambições que ele, provavelmente não combinaríamos. Mas não me interessam nem o meu sucesso, nem a minha felicidade, interessa-me a permanência dos empreendimentos energéticos dos impressionistas, interessa-me esta questão de abrigo e do pão cotidiano deles. E acho um crime eu ter tudo isto quando com a mesma quantia dois poderiam viver.

Quando se é um pintor, passa-se ou por louco, ou por milionário; uma xícara de leite custa-lhe um franco, um pão com manteiga, dois, e os quadros não se vendem. Eis por que é preciso que nos associemos como faziam os antigos monges, os frades da vida comum de nossas charnecas holandesas. Já percebo que Gauguin espera o sucesso, ele não poderia privar-se de Paris, não prevê o quão *infinita* é a penúria. Você pode perceber, nestas circunstâncias, o quanto me é indiferente ficar aqui ou ir-me embora. É preciso deixá-lo lutar sua batalha, aliás, ele a vencerá. Muito longe de Paris ele se acharia inativo, mas guardemos para nós a absoluta indiferença quanto ao sucesso ou quanto ao fracasso. Eu tinha começado a assinar minhas telas, mas logo parei com isto, pareceu-me demasiada besteira. Numa marina há uma assinatura vermelha muito exorbitante, porque eu queria colocar uma nota vermelha no verde. Enfim, você logo as verá. Fim de semana será um pouco duro, espero portanto receber sua carta preferivelmente um dia antes que um dia depois (524).

15 de agosto de 1888

Guardei comigo o grande retrato do carteiro, e esta cabeça que lhe envio foi *uma única* sessão.

Pois bem, este é o meu forte, fazer um homem toscamente numa única sessão. Se eu pudesse, meu caro irmão, faria sempre assim, beberia com o primeiro que aparecesse e o pintaria, e não em aquarela, mas a óleo, sessão corrida, feito Daumier.

Se eu fizesse cem assim, entre eles haveria alguns bons. E eu seria mais francês e mais *eu*-mesmo, e beberia mais. Isto me tenta tanto, não a bebida, mas a pintura de vagabundo. Assim fazendo, será que eu ganharia tanto como artista quanto perderia como homem? Se eu acreditasse nisso eu seria um maluco famoso, agora não sou um dos famosos; mas, como você pode ver, não tenho suficiente ambição por este tipo de glória para pôr lenha nesta fogueira. Prefiro esperar a próxima geração, que fará com os retratos o que Claude Monet faz com as paisagens; ricas e geniais no estilo de Guy de Maupassant.

Pois eu sei que não sou um deles, mas os Flaubert e os Balzac não geraram os Zola e os Maupassant? Vivas pois, não para nós, mas para a próxima geração. Você conhece pintura o bastante para ver e apreciar o que eu possa ter de original, e também para poder perceber a inutilidade de apresentar o que eu faço ao público de hoje, já que os outros me superam em nitidez de toque. Isto se deve mais ao vento e outras circunstâncias, que ao que eu seria capaz sem o mistral e sem as circunstâncias fatais de uma juventude que se evaporou, de uma relativa pobreza (525).

Estou pintando com o ardor de um marselhês comendo *bouillabaisse*,[22] o que não deve impressioná-lo, já que se trata de pintar grandes girassóis.

Estou com três telas em andamento: 1ª) três grandes flores num vaso verde, fundo claro, tela de 15; 2ª) três flores, uma em broto e desfolhada e um botão sobre fundo azul real, tela de 25; 3ª) doze flores e botões num vaso amarelo (tela de 30). A última, portanto, é claro sobre claro e será a melhor, espero. Provavelmente não ficarei nisto. Na esperança de viver num ateliê nosso com G., eu gostaria de fazer uma decoração para o ateliê. Nada além de grandes girassóis. Ao lado de sua loja, no restaurante, você sabe que há uma decoração muito bonita com flores, eu sempre me lembro do grande girassol da vitrine.

Enfim, se executar este plano, terei uma dúzia de painéis. O conjunto será, portanto, uma sinfonia em azul e amarelo. Estou trabalhando nisto todas estas manhãs, desde o nascer do sol, pois as flores murcham depressa e é preciso fazer o conjunto de um só traço.

Começo a gostar cada vez mais do Midi.

Estou com mais um estudo em andamento, de cardos empoeirados com um inumerável enxame de borboletas brancas e amarelas.

22. *Bouillabaisse*, espécie de caldeirada de frutos do mar, prato típico da região de Marselha. (N.T.)

Fiquei novamente sem modelos, que esperava conseguir estes dias.

Tenho um monte de ideias para novas telas. Voltei a ver hoje aquele mesmo barco de carvão sendo descarregado pelos operários, do qual eu já lhe havia falado, no mesmo lugar dos barcos de areia dos quais eu lhe enviei um desenho. Seria um excelente tema. Só que cada vez mais estou começando a buscar uma técnica simples, que talvez não seja impressionista. Gostaria de pintar de maneira que, a rigor, qualquer pessoa que tenha olhos possa ver claro (526).

Você poderia pedir a Tasset sua opinião sobre a seguinte questão? A mim me parece que quanto mais finamente for moída uma cor, mais ela fica saturada de óleo. Ora, não é preciso dizer que não apreciamos muito o óleo.

Se pintássemos como o sr. Gérôme e os outros ilusionistas fotográficos, sem dúvida pediríamos cores moídas bem fino. Ao contrário, não achamos propriamente detestável que a tela tenha um aspecto rude. Portanto, se em vez de moermos a cor na pedra durante sabe-se lá quantas horas, a moêssemos o tempo exato para torná-la manipulável, sem nos preocuparmos tanto com a fineza do grão, teríamos cores mais frescas, que talvez escurecessem menos. Se ele quiser fazer a experiência com os três cromos, o véronèse, o vermelhão, o laranja, o cobalto, o ultramar, tenho quase a certeza que por muito menos dinheiro teremos cores mais frescas e mais duráveis. E a que preço? Tenho certeza que isto pode ser feito. Provavelmente com os garanças, o esmeralda, que são transparentes, também.

Estou agora no quarto quadro de girassóis.

Este quarto é um ramalhete de catorze flores e tem um fundo amarelo, igual a uma natureza-morta de gamboas e limões que eu fiz há algum tempo.

Só que é muito maior, produz um efeito bem singular, e acho que desta vez foi pintado com maior simplicidade que as gamboas e os limões.

Você se lembra que um dia vimos no palácio Drouot um Manet bem extraordinário, algumas peônias cor-de-rosa grandes com suas folhas verdes sobre um fundo claro?

Tão vivas e tão *flores* quanto qualquer uma, e contudo pintadas em plena pasta sólida, e não como um Jeannin.

Eis o que eu chamaria de simplicidade de técnica. E devo dizer que nestes últimos dias tenho me esforçado em fazer um trabalho com pincel sem pontilhados ou outras coisas, sem nada além de um toque variado. Mas um dia você o verá.

Que pena que a pintura custe tão caro. Esta semana eu tive o suficiente para me incomodar menos que as outras, portanto eu me soltei; eu teria gasto a nota de cem numa única semana, mas ao fim teria meus quatro quadros, e mesmo se acrescentasse o preço de toda a cor que usei, a semana não teria sido um fracasso. Acordei todos os dias bem cedo, almocei e jantei bem, pude trabalhar assiduamente, sem fraquejar. Mas aí está, vivemos numa época em que o que fazemos não tem valor; não somente não vendemos, mas como você pode ver com Gauguin, se quisermos fazer empréstimos garantidos pelos quadros produzidos, nada conseguiremos, por mais insignificante que seja a quantia e por mais importantes que sejam os trabalhos. E assim é que somos abandonados a nossa própria sorte. E receio que, em toda nossa vida, isso não mudará nem um pouco. Oxalá consigamos preparar uma vida melhor aos pintores que nos seguirão, já seria alguma coisa.

Contudo a vida é curta, especialmente os anos em que nos sentimos fortes o suficiente para enfrentar tudo.

Enfim, é de se recear que, tão logo a nova pintura seja apreciada, os pintores se embotem.

Em todo caso, o que é positivo é que não somos nós os de agora que somos a decadência. Gauguin e Bernard falam agora em fazer "pintura de criança". Prefiro isto que a pintura dos decadentes. Como se explica que as pessoas vejam no impressionismo algo de decadente? Na verdade é exatamente o contrário (527).

A pintura, no estado em que se encontra, promete tornar-se mais sutil – mais música e menos escultura –, enfim, promete a *cor*. Contanto que ela cumpra esta promessa...

Os girassóis avançam, há um ramalhete novo de catorze flores sobre fundo amarelo-verde, portanto, exatamente o mesmo efeito – mas em maior formato, tela de 30 – que uma natureza-morta de gamboas e limões que você já tem, mas nos girassóis a pintura é mais simples. Você se lembra que um dia nós vimos no palácio Drouot um ramalhete de peônias de Manet? As flores cor-de-rosa, as folhas muito verdes, pintadas em plena pasta e não com veladuras como os de Jeannin, destacando-se, acho, sobre um simples fundo branco.

Está aí uma coisa bem íntegra.

Quanto ao pontilhado, para aureolar ou outra coisa, acho isso uma verdadeira descoberta; mas já é de se prever que esta técnica, assim como qualquer outra, tornar-se-á um dogma universal. Razão a mais pela qual a grande *Gamela* de Seurat, as paisagens com grandes pontilhados de Signac, o barco de Anquetin, com o tempo tornar-se-ão ainda mais pessoais, ainda mais originais...

Consegui dois modelos esta semana: uma arlesiana e o velho camponês que desta vez estou fazendo contra um fundo laranja vivo que, embora não tenha a pretensão de reproduzir a ilusão de um pôr do sol vermelho, ainda assim talvez seja uma sugestão.

Infelizmente receio que a pequena arlesiana vá me enganar para o resto do quadro. Candidamente, da última vez que ela veio, pediu-me adiantado o dinheiro que eu lhe havia prometido para todas as poses, e como eu não pusesse nisso nenhuma dificuldade, ela se mandou sem que eu tornasse a vê-la.

Enfim, um dia ou outro ela há de voltar, seria um pouco forte demais se ela sumisse de vez.

Também estou com um ramalhete em andamento, e ainda uma natureza-morta com um par de velhos sapatos (529).

1º de setembro de 1888

Sinto que mesmo agora eu poderia ser um pintor totalmente diferente, se fosse capaz de superar o problema dos modelos, mas também sinto a possibilidade de me entorpecer e de deixar passar a época da potência de produção artística, assim como ao longo da vida perdemos os culhões...

Envio-lhe hoje três volumes de Balzac, são um pouco velhos, etc., mas um Daumier ou um de Lemud não ficam mais feios só porque pertencem a uma época que já não existe mais. Enfim, estou lendo neste momento *O imortal*, de Daudet, que acho *muito bonito*, mas bem pouco consolador.

Acho que serei obrigado a ler um livro sobre caçadas de elefantes, ou um livro absolutamente mentiroso de aventuras categoricamente impossíveis de Gustave Aimard, por exemplo, para fazer passar a aflição em que *O imortal* vai me deixar. Justamente porque é tão belo e tão verdadeiro ao fazer-nos sentir o nada do mundo civilizado. Devo dizer contudo que prefiro como força real seu *Tartarin*. Cumprimente a irmã e mais uma vez obrigado por sua carta (530).

Ontem passei novamente o dia com aquele belga, que também tem uma irmã nos vintistas. O tempo não estava bom, mas era um belo dia para conversar; passeamos e também vimos novamente coisas bem bonitas nas corridas de touro e fora da cidade. Falamos mais seriamente do plano de, se eu conservar um canto no Midi, ele estabelecer um tipo de base na região das minas de carvão. E então Gauguin e eu poderíamos, no caso em que a importância de um quadro justificasse a viagem, mudar de lugar, ficando ora no norte, mas em região conhecida em que tivéssemos um amigo, ora no Midi.

Você o verá em breve, este moço de fisionomia dantesca, pois ele irá a Paris, e hospedando-o – se houver lugar – você lhe fará um grande bem; ele tem uma aparência bem distinta, e acredito que também chegará a sê-lo em seus quadros.

Ele gosta de Delacroix, e conversamos bastante a respeito de Delacroix ontem, justamente ele conhecia o esboço violento da *Barca de Cristo*. Pois bem, graças a ele, tenho enfim um primeiro esboço daquele quadro com o qual sonho há muito tempo: o poeta. Ele posou para mim. Sua cabeça fina com os olhos verdes se destaca em meu retrato contra um céu estrelado ultramar profundo; a roupa é um casaco amarelo, uma gola de pano cru, uma gravata colorida. Ele me deu duas sessões num único dia.

Mandei fazer duas molduras de carvalho para minha nova cabeça de camponês e para meu estudo do *Poeta*. Ah! meu caro irmão, às vezes sei tão bem o que quero! Posso muito bem na vida e também na pintura me privar de Deus, mas não posso, sofrendo, privar-me de algo maior que eu, que é minha vida, a potência de criar.

E se, frustrados nesta potência fisicamente, procuramos criar pensamentos em vez de criar crianças, continuamos contudo a fazer parte da humanidade.

E num quadro eu gostaria de dizer algo consolador como uma música. Gostaria de pintar homens ou mulheres com aquele não sei quê de eterno, do qual outrora a auréola era o símbolo, e que procuramos através da própria irradiação, da vibração de nossos coloridos.

O retrato assim concebido não se torna um Ary Scheffer só porque tem atrás um céu azul como no *Santo Agostinho*. Pois, colorista, Ary Scheffer o é muito pouco.

Mas estaria mais de acordo com o que Eugène Delacroix buscou e encontrou em seu *Tasso na prisão* e tantos outros quadros representando um homem *real*. Ah, o retrato, o retrato com o pensamento, a alma do modelo, isso me parece tanto ter que vir! O belga contou que eles têm em casa um Groux, o esboço do *Bénédicité* do museu de Bruxelas...

Assim continuo sempre entre duas correntes de ideias. A primeira: as dificuldades materiais, virar e tornar a se virar para se sustentar. A seguir: o estudo da cor. Continuo a ter sempre a esperança de encontrar aí mais alguma coisa. Exprimir o amor de dois namorados pelo casamento de dois complementares, sua combinação e suas oposições, as vibrações misteriosas dos tons aproximados. Exprimir o pensamento de uma cabeça pela irradiação de um tom claro num fundo escuro.

Exprimir a esperança por alguma estrela. O ardor de um ser pelo brilho de um pôr de sol. Certamente não se trata aqui de ilusão realista, mas não são coisas que realmente existem? (531).

8 de setembro de 1888

Enfim, para grande júbilo do senhorio, do carteiro que eu já pintei, dos vagabundos visitantes noturnos e de mim mesmo, passei três noites pintando, e dormindo durante o dia. Frequentemente me parece que a noite é bem mais viva e ricamente colorida que o dia. Agora, quanto a recuperar o dinheiro pago ao senhorio por minha pintura, não insistirei, pois o quadro é um dos mais feios que eu já fiz. Ele é equivalente, embora distinto, aos comedores de batata.

Procurei exprimir com o vermelho e o verde as terríveis paixões humanas.

A sala é vermelho-sangue e amarelo-surdo, um bilhar verde ao meio, quatro lâmpadas amarelo-limão com brilho laranja e verde. Em todos os lugares um combate e uma antítese entre os mais diversos verdes e vermelhos, nos personagens dos pequenos vadios dormindo; na sala vazia e triste, o violeta e o azul.

O vermelho-sangue e o verde-amarelo do bilhar, por exemplo, contrastam com o verdinho tênue Luís XV do balcão, onde há um ramalhete rosa.

As roupas brancas do patrão, velando num canto desta fornalha, tornam-se amarelo-limão, verde pálido e luminoso...

Deu-me um grande prazer saber que Pissarro viu algo na *Jovem moça*. Pissarro disse algo sobre *O semeador*? Mais tarde, quando eu tiver levado mais adiante estas pesquisas, *O semeador* sempre será o primeiro ensaio deste gênero. O *Café noturno* continua *O semeador*, assim como a cabeça do velho camponês e do poeta, se conseguir fazer este último quadro.

Não é uma cor localmente verdadeira do ponto de vista realista do ilusionismo, mas uma cor que sugere uma emoção qualquer de um temperamento ardente.

Quando Paul Mantz viu, na exposição que vimos nos Champs Élysées, o esboço violento e exaltado de Delacroix: *A barca de Cristo*, ele se comoveu e exclamou em seu artigo: "Eu não sabia que se podia ser tão terrível com o azul e o verde".

Hokusai faz lançarmos a mesma exclamação, mas por suas *linhas*, seu *desenho*; quando você diz em sua carta: essas ondas são *garras*, a nau está presa nelas, podemos senti-lo.

Pois bem, se fizéssemos cores totalmente fiéis, ou desenhos totalmente fiéis, não produziríamos estas emoções (533).

Para alojar alguém, haverá o mais belo cômodo de cima, que tentarei arrumar, tanto quanto possível, como um aposento de mulher realmente artístico.

A seguir, meu próprio quarto, que eu quero extremamente simples, e com móveis quadrados e amplos: a cama, as cadeiras, a mesa, tudo em madeira branca.

Embaixo, o ateliê e um outro cômodo, também ateliê, mas ao mesmo tempo cozinha.

Você verá um dia destes um quadro da casinha em pleno sol, ou então com a janela iluminada e o céu estrelado.

Doravante você poderá contar aqui em Arles com sua casa de campo. Pois estou entusiasmado pela ideia de arrumá-la de maneira a que você fique contente, e que seja um ateliê num estilo totalmente a propósito, assim, supondo que dentro de um ano você venha passar férias aqui e em Marselha, tudo estará pronto, e a casa estará, segundo eu me proponho, toda cheia de pinturas de cima a baixo.

O quarto no qual você se hospedará, ou que será de Gauguin, se G. vier, terá nas paredes brancas uma decoração com grandes girassóis amarelos.

De manhã, abrindo a janela, vê-se o verde dos jardins, o sol nascente e a entrada da cidade...

Em meu quadro do *Café noturno,* busquei exprimir que o café é um lugar onde podemos nos arruinar, ficar loucos, cometer crimes. Enfim, procurei, através dos contrastes de rosa tênue e de vermelho-sangue e borra de vinho, de suaves verdes Luís XV e Véronèse, contrastando com verdes-amarelos e verdes-azuis duros, tudo isto numa infernal atmosfera de fornalha, de enxofre pálido, exprimir algo como o poder das trevas de uma espelunca.

E contudo sob uma aparência de alegria japonesa e da bonomia do *Tartarin...*

Por enquanto só *O semeador* e o *Café noturno* são ensaios de quadros compostos (534).

10 de setembro de 1888

As ideias para trabalhar me vêm *em abundância*, e isto faz com que, mesmo estando isolado, eu não tenha tempo para pensar ou sentir; estou feito uma locomotiva de pintar...

Tenho um estudo de um velho moinho, pintado em tons quebrados como *O carvalho sobre o rochedo*, aquele estudo que você me dizia ter emoldurado junto com *O semeador*.

A ideia d'*O semeador* continua sempre me voltando. Os estudos exagerados como *O semeador*, e como agora o *Café noturno*, parecem-me de uma feiúra atroz e ruins em geral, mas quando fico emocionado com alguma coisa, como agora com este pequeno artigo sobre Dostoiévski, são os únicos que me parecem ter um significado mais sério. Tenho agora um terceiro estudo, de uma paisagem com fábrica e um enorme sol num céu vermelho sobre os telhados vermelhos, em que a natureza parece estar encolerizada num dia de mistral bravo (535).

17 de setembro de 1888

Uma tela quadrada de 30, que representa um canto de jardim com um chorão, relva, arbustos aparados redondos, um arbusto de loureiro-rosa. O mesmo canto de jardim do qual você já tem um estudo na minha última remessa. Mas, sendo maior, há um céu limão sobre o conjunto, e também as cores têm riquezas e intensidades de outono. Além disso, é feito bem mais em plena pasta, simples e oleosa. Este é o primeiro quadro desta semana.

O segundo representa o lado de fora de um café, com seu terraço iluminado por um grande lampião de gás na noite azul, com um canto de céu azul estrelado.

O terceiro quadro desta semana é um autorretrato *quase descolorido*, em tons cinzentos sobre um fundo Véronèse pálido.

Comprei especialmente para isto um espelho bastante bom para trabalhar sobre mim mesmo na falta de modelos, pois se eu conseguir pintar a coloração de minha própria cabeça, o que não deixa de apresentar certa dificuldade, também poderei pintar as cabeças dos outros homens e mulheres.

A questão de pintar cenas ou efeitos noturnos no local e durante a noite mesmo me interessa enormemente. Esta semana eu não fiz nada além de pintar, dormir e tomar minhas refeições. Isto significa sessões de doze horas, de seis horas e mais, e depois sonos de doze horas seguidas também (537).

Neste instante restam-me no bolso cinco francos. Peço-lhe então que me envie o que puder ou – mas por envio imediato – mais um luís[23] para passar esta semana, ou então cinquenta francos se for possível.

Enfim, estou mais ou menos certo de conseguir fazer uma decoração que valerá dez mil francos daqui a algum tempo.

Se o que fazemos abre-se para o infinito, se vemos que o trabalho tem sua razão de ser e continua mais além, trabalhamos mais serenamente. Ora, você tem isso por duas razões.

Você é bom para com os pintores e saiba que, quanto mais eu reflito, mais eu sinto que não há nada de mais realmente artístico que amar as pessoas. Você poderá me dizer que então seria melhor dispensarmos a arte e os artistas. À primeira vista isto é verdade, mas enfim os gregos e os franceses e os antigos holandeses aceitaram a arte, e vemos a arte sempre ressuscitar após as decadências fatais, e não creio que seríamos mais virtuosos só pelo fato de abominarmos tanto os artistas quanto sua arte.

"Agora sinto que meus quadros não são suficientemente bons para compensar as vantagens que aproveitei através de ti. Mas acredite-me, se um dia eles forem suficientemente bons, você terá sido também seu criador, tanto quanto eu, porque nós os estamos fazendo juntos."

---

23. O luís era uma moeda de ouro com valor de vinte francos. (N.T.)

Se tivéssemos menos mistral, esta região seria realmente tão bela e se prestaria tanto à arte quanto o Japão (538).

De manhã cedo eu já lhe escrevi, depois fui continuar um quadro de jardim ensolarado. Depois trouxe-o de volta – e tornei a sair com uma tela em branco e esta também está feita. E agora novamente tenho vontade de lhe escrever de novo.

Pois jamais tive tal oportunidade, aqui a natureza é *extraordinariamente* bela. Em todo e qualquer lugar a cúpula do céu é de um azul admirável, o sol tem um brilho de enxofre pálido e é suave e encantador como a combinação dos azuis-celestes e dos amarelos nos Vermeer de Delft. Não posso pintar tão bem quanto isto, mas isto me absorve tanto que eu me deixo ir sem pensar em regra alguma.

Com este eu tenho três quadros dos jardins frente a minha casa. Mais os dois cafés, mais os girassóis. Mais o retrato de Bock e o meu. Mais o sol vermelho sobre a fábrica, os carregadores de areia, o velho moinho. Deixando os outros estudos de lado, você vê que já é bastante trabalho realizado. Mas minhas cores, minhas telas e meu bolso esgotaram-se totalmente hoje. O último quadro, feito com os últimos tubos na última tela, um jardim naturalmente verde, foi pintado com verde propriamente dito, só com um pouco de azul da Prússia e de amarelo-cromo. Começo a me sentir totalmente diferente do que eu era ao vir para cá; não tenho mais dúvidas, não hesito mais ao atacar alguma coisa, e isto poderia se desenvolver ainda mais. Mas que natureza! Estou num jardim público, bem perto da rua das moças de vida fácil, e Mourier, por exemplo, mal entrava aqui, mesmo quando quase diariamente passeávamos nestes jardins, mas do outro lado (existem três).

Mas você entende que é exatamente isto que dá um não sei quê de Boccaccio ao lugar.

Este lado do jardim, aliás, é, pelas mesmas razões de castidade ou de moral, desprovido de arbustos floridos como o loureiro-rosa. São plátanos comuns, pinheiros em arbustos rígidos, um chorão e relva verde. Mas é de uma intimidade! Há jardins de Manet assim.

Enquanto você puder suportar o peso de todas as cores, telas, e do dinheiro que sou forçado a gastar, continue a me enviar, pois o que estou preparando será melhor que a última remessa e acho que ganharemos em vez de perder. Se eu conseguir fazer um conjunto que seja bom. O que estou tentando.

Mas seria absolutamente impossível que Thomas me emprestasse duzentos ou trezentos francos sobre meus estudos? Isto me *faria* ganhar mais que mil, pois eu não saberia lhe dizer o quanto estou extasiado, extasiado com o que vejo!

E isso dá aspirações de outono, um entusiasmo que faz com que não se sinta passar o tempo. Cuidado com a ressaca, com os mistrais de inverno.

Li há algum tempo um artigo sobre Dante, Petrarca, Boccaccio, Giotto, Botticelli, meu Deus! como fiquei impressionado ao ler essa gente.

Ora, Petrarca esteve aqui pertinho em Avignon, e eu vejo os mesmos ciprestes e loureiros-rosa.

Tentei colocar alguma coisa disto num dos jardins pintados em plena pasta, amarelo-limão e verde-limão. Giotto foi quem mais me tocou, *sempre sofrendo* e sempre cheio de bondade e de ardor, como se já vivesse num outro mundo.

Giotto aliás é extraordinário, e eu o aprecio mais que os poetas: Dante, Petrarca, Boccaccio.

Sempre me parece que a poesia é mais *terrível* que a pintura, embora a pintura seja mais baça e afinal mais chata. E o pintor, afinal, não diz nada, ele se cala, e eu ainda prefiro isto. Meu caro Theo, quando você tiver visto os ciprestes, os loureiros-rosa, o sol daqui – e este dia chegará, fique tranquilo –, você pensará ainda mais nos belos Puvis de Chavannes, "Suave região" e tantos outros.

Em meio ao lado Tartarin e ao lado Daumier tão engraçados desta região, onde as pessoas têm o sotaque que você conhece, existe algo tão grego, e existe a Vênus de Arles assim como a de Lesbos, e, apesar de tudo, ainda se sente esta juventude.

Não tenho a mínima dúvida de que um dia você também conhecerá o Midi.

Talvez você vá visitar Claude Monet quando ele estiver em Antibes, ou enfim encontrará alguma oportunidade.

Quando sopra o mistral, contudo, isto aqui é exatamente o contrário de uma região suave, pois o mistral é muito irritante. Mas que compensação, que compensação quando há um dia sem vento! Que intensidade de cores, que ar puro, que vibração serena.

Amanhã começo a desenhar até que me cheguem as cores. Mas eu agora cheguei à decisão de não mais desenhar um quadro a carvão. Isso não adianta nada, é preciso atacar o desenho com a própria cor para desenhar bem...

Esta tarde tive um público selecionado... de quatro ou cinco gigolôs e uma dúzia de pivetes que achavam especialmente interessante ver as cores saindo dos tubos. Pois bem, este público aí – é a glória, ou melhor, tenho a firme intenção de zombar da ambição e da glória tanto quanto destes garotos, e destes vadios das margens do Ródano e da ruazinha do fundo de Arles.

O que Seurat anda fazendo? Eu não me atreveria a lhe mostrar os estudos já enviados, mas gostaria que ele visse os dos girassóis, dos cabarés e dos jardins;

penso frequentemente em seu sistema, e contudo não o seguirei nem um pouco, mas ele é um colorista original e o mesmo vale para Signac, mas num outro nível; os pontilhistas descobriram algo de novo e apesar de tudo eu gosto muito deles. Mas eu – digo-o com franqueza – estou retornando ao que procurava antes de ir a Paris, e não sei se alguém antes de mim já falou em cores sugestivas, mas Delacroix e Monticelli, mesmo não tendo falado nisto, já as faziam.

Mas estou novamente como estava em Nuenen, quando fiz um esforço vão para aprender música, já então eu percebia muito bem as relações que existem entre nossas cores e a música de Wagner.

Agora é verdade, vejo no impressionismo a ressurreição de Eugène Delacroix, mas as interpretações sendo divergentes e um tanto irreconciliáveis, ainda não será o impressionismo que formulará a doutrina (539).

Acabo de pintar meu autorretrato, que tem a mesma coloração cinzenta, e a menos que se nos pintem com cores, deixaremos de nós uma ideia bem pouco expressiva. Justamente como eu tive uma enorme dificuldade para encontrar a combinação dos tons cinzentos e rosa-cinza, não posso apreciar a semelhança em preto. Acaso Germinie Lacerteux seria Germinie Lacerteux sem a cor? Evidentemente não. Como eu gostaria de ter pintado retratos de nossa família.

Pela segunda vez raspei um estudo de um Cristo com o anjo no jardim das oliveiras.

Pois aqui eu vejo verdadeiras oliveiras, mas não posso, ou melhor, também não quero pintá-lo sem modelos, mas tenho ele todo na minha cabeça, com as cores, a noite estrelada, a figura do Cristo azul, os mais intensos azuis, e o anjo amarelo-limão quebrado. E todos os violetas desde um púrpura vermelho-sangue até o cinza na paisagem...

A arte na qual trabalhamos, sentimos que ainda tem um longo futuro e, portanto, é preciso situar-se entre os que mantêm a serenidade, e não viver como os decadentes. Aqui eu terei cada vez mais uma existência de pintor japonês, vivendo bem a natureza como um pequeno-burguês. Você pode perceber então que isto é menos lúgubre que os decadentes. Se eu conseguir viver bastante serei algo como o pai Tanguy.

Enfim, não sabemos nada de nosso futuro pessoal, mas sentimos contudo que o impressionismo durará. Até breve e muito, muito obrigado por todas as suas gentilezas (540).

Sei que já lhe escrevi ontem, mas o dia esteve de novo tão bonito. Minha grande mágoa é que você não possa ver o que estou vendo aqui.

A partir das 7 horas da manhã, eu me sentei frente a algo que contudo não é nada de muito especial: um arbusto de cedro ou de cipreste redondo, plantado na relva. Você já conhece este arbusto redondo, pois você já tem um estudo do jardim. Aliás, incluo aqui um esboço de minha tela; novamente uma quadrada de 30.

O arbusto é verde, um pouco bronzeado e variado.

A relva é muito, muito verde, Véronèse-limão, o céu muito, muito azul.

O grupo de arbustos ao fundo é todo de loureiros--rosa loucos furiosos; essas malditas plantas florescem de tal forma que até poderiam sofrer uma ataxia motora. Elas estão carregadas de flores frescas e ainda de um monte de flores murchas, seu verdor também se renova por vigorosos brotos novos aparentemente inesgotáveis.

Um cipreste fúnebre todo preto ergue-se sobre isto e algumas figuras coloridas passeiam num caminho rosa.

Isto faz *pendant* com uma outra tela de 30 do mesmo lugar, só que de um ponto de vista totalmente diferente, em que todo o jardim é colorido com verdes muito diferentes sob um céu amarelo-limão pálido.

Mas não é verdade que este jardim tem um estilo estranho, que nos permite imaginar muito bem os poetas da Renascença, Dante, Petrarca, Boccacio, passeando entre estes arbustos sobre a relva florida? É verdade que eu suprimi algumas árvores, mas o que conservei na composição está tal qual realmente é. Apenas colocaram arbustos a mais que não combinam.

Hoje eu trabalhei de novo desde as 7 horas da manhã até as 6 da tarde sem me mexer a não ser para comer alguma coisa a dois passos daqui. E é por isto que o trabalho avança tão depressa.

Mas o que você dirá disto, e o que eu mesmo vou achar daqui a algum tempo?

Atualmente estou com a lucidez ou a cegueira de um apaixonado pelo trabalho.

Pois esse ambiente de cores é totalmente novo para mim e me exalta extraordinariamente.

Cansaço nem um pouco; ainda farei um quadro esta noite mesmo e o trarei pronto...

Os estudos atuais realmente são feitos num único *jorro de pasta.* O toque não é muito dividido e os tons são frequentemente quebrados, e enfim involuntariamente sou obrigado a empastar como Monticelli. Às vezes eu realmente acredito estar continuando este homem, só que eu ainda não fiz figuras apaixonadas como ele.

E é provável que eu também não o faça antes de alguns estudos sérios da realidade. Mas isto não tem pressa, agora estou decidido a trabalhar duro até que eu tenha superado (541).

Coloquei no ateliê todas as japonesarias, os Daumier, os Delacroix e o Géricault. Se você encontrar a Pietà de Delacroix ou o Géricault, eu o exorto a comprar tudo o que puder. O que eu gostaria muito de ter no ateliê ainda são os trabalhos do campo de Millet, e a água-forte de Lerat de seu *Semeador* que Durand-Ruel vende a 1,25 francos. E em último lugar a pequena água-forte de Jacquemart segundo Meissonnier, *O leitor*; um Meissonnier que eu sempre achei admirável. Não posso evitar de gostar dos Meissonnier.

Estou lendo um artigo na *Revue des Deux Mondes* sobre Tolstói; parece que Tolstói ocupa-se muito com a religião de seu povo, como George Eliot na Inglaterra.

Deve haver algum livro religioso de Tolstói, acho que intitula-se *Minha religião,* deve ser muito bonito. Nele, ele procura, pelo que presumo neste artigo, o que permanecerá eternamente verdadeiro na religião de Cristo e o que todas as religiões têm em comum. Parece que ele não admite nem a ressurreição do corpo e nem mesmo a da alma, e diz como os niilistas que depois da morte não há mais nada, mas, o homem morto estando realmente morto, resta sempre a humanidade viva.

Enfim, não tendo lido o próprio livro, eu não saberia dizer exatamente como ele concebe a coisa, mas acredito que sua religião não deve ser cruel e nem aumentar nossos sofrimentos, mas ao contrário deve ser muito consoladora e deve inspirar a serenidade, a atividade e a coragem de viver e uma porção de coisas.

Acho *admiráveis*, nas reproduções de Bing, o desenho do *talo de capim*, os cravos e o Hokusai.

E, independente do que se diga, os mais vulgares crepons coloridos com tons sem graça são para mim admiráveis pela mesma razão que Rubens e Véronèse. Sei muito bem que isto não é arte primitiva. Mas o fato de os primitivos serem admiráveis não constitui para mim de forma alguma motivo para dizer, como está se tornando moda, que "quando vou ao Louvre não consigo passar dos primitivos".

Acho que acabarei deixando de me sentir só em casa e que nos dias de inverno com tempo ruim, por exemplo, e nas noites longas, encontrarei alguma ocupação que me absorverá inteiramente.

Um tecelão, um cesteiro, frequentemente passam estações inteiras sós ou quase sós, tendo seu ofício como única distração.

Mas justamente o que faz com que estas pessoas fiquem em casa é o sentimento do lar, o *aspecto tranquilizador e familiar das coisas.* É claro que gostaria de ter companhia, mas, se não tiver, não será por isto que ficarei infeliz, além do que, sobretudo, chegará o dia em que terei alguém. Tenho poucas dúvidas disto. Ora, acredito que também aí, quando temos boa vontade para hospedar pessoas, encontramos muita gente entre os artistas para quem a questão da moradia é um problema muito grave. Depois, quanto a mim, creio que é absolutamente meu dever tentar ganhar dinheiro com meu trabalho e portanto vejo claramente meu trabalho diante de mim.

Ah! se todos os artistas tivessem com o que viver, com o que trabalhar... Mas as coisas não sendo assim, quero produzir, e produzir muito e com obstinação. E talvez chegará o dia em que poderemos aumentar os negócios e ser mais influentes para os outros.

Mas isto está longe e ainda há muito trabalho por fazer!

Se vivêssemos em tempos de guerra, possivelmente teríamos que lutar; deploraríamos, lamentaríamos por não viver em tempos de paz, mas enfim, sendo necessário, lutaríamos.

E do mesmo modo certamente temos o direito de desejar um estado de coisas em que o dinheiro não fosse necessário para viver. Contudo, já que hoje não se faz nada sem dinheiro, é preciso, se gastamos, pensar em arranjá-lo, e eu tenho mais possibilidades de ganhar com a pintura que com o desenho.

Afinal há muito mais gente sabendo fazer um esboço que gente que saiba pintar fluentemente e que tome a natureza pelo lado da cor. Isto continuará sendo raro, e por mais que demorem em recriar um quadro, um dia surgirão apreciadores...

Começo agora a ver melhor a beleza das mulheres daqui e então sempre penso de novo em Monticelli. A cor desempenha um papel enorme na beleza das mulheres daqui; não digo que suas formas não sejam belas, mas não é este o charme local. São as grandes linhas dos trajes coloridos bem vestidos e o *tom* da pele, mais que as formas. Mas enfrentarei dificuldades antes de poder fazê-las da forma como começo a senti-las. Do que eu estou certo é que progrido ficando aqui. E para fazer um quadro que seja realmente do Midi não basta uma certa habilidade. É olhar longamente as coisas que nos amadurece e nos faz conceber mais profundamente. Nunca pensei que, deixando Paris, acharia Monticelli e Delacroix *tão verdadeiros*. É só agora, após meses e meses, que começo a perceber que eles não imaginaram nada. E acho que no ano que vem você vai voltar a ver os mesmos temas de pomares, da colheita, mas com uma cor diferente e sobretudo com uma execução mudada.

E estas mudanças e variações ainda levarão algum tempo.

Sinto que, sempre trabalhando, não devo me apressar. Afinal, o que aconteceria se puséssemos em prática o velho ditado: é preciso estudar uma dezena de anos e então produzir algumas figuras? E no entanto foi isso que Monticelli fez, sem contar certos quadros que ele fez como estudos.

E, no entanto, figuras como a mulher amarela, como a mulher de sombrinha – o pequeno que você tem, os namorados que Reid tinha –, são figuras completas nas quais, quanto ao desenho, nada resta a fazer senão admirá-las. Pois nelas Monticelli chega a um desenho consistente e soberbo como Daumier e Delacroix. A verdade é que, aos preços em que estão os Monticelli, comprá-los seria uma ótima especulação. Dia virá em que suas belas figuras *desenhadas* serão estimadas como sendo arte maior.

Acredito que a cidade de Arles tenha sido outrora infinitamente mais gloriosa pela beleza de suas mulheres e pela beleza de seus trajes. Hoje, enquanto caráter, tudo isto tem um ar doente e apagado.

Mas, olhando bem, o velho encanto se liberta.

Parece que no livro *Minha religião* Tolstói insinua que, independente de qualquer revolução violenta, também haverá uma revolução íntima e secreta nas pessoas, da qual ressurgirá uma nova religião, ou melhor, algo totalmente novo, que não terá nome, mas que terá o mesmo efeito de consolar, de tornar a vida possível, que outrora tivera a religião cristã.

Parece-me que este livro é bem interessante, acabaremos fartos de tanto cinismo, de tanto ceticismo e de tanta zombaria, e desejaremos viver mais musicalmente. Como isto se dará, e o que encontraremos? Seria curioso poder predizê-lo, mas ainda vale mais pressentir isto em vez de ver no futuro absolutamente nada além de catástrofes, que contudo não deixarão de se abater como raios terríveis sobre o mundo moderno e a civilização através de uma revolução, ou de uma guerra, ou de uma bancarrota dos Estados carcomidos. Ao estudarmos a arte japonesa, veremos então um homem incontestavelmente sábio, filósofo e inteligente, que passa seu tempo como? Estudando a distância da Terra à Lua? Não. Estudando a política de Bismarck? Não. Apenas estudando um talo de capim.

Mas este talo de capim leva-o a desenhar todas as plantas, a seguir as estações, os grandes aspectos das paisagens, enfim, os animais, e depois a figura humana. Assim ele passa sua vida, e a vida é muito curta para fazer tudo isto.

Ora, não é quase uma verdadeira religião o que nos ensinam estes japoneses tão simples que vivem na natureza como se eles próprios fossem flores?

E não poderíamos estudar a arte japonesa, parece-me, sem que nos tornássemos muito mais alegres e mais felizes; e é preciso que voltemos à natureza apesar de nossa educação e de nosso trabalho num mundo de convencionalismos.

Não é triste que até hoje os Monticelli não tenham sido reproduzidos em belas litografias ou em vibrantes águas-fortes? Gostaria muito de ver o que diriam os artistas se um gravador como o que gravou os Velázquez fizesse uma bela água-forte de Monticelli. Tanto faz, acho que é mais um dever nosso procurar admirar e conhecer as coisas, que querer ensiná-las aos outros. Mas as duas coisas poderiam andar juntas.

Invejo aos japoneses a extrema nitidez que têm todas suas coisas. Elas nunca são aborrecidas e nunca parecem ter sido feitas às pressas. Seu trabalho é tão simples quanto respirar e fazem uma figura com alguns traços firmes com a mesma facilidade com que abotoam uma camisa.

Ah! eu preciso conseguir fazer uma figura com uns poucos traços. Isto me ocupará o inverno inteiro. Uma vez que eu tenha conquistado isto, poderei fazer o passeio dos bulevares, a rua, um monte de temas novos. Enquanto lhe escrevia esta carta, já fiz uma dúzia de desenhos. Estou perto de atingi-lo, mas é muito complicado, pois o que eu procuro é que, com alguns traços, a figura de homem, de mulher, de criança, de cavalo, de cachorro, tenha cabeça, corpo, pernas, braços, que combinem.

Até breve e um abraço,

Sempre seu,

VINCENT (542).

Junto a esta um pequeno esboço de uma tela quadrada de 30, o céu estrelado finalmente pintado à noite mesmo sob um lampião de gás. O céu é azul-verde, a água é azul real, o chão é malva. A cidade é azul e violeta, a luz do lampião é amarela com reflexos dourado-ruço descendo até o bronze-verde. Sobre o campo azul-verde do céu a ursa maior tem uma cintilação verde e rosa, cuja discreta palidez contrasta com o dourado brutal do lampião.

Duas figuras de namorados no primeiro plano.

Igualmente esboço de uma tela de 30 quadrada representando a casa e seus arredores debaixo de um sol de enxofre, sob um céu de cobalto puro. O tema é de uma dificuldade! Mas justamente quero superá-lo. Pois é terrível, essas casas amarelas sob o sol e mais o incomparável frescor do azul. Todo o chão também é amarelo. Eu ainda lhe enviarei um esboço melhor que este desenho feito de cabeça; a casa à esquerda é rosa com persianas verdes, aquela que está à sombra de uma árvore.

É ali que fica o restaurante onde todos os dias eu almoço, meu amigo carteiro fica no fim da rua à esquerda, entre as duas pontes da estrada de ferro. O café noturno que pintei não está no quadro, ele fica à esquerda do restaurante...

E me faz bem fazer coisas difíceis. O que não impede que eu tenha uma terrível necessidade de – direi a palavra – religião, então à noite saio fora para pintar as estrelas, e sempre sonho com um quadro assim, com um grupo de figuras vivas dos amigos...

Esse padre beneditino deve ter sido bem interessante. Qual seria segundo ele a religião do futuro? Provavelmente ele diria: continuará sendo a mesma do passado. Victor Hugo diz que Deus é um farol intermitente, neste caso agora, certamente, estamos num momento em que a luz está apagada.

Gostaria apenas que pudessem nos provar algo tranquilizante e que nos consolasse de maneira que não nos sentíssemos mais culpados ou infelizes, e que assim pudéssemos caminhar sem nos perdermos na solidão ou no nada, e sem ter que a cada passo temer ou prever nervosamente o mal que sem querer poderíamos estar causando aos outros. Este estranho Giotto de quem se diz em sua biografia que estava sempre enfermo e sempre cheio de ardor e de ideias, pois é, eu gostaria de poder chegar a esta segurança que nos torna felizes, alegres e vivos em todos os momentos. Isto é bem mais fácil de se fazer no campo ou numa cidadezinha do que no inferno parisiense. Eu não ficaria surpreso se você gostasse da *Noite estrelada* e dos *Campos lavrados*, são mais calmas que outras telas. Se o trabalho andasse sempre assim, eu teria menos inquietações com o dinheiro, pois as pessoas viriam mais facilmente se a técnica continuasse a ser mais harmoniosa. Mas este maldito mistral é bem incômodo para dar pinceladas que se portem bem e se entrelacem com sentimento, como uma música tocada com emoção...

Em certos momentos, quando a natureza fica tão bela quanto nesses dias, tenho uma lucidez terrível, e então não me reconheço mais e o quadro me vem como em sonho. Receio um pouco que isto tenha sua reação melancólica quando chegar o mau tempo, mas procurarei evitá-lo pelo estudo daquela questão de desenhar figuras de memória.

Vejo-me sempre frustrado em minhas melhores capacidades por falta de modelos, mas não me inquieto com isto, faço paisagens e cores sem me preocupar em saber aonde isso me levará. O que eu sei é que se fosse suplicar por modelos – pose para mim, eu lhe imploro –, estaria fazendo como o bom pintor de Zola na *Oeuvre*. E certamente Manet, por exemplo, não fez assim. E Zola não diz em seu livro como agiam aqueles que não viam na pintura nada de sobrenatural...

O livro de Tolstói *Minha religião* já foi publicado em francês em 1885, mas eu nunca o vi em nenhum catálogo.

Ele parece não acreditar muito numa ressurreição seja do corpo, seja da alma. Sobretudo ele parece não acreditar muito no céu – portanto ele pensa as coisas como um niilista –, mas, num certo sentido em oposição a estes, ele atribui grande importância a fazermos bem as coisas, já que provavelmente isto é tudo o que temos.

E se ele não crê na ressurreição, parece crer em seu equivalente – a duração da vida, a marcha da humanidade –, o homem e a obra continuados quase que infalivelmente pela geração seguinte. Enfim, não devem ser efêmeros os consolos que ele dá. Ele próprio sendo fidalgo, fez-se operário, sabe confeccionar botas, sabe consertar fogões, sabe puxar o arado e lavrar a terra.

Eu não sei nada disso, mas sei respeitar uma alma humana enérgica o bastante para reformar-se assim. Meu Deus, apesar de tudo não podemos nos queixar de viver numa época em que só haveria vagabundos, quando sabemos da existência de tal espécie de pobres mortais que nem mesmo acreditam muito no próprio céu (543).

Junto a esta uma notável carta de Gauguin, que eu lhe pedirei para conservar como tendo uma importância fora do comum.

Estou falando de sua descrição de si mesmo, que me toca muito fundo. Ela me chegou com uma carta de Bernard que Gauguin provavelmente terá lido e que talvez aprove, na qual Bernard diz mais uma vez que deseja vir para cá e me propõe em nome de Laval, Moret, um outro novo e ele próprio uma troca com eles quatro.

Diz também que Laval virá igualmente, e que esses dois outros têm vontade de vir. Não quero outra coisa, mas, em se tratando da vida em comum de vários pintores, estipulo antes de mais nada que seria preciso um chefe para pôr ordem na casa, e que naturalmente este seria Gauguin. Razão pela qual eu gostaria que Gauguin estivesse aqui ainda antes deles (aliás, Bernard e Laval só virão em fevereiro, B. tendo que fazer em Paris seu exame médico militar). Quanto a mim, quero duas coisas: quero recuperar o dinheiro que já gastei, para devolvê-lo a você, e quero que Gauguin tenha sua paz e tranquilidade para produzir e respirar enquanto artista bem livre. Se eu recuperar meu dinheiro já gasto e que há anos você já vem me emprestando, aumentaremos a casa e procuraremos instalar um ateliê de renascença e não de decadência. Estou bem convencido de que podemos acreditar que Gauguin ficará sempre conosco e que de ambos os lados não haverá nenhuma perda. Somente associando-nos assim seremos cada um de nós mais ele mesmo, e a união fará a força.

Entre parênteses, não é preciso dizer que eu não farei a troca do retrato de G., pois acredito que ele deva ser muito bonito; mas vou pedir-lhe que ele no-lo ceda em troca de seu primeiro mês aqui, ou como reembolso pela viagem.

Mas você percebe que se eu não lhes tivesse escrito com certa veemência, este retrato não existiria, e Bernard também fez um, no entanto.

Digamos que eu me tenha zangado, digamos que eu tenha sido um erro, no entanto o resultado é que Gauguin deu à luz um quadro e Bernard também. Ah! Meu estudo das vinhas, eu suei sangue em cima dele, mas está feito, sempre em tela quadrada de 30, sempre para a decoração da casa. Não tenho *mais nenhuma tela.*

Você sabe que se tivermos Gauguin conosco estaremos frente a um negócio muito importante, que nos abrirá uma nova era.

Quando eu te deixei na estação do Midi, bem aflito, quase doente e quase alcoólatra, por força de subir o meu moral, percebi contudo vagamente que neste inverno tínhamos colocado tanta convicção em nossas discussões com tantos artistas interessantes. Mas mesmo assim não me atrevi a ter esperanças.

Após o continuado esforço de tua e de minha parte, até chegar aqui, agora começa a surgir no horizonte: a Esperança.

Que você fique no Goupil ou não, tanto faz, você fará parte de um todo, com G. e seu séquito.

Assim, você seria um dos primeiros, se não o primeiro, *marchand* apóstolo. Eu vejo minha pintura começando a surgir, e vejo também um trabalho entre os artistas. Pois, assim como você, por seu lado, procurará arranjar-nos dinheiro, eu por minha vez ativarei com todas as minhas forças a produção, e darei eu mesmo o exemplo.

Ora, tudo isto, se nos portarmos bem, servirá para formar uma coisa mais duradoura que nós mesmos.

Esta tarde eu tenho que responder a Gauguin e a Bernard, e vou dizer-lhes que em todo caso começaremos todos por nos sentirmos bem unidos e que, quanto a mim, confio que esta união fará nossa força contra as fatalidades de dinheiro e de saúde...

As *vinhas* que acabo de pintar são verdes, púrpuras, amarelas, com cachos violeta, com ramos pretos e laranjas.

No horizonte alguns salgueiros cinza-azuis e o lagar bem, bem longe, com um telhado vermelho e longínqua silhueta de cidade lilás.

Na vinha, pequenas figuras de senhoras com sombrinhas vermelhas e outras pequenas figuras de trabalhadores das vinhas com sua carreta.

Um céu azul em cima e um primeiro plano de areia cinza. Isto faz *pendant* com o jardim, com o arbusto redondo e os loureiros-rosa.

Acho que você vai preferir estas dez telas ao conjunto da última remessa e me atrevo a esperar duplicá-las durante o outono.

Dia a dia isto está mais esplêndido. E quando as folhas começarem a cair – não sei se isto acontece aqui nos primeiros dias de novembro como em casa – , quando toda a folhagem das árvores estiver amarela, contra o azul isto ficará surpreendente. Ziem já nos mostrou algumas vezes esplendores assim. A seguir um curto inverno, e depois voltaremos mais uma vez aos pomares em flor (544).

Um dia você também verá meu autorretrato, que enviei a Gauguin (*Autorretrato dedicado a Gauguin*, Arles, 1888, Cambridge, Fogg Art Museum, Harvard University), pois espero que ele o conserve consigo.

É todo cinzento contra um Véronèse pálido (sem amarelo). A roupa é aquele casaco castanho bordado em azul, mas no qual eu exagerei o castanho até chegar ao púrpura, e o tamanho dos bordados azuis.

A cabeça foi modelada em plena pasta clara contra um fundo claro quase sem sombras. Apenas fiz os olhos *um pouco* oblíquos, à japonesa (545).

Outubro

Obrigado por sua carta, mas desta vez eu penei bastante, meu dinheiro acabou-se na *quinta-feira*, de forma que até segunda-feira ao meio-dia foi um *tempo enorme*. Durante esses quatro dias eu vivi principalmente de vinte e três cafés com pão que ainda tenho que pagar. Não é sua culpa, se existe culpa ela é minha. Pois eu estava doido para ver meus quadros nas molduras, e encomendei molduras demais para meu orçamento, tendo em vista que o aluguel e a faxineira também tinham que ser pagos. Ainda hoje mesmo isto vai me exaurir, pois tenho ainda que comprar tela e prepará-la eu mesmo, a de Tasset não tendo chegado ainda. Você poderia perguntar-lhe o mais cedo possível se ele já enviou os dez metros ou ao menos cinco metros de tela comum a 2,50 francos?

Mas isto tudo me seria indiferente, meu caro irmão, se eu não sentisse que você mesmo deve estar sofrendo com esta pressão que atualmente o trabalho exerce sobre nós. Contudo atrevo-me a acreditar que, se você visse os estudos, dar-me-ia razão em trabalhar a todo vapor enquanto faz bom tempo. O que nos últimos dias não é o caso, um impiedoso mistral varre furiosamente as folhas mortas. Mas entre agora e o inverno, ainda teremos um certo tempo, e efeitos magníficos, e então será novamente preciso jogar-se inteiro no trabalho. Estou tão absorvido pelo trabalho que não consigo parar. Fique tranquilo, o mau tempo me deterá ainda cedo demais. Como já aconteceu hoje, ontem e anteontem. Procure por seu lado persuadir Thomas. Alguma coisa ele há de fazer. Sabe o que hoje me sobrou para a semana, e isto após quatro dias de rígido jejum? Apenas seis francos. E estamos na segunda-feira, ainda no dia em que recebo sua carta.

Comi no almoço, mas hoje à noite já será preciso que eu jante apenas um pedaço de pão.

E todo este dinheiro está indo apenas para a casa e para os quadros. Pois já fazem três semanas que eu não tenho nem com que tomar um trago de três francos...

Não demore, se isto não incomodá-lo demais, não demore em me enviar o luís e a tela.

Estive tão duro desde *quinta*, que de quinta a *segunda* só fiz duas refeições, quanto ao resto eu só tomei pão e café que mais uma vez eu fui obrigado a beber fiado e que tive que pagar hoje. Assim, se puder, não demore (546).

Gostaria muito de fazê-lo entender esta verdade: que dando dinheiro aos artistas, você mesmo está realizando uma obra de artista, e que eu apenas desejo que minhas telas cheguem a ser tais, que você não fique insatisfeito com o *seu* trabalho (550).

Tenho mais uma tela de 30, *Jardim de outono,* dois ciprestes verde-garrafa e forma de garrafa, três pequenos castanheiros com folhagem havana e laranja. Um pequeno teixo com folhagem limão-pálida e tronco violeta, dois

l'oublie pas. Te rappelles tu dans Tartarin la complainte de la vieille diligence de Tarascon – cette admirable page. Eh bien je viens de la peindre cette voiture rouge et verte dans la cour de l'auberge. Tu verras.

c'est ici des voitures mais la composition est dans le même genre.

Suppose maintenant un sapin bleu vert immense étendant des branches horizontales sur une pelouse très verte et du sable tacheté de lumière et d'ombre. Ce coin de jardin fort simple est égayé par des parterres de géraniums orange dans les fonds sous les branches noires. Deux figures d'amoureux se trouvent à l'ombre du grand arbre toile de 30.

pequenos arbustos com folhagem vermelho-sangue e púrpura escarlate.

Um pouco de areia, um pouco de grama, um pouco de céu azul.

E, no entanto, eu tinha jurado não trabalhar. Mas todo dia é a mesma coisa, encontro de passagem coisas tão belas que afinal é preciso assim mesmo fazê-las.

A propósito, você já leu *Os irmãos Zemgamno* dos Goncourt? Se não, leia. Se eu não tivesse lido isso, talvez ousasse mais, e até depois de o ler, o único receio que tenho é de pedir-lhe dinheiro demais. Se eu me estourasse num esforço, isto me seria absolutamente indiferente. Num caso destes eu ainda teria recurso, pois eu me dedicaria ou ao comércio, ou escreveria. Mas, enquanto eu estiver na pintura, não vejo nada além da associação de vários e a vida em comum.

As folhas começam a cair, as árvores amarelecem a olhos vistos, o amarelo aumenta todos os dias.

É pelo menos tão belo quanto os pomares em flor, e, quanto ao trabalho que estamos fazendo, atrevo-me a acreditar que não somente nada perderemos, como poderemos até ganhar (551).

Você já releu os *Tartarin*? Ah, não esqueça! Você se recorda, no *Tartarin*, do lamento da velha diligência da Tarascon, esta página admirável? Pois bem, acabo de pintar esta carruagem vermelha e verde no pátio do albergue. Você verá. Este esboço apressado lhe dá uma ideia da composição: primeiro plano simples de areia cinza, fundo também muito simples; muros cor-de-rosa e amarelos com janelas de persianas verdes, canto de céu azul. As duas carruagens muito coloridas, verde, vermelho, rodas – amarelo, preto, azul, laranja. Sempre tela de 30. As carruagens foram pintadas à maneira de Monticelli, com empastamentos. Na época você tinha um Claude Monet bem bonito, representando quatro barcos coloridos numa praia. Pois bem, aqui são carruagens, mas a composição é do mesmo gênero.

Agora suponha um imenso pinheiro azul esverdeado, estendendo ramos horizontais sobre um gramado muito verde e areia salpicada de luz e de sombra.

Este canto de jardim muito simples é alegrado por canteiros de gerânios cor de laranja ao fundo, sob os ramos negros.

Duas figuras de namorados encontram-se à sombra da grande árvore; tela de 30.

A seguir duas outras telas de 30, a *Ponte de Trinquetaille*, e uma outra ponte sobre a qual passa a estrada de ferro.

Esta última tela, em termos de coloração, lembra um pouco um Bosboom. Enfim, a *Ponte de Trinquetaille*, com todos aqueles degraus, é uma tela feita numa manhã

cinzenta: as pedras, o asfalto, o calçamento são cinzas, o céu azul pálido, pequenas figuras coloridas, uma árvore mirrada com folhagem amarela. Portanto, duas telas em tons cinzentos e quebrados e duas telas muito coloridas.

Perdoe esses esboços bem ruins, estou moído por ter pintado aquela *Diligência de Tarascon*, e vejo que estou sem cabeça para desenhar...

Quantas coisas ainda por mudar; não é verdade que os pintores deveriam viver todos como operários? Um carpinteiro, um ferreiro, normalmente produzem infinitamente mais que eles.

Na pintura também deveriam existir grandes oficinas, onde cada qual trabalharia mais regularmente.

São cinco telas que eu comecei esta semana, o que eu acho que eleva a quinze o número dessas telas de 30 para decoração.

2 telas de *Girassóis.*
3 telas de *Jardim do poeta.*
2 telas de *Outro jardim.*
1 tela de *Café noturno.*
1 tela de *Ponte de Trinquetaille.*
1 tela de *Ponte de estrada de ferro.*
1 tela de *A casa.*
1 tela de *A diligência de Tarascon.*
1 tela de *A noite estrelada.*
1 tela de *Os campos.*
1 tela de *A vinha* (552).

Diga-me, o que Seurat anda fazendo? Se você o vir, diga-lhe por mim que estou fazendo uma decoração que atualmente já tem quinze telas quadradas de 30 e que para formar o conjunto serão necessárias pelo menos outras quinze e que, neste trabalho mais amplo, muitas vezes é a lembrança de sua personalidade e da visita que fizemos a seu ateliê para ver suas belas e grandes telas que me encoraja nesta tarefa (553).

Enfim envio-lhe um pequeno esboço para ao menos dar-lhe uma ideia da feição que o trabalho está tomando. Pois hoje eu voltei à carga. Ainda estou com os olhos cansados, mas, enfim, eu tinha uma ideia nova na cabeça e aí está o esboço. Sempre tela de 30. Desta vez trata-se simplesmente de meu quarto, só que aqui a cor é que tem que fazer a coisa e, emprestando através de sua simplificação um estilo maior às coisas, sugerir o *descanso* ou o sono em geral. Enfim, a visão do quadro deve descansar a cabeça, ou melhor, a imaginação.

As paredes são de um violeta pálido. O chão é de lajotas vermelhas.

A madeira da cama e das cadeiras é de um amarelo de manteiga fresca, o lençol e os travesseiros, limão-verde bem claro.

O cobertor, vermelho escarlate. A janela, verde.

A mesinha, laranja, a bacia, azul.

As portas, lilás.

E pronto – nada mais neste quarto com os postigos de janela fechados.

O feitio dos móveis também deve exprimir um descanso inviolável.

Os retratos na parede, um espelho, uma toalha e algumas roupas.

A moldura – como não há branco no quadro – será branca.

Isto para compensar o descanso forçado a que fui obrigado.

Amanhã eu também trabalharei nele o dia inteiro, mas você pode ver como a concepção é simples. As sombras, próprias e projetadas, foram suprimidas; foi colorido com tintas planas e chapadas como os crepons. Isto vai contrastar com, por exemplo, *A diligência de Tarascon* e *O café noturno.*

Não lhe escrevo muito pois amanhã vou começar muito cedo sob a luz fresca da manhã, para acabar minha tela.

Como vão as dores? Não esqueça de me dar notícias.

Espero que você me escreva nesses dias.

Um dia eu lhe farei esboços dos outros cômodos também.

Um forte aperto de mão (554).

Que uma nova escola *colorista* terá origem no Midi não tenho dúvidas, vendo cada vez mais os do norte basearem-se mais na habilidade do pincel, e no efeito dito pitoresco, que no desejo de expressar algo pela própria cor.

Aqui, sob um sol mais forte, achei verdadeiro o que dizia Pissarro, e aliás Gauguin me escrevia a mesma coisa; a simplicidade, o descolorido, a nobreza dos grandes efeitos do sol.

Jamais, no norte, suspeitarão do que se trata.

Quanto a vender, certamente eu lhe dou razão em não procurá-lo expressamente, certamente que eu preferiria não vender nunca, se possível...

Este dormitório é algo parecido àquela natureza-morta de romances parisienses com capas amarelas, cor-de-rosa, verdes, você se lembra? Mas acho que sua execução é mais viril e mais simples.

Nada de pontilhados, nada de hachuras, nada, tintas chapadas, mas que se harmonizam. Não sei o que farei depois, pois continuo com a vista cansada.

E, nesses momentos, logo após um trabalho duro, e quanto mais duro for, sinto-me com a cachola vazia, oras.

E se eu me deixasse levar por isto, nada me seria mais fácil que detestar o que acabo de fazer e de dar-lhe uns pontapés, como o pai Cézanne. Afinal, por que dar-lhe uns pontapés? Deixemos os estudos quietos se não encontrarmos neles nada de bom, e, se encontrarmos algo de bom, por Deus, tanto melhor.

Enfim, não pensemos tanto assim no bem e no mal, sendo isto sempre muito relativo.

É exatamente este o defeito dos holandeses: chamar uma coisa de totalmente boa ou totalmente ruim, coisa que não existe com este rigor.

Também li *Césarine* de Richepin, tem coisas boas, a marcha dos soldados em debandada, como sentimos seu cansaço! Às vezes, mesmo sem ser soldados também não andamos assim na vida?

A disputa entre o filho e o pai é bem comovente, mas é como *La Glu* do mesmo Richepin, acho que ele não deixa nenhuma esperança, enquanto que Guy de Maupassant, que certamente também escreveu coisas tristes, no fim faz as coisas terminarem mais humanamente. Vide *Senhor Parent*, vide *Pierre e Jean*, eles não terminam com um final feliz, mas enfim as pessoas se resignam e ainda assim vão em frente. Eles não terminam com sangue, atrocidades como essa, oras. Prefiro muito mais Guy de Maupassant a Richepin, por ser mais consolador. Atualmente acabo de ler *Eugenie Grandet*, de Balzac, história de um camponês avarento (555).

Mandei instalar gás no ateliê e na cozinha, o que me custou vinte e cinco francos. Se Gauguin e eu trabalharmos todas as noites durante uma quinzena, não recuperaremos o dinheiro? Só que agora, como Gauguin pode chegar a qualquer dia, preciso, de qualquer maneira, mas de qualquer maneira, de mais cinquenta francos pelo menos.

Não estou doente, mas vou ficá-lo sem a mínima dúvida se não começar a tomar refeições mais fortes, e se não parar de pintar por alguns dias. Enfim, mais uma vez me encontro mais ou menos reduzido ao caso da loucura de Hugues van der Goes no quadro de Emile Wauters. E não fosse eu ter a personalidade um pouco dupla do monge e do pintor, eu estaria há muito tempo completamente e em cheio reduzido ao caso mencionado acima.

Enfim, mesmo que assim fosse, não creio que minha loucura seria do tipo persecutório, já que meus sentimentos, em estado de exaltação, tendem mais às preocupações com a eternidade e a vida eterna.

Mas mesmo assim é preciso que eu desconfie de meus nervos, etc...

Aqui está esboço bem vago de minha última tela, uma fileira de ciprestes verdes contra um céu cor-de-rosa com lua crescente limão pálido. Primeiro plano de chão vazio, areia e alguns cardos. Dois namorados, o homem azul pálido com chapéu amarelo, a mulher com um corpete rosa e uma saia preta. Esta é a quarta tela do *Jardim do poeta* (*Jardim do poeta I*, Arles 1888, The Art Institute of Chicago) que fará a decoração do quarto de Gauguin. Fico horrorizado em ter de lhe pedir dinheiro mais uma vez, mas não posso fazer nada e com tudo isto ainda estou quebrado. Contudo acredito que o trabalho que faço gastando

um pouco mais, um dia nos parecerá mais barato que o precedente (556).

Obrigado por sua carta e pela nota de cinquenta francos. Como você soube por meu telegrama, Gauguin chegou com boa saúde. Ele me dá inclusive a impressão de estar melhor que eu.

Naturalmente ele está muito contente com a venda que você fez, e eu também, pois assim certas despesas ainda absolutamente necessárias para nos instalarmos não precisarão esperar e também não ficarão só por sua conta. Com certeza hoje Gauguin lhe escreverá. Ele é um homem muito interessante, e estou muito confiante de que com ele faremos uma porção de coisas. Provavelmente ele vai produzir muito aqui, e talvez eu também, espero.

E atrevo-me a crer que então o fardo será um *pouco* menos pesado para você, até atrevo-me a crer *muito* menos pesado.

Sinto em mim a necessidade de produzir até estar moralmente esmagado e fisicamente esvaziado, justamente porque em suma não tenho nenhum outro meio de chegar a participar nas despesas.

Não posso fazer nada se meus quadros não vendem.

Contudo dia virá em que veremos que eles valem mais que o preço que nos custaram em cores e minha vida, afinal bem pobre.

Não tenho nenhum outro desejo nem outra preocupação quanto ao dinheiro ou às finanças além de, em primeiro lugar, não ter dívidas.

Mas, meu caro irmão, minha dívida é tão grande, que quando eu a tiver pago, o que no entanto eu pretendo conseguir, a doença de produzir quadros terá tomado toda minha vida, e me parecerá não ter vivido. Só que talvez a produção de quadros me ficará um pouco mais difícil, e no que diz respeito à quantidade, nem sempre teremos tantos.

Que agora eles não se vendam, me dá a mesma angústia que você mesmo sofre; mas para mim isto seria – se não o atrapalhasse tanto o fato de eu não render nada – razoavelmente indiferente.

Mas em finanças, basta-me entender a verdade segundo a qual um homem que vive cinquenta anos e gasta dois mil por ano, gasta cem mil francos e é preciso que arranje os mesmos cem mil. Fazer mil quadros a cem francos durante uma vida de artista é muito, muito difícil, mas quando o quadro vale cem francos... e ainda assim... às vezes nossa tarefa é bem dura. Mas não há o que mudar nisto.

Provavelmente enganaremos Tasset totalmente, pois tanto Gauguin quanto eu usaremos, ao menos em grande parte, cores mais baratas. E as telas também vamos prepará-las nós mesmos. Por um momento cheguei a pensar que ia ficar doente, mas a chegada de Gauguin me distraiu tanto que estou certo de que isto passará. Basta que eu não descuide de minha alimentação por algum tempo, só isso e mais nada (557).

22 de outubro

Doente, já lhe disse que eu não pensava está-lo, mas teria ficado se minha despesas tivessem que continuar.

Pois eu estava numa inquietação atroz por obrigá-lo a fazer um esforço acima de suas forças.

Por um lado, eu sentia que o melhor que eu tinha a fazer era levar a cabo o negócio começado de convencer Gauguin a juntar-se a nós; e, por outro lado, como você deve saber por experiência própria, mobiliar-se e instalar-se é sempre mais difícil do que a princípio imaginamos. Agora enfim estou conseguindo tomar fôlego, pois nós todos tivemos uma tremenda sorte com a venda que você conseguiu para Gauguin. De uma forma ou de outra, todos os três, ele, você e eu, podemos descansar um pouco para pensar com calma no que acabamos de fazer.

Não tenha medo de que eu vá me preocupar com dinheiro. Gauguin tendo vindo, a meta foi provisoriamente atingida. Combinando ele e eu nossas despesas, não gastaremos a dois nem mesmo o que eu gastava aqui sozinho.

Ele poderá até mesmo guardar um pouco de dinheiro à medida que for vendendo. Que lhe servirá para, digamos em um ano, instalar-se na Martinica, e que sem isto, ele não poderia poupar.

Você terá o meu trabalho, e mais um quadro dele todo mês. E eu farei o mesmo trabalho sem enfrentar tantas dificuldades e sem gastar tanto. Já há algum tempo me parecia que a combinação que acabamos de fazer era boa política. A casa está funcionando muito muito bem e está ficando não somente confortável, mas também uma casa de artistas.

Portanto, não tema nada, quanto a mim e nem quanto a você mesmo.

Na verdade eu fiquei horrivelmente inquieto por você, pois se Gauguin não tivesse tido as mesmas ideias eu teria feito despesas bem grandes para nada. Mas Gauguin é impressionante como homem, ele não se deixa entusiasmar demais e esperará aqui, bem tranquilamente e trabalhando duro, a melhor ocasião para dar um imenso passo adiante. Ele precisava tanto de um descanso quanto eu. É verdade que, com o dinheiro que acaba de ganhar, ele também poderia descansar na Bretanha, *mas do jeito que as coisas estão atualmente, ele está seguro de poder esperar sem recair em dívidas fatais.* Não gastaremos a dois mais de 250 francos por mês. E gastaremos *muito menos* em cores, pois vamos produzi-las nós mesmos. Portanto, não se inquiete nem um pouco conosco, e retome seu fôlego também; você precisará muito dele.

Quanto a mim eu gostaria apenas de lhe dizer também que não lhe peço mais que continuar com uma remuneração mensal de 150 (e o mesmo para Gauguin). O que em todo caso reduz minha despesa pessoal. Enquanto que os quadros certamente aumentarão.

Então depois, se você guardar meus quadros consigo em Paris ou aqui, ficarei muito mais contente se puder dizer simplesmente que você prefere guardar meu trabalho para nós a vendê-lo, a neste momento ter que me envolver com a luta pelo dinheiro. Certamente. Aliás, se o que eu faço for bom, não perderemos dinheiro algum, pois isto se conservaria como um vinho que tivéssemos na adega. Por outro lado, não é mais que minha obrigação esforçar-me em fazer uma pintura tal que, *inclusive* do ponto de vista do dinheiro, seja preferível que ela esteja em minha tela e não nos tubos.

Para terminar, atrevo-me a esperar que dentro de seis meses tanto Gauguin quanto você e eu perceberemos ter fundado um pequeno ateliê que durará e que permanecerá como um lugar, ou uma estação, necessário, ou ao menos útil, para todos aqueles que quiserem ver o Midi. Um forte aperto de mão (558).

Finalmente então eu tenho uma *Arlesiana*, uma figura (tela de 30) esboçada em uma hora, fundo limão pálido, o rosto cinza, a roupa negra, negra, negra, um azul da Prússia totalmente cru. Ela está apoiada sobre uma mesa verde e sentada numa cadeira de madeira alaranjada...

Mesmo trabalhando duro aqui, Gauguin continua a ter saudades dos países quentes. E realmente é incontestável que se fôssemos por exemplo a Java, tendo a preocupação de fazer cores, veríamos um monte de coisas novas. Ademais, nestes países mais luminosos, sob um sol mais forte, tanto a sombra própria quanto a sombra projetada dos objetos e das figuras torna-se totalmente diferente e é tão colorida que somos simplesmente tentados a suprimi-las. Isto já acontece aqui...

Acho que você gostaria das folhas caindo que fiz aqui.

São troncos de choupos lilases, cortados pela moldura na altura em que começam a aparecer as folhas.

Estes troncos de árvores semelhantes a pilastras bordejam uma aleia onde encontram-se alinhados à direita e à esquerda velhos túmulos romanos de cor lilás azulada. Ora o solo está coberto, como que atapetado, por uma camada espessa de folhas caídas alaranjadas e amarelas. Elas continuam caindo como flocos de neve.

E na aleia, figuras negras de namorados. O alto do quadro é uma campina muito verde sem céu ou quase.

A segunda tela é a mesma aleia, mas com um homem velho e uma mulher gorda e redonda como uma bola.

Ah, se domingo você estivesse conosco! Vimos um vinhedo vermelho, bem vermelho como um vinho tinto. Ao longe ele se tornava amarelo, e a seguir um céu verde com um sol, terrenos, após a chuva, violetas e cintilando amarelos aqui e ali onde se refletia o pôr do sol (559).

Não acho desagradável tentar trabalhar de memória, pois isto me permite não sair de casa. Trabalhar num calor de estufa não me incomoda, mas o frio, como você sabe, não faz meu gênero. Só que eu fracassei nesta coisa que fiz do jardim de Nuenen, e sinto que para os trabalhos feitos de

Ensuite j'ai fait une autre étude de champ labouré avec la souche d'un vieil if Comme ceci

Et voilà tout. Comment vas tu et as tu fait quelque chose à Bruxelles.

Je te serre bien la main et à bientôt

t à t

Vincent

memória também é preciso ter prática. Mas fiz retratos de *uma família inteira*, a do carteiro de quem anteriormente eu já havia feito a cabeça – o homem, a mulher, o bebê, o menino, e o filho de dezesseis anos, todos uns tipos, e bem franceses, embora às vezes pareçam ser russos. Telas de 15. – E aí você sabe o quanto eu me sinto em meu elemento, e até certo ponto isto me consola pelo fato de eu não ser médico. Pretendo insistir nisto e obter poses mais sérias, pagáveis em retratos. E se eu conseguir fazer ainda melhor toda esta família, pelo menos terei feito algo pessoal e a meu gosto. Atualmente estou mergulhado em plena merda de estudos e mais estudos e mais estudos, e isto ainda vai durar – uma tal desordem que me deixa aflito, e contudo isto me dará um caráter próprio aos quarenta anos.

De quando em vez uma tela que se torna quadro, tal como o semeador em questão, que eu também acho melhor que o primeiro.

Se pudermos manter o cerco, um dia a vitória chegará, ainda que não estejamos dentre aqueles de quem se falará. É um pouco o caso de pensar no provérbio: alegria na rua, dor em casa.

Que é que você quer! Supondo que ainda temos toda uma batalha pela frente, é preciso tentar amadurecer tranquilamente.

Você sempre me disse para que eu me preocupasse com a qualidade, e não tanto com a quantidade.

Ora nada nos impede de termos muitos estudos entendidos como tais e consequentemente não vendermos um monte de coisas. E se, cedo ou tarde, formos *obrigados* a vender, venderemos então um pouco mais caro as coisas que do ponto de vista da pesquisa séria sejam mais sustentáveis.

Acho que, contra minha própria vontade, não conseguirei me impedir de lhe enviar algumas telas em breve, *digamos em um mês.* Digo contra minha própria vontade pois estou convencido de que é melhor para as telas secarem completamente aqui no Midi, até que a pasta esteja completamente endurecida, o que leva muito tempo, ou seja, um ano. Abster-me de enviá-las certamente seria o melhor. Pois neste momento não temos nenhuma necessidade de mostrá-las, isso eu posso perceber muito bem.

Gauguin está trabalhando muito, gosto muito de uma natureza-morta com fundo e primeiro plano amarelos, ele tem em andamento um retrato meu que eu não colocaria entre suas empresas malsucedidas; atualmente está fazendo paisagens e tem enfim uma boa tela de lavadeiras, muito boa mesmo, na minha opinião (560).

Fiz um esboço de bordel e pretendo mesmo fazer um quadro de bordel.

Também terminei uma tela de um vinhedo todo púrpura e amarelo[24], com pequenas figuras azuis e violetas e um sol amarelo.

24. Este seria o único quadro de Van Gogh vendido em vida. (N.E.)

Acho que você poderá colocar esta tela ao lado das paisagens de Monticelli.

Vou começar a trabalhar mais frequentemente de memória, e as telas feitas de memória são sempre menos desajeitadas e têm um ar mais artístico que os estudos a partir de modelo, especialmente quando trabalhamos em tempos de mistral.

Acho que ainda não lhe disse que Rilliet partiu para a África. Ele está com um estudo meu pelo trabalho a que se deu para levar as telas a Paris, e Gauguin deu-lhe um pequeno desenho em troca de uma edição ilustrada de *Mme. Chrysanthème*. Eu ainda não recebi as trocas de Pont-Aven, mas Gauguin me assegurou que as telas foram feitas.

Aqui o tempo está chuvoso e com vento, e estou bem contente por não estar só, trabalho de memória nos dias ruins, o que não funcionaria se eu estivesse só.

Gauguin também quase acabou seu café noturno. Ele é muito interessante como amigo, devo dizer-lhe que ele sabe cozinhar *perfeitamente*, acho que aprenderei com ele, é bem prático. Estamos nos arranjando bastante bem para fazer molduras com simples varetas pregadas ao chassis e pintadas, coisa que eu comecei a fazer. Você sabia que foi um pouco Gauguin quem inventou a moldura branca? E a moldura de quatro varetas pregadas sobre o chassis custa *cinco soldos*[25], e certamente iremos aperfeiçoá-la.

Essas molduras ficam muito bem, pois não têm relevo, e formam um todo com a tela (561).

Obrigado pelos 100 francos e pela sua carta. Eu sei que você vai gostar de saber que eu recebi uma carta de Jet Mauve agradecendo-nos a pintura. Uma bela carta onde ele fala dos velhos tempos. Eu vou respondê-la e pretendo incluir alguns desenhos junto com a carta.

Você também vai gostar de saber que nós temos um acréscimo na nossa coleção de retratos de artistas. Um autorretrato de Laval, muito bom.

E também uma marina de Bernard em troca de uma tela minha.

---

25. Soldo, em francês *sou*, moeda valendo cinco cêntimos. (N.T.)

O retrato de Laval é bem ousado, chama muito atenção. Me parece um daqueles quadros que, como você sempre diz, devemos ficar com ele antes que outra pessoa reconheça a sua excepcional qualidade.

Trabalhei em duas telas.

Uma recordação de nosso jardim de Etten, com repolhos, ciprestes, dálias e figuras, e a seguir uma Leitora de romance, numa biblioteca igual à Lecture Française; uma mulher toda em verde. Gauguin me anima a imaginar, e as coisas imaginadas certamente têm um caráter mais misterioso (562).

Você não perderá nada esperando um pouco por meu trabalho, e deixaremos nossos caros amigos tranquilamente desprezarem os atuais. Felizmente para mim, sei muito bem o que quero, e no fundo me é extremamente indiferente a crítica de trabalhar às pressas.

Como resposta, produzi estes dias ainda mais às pressas.

Gauguin me dizia outro dia que tinha visto de Claude Monet um quadro de girassóis num grande vaso japonês muito bonito, mas – ele prefere os meus. Não sou desta opinião – mas não creia que eu esteja esmorecendo.

Lamento como sempre, como você já sabe, a dificuldade em conseguir modelos, as mil contrariedades para vencer esta dificuldade. Se eu fosse um homem completamente diferente, e se fosse mais rico, poderia *forçar* isto, atualmente não desisto e insisto surdamente.

Se aos quarenta anos eu fizer um quadro de figuras semelhante às flores de que Gauguin falava, terei uma posição de artista ao lado de qualquer um. Portanto, perseverança.

Enquanto isto sempre posso lhe contar que os dois últimos estudos são bem engraçados.

Telas de 30, *uma cadeira* de madeira e palha toda amarela, sobre lajotas vermelhas contra uma parede (durante o dia).

A seguir, a cadeira de Gauguin, vermelha e verde, efeito noturno, parede e assoalho também vermelhos e verdes, sobre o assento dois romances e uma vela. Em tela fina com empasto grosso (563).

Gauguin e eu fomos ontem a Montpellier para ver o museu e especialmente a sala Brias. Existem lá muitos retratos de Brias, feitos por Delacroix, por Ricard, por Courbet, por Cabanel, por Couture, por Verdier, por Tassaert, por outros mais. A seguir há quadros de Delacroix, de Courbet, de Giotto, de Paul Potter, de Botticelli, de Th. Rousseau, bem bonitos. Brias era um benfeitor para os artistas, não lhe direi mais que isto. No retrato de Delacroix, é um homem com barba e cabelos ruivos, que se parece tremendamente consigo ou comigo, e que me fez pensar naquela poesia de Musset: "Partout où J'ai touché la terre/un Malheureux vêtu de noir/ auprès de nous venait s'asseoir/qui nous regardait comme un frère"[26]. Você teria a mesma impressão, tenho certeza. Vou pedir-lhe encarecidamente para ir ver, naquela

26. Em toda a parte em que toquei o chão/ um infeliz vestido em negro/ Junto anós vinha sentar-se/ e nos mirava como um irmão. (N.E.)

livraria onde se vendem litografias de artistas antigos e modernos, se você teria condições de obter sem muita despesa a litografia de Delacroix: *O Tasso na prisão dos loucos*, pois me parece que aquela figura deve estar relacionada com este belo retrato de Brias.

De Delacroix existe lá ainda um estudo de *Mulata* (que algum tempo atrás Gauguin copiara), *As odaliscas*, *Daniel na cova dos leões*, e de Courbet: 1º) *As senhoritas da cidade*, magnífico, uma mulher vista de costas, uma outra no chão numa paisagem; 2º) *A fiandeira* (soberbo) e ainda uma porção de Courbets. Enfim, você deve saber que esta coleção existe, ou conhecer pessoas que já a viram, e consequentemente estar em condições de falar a respeito. Portanto não vou insistir sobre o museu (a não ser sobre os desenhos e bronzes de Barye). Gauguin e eu conversamos muito sobre Delacroix, Rembrandt, etc.

A discussão é de uma *eletricidade excessiva*, às vezes saímos dela com a cabeça tão cansada quanto uma bateria elétrica depois da descarga. Estivemos em plena magia, pois como bem disse Fromentin: Rembrandt é sobretudo um mágico...

Você conhece o estranho e soberbo retrato de homem de Rembrandt da galeria de Lacaze; disse a Gauguin que quanto a mim eu via nele um certo traço de família ou de raça com Delacroix ou com ele, Gauguin. Não sei por que eu sempre chamo este retrato de *O viajante*, ou *O homem vindo de longe*. Esta é uma ideia equivalente ou paralela àquela que eu já lhe contei, para você olhar sempre o retrato de *Six velho*, o belo retrato de Six com luvas, como o seu futuro, e a água-forte de Rembrandt, *Six lendo perto da janela sob um raio de sol*, como seu passado e seu presente. Assim estamos nós, Gauguin me dizia esta manhã, quando lhe perguntei como se sentia, que ele "sentia-se voltando à sua antiga natureza", o que me deu muito prazer. Chegando aqui no inverno passado, cansado e com a cabeça quase que apagada, antes de começar a me recuperar eu também sofri interiormente um pouco.

Como eu gostaria que algum dia você visse este museu de Montpellier; tem coisas muito bonitas.

Diga a Degas que Gauguin e eu fomos a Montpellier ver o retrato de Brias feito por Delacroix, pois é preciso acreditar sem hesitação *que o que é*, é, e o retrato de Brias por Delacroix parece-se consigo e comigo como se fosse um novo irmão (564).

23 de dezembro de 1888

Agradeço-lhe muito a carta, a nota de cem nela incluída e também a ordem de pagamento de cinquenta francos.

Eu por mim acredito que Gauguin tinha se desanimado um pouco com a boa cidade de Arles, com a casinha amarela onde trabalhamos, e sobretudo comigo.

De fato, tanto para ele quanto para mim, aqui ainda existiriam sérias dificuldades a vencer.

Mas estas dificuldades estão mais dentro de nós mesmos que em qualquer outra parte.

Em suma, por mim eu acredito que ou ele vai decididamente partir, ou ele decididamente ficará aqui (565).

Espero que Gauguin o tranquilize completamente; também um pouco quanto às coisas da pintura.

Pretendo logo voltar ao trabalho.

A faxineira e meu amigo Roulin tomaram conta da casa, puseram tudo em boa ordem.

Quando sair, eu poderei retomar meu caminhozinho aqui e logo chegará a bela estação e eu recomeçarei os pomares em flor.

Estou, meu caro irmão, tão *aflito* por sua viagem, eu teria desejado que você fosse poupado, pois afinal nenhum mal me aconteceu e não havia por que você se incomodar.

Eu não saberia lhe dizer o quanto me alegra que você tenha feito as pazes, e mais que isto, com os Bonger.

Diga isto de minha parte a André e dê-lhe um aperto de mão bem cordial por mim.

O que eu não teria dado para que você visse Arles quando o tempo está bom; agora você a viu em negro.

Coragem contudo, envie as cartas diretamente para mim à praça Lamartine, 2. Enviarei a Gauguin seus quadros que ficaram em casa, tão logo ele queira. Devemos-lhe o dinheiro que ele gastou nos móveis.

Um aperto de mão, tenho de voltar novamente ao hospital, mas dentro em pouco sairei de vez.

Sempre seu, VINCENT.

Escreva também uma palavra de minha parte à mãe: que ninguém se inquiete.

No dia 25 de dezembro, Vincent tem um ataque de loucura e faz com que exploda a crise que se armava entre ele e seu amigo Gauguin. Van Gogh corta com uma navalha a própria orelha e entrega a um policial (segundo Gauguin). Aqui a descrição do incidente pelo próprio Gauguin em seus detalhes, segundo o que foi relatado em seu livro *Antes e depois.*

Incidente da automutilação de Van Gogh

por **Paul Gauguin** (*Antes e depois*, L&PM POCKET, vol. 72)

Já faz muito tempo que tenho vontade de escrever sobre Van Gogh e certamente o farei um belo dia quando estiver inspirado: por enquanto vou contar a respeito dele ou, melhor dizendo, a nosso respeito, certas coisas capazes de esclarecer algumas inverdades que circularam.

Seguramente, o acaso fez com que durante minha existência vários homens que frequentaram minha casa e discutiram comigo enlouquecessem.

Os dois irmãos Van Gogh estão neste caso e pessoas mal-intencionadas, outras com ingenuidade, atribuíram a mim sua loucura. Certamente algumas pessoas podem ter mais ou menos ascendência sobre seus amigos, mas daí a provocar a loucura há uma boa distância. Muito tempo depois da catástrofe, Vincent me escreveu da casa de saúde onde cuidavam dele. Ele me dizia:

"Como você é feliz por estar em Paris! Ainda é aí onde se encontram as sumidades, e certamente você deveria consultar um especialista para curar a sua loucura. Não somos todos loucos?" O conselho era bom, por isso não o segui, sem dúvida por contradição.

Os leitores do Mercure *puderam ver, numa carta de Vincent, publicada há alguns anos, sua insistência em me fazer ir até Arles, para fundar, segundo suas ideias, um ateliê do qual eu seria o diretor.*

Naquele tempo eu trabalhava em Pont-Aven, na Bretanha, e talvez porque, tendo começado a estudar, estava ligado a esse lugar, ou talvez porque, por um vago instinto, eu previa que algo de anormal aconteceria, resisti por muito tempo, até o dia em que, vencido pelos impulsos sinceros de amizade de Vincent, pus-me a caminho.

Cheguei a Arles num fim de noite e esperei o dia clarear num café. O proprietário me olhou e exclamou: "É você o amigo do peito, eu o reconheço".

Um retrato meu, que enviara a Vincent, era suficiente para explicar a admiração do homem. Mostrando o meu retrato, Vincent lhe dissera que eu era um grande amigo que logo chegaria a Arles.

Nem cedo demais nem muito tarde, fui acordar Vincent. O dia foi consagrado à minha instalação, a muitas conversas, a passeios para estar em condições de admirar as belezas de Arles e das arlesianas, pelas quais, entre parênteses, não fiquei muito entusiasmado.

Já no dia seguinte estávamos trabalhando; ele, continuando, e eu, começando. Preciso lhe dizer que jamais tive as facilidades cerebrais que os outros, sem tormento, encontram na ponta dos seus pincéis. Aqueles desembarcam da estrada de ferro, tomam suas paletas e, num átimo de tempo, fazem um efeito de sol. Quando está seco, isso vai para o jardim de Luxemburgo e é assinado "Carolus Duran".

Não admiro o quadro, mas admiro o homem...

Ele, tão seguro, tão tranquilo.

Eu, tão incerto, tão inquieto.

Em cada país preciso de um período de incubação, preciso toda vez aprender a essência das plantas, das árvores, de toda a natureza enfim, tão variada e tão caprichosa, jamais querendo se deixar admirar e se entregar.

Fiquei no meu canto algumas semanas antes de apreender claramente o gosto ácido de Arles e de seus arredores. O que não impedia que se trabalhasse com afinco, sobretudo Vincent. Entre dois seres, ele e eu, um todo vulcão e o outro fervendo também, mas de alguma forma preparava-se uma batalha.

Primeiramente achei, em tudo e por tudo, uma desordem que me chocava. A caixa de cores mal bastava para conter os tubos espremidos, nunca fechados, e, apesar dessa desordem, desse desperdício, um todo brilhava na tela; também em suas palavras. Daudet, Goncourt, a Bíblia queimavam esse cérebro de holandês. Em Arles, os cais, as pontes e os barcos, todo o sul transformava-se para ele na Holanda. Ele esquecia mesmo de escrever o holandês e, como se pôde ver pela publicação de suas cartas ao seu irmão, jamais escrevia senão em francês e de forma admirável, com os enquanto que, quanto a que não acabavam mais.

Apesar de todos os meus esforços para elucidar nesse cérebro desordenado uma razão lógica em suas opiniões críticas, não encontrei uma explicação para tudo o que havia de contraditório entre sua pintura e suas opiniões. Assim, por exemplo, ele tinha uma admiração sem limites por Meissonier e um ódio profundo por Ingres. Degas era o seu desespero e Cézanne não passava de um trapaceiro. Pensando em Monticelli, ele chorava.

Uma das coisas que o deixava possesso era ser forçado a reconhecer em mim uma grande inteligência, em desacordo com minha testa muito pequena, sinal de burrice. No meio de tudo isso, uma grande ternura, ou melhor, um altruísmo evangélico.

Desde o primeiro mês vi nossas finanças em comum tomarem os mesmos ares de desordem. Como fazer? A situação era delicada, sendo a caixa modestamente suprida por seu irmão, empregado na casa Goupil; de minha parte, em combinação de troca por quadros. Era preciso falar e ter um embate com uma suscetibilidade muito grande. Portanto, foi só com muita precaução e maneiras meigas, pouco compatíveis com meu caráter, que abordei a questão. Devo confessar, consegui fazê-lo muito mais facilmente do que imaginava.

Numa caixa, uma quantia tanto para passeios noturnos e higiênicos quanto para o tabaco e também para as despesas imprevistas, incluindo o aluguel. Junto, um pedaço de papel e um lápis para tomar nota, honestamente, do que cada um tirava. Numa outra caixa, o restante da quantia dividida em quatro partes, para a despesa de alimentação semanal. Nosso pequeno restaurante foi suprimido e, com a ajuda de um pequeno fogão a gás, encarreguei-me da cozinha, enquanto Vincent fazia as compras para a casa, sem se afastar muito. Uma vez, contudo, Vincent quis preparar uma sopa, mas, não sei como, fez suas misturas. Sem dúvida como as cores nos seus quadros. Acontece que não pudemos comê-la. E o meu Vincent, rindo e exclamando: "Tarascon! O boné do tio Daudet". Na parede, com giz, ele escreveu:

Sou o Espírito Santo
Sou são de espírito

Por quanto tempo permanecemos juntos? Não saberia dizê-lo, me esqueci totalmente disso. Apesar da rapidez com que a catástrofe aconteceu, apesar da febre de trabalho que tomara conta de mim, todo esse tempo me pareceu um século.

Sem que as pessoas desconfiassem, dois homens fizeram ali um trabalho colossal e útil para os dois. Talvez para outros? Algumas coisas dão frutos.

No momento em que cheguei a Arles, Vincent estava inteiramente mergulhado na escola neoimpressionista e sem grande sucesso, o que o fazia sofrer; não que essa escola, como todas as outras, fosse ruim, mas porque ela não correspondia à sua natureza, tão pouco paciente e tão independente.

Com todos os seus amarelos sobre violetas, todo esse trabalho de cores complementares, ele só conseguia chegar a harmonias suaves, incompletas e monótonas; faltava ali o som do clarim.

Pus-me a ensinar-lhe, o que não me foi difícil, pois encontrei um terreno rico e fecundo. Como todas as naturezas originais e marcadas pelo selo da personalidade, Vincent não tinha nenhum medo da concorrência e não era nenhum cabeça dura.

A partir desse dia, meu Van Gogh fez progressos espantosos: ele parecia descobrir tudo o que havia nele e daí se originou aquela série de sóis sobre sóis, em pleno sol.

"Vocês viram o retrato do poeta?

O rosto e os cabelos amarelos de cromo 1.

A roupa amarela de cromo 2.

A gravata amarela de cromo 3 com um alfinete verde--esmeralda num fundo amarelo de cromo nº 4."

É o que me dizia um pintor italiano e ele acrescentava:

– Maerda, maerda, tudo é amarelo: não sei mais o que é a pintura.

Seria inútil entrar aqui nos detalhes técnicos. Isto para lhes informar que Van Gogh, sem perder um dedo de sua personalidade, encontrou um ensino fecundo em mim. E todo dia ele me agradecia por isso. É o que ele quer dizer quando escreve, ao senhor Aurier, que deve muito a Paul Gauguin.

Quando cheguei a Arles, Vincent procurava se encontrar, enquanto eu, muito mais velho, era um homem feito. A Vincent devo alguma coisa, que é, com a consciência de lhe ter sido útil, o fortalecimento de minhas ideias picturais anteriores: devo a ele, também, a consciência de que – quando se atravessa momentos difíceis – sempre há alguém mais infeliz que a gente.

Quando leio esta passagem: "O desenho de Gauguin lembra um pouco o de Van Gogh", sorrio.

Nos últimos tempos de minha estada, Vincent tornou--se excessivamente brusco e barulhento, depois taciturno. Algumas noites o surpreendi, de pé, perto da minha cama.

A que atribuir o meu despertar nesse momento?

O fato é que, quando isso ocorria, bastava dizer-lhe em tom bem grave: "O que é que você tem, Vincent?" para que, sem uma palavra, ele voltasse para a cama e caísse num sono profundo.

Tive a ideia de fazer seu retrato pintando a natureza--morta que ele tanto amava, a dos girassóis. Quando terminei, ele me disse: "Sou eu mesmo, mas eu enlouquecido".

Na mesma noite fomos ao café. Ele tomou um absinto leve.

De repente, ele me jogou na cara o copo e o seu conteúdo. Aparei o golpe e, pegando-o forte pelo braço, saí do café, atravessei a praça Victor Hugo e, alguns minutos depois, Vincent achava-se em sua cama, onde em alguns segundos dormiu para se levantar somente na manhã seguinte.

Ao despertar, muito calmo, ele me disse: "Meu caro Gauguin, tenho uma vaga lembrança de que ontem à noite o ofendi".

– Eu o perdoo de bom grado e de todo coração, mas a cena de ontem poderia se repetir, e se eu fosse atacado poderia perder as estribeiras e estrangulá-lo. Permita-me então escrever ao seu irmão para anunciar-lhe meu regresso.

Que dia, meu Deus!

Chegando a noite, acabara meu jantar e sentia a necessidade de ir sozinho respirar o ar perfumado dos loureiros em flor. Já atravessara quase inteiramente a praça Victor Hugo, quando ouvi atrás de mim um pequeno passo bem conhecido, rápido e irregular. Virei-me no exato momento em que Vincent se precipitava sobre mim com uma navalha aberta na mão. Meu olhar nesse momento deve ter sido muito poderoso, pois ele parou e, baixando a cabeça, retomou correndo o caminho de casa.

Será que fui covarde nesse momento e não deveria tê-lo desarmado e procurado acalmá-lo? Várias vezes interroguei minha consciência e não me censurei em nada.

Quem quiser que me jogue a primeira pedra.

Em seguida, fui a um bom hotel de Arles, onde, depois de perguntar a hora, reservei um quarto e me deitei.

Muito agitado, pude dormir somente às três horas da manhã e acordei bastante tarde, em torno de sete e meia.

Chegando à praça, vi reunida uma grande multidão. Perto de nossa casa, gendarmes e um senhor baixo, de chapéu-coco, que era o comissário de polícia.

Eis o que se passara.

Van Gogh voltou para casa e imediatamente cortou sua orelha, exatamente na base da cabeça. Deve ter levado um certo tempo para estancar a força da hemorragia, pois no dia seguinte numerosas toalhas molhadas estavam estendidas nas lajes dos dois cômodos de baixo. O sangue sujara os dois cômodos e a escadinha que subia para nosso quarto de dormir.

Quando teve condições de sair, a cabeça envolvida por um gorro basco completamente enfiado, foi direto para uma casa onde, na falta de um compatriota, encontra-se alguém conhecido, e deu ao sentinela sua orelha bem limpa e fechada num envelope. "Tome", disse ele, "como lembrança minha", depois fugiu e voltou para casa, onde se deitou e adormeceu. No entanto, teve o cuidado de fechar as venezianas e de colocar numa mesa perto da janela uma lamparina acesa.

Dez minutos depois toda a rua entregue às "mariposas" estava em movimento e todo o mundo comentava indiscretamente o acontecimento.

Estava longe de imaginar tudo isso quando apareci na soleira da porta de nossa casa, e o senhor de chapéu melão me disse bruscamente, com um tom mais do que severo.

– O que o senhor fez com o seu amigo?

– Não sei...

– Sim... o senhor sabe... Ele está morto.

Não desejo que ninguém passe por um momento desses e precisei de alguns longos minutos para raciocinar e sentir o meu coração batendo.

A ira, a indignação, a dor também e a vergonha de todos esses olhares que me devassavam por inteiro me sufocavam, e foi balbuciando que disse:

– Está bem, senhor, vamos subir e falar lá em cima.

Na cama Vincent jazia, completamente envolto pelos lençóis, todo encolhido com os joelhos junto ao corpo: parecia inanimado. Suavemente, bem suavemente, apalpei seu corpo cujo calor era com certeza sinal de vida. Senti como se toda a minha inteligência e a minha energia estivessem voltando.

Quase em voz baixa, eu disse ao comissário de polícia:

– Acorde-o com muito cuidado, e se ele perguntar por mim diga-lhe que parti para Paris. Minha presença poderia lhe ser fatal.

Devo confessar que, a partir desse momento, esse comissário foi tão razoável quanto possível e, inteligentemente, mandou buscar um médico e um carro.

Quando acordou, Vincent, depois de perguntar por seu camarada, seu cachimbo e seu tabaco, pensou em pedir a caixa que estava em baixo e onde ficava o nosso dinheiro. Essa suspeita me veio logo à cabeça, mas eu já estava preparado para qualquer sofrimento!

Vincent foi levado ao hospital e, logo que chegou, seu cérebro recomeçou a divagar.

Do resto, as pessoas que poderiam se interessar por estes tristes acontecimentos já sabem e seria inútil falar, não fosse esse enorme sofrimento de um homem tratado numa casa de loucos que, por intervalos mensais, se viu retomando a razão o bastante para compreender o seu estado e pintar com raiva os quadros admiráveis que conhecemos.

A última carta que recebi estava datada de Auvers, perto de Pontoise. Ele me dizia que esperava ficar curado o suficiente para vir me ver na Bretanha, mas que naquele momento não via a perspectiva de uma cura.

"Caro mestre (a única vez em que pronunciou essa palavra), depois de tê-lo conhecido e de o deixar aflito, é mais digno morrer em bom estado de espírito do que em um estado degradante."

Deu um tiro de pistola em sua barriga e foi somente algumas horas depois, deitado no seu leito e fumando seu cachimbo, que ele morreu, guardando toda a sua lucidez de espírito, com amor por sua arte e sem ódio aos outros.

Nos Monstros, *Jean Dolent escreve:*

"Quando Gauguin diz: 'Vincent', sua voz é doce".

Não sabendo disso, mas tendo adivinhado, Jean Dolent tem razão. Sabemos por quê.

(Paul Gauguin)

Meu caro amigo Gauguin,

Aproveito minha primeira saída do hospital para escrever-lhe duas palavrinhas de amizade bem sincera e profunda. Pensei muito em você no hospital, mesmo estando com febre e fraqueza relativa.

Diga – a viagem de meu irmão Theo realmente era tão necessária – meu amigo?

Agora ao menos tranquilize-o totalmente e, quanto a si, rogo-lhe que confie que na verdade nenhum mal existe neste que é o melhor dos mundos, onde tudo sempre anda da melhor forma.

Então desejo que você dê recomendações de minha parte ao bom Schuffenecker, e que você se abstenha, até fazermos reflexão mais madura de ambas as partes, de falar mal de nossa pobre casinha amarela, e que você cumprimente de minha parte os pintores que vi em Paris. Desejo-lhe prosperidade em Paris, com um bom aperto de mão,

Sempre seu, VINCENT.

Roulin foi realmente bom para mim, foi ele quem teve a presença de espírito de me fazer sair dali antes que os outros estivessem convencidos.

Responda-me por favor (566).

2 de janeiro de 1889

Meu caro Theo,

A fim de tranquilizá-lo totalmente quanto a mim escrevo-lhe estas breves palavras no gabinete do médico interno sr. Rey, que você mesmo conheceu. Ficarei ainda alguns dias aqui no hospital, e depois posso esperar voltar para casa muito tranquilamente.

Agora eu lhe peço só uma coisa, não se preocupe, pois isto me causaria uma preocupação a *mais*.

Falemos agora de nosso amigo Gauguin, eu o assustei? Afinal por que ele não me dá nenhum sinal de vida? Ele deve ter ido embora contigo. Aliás ele precisava rever Paris, e em Paris talvez ele se sinta mais em casa do que aqui. Diga a Gauguin que me escreva, e que sempre penso nele.

Um bom aperto de mão, li e reli sua carta contando o reencontro com os Bonger. Perfeito. Quanto a mim estou contente em continuar como estou. Ainda uma vez um bom aperto de mão para você e Gauguin.

Sempre seu, VINCENT.

Continue a escrever para o mesmo endereço à praça Lamartine, 2[27] (567).

---

27. O dr. Rey, médico do hospital, escrevera a Theo a seguinte carta:
"Acrescento algumas palavras à carta do senhor seu irmão para tranquilizá-lo a seu respeito.
Estou feliz em poder anunciar-lhe que minhas previsões se realizaram e que esta superexcitação foi apenas passageira. Acredito firmemente que ele estará restabelecido em alguns dias. Insisti em que ele mesmo lhe escrevesse para que o senhor se apercebesse melhor de seu estado. Eu lhe pedi que viesse ao meu consultório para conversar um pouco. Isto o distrairá e lhe fará bem.
Queira aceitar os mais sinceros cumprimentos,
Rey". (N.E.)

Meu caro Theo,

Talvez eu não lhe escreva uma carta muito longa hoje, mas em todo caso algumas palavras para lhe dizer que hoje eu voltei para casa. Como eu lamento que você tenha se incomodado por tão pouca coisa, desculpe-me, pois afinal eu sou provavelmente a causa principal. Não previ que isto teria como consequência que fossem lhe chamar. Basta. O sr. Rey veio ver a pintura com dois de seus amigos médicos, e eles ao menos compreendem tremendamente depressa o que são complementares.

Agora pretendo fazer o retrato do sr. Rey, e possivelmente outros retratos tão logo me tenha reacostumado um pouco com a pintura. Obrigado por sua última carta; claro, eu sinto você sempre presente, mas saiba também por sua vez que estou trabalhando no mesmo que você.

Ah! como eu gostaria que você tivesse visto o retrato de Brias de Delacroix e todo o museu de Montpellier onde Gauguin me levou. Como já trabalharam no Midi antes de nós; realmente me é muito difícil acreditar que nos tenhamos desviado tanto assim. No que diz respeito a regiões quentes, meu Deus! sem querer, eu sonho com uma certa região de que fala Voltaire, isso sem contar com os simples castelos de areia. Estes são os pensamentos que me ocorrem voltando para casa.

Estou muito desejoso em saber como vão os Bonger e se o relacionamento com eles se mantém, o que eu espero.

Se você achar bom – Gauguin tendo partido –, reajustaremos o mês a 150 francos, acho que ainda verei aqui dias mais calmos que os do ano passado.

O que eu precisaria muito para minha instrução são todas as reproduções dos quadros de Delacroix que ainda se possa conseguir naquela loja que vende a um franco, eu acho, as litografias de artistas antigos e modernos, etc. *Decididamente* não quero as mais caras.

Como vão nossos amigos holandeses de Haan e Isaäcson? Cumprimente-os de minha parte.

Acho apenas que devemos nos manter tranquilos quanto à minha pintura. Se você quiser, é claro que eu já posso enviá-las, mas quando eu recuperar a calma espero fazer coisa diferente. Contudo, para os Independentes faça como melhor lhe aprouver e como farão os outros.

Mas você não faz ideia do quanto eu lamento que você ainda não tenha feito sua viagem para a Holanda.

Enfim, não podemos mudar os fatos, mas recupere-se o quanto for possível por correspondência ou como puder, e diga aos B. o quanto eu lamento ter sido talvez involuntariamente a causa desse atraso. Estes dias escrevo para a mãe e para Wil, também tenho que escrever para Jet Mauve.

Escreva-me logo e fique totalmente tranquilo quanto a minha saúde, saber que as coisas vão bem consigo me curará completamente. O que Gauguin está fazendo? Sua família estando no norte, tendo sido convidado para expor na Bélgica, e atualmente fazendo sucesso em Paris, quero crer que ele encontrou seu caminho. Um bom aperto de mão, apesar de tudo estou razoavelmente contente por isto já ser coisa passada. Mais uma vez um vigoroso aperto de mão (568).

9 de janeiro de 1889

Fisicamente estou bem, o ferimento está cicatrizando muito bem e estou recuperando a grande perda de sangue, pois como e digiro bem. O mais temível seria a insônia, e o médico não me disse nada a respeito nem eu ainda lhe falei também. Mas eu a combato sozinho.

Combato esta insônia aplicando uma forte dose de cânfora em meu travesseiro e em meu colchão, e caso alguma vez lhe acontecer de não conseguir dormir, recomendo-lhe isto. Estava com muito medo de dormir sozinho em casa, e fiquei preocupado em não conseguir dormir. Mas tudo se passou muito bem e atrevo-me a crer que isto não voltará mais. O sofrimento com isto no hospital foi atroz e todavia estando, com tudo isso, bem mais que desmaiado, posso lhe dizer como curiosidade que continuei a pensar em Degas. Gauguin e eu tínhamos conversado anteriormente sobre Degas e eu tinha observado a Gauguin que Degas havia dito...

"Estou me guardando para as arlesianas."

Ora, você que sabe o quanto Degas é sutil, ao voltar a Paris diga-lhe que eu confesso que até o momento fui incapaz de pintar as mulheres de Arles sem deturpá-las, e que ele não deve acreditar em Gauguin, se Gauguin lhe falar bem antes do tempo de meu trabalho, que só se fez doentiamente.

Ora, se eu me recobrar, *devo recomeçar* e não poderia atingir novamente estes cumes aos quais a doença parcialmente me arrastou (569).

17 de janeiro

Meu caro Theo,

Obrigado por sua boa carta assim como pela nota de cinquenta francos que ela continha. Você mesmo poderá responder a todas as questões neste momento, eu não me sinto capaz. Eu quero muito, depois de refletir, encontrar uma solução, mas é preciso que eu releia novamente sua carta, etc.

Mas antes de discutir o que eu gastaria ou deixaria de gastar durante um ano inteiro, talvez fosse melhor rever um pouco só este mês corrente.

Foi totalmente lamentável sob todos os pontos de vista, e eu certamente ficaria feliz se afinal você prestasse seriamente um pouco de atenção em como isto está e como esteve durante tanto tempo.

Mas o que é que você quer? Infelizmente isto está complicado de diversas formas; meus quadros não têm valor, custam-me, é verdade, despesas extraordinárias, às vezes inclusive em sangue e cérebro talvez. Não vou insistir, e o que você quer que eu diga?

Voltemos a examinar o mês atual e falemos apenas de dinheiro. Em 23 de dezembro ainda havia em caixa um luís e três soldos. Neste mesmo dia recebi de você a nota de cem francos.

Eis as despesas:

Dado a Roulin para pagar a faxineira seu mês
de dezembro:.. 20 francos
Assim como a primeira quinzena de janeiro
10 francos = ...30fr.
Pago ao hospital:..21fr.
Pago aos enfermeiros que me fizeram curativos:.........10fr.
Ao regressar paguei uma mesa, um aquecedor a gás, etc. que me tinham sido emprestados e que eu comprei então a prestação:..20fr.
Pago para lavar toda a roupa de cama, as roupas ensanguentadas, etc:..........................12fr. 50
Diversas compras, como uma dúzia de pincéis, um chapéu, etc., etc., digamos:.................10fr.

103fr. 50

E assim já chegamos, no dia mesmo ou no dia seguinte à minha partida do hospital, a um desembolso forçado de minha parte de 103 fr. 50, aos quais devemos acrescentar que no primeiro dia eu fui alegremente almoçar com os Roulin no restaurante, totalmente tranquilizado e não temendo uma nova angústia.

Enfim o resultado de tudo isto foi que lá pelo dia 8 eu estava duro. Mas um ou dois dias depois eu tomei emprestados cinco francos. Mal estávamos no dia 10. Eu esperava por volta do dia 10 uma carta sua, ora, esta carta só chegando hoje, dia 17 de janeiro, o intervalo foi um jejum dos mais rigorosos, e ainda mais doloroso pois minha recuperação não poderia acontecer nestas condições.

Contudo eu voltei ao trabalho, e já tenho três estudos feitos no ateliê, mais o retrato do sr. Rey que eu lhe dei como lembrança. Assim, ainda não foi desta vez que houve algum mal pior que um pouco mais de sofrimento e de relativa angústia. E conservo todas as minhas esperanças. Mas sinto-me fraco e um pouco inquieto e temeroso. O que, eu espero, passará logo que eu recupere minhas forças.

Rey me disse que bastava ser muito sensível para ter o que eu tive quando de minha crise, e que atualmente eu só estava anêmico, mas que realmente eu deveria me alimentar. Mas eu tomei a liberdade de dizer ao sr. Rey que se para mim atualmente o mais importante era recuperar minhas forças, se por um grande acaso ou mal-entendido justamente me acontecera de novo ter que passar por um rigoroso jejum de uma semana, se em semelhantes circunstâncias ele já teria visto muitos loucos ficarem razoavelmente tranquilos e capazes de trabalhar; e que se não, ele então se dignasse a recordar-se, quando chegasse a ocasião, que provisoriamente eu ainda não sou louco. Agora, nestes desembolsos efetuados, considerando que a casa ficou toda atrapalhada com esta aventura, e toda a roupa de cama e minhas roupas ficaram imundas, existe nessas despesas algo de indevido, de extravagante ou de exagerado? Se imediatamente ao voltar eu paguei o que *devia* a pessoas mais ou menos tão pobres quanto eu, houve erro de minha parte, ou poderia eu ter economizado mais?

Agora, hoje, dia 17, recebo enfim cinquenta francos. Com isto primeiro eu pago os cinco francos emprestados ao dono do café, mais dez despesas feitas a crédito no curso desta última semana, o que dá:.... 7fr.50
Tenho ainda que pagar roupa trazida do hospital, e mais desta semana passada, e conserto de sapatos e de uma calça, o que dá uns 5fr
Madeira e carvão de dezembro ainda por pagar e repor, não menos de 4fr
Faxineira, segunda quinzena de janeiro........................10fr.

26fr.50

Amanhã pela manhã, quando eu saldar esta quantia, me sobrarão líquidos 23fr.50

Nós estamos no dia 17, faltam treze dias para completar o mês.

Quanto você acha que eu poderia gastar por dia? É preciso ainda acrescentar que você enviou trinta francos a

Roulin, com os quais ele pagou os 21 fr. 50 do aluguel de dezembro.

E aí estão, meu caro irmão, as contas do presente mês. E não acabou.

Abordemos agora as despesas que lhe foram ocasionadas por um telegrama de Gauguin, a quem eu já censurei bem formalmente por tê-lo enviado.

As despesas assim malfeitas seriam inferiores a duzentos francos? O próprio Gauguin pretende ter feito assim manobras magistrais? Escute, eu não insistirei mais sobre o absurdo desta atitude, suponhamos que eu estivesse alucinado a mais não poder, por que então o ilustre colega não estava mais calmo?

Não insistirei mais neste ponto.

Eu não saberia louvá-lo o suficiente por ter pago a Gauguin de tal forma que só lhe resta congratular-se pelas relações que manteve conosco. Esta é desgraçadamente mais uma despesa maior que o devido, mas enfim vejo aí uma esperança.

Ele não deve, ou pelo menos não deveria começar a ver um pouco que nós não fomos seus exploradores, mas ao contrário tentamos salvaguardar-lhe a existência, a possibilidade de trabalhar e... e... a honestidade?

Se isto está abaixo dos grandiosos projetos de associações de artistas que ele propôs e que ele continua a sustentar você sabe muito bem como, se isto está abaixo de seus outros castelos de areia – por que não considerá-lo então como irresponsável pelas dores e estragos que ele inconscientemente teria causado tanto a si quanto a mim em sua cegueira?

Se atualmente esta tese ainda lhe parecer muito atrevida, não insistirei mais, mas veremos.

Houve antecedentes no que ele chama de "o banco de Paris", e ele se acha esperto nisto. Talvez quanto a isto você e eu sejamos decididamente pouco curiosos.

Apesar de tudo, isto não está totalmente em desacordo com certas passagens de nossa correspondência anterior.

Se Gauguin fosse a Paris para examinar-se um pouco, ou fazer-se examinar por um médico especialista, meu Deus, não sei muito bem qual seria o resultado.

Eu o vi diversas vezes fazendo coisas que você ou eu, tendo outra consciência, não nos permitiríamos fazer; ouvi dizerem dele duas ou três coisas do mesmo gênero, mas eu, que o vi de muito perto, acho que ele é levado por sua imaginação, talvez pelo orgulho, mas é bastante irresponsável.

Esta conclusão não implica muito uma recomendação para escutá-lo em qualquer circunstância. Mas por ocasião do seu acerto de contas, vejo que você agiu com uma consciência superior e então acredito que nada temos a recear quanto a sermos induzidos por ele a erros de "banco de Paris".

Mas ele... meu Deus! Que ele faça tudo o que quiser, que tenha suas independências (??) (que maneira de considerar seu caráter independente), suas opiniões, e que ele siga seu caminho, já que lhe parece conhecê-lo melhor que nós.

Acho bem estranho que ele me reivindique um quadro de girassóis oferecendo-me em troca, suponho, ou de presente, alguns estudos que ele deixou aqui. Devolverei seus estudos, que terão provavelmente mais serventia para ele do que jamais teriam para mim.

Mas por enquanto fico com minhas telas aqui, e categoricamente ficam comigo os girassóis em questão.

Ele já tem dois, que se dê por satisfeito.

E se não estiver contente com a troca que fizemos, ele pode retomar sua pequena tela da Martinica e o autorretrato que me enviou da Bretanha, devolvendo-me por sua vez meu retrato e minhas duas telas de girassóis que ele pegou em Paris. Se portanto alguma vez ele voltar a este assunto o que eu digo está suficientemente claro.

Como Gauguin pode pretender agora ter receio de me incomodar com sua presença, quando dificilmente ele poderia negar que soube que eu o chamara insistentemente e que lhe disseram mais de uma vez que eu insistia em vê-lo imediatamente.

Justamente para lhe dizer que guardasse isto entre nós, sem incomodar você. Ele não quis escutar.

Cansa-me recapitular tudo isto e pensar e repensar em coisas deste tipo.

Tentei nesta carta mostrar-lhe a diferença que existe entre minhas despesas líquidas e geradas por mim mesmo, e aquelas pelas quais sou menos responsável.

Fiquei desolado em saber que justamente neste momento você tivesse estas despesas, que não beneficiavam ninguém.

Que consequências isto terá é o que verei à medida que recuperar minhas forças se minha situação for sustentável. Receio muito uma mudança ou um deslocamento justamente por causa de novas despesas. Não tenho conseguido, já há algum tempo, recuperar totalmente o meu fôlego. Não abandono o trabalho porque às vezes ele avança, e creio com paciência justamente em chegar a recuperar através dos quadros feitos as despesas anteriores. Roulin vai partir já no dia 21, ele vai servir em Marselha, o aumento de salário é mínimo, e ele será obrigado a deixar por algum tempo sua mulher e suas crianças, que só poderão segui-lo bem mais tarde, pois as despesas de toda uma família seriam mais pesadas em Marselha.

É uma promoção para ele, mas é um consolo bem, bem magro que assim o governo dá a um empregado destes, após tantos anos de trabalho.

E no fundo acho que tanto ele como sua mulher estão muito, muito aflitos. Roulin frequentemente me fez companhia nesta última semana. Estou totalmente de acordo consigo de que não devemos nos meter em questões de médicos que não nos dizem absolutamente respeito.

Justamente porque você escreveu ao sr. Rey dizendo que em Paris você o apresentaria a Rivet, pelo que entendi, acho que não fiz nada de comprometedor ao dizer-lhe que se ele fosse a Paris me daria um grande prazer se pudesse levar um quadro como lembrança minha para o sr. Rivet.

Naturalmente eu não lhe disse nada além disso, mas o que eu lhe disse é que sempre lamentaria por não ser médico, que os que acreditam que a pintura é bela, fariam melhor em não ver nela mais que um estudo da natureza.

Apesar de tudo é pena que Gauguin e eu tenhamos abandonado talvez rápido demais a questão de Rembrandt e da luz que havíamos iniciado. De Haan e Isaacson continuam aí? Que eles não desanimem. Após minha doença eu naturalmente fiquei com o olho muito, muito sensível. Vi o coveiro de De Haan, do qual ele teve a gentileza de me enviar uma fotografia. Pois bem, parece-me que há um verdadeiro espírito de Rembrandt nesta figura, que parece iluminada pelo reflexo de uma luz emanando do túmulo aberto diante do qual permanece sonâmbulo o citado coveiro.

Isto é feito de uma maneira muito sutil. Eu não trabalho o tema com carvão, e ele, De Haan, usou como meio de expressão justamente o carvão, que além do mais é um material incolor.

Gostaria muito que De Haan visse um estudo meu de uma vela acesa e dois romances (um amarelo e outro rosa) colocados sobre uma cadeira vazia (justamente a cadeira de Gauguin), tela de 30, em vermelho e verde. Acabo de trabalhar ainda hoje em seu *pendant*, minha própria cadeira vazia, uma cadeira de madeira branca com um cachimbo e uma bolsa de tabaco. Nos dois estudos como em outros, procurei um efeito de luz com cor clara, De Haan provavelmente compreenderá o que procuro se você lhe contar o que acabo de escrever.

Por mais comprida que já esteja esta carta, na qual tentei analisar o mês, e na qual reclamo um pouco do estranho fenômeno que é Gauguin ter preferido não falar mais comigo, desaparecendo, resta-me ainda acrescentar algumas palavras de apreço.

O que ele tem de bom é saber administrar maravilhosamente bem a despesa diária.

Enquanto que eu frequentemente fico ausente, preocupado em chegar a um bom *termo*, ele tem mais controle do dinheiro dia a dia.

Mas seu fraco é que, com um coice e um safanão, ele estraga tudo o que havia feito.

Ora, depois de conquistarmos uma posição devemos mantê-la ou desertar? Não quero julgar ninguém por isto, esperando eu próprio não ser condenado no caso de me faltarem as forças, mas se Gauguin tem tantas virtudes assim e tanta capacidade de fazer o bem, como é que ele vai empregá-las?

Não posso mais acompanhar seus atos, e me contenho silenciosamente, contudo, com um ponto de interrogação.

Às vezes ele e eu trocamos ideias sobre a arte francesa, sobre o impressionismo...

Parece-me agora impossível, ou pelo menos bem improvável, que o impressionismo se organize e se acalme.

Por que não aconteceria o que aconteceu na Inglaterra com os pré-rafaelistas?

A sociedade dissolveu-se.

Talvez eu leve essas coisas muito a peito, e talvez eu esteja triste demais. Gauguin alguma vez teria lido *Tartarin nos Alpes*, e se lembraria do ilustre colega tarrasconês de Tartarin, que tinha tal imaginação, que num instante ele havia criado uma Suíça todinha imaginária?

Ele se lembraria do nó numa corda encontrado no alto dos Alpes após a queda?

E você, que tanto gostaria de saber como aconteceram as coisas, já leu o *Tartarin* inteiro?

Isto o ensinaria suficientemente a reconhecer Gauguin.

Exorto-o muito seriamente a rever esta passagem do livro de Daudet.

Você chegou a reparar, quando de sua viagem para cá, no estudo que pintei da diligência de Tarascon, que, como você sabe, é mencionada no *Tartarin caçador de leões*?

E depois, você se recorda do Bompard no *Numa Roumestan* e sua feliz imaginação?

Eis o que ele é, embora de um outro gênero; Gauguin tem uma bela, franca e absolutamente completa imaginação do Midi, e com esta imaginação ele vai agir no norte! Meu Deus! Ainda veremos muitas gracinhas!

E examinando agora, com toda liberdade, nada nos impede de ver nele o tigrezinho bonaparte do impressionismo enquanto... não sei muito bem como dizer isto, seu eclipsamento, digamos, de Arles for comparável ou paralelo à volta do Egito do pequeno caporal supracitado, o qual também voltou depois a Paris, e que sempre abandonava seus exércitos na miséria.

Felizmente, Gauguin, eu e os outros pintores ainda não estamos armados com metralhadoras e outros tão nocivos engenhos de guerra. Eu por mim estou bem decidido a continuar armado apenas com meu pincel e minha pena. A altos brados Gauguin todavia me reclamou em sua última carta "suas máscaras e luvas de esgrima", escondidas no quartinho de minha casinha amarela.

Vou me apressar em lhe devolver por remessa postal estas infantilidades.

Esperando que ele nunca se sirva de coisas mais sérias.

Fisicamente ele é mais forte que nós, suas paixões também devem ser bem mais fortes que as nossas. Ademais ele é pai de família, e depois sua mulher e suas crianças estão na Dinamarca, e simultaneamente ele quer ir para o outro lado do globo, na Martinica. É espantosa toda a reviravolta de desejos e de necessidades incompatíveis que isto deve lhe causar. Eu ousei garantir-lhe que, se ele ficasse tranquilo conosco, trabalhando aqui em Arles sem perder dinheiro, e até ganhando, pois você estava cuidando de seus quadros, sua mulher certamente lhe teria escrito e teria aprovado sua tranquilidade. E tem mais ainda, tem que ele esteve enfermo e gravemente doente, e que era preciso encontrar tanto o mal quanto o remédio. Ora, aqui suas dores já tinham passado. Por hoje chega. Você tem o endereço de Laval, o amigo de Gauguin? Você pode dizer a Laval que eu estou muito espantado que seu amigo Gauguin não lhe tenha levado um retrato meu, que eu lhe destinara. Agora eu o enviarei a você, e você poderá fazê-lo chegar em suas mãos. Tenho um outro, novo, para você também. Ainda uma vez obrigado por sua carta, peço-lhe que reflita que realmente seria impossível viver treze dias com os 23 fr. 50 que me restarão; com vinte francos que você me enviasse na próxima semana eu tentaria conseguir.

Aperto de mão, vou reler mais uma vez sua carta e logo lhe escreverei sobre as outras questões (571).

23 de janeiro de 1889

Ontem Roulin foi embora (naturalmente minha remessa de ontem foi enviada antes da chegada de sua carta esta manhã). Era comovente vê-lo com suas crianças neste último dia, especialmente com a menorzinha, quando ele a fazia rir e pular em seu colo e cantava para ela.

Sua voz tinha um timbre estranhamente puro e emocionado onde havia, ao mesmo tempo, para meus ouvidos, uma suave e aflita canção de ninar e como que uma longínqua ressonância dos clarins da França revolucionária. Entretanto, ele não estava triste, pelo contrário, ele pôs seu uniforme novinho que tinha recebido naquela mesma manhã, e todo mundo o festejava...

Acabo de terminar uma nova tela que tem uma aparenciazinha quase elegante, um cesto de vime com limões e laranjas – um ramo de ciprestes e um par de luvas azuis – você já viu cestos de fruta meus assim...

Ora, fundir suficientemente depressa esses dourados e esses tons de flores não é qualquer um que faz, é preciso toda a energia e toda atenção de um indivíduo inteiro.

Quando depois da doença revi minhas telas, a que me pareceu melhor foi a do meu quarto...

Estou fazendo o retrato da senhora Roulin em que estava trabalhando antes de ficar doente.

Eu tinha disposto nele os vermelhos desde o rosa até o laranja, o qual chegava aos amarelos até o limão com verdes claros e escuros.

Eu teria muito prazer em terminar isto, mas receio que ela não vá mais querer posar com seu marido ausente.

Você pode ver que a partida de Gauguin é terrível, justamente porque novamente deita fora todos os esforços que fizemos para criar e mobiliar a casa que hospedaria os amigos em seus piores dias.

Embora ainda assim conservemos os móveis, etc. E por mais que hoje todo mundo tenha medo de mim, com o tempo isto poderá desaparecer...

Pois bem, siga este caminho.

Durante minha doença revi cada quarto de nossa casa em Zundert, cada atalho, cada planta do jardim, o aspecto dos campos da vizinhança, os vizinhos, o cemitério, a igreja, nossa horta atrás – até mesmo o ninho de corvo numa grande acácia no cemitério.

Isto porque eu ainda tenho daqueles dias as mais primitivas lembranças de todos vocês; para lembrar-se de tudo isto, só a mãe e eu.

Não vou insistir nisto, pois é melhor que eu não tente relembrar tudo o que então me passou pela cabeça.

Mas, se você quiser, você pode expor as duas telas de girassóis.

Gauguin ficaria contente em receber uma, e eu gosto da ideia de dar a Gauguin um prazer de certo valor. Então ele deseja uma destas duas telas, pois bem, refarei uma das duas, a que ele desejar.

Você verá que estas telas saltarão aos olhos. Mas eu o aconselho a ficar com elas, para sua intimidade com sua mulher.

É uma pintura de aspecto um pouco mutante, que ganha riqueza ao olhar-se mais detidamente.

Você sabe aliás que Gauguin gosta extraordinariamente delas. Entre outras coisas ele me disse "isto... é... a flor".

Você sabe que Jeannin tem a peônia, que Quost tem a malva rosa, mas eu tenho um pouco o girassol.

Você viu, quando de sua visita apressada, o retrato em negro e amarelo da sra. Ginoux?

Este retrato foi pintado em três quartos de hora. É preciso que eu termine agora (573).

Tenho uma tela de *Berceuse*[28], exatamente aquela na qual eu estava trabalhando quando a doença veio me interromper. Desta agora eu também tenho duas cópias.

Acabo de dizer a Gauguin a respeito dessa tela que, tendo ele e eu conversado sobre os pescadores da Islândia e de seu melancólico isolamento, expostos a todos os perigos, sós no mar triste, *acabo de dizer* a Gauguin que a partir destas conversas íntimas veio-me a ideia de pintar um quadro tal que os marinheiros, ao mesmo tempo mártires e crianças, vendo-o na cabine de um barco de pescadores da Islândia, experimentassem um sentimento de acalanto que lhes recordasse suas canções de ninar.

Agora isto se parece, se assim o quisermos, a uma cromolitografia de bazar. Uma mulher vestida de verde com cabelos alaranjados destaca-se contra um fundo verde com flores rosa. Agora estes disparates agudos de rosa cru,

28. *Berceuse* é tanto a cantiga de ninar quanto a mulher que acalanta as crianças. (N.E.)

laranja cru, verde cru são suavizados pelos bemóis dos vermelhos e dos verdes.

Imagino essas telas precisamente entre as dos girassóis, que assim formam lampadários ou candelabros a seu lado, do mesmo tamanho, e o conjunto compondo-se assim de sete ou nove telas.

(Gostaria de fazer mais uma cópia para a Holanda se conseguir de novo o modelo.)

Como continuamos no inverno, escutem, deixem-me continuar tranquilamente meu trabalho, se for um trabalho de louco, meu Deus! tanto pior. Nada posso fazer então.

As alucinações intoleráveis contudo passaram, reduzindo-se atualmente a um simples pesadelo, de tanto tomar brometo de potássio, eu acho...

E mais uma vez ou tranquem-me logo numa casa de loucos, não me oponho caso eu estiver enganado, ou deixem-me trabalhar com todas as minhas forças, tomando as precauções que mencionei. Se eu não estiver louco, chegará o momento em que lhe enviarei o que desde o começo eu lhe havia prometido. Ora, os quadros talvez fatalmente terão que se dispersar, mas quando você vir o conjunto do que estou pretendendo, atrevo-me a crer que terá uma impressão consolado...

Você terá sido pobre todo o tempo para me alimentar, mas eu ou devolverei o dinheiro ou entregarei a alma. Agora chegará sua mulher que tem bom coração, para rejuvenescer-nos um pouco, os velhos...

O que lhe digo é verdade. Se não for absolutamente necessário trancar-me numa casa de loucos, então eu ainda estou bom o suficiente para pagar, ao menos em mercadorias, as dívidas que me tentaram. E terminando, devo ainda lhe dizer que o comissário central de polícia veio muito amigavelmente me visitar ontem. Ele me disse, ao apertar minha mão, que se alguma vez eu precisasse dele poderia consultá-lo como *amigo*. Coisa que estou longe de recusar, pois justamente logo eu poderia estar nesse caso, se surgissem dificuldades quanto à casa.

Estou aguardando o momento de pagar o aluguel, para ter uma entrevista com o gerente ou o proprietário cara a cara.

Mas para me pôr para fora eles teriam dificuldades, pelo menos neste momento...

O trabalho justamente me distrai. E eu *preciso* de distrações – ontem fui às Folies Arlésiennes, o novo teatro daqui – foi a primeira vez que eu dormi sem pesadelos mais sérios. Representava-se (era uma sociedade literária provençal) o que se chama de um *Natal* ou uma *Pastoral*, uma reminiscência do teatro medieval cristão. Foi muito ensaiado e deve ter-lhe custado bastante dinheiro.

Naturalmente representava-se o nascimento de Cristo, entremeado pela história burlesca de uma família de camponeses provençais embasbacados.

Bom – o que era tão surpreendente quanto uma água-forte de Rembrandt – era a velha camponesa, uma mulher igualzinha à sra. Tanguy, uma cabeça dura de pedra, falsa, traiçoeira, louca; tudo isto se percebia no decorrer da peça.

Ora, sendo ela, na peça, levada frente à manjedoura, com sua voz trêmula pôs-se a cantar e então sua voz mudou, mudou de bruxa para anjo, e de voz de anjo para voz de criança, e depois a resposta de uma outra voz, esta firme e calorosamente vibrante, uma voz de mulher atrás dos bastidores.

Foi surpreendente. Aliás posso dizer-lhe que os assim chamados "prosadores" esforçaram-se bem.

Eu, nesta regiãozinha aqui, não preciso nem um pouco ir para os trópicos. Acredito e sempre acreditarei na arte a se criar nos trópicos, e acho que será maravilhosa, mas, enfim, pessoalmente eu estou muito velho e (especialmente se eu pusesse uma orelha de papel) muito esquecido para ir.[29]

Gauguin o fará? Não é necessário. Pois se isto tiver que acontecer, acontecerá sozinho.

Não somos mais que elos da corrente.

Este bom Gauguin e eu no fundo nos compreendemos, e se somos um pouco loucos, que seja; não somos também

29. A expressão "*Je suis trop en carton*", literalmente, " eu sou muito de papelão", significa ficar/estar esquecido. Van Gogh faz um jogo de palavras com a suposta orelha de papel que colocaria no lugar da orelha que havia cortado, e o fato de estar esquecido no Midi. (N.T.)

um pouco artistas o suficiente para contrabalançar as inquietações a este respeito pelo que dizemos com o pincel?

Todo mundo talvez um dia sofra de neurose, de histeria, de epilepsia, ou outra coisa.

Mas não há compensação? Em Delacroix, em Berlioz e Wagner? E é real essa loucura artística de nós todos, não nego que sobretudo eu não tenha sido atingido até a medula; mas digo e sustento que nossas compensações e consolos podem, com um pouco de boa vontade, ser considerados como amplamente preponderantes.

Sempre seu,

VINCENT (574).

30 de janeiro de 1889

Comecei hoje uma terceira *Berceuse*. Sei muito bem que isto não está tão desenhado e nem pintado tão corretamente quanto um Bouguereau, o que quase lamento, tendo o sério desejo de ser correto. Mas isto fatalmente não sendo nem um Cabanel, nem um Bouguereau, ao menos espero que seja bem francês.

Hoje tivemos um tempo magnífico, sem vento, e estou com tanto desejo de trabalhar que fiquei surpreso, pois não contava mais com isto.

Terminarei esta carta como a de Gauguin, dizendo-lhe que certamente ainda há vestígios da superexcitação precedente em minhas palavras, mas isto nada tem de surpreendente já que nesta boa região tarasconesa todo mundo é um pouco doido (575).

3 de fevereiro de 1889

Talvez haja na *Berceuse* um pequeno ensaio de *música* da cor daqui; é mal pintada e tecnicamente os cromos de bazar são infinitamente melhor pintados, mas ainda assim...

Quando eu saí do hospital com o bom Roulin, eu imaginava que não tinha tido nada, somente *depois* é que percebi que eu estivera doente. O que você quer? Há momentos em que eu fico tomado pelo entusiasmo ou pela loucura ou pela profecia como um oráculo grego em seu trípode.

Tenho então muita presença de espírito com as palavras e falo como as arlesianas, mas sinto-me tão fraco com tudo isto...

Devo dizer que os vizinhos, etc., são de uma bondade particular comigo, como todo mundo aqui sofre seja de febre, seja de alucinação ou loucura, entendemo-nos como gente da mesma família. Ontem fui rever a moça onde eu tinha ido no meu desvario, disseram-me lá que coisas assim, aqui na região, não têm nada de surpreendente. Ela tinha sofrido e tinha desmaiado, mas já tinha se acalmado. Aliás falam bem dela.

Quanto a considerar-me totalmente são, não devemos fazê-lo. As pessoas da região que são doentes como eu falam a verdade. Podemos viver, muito ou pouco, mas sempre haverá momentos em que perderemos a cabeça. Peço-lhe portanto que não diga que eu não tenho nada, ou não teria nada[30] (576).

Fevereiro de 1889

Meu caro Theo,

Enquanto eu estava completamente fora de mim teria sido vão tentar escrever-lhe para responder sua boa carta. Hoje acabo de voltar provisoriamente para casa, espero que de uma vez. Há tantos momentos em que me sinto completamente normal, e precisamente me parece que, se o que tenho não é mais que uma doença peculiar da região, é preciso esperar tranquilamente aqui até que isto termine, mesmo que volte a repetir-se (o que não será o caso, suponhamos).

Mas eis o que digo de uma vez por todas a você e ao sr. Rey. Se cedo ou tarde for desejável que eu vá a Aix, como já se falou, consinto de antemão e me submeterei.

---

30. No decorrer do mês de fevereiro, o estado de Vincent se agravou. Ele imaginava que queriam envenená-lo. Theo, não tendo mais notícias de Arles, telegrafou e recebeu, em 13 de fevereiro, a seguinte resposta do dr. Rey: "Vincent bem melhor. Esperando curá-lo, mantivemo-lo aqui. Por hora fique tranquilo". Alguns dias mais tarde, uma carta de Vincent chegava a Theo. (N.E.)

Mas na minha qualidade de pintor e de operário não é licito a ninguém, nem mesmo a você ou ao médico, tomar tal atitude sem prevenir-me e consultar-*me* sobre isso, mesmo porque, tendo até o momento sempre conservado uma presença de espírito relativa quanto ao meu trabalho, tenho o direito de dizer (ou ao menos opinar sobre) o que seria melhor, se manter meu ateliê aqui ou mudar completamente para Aix. Isto a fim de evitar tanto quanto possível as despesas e perdas de uma mudança, e de só fazê-la em caso de absoluta urgência.

Parece que corre entre as pessoas daqui uma lenda que as faz ter medo da pintura, e que na cidade andam falando nisso. Bom, eu sei que na Arábia é a mesma coisa, e contudo temos um monte de pintores na África, não é verdade?

O que prova que com um pouco de firmeza podemos modificar estes preconceitos, ou ao menos continuar pintando ainda assim.

O mal é que estou bastante propenso a me deixar impressionar, a sentir eu próprio as crenças de outrem e a nem sempre questionar o fundo de verdade que possa existir no absurdo.

Aliás Gauguin também é assim, como você pôde observar ele mesmo também andava cansado quando de sua temporada aqui, por não sei que enfermidade.

Tendo já ficado mais de um ano aqui, tendo ouvido falar praticamente todo o mal possível sobre mim, sobre Gauguin, sobre a pintura em geral, por que eu não aceitaria as coisas tais como são, enquanto aguardo a partida daqui? Ou acaso eu poderia ir para algum lugar pior do que aquele em que já estive por duas vezes, no hospício?

As vantagens em ficar aqui são que, como diria Rivet, em primeiro lugar "aqui eles são todos doentes" e então ao menos não me sinto só.

E depois, como você bem sabe, gosto muito de Arles, embora Gauguin tenha uma tremenda razão em chamá-la de a mais suja cidade de todo o Midi.

E encontrei tantas amizades já entre os vizinhos, junto ao sr. Rey, e aliás entre todo mundo no hospício, que realmente eu preferiria continuar a ficar doente aqui, que esquecer a bondade destas mesmas pessoas que têm os mais incríveis preconceitos para com os pintores e a pintura, ou que, em todo caso, não têm dela nenhuma ideia mais clara ou sadia como nós.

Depois, no hospício eles agora me conhecem, e se isto voltasse a me atacar, aconteceria em silêncio, e no hospício eles saberiam o que fazer. Não tenho o menor desejo e nem vejo a necessidade de ser tratado por outros médicos (577).

22 de fevereiro de 1889

Bom – afinal há tantos pintores que de um modo ou de outro são doidos, que pouco a pouco me consolarei.

Mais que nunca eu compreendo os sofrimentos de Gauguin, que pegou a mesma coisa nos trópicos, uma sensibilidade excessiva. No hospital justamente eu vi uma negra doente, que lá permanece e trabalha como servente. Diga-lhe isto.

Se você dissesse a Rivet que está tão preocupado comigo, certamente ele o tranquilizaria dizendo-lhe que, porque há tanta simpatia e comunhão de ideias entre nós, você sente um pouco a mesma coisa. Não pense tanto em mim, como uma ideia fixa, aliás; sabendo-o calmo, eu me viraria melhor. Aperto-lhe a mão em pensamento; você é muito bom ao dizer que eu poderia ir a Paris, mas penso que a agitação de uma cidade grande nunca valerá nada para mim, até breve (578).

19 de março

Pareceu-me ver em sua bondosa carta tanta angústia fraterna contida, que sinto ser meu dever romper meu silêncio. Escrevo-lhe de plena posse de minha presença de espírito e não como um louco, mas como o irmão que você conhece. Eis a verdade. Um certo número de pessoas daqui endereçou ao prefeito[31] (acho que ele se chama sr. Tardieu) uma petição (eram mais de oitenta assinaturas) me indicando como um homem indigno de viver em liberdade, ou algo assim.

31. O *maire* é o presidente das câmaras municipais na França e acumula algumas funções executivas a nível municipal. (N.T.)

O comissário de polícia ou o comissário central deu então ordem de me internarem de novo.

Tanto é que aqui estou por longos dias sob chaves, ferrolhos e guardas no hospício, sem que minha culpabilidade tenha sido provada ou sequer seja provável.

Não é preciso dizer que no íntimo de minha alma tenho muito o que dizer a respeito disso tudo. Não é preciso dizer que não adiantaria me zangar, e que me pareceria, num caso semelhante, que excusar-me seria me acusar.

Somente para adverti-lo que libertar-me – primeiro eu não o peço, estando convencido de que toda esta acusação vai se reduzir a nada.

Somente, eu dizia, você vai achar difícil me libertar. Se eu não contivesse minha indignação eu seria imediatamente considerado louco perigoso. Esperemos com paciência, aliás emoções fortes só poderiam agravar meu estado. É por isto que eu lhe peço pela presente que os deixe fazer e não se envolva.

Fique sabendo que isto talvez complicasse e embrulhasse a coisa.

Ainda mais porque você compreenderá que eu, mesmo estando totalmente calmo neste momento, posso facilmente recair num estado de superexcitação com novas emoções morais.

Assim você pode imaginar que duro golpe em pleno peito foi saber que havia aqui tantas pessoas covardes o bastante para se unirem em tão grande número contra um só, e ainda por cima doente.

Bom – para seu governo, quanto ao meu estado moral, estou muito abalado, mas reencontro apesar de tudo uma certa calma para não me zangar.

Aliás, a humildade me convém após a experiência de ataques repetidos. Portanto, não perco a paciência.

O principal, nunca é demais dizê-lo, é que você também se mantenha calmo e que nada o atrapalhe em seus negócios. Depois de seu casamento poderemos nos ocupar em tirar tudo isto a limpo, e enquanto, palavra!, deixe-me aqui tranquilamente. Estou convencido de que o senhor prefeito, assim como o comissário, são na verdade amigos e que farão todo o possível para arranjar isso tudo.

Aqui, exceto a liberdade, exceto muitas outras coisas que eu gostaria que fossem diferentes, não estou muito mal.

Aliás eu lhes disse que nós não estávamos em condições de suportar as despesas. Não posso me mudar sem despesas, ora, já faz três meses que eu não trabalho e perceba que eu poderia estar trabalhando, se eles não tivessem me exasperado e me incomodado.

Como vão a mãe e a irmã?

Não tendo nada mais com que me distrair – proíbem-me até mesmo de fumar, o que no entanto é permitido aos outros doentes –, não tendo nada mais a fazer, penso em todos os conhecidos, o dia inteiro e a noite inteira.

Que miséria – e tudo isso por nada, por assim dizer.

Não lhe escondo que eu teria preferido morrer a causar e sofrer tanto estorvo.

O que você quer? Sofrer sem reclamar é a única lição que se deve aprender nesta vida.

Agora, com tudo isto, se devo retomar minha tarefa de pintar, naturalmente preciso de meu ateliê, dos móveis, pois certamente não temos com que renová-lo, em caso de perda. Ficar novamente reduzido a viver em hotéis, você sabe que meu trabalho não o permite, é preciso que eu tenha meu canto fixo.

Se estes senhores daqui protestam contra mim, eu também protesto contra eles, e só lhes resta me ressarcir por perdas e danos amigavelmente, enfim, só lhes resta devolver-me o que perderei por sua culpa e ignorância.

Se – suponhamos – eu ficasse alienado de uma vez, claro, não digo que isto seja impossível, seria preciso em todo caso cuidar de mim de outra forma, devolver-me a liberdade, meu trabalho, etc.

Então – palavra – eu me resignaria.

Mas não se trata nem mesmo disso, e se me deixassem tranquilo, há muito tempo eu já estaria recuperado. Criticam-me porque fumei e bebi, bom, mas o que você quer, com toda sua sobriedade no fundo eles só me causam novas misérias. Meu caro irmão, talvez o melhor seja zombar de nossas pequenas misérias e também um pouco das grandes misérias da vida humana. Siga seu caminho de homem e não perca de vista seus objetivos. Nós, artistas da sociedade atual, não somos mais que uns vasos quebrados. Como eu gostaria de lhe enviar minhas telas, mas tudo está debaixo de chaves, ferrolhos, polícia e grades. Não venha me libertar, tudo se arranjará sozinho, apenas avise Signac para que ele não se meta, pois isso seria pôr a mão no vespeiro – antes que eu escreva de novo. Em pensamentos aperto sua mão bem cordialmente, cumprimente sua noiva, a mãe e a irmã (579).

Essas emoções repetidas e inesperadas, se tivessem que continuar, poderiam transformar uma perturbação mental passageira e momentânea numa doença crônica.

Estou certo de que, se nada atrapalhar, atualmente estou em condições de fazer o mesmo trabalho, e até melhor quanto aos pomares, do que o que eu fiz no ano passado.

Sejamos agora firmes tanto quanto possível e em suma não nos deixemos atrapalhar tanto. Desde o começo eu tive uma oposição bem maldosa aqui. Todo este barulho naturalmente fará bem ao "impressionismo", mas você e eu, pessoalmente, sofreremos por um monte de putos e de covardes (580).

24 de março

Meu caro Theo,

Escrevo-lhe para dizer que vi Signac, o que me fez um bem considerável. Ele foi muito valoroso, muito correto e muito simples quando se apresentou o problema de abrir ou não à força a porta fechada pela polícia, que tinha arrebentado a fechadura. Começaram por não querer deixar-nos fazer, e contudo afinal entramos. Dei-lhe como lembrança uma natureza-morta que tinha exasperado os bons guardas da cidade de Arles, só porque ela representava dois arenques defumados, que, como você sabe, são chamados de guardas. Você não ignora que em Paris fiz duas ou três vezes esta mesma natureza-morta, que na época inclusive troquei por um tapete. Isto basta para lhe dizer no que é que se metem essas pessoas e como elas são idiotas.

Acho Signac bem calmo, e dizem que ele é tão violento; ele me deu a impressão de ser alguém que tem firmeza e equilíbrio, eis tudo. Raramente ou nunca eu tive com um impressionista uma conversa de ambas as partes tão sem desacordos ou choques aborrecidos. Assim é que ele foi ver Jules Dupré e o reverencia. Sem dúvida você contribuiu para que ele viesse melhorar um pouco meu moral, obrigado por isto. Aproveitei a minha saída para comprar um livro: *Os da Gleba*, de Camille Lemonnier. Já devorei dois capítulos – é de uma nobreza, é de uma profundidade! Aguarde, eu o enviarei. É a primeira vez depois de muitos meses que eu pego um livro nas mãos. Isto me diz muito e me cura consideravelmente.

Na verdade há muitas telas a lhe enviar, como Signac pôde constatar; minha pintura não o espanta, pelo que me pareceu. Signac achou, e é perfeitamente verdade, que eu parecia estar bem.

Com isto voltam-me o desejo e o gosto pelo trabalho. Só que naturalmente se eu tiver que diariamente enfrentar, no meu trabalho e na minha vida, a encheção de saco dos policiais e dos peçonhentos e vagabundos eleitores municipais, que peticionam contra mim a seu prefeito, eleito por eles mesmos e que por consequência os escuta, não será mais que humano de minha parte que eu sucumba de novo. Signac, sou levado a crer, dir-lhe-á qualquer coisa no mesmo sentido.

Na minha opinião é preciso decididamente opor-se à perda do mobiliário, etc. Depois – por Deus! – preciso de minha liberdade para exercer minha profissão.

O sr. Rey diz que ao invés de comer bastante e regularmente eu me mantive principalmente com café e álcool. Admito tudo isto, mas não é menos verdade que para atingir o alto tom amarelo que eu atingi neste verão, bem que foi preciso subir um pouco o moral. Que afinal o artista é um homem que trabalha, e definitivamente não é o primeiro pateta a aparecer que o vencerá.

É preciso que eu sofra a prisão ou o hospício? Por que não? Rochefort, Hugo, Quinet e outros não deram um exemplo eterno sofrendo o exílio, e o primeiro até mesmo o banimento?

Mas só o que eu quero dizer é que isto está acima da questão da doença e da saúde.

Naturalmente fica-se fora de si em casos similares – não digo casos iguais, ocupando eu um lugar bem inferior e secundário, mas digo similares.

E eis a causa primeira e última de meu desvario.

Você conhece esta frase de um poeta holandês:

"Ik ben aan d'aard gehect met meer dan aardsche banden".[32]

É o que senti com muita angústia – antes de mais nada – em minha doença mental.

Infelizmente tenho uma profissão que não conheço o suficiente para me exprimir como desejaria.

Paro por aqui com medo de recair, e passo a outro assunto.

Você poderia me enviar antes de sua partida:

3 tubos branco de zinco,

1 tubo mesmo tamanho cobalto,

1 tubo mesmo tamanho ultramar,

4 tubos mesmo tamanho verde-Véronèse,

1 tubo mesmo tamanho verde esmeralda,

1 tubo mesmo tamanho mina laranja.

Isto para o caso – provável, se eu tiver meios de retomar meu trabalho – de daqui a pouco eu voltar a trabalhar nos pomares. Ah, se nada tivesse aparecido para me encher o saco!

Reflitamos bem antes de ir para outro lugar. Você está vendo que no Midi eu não tive muito mais sorte que no norte. Em todo lugar é mais ou menos a mesma coisa.

Penso em aceitar decididamente minha profissão de louco, assim como Degas tomou a forma de um escrivão. Mas acontece que eu não sinto ter toda a força necessária para desempenhar tal papel.

Você me fala sobre o que chama de "o verdadeiro Midi". Acima o motivo pelo qual eu nunca irei para lá. Deixo isto, como convém, para pessoas mais completas, mais perfeitas que eu. Eu por mim sou bom só para algo intermediário, de segunda importância e apagado.

---

32. Estou ligado à terra por laços mais que terrestres. (N.E.)

Por mais intensa que possa ser minha sensibilidade, ou por mais que meu poder de expressão possa adquirir numa idade em que as paixões materiais ficam mais extintas, jamais eu poderia, sobre um passado tão carcomido e abalado, erguer um edifício predominante.

Portanto o que me acontecer me é mais ou menos indiferente – inclusive ficar aqui –, acho que ao fim e ao cabo meu destino se equilibrará. Portanto cuidado com atitudes impensadas – você se casando, eu ficando velho –, é a única política que nos convém.

Até breve, espero, escreva-me sem tardar e creia-me, após pedir-lhe que dê minhas recomendações à mãe, à irmã e à noiva, seu irmão que lhe quer bem.

Ah, não posso esquecer de lhe dizer uma coisa na qual pensei muito frequentemente. Totalmente por acaso, encontrei num artigo de um jornal velho uma frase escrita numa tumba antiga aqui nos arredores, em Carepentas.

Eis este epitáfio muito, muito, muito antigo, do tempo, digamos, da Salambo de Flaubert.

"Tebas, filha de Telhui, sacerdotisa de Osiris, que jamais reclamou de ninguém."

Se você vir Gauguin, conte-lhe isto. E eu pensava numa mulher envelhecida; você tem aí o estudo dessa mulher que tinha os olhos tão estranhos e que eu tinha achado por outro acaso.

Que significa "ela jamais reclamou de ninguém"? Imaginem uma eternidade perfeita, por que não, mas não se esqueçam que a realidade destes séculos antigos tinha isto: "ela nunca reclamou de ninguém".

Você lembra que um domingo o bom Thomaz veio nos ver e disse "ah, mas – são mulheres assim que os excitam?"

Não, não é precisamente que nos excitem sempre, mas, afinal, de tempos em tempos na vida, nos sentimos pasmos como se deitássemos raízes no chão.

Agora você me fala do "verdadeiro Midi" e eu dizia que afinal me parecia que isso era mais para pessoas mais completas que eu. O "verdadeiro Midi" não será talvez o lugar onde encontraríamos razão, paciência e serenidade suficientes para tornarmo-nos como esta boa "Tebas, filha de Telhui, sacerdotisa de Osiris, que jamais reclamou de ninguém"?

Face a isto, sinto-me como não sei qual ser ingrato.

A você e sua mulher, por ocasião de seu casamento, esta é a felicidade, a serenidade que eu lhes desejarei, que tenham intimamente este verdadeiro Midi na alma.

Se eu quiser que esta carta parta hoje, é preciso que eu a termine; aperto de mão, boa viagem, recomendações à mãe e à irmã.

Sempre seu,

VINCENT (582).

Começo de abril de 1889

Estou bem estes dias, a não ser um certo fundo de vaga tristeza difícil de definir – mas enfim –, recuperei mais forças fisicamente do que perdi, e estou trabalhando.

Tenho justamente no cavalete um pomar de pessegueiros à beira de um caminho com os Alpines ao fundo. Parece que saiu um belo artigo sobre Monet no *Figaro*; Roulin leu e ficou impressionado, pelo que me dizia...

Felizmente o tempo está bonito e o sol glorioso e as pessoas daqui rapidamente esquecem por um instante todas as suas preocupações e então irradiam alegria e ilusões.

Reli estes dias *Os contos de Natal* de Dickens, onde há coisas tão profundas, que é preciso frequentemente reler, tem enormes afinidades com Carlyle.

Roulin, mesmo não tendo idade suficiente para ser para mim como um pai, tem para mim contudo severidades silenciosas e ternuras iguais às de um velho guerreiro para com um jovem.

Sempre – mas sem nenhuma palavra – um não sei que que parece significar: não sabemos o que nos acontecerá amanhã, mas seja como for, pense em mim. E isto faz bem quando vem de um homem que não é nem amargo, nem triste, nem perfeito, nem feliz e nem sempre irrepreensivelmente justo. Mas tão bondoso e tão cordato e tão comovido e tão ingênuo. Escute, eu não tenho o direito de me queixar de quem quer que seja em Arles, quando penso em certas pessoas que aqui vi e que jamais poderei esquecer (583).

Signac me pediu para encontrá-lo em Cassis, mas levando em conta que já temos despesas o suficiente sem isto, independente do que eu ou você façamos, isso está acima de nossos meios (584).

21 de abril de 1889

No fim do mês eu desejaria ir novamente para o hospício em Saint-Rémy ou para uma outra instituição deste tipo da qual o senhor Salles me falou. Dispense-me

de entrar em detalhes para argumentar todos os prós e os contras de tal atitude.

Falar disto me exasperaria muito.

Bastará, espero, que eu diga que me sinto decididamente incapaz de recomeçar a reinstalar um novo ateliê, e de ficar sozinho, aqui em Arles ou em qualquer parte, no momento tanto faz; tentei me acostumar à ideia de recomeçar, entretanto no momento, impossível.

Eu teria medo de perder a faculdade de trabalhar, que agora está me voltando, forçando-me e tendo, além do mais, de carregar nas costas todas as outras responsabilidades de ter um ateliê.

E provisoriamente desejo ficar internado tanto para minha própria tranquilidade quanto para a dos outros.

O que me consola um pouco é que estou começando a considerar a loucura como uma doença qualquer, e aceito a coisa como ela é, enquanto que, durante as crises, parecia-me que tudo o que eu imaginava era real. Enfim, justamente eu não quero nem pensar e nem falar nisso. Poupe-me das explicações, mas peço a você e aos srs. Salles e Rey que ajam de maneira que fim do mês ou começo de maio eu vá para lá como pensionista internado.

Recomeçar esta vida de pintor que eu tive até hoje, logo isolado, no ateliê, e sem outro recurso para me distrair a não ser ir a um café ou a um restaurante sob a crítica de todos os vizinhos, etc., *eu não aguento mais;* ir viver com outra pessoa, mesmo que fosse um outro artista – difícil, muito difícil –, é tomar para si uma responsabilidade grande demais. Não me atrevo sequer a pensar.

Enfim comecemos por três meses, depois veremos, ora a pensão deve ser de uns oitenta francos, e eu farei um pouco de pintura e desenho sem pôr tanto furor quanto no ano passado. Não se magoe com tudo isto. Esses dias, mudando, transportando todos os móveis, embalando as telas que lhe enviarei, foi triste, mas me parecia muito mais triste o fato de que isto me foi dado com tanta fraternidade por você, e que durante tantos anos foi no entanto você sozinho quem me sustentou, e afinal ser obrigado a vir lhe contar toda esta triste história; mas me é difícil exprimir isto como eu o sentia. A bondade que você teve para comigo não se perdeu, pois você a teve e isto permanece sendo seu, e mesmo que os resultados materiais fossem nulos, é razão a mais para que isto permaneça sendo seu, mas eu não consigo dizer isto como o sentia.

Agora, você entende que, se o álcool foi certamente uma das grandes causas da minha loucura, ela veio então muito lentamente, e também será lentamente que ela desaparecerá, se é que ela desaparecerá, é claro. Ou se isso vem do fumo, mesma coisa. Mas não espero mais que isto – esta cura –, a horrível superstição de certas pessoas quanto ao álcool, de forma que elas mesmas se aproveitam para jamais beber ou fumar.

Já nos é recomendado não mentir, não roubar, etc., não cometer outros grandes ou pequenos crimes e seria muito complicado se fosse absolutamente indispensável não ter nada além de virtudes numa sociedade na qual estamos indubitavelmente muito enraizados, seja ela boa ou ruim.

Asseguro-lhe que nesses dias estranhos em que muitas coisas me parecem esquisitas, pois minha cabeça está agitada, não chego a detestar o pai Pangloss...

Mas você me prestará um serviço tratando decididamente a questão com o sr. Salles e o sr. Rey.

Parece-me que com uma pensão de uns setenta e cinco francos por mês deve haver meios de me internar de maneira a que eu tenha tudo o que preciso.

Depois eu gostaria muito, se a coisa for possível, de poder sair durante o dia para ir desenhar ou pintar ao ar livre.

Uma vez que, aqui, eu agora saio todos os dias e acredito que isso possa continuar.

Pagando mais, advirto-lhe que eu ficaria menos feliz. A companhia dos outros doentes, você compreende, não me é nada desagradável, ao contrário, me distrai.

A alimentação trivial me cai muito bem, especialmente se lá me dessem, como aqui, um pouco mais de vinho que de costume, meio litro ao invés de um quarto, por exemplo.

Quanto a um aposento individual, é preciso saber como serão os regulamentos de uma instituição destas. Saiba que Rey está sobrecarregado de trabalho, sobrecarregado; se ele lhe escrever, ou o sr. Salles, é melhor fazer exatamente o que eles disserem. Enfim, é preciso resignar-se, meu caro, com as doenças de nosso tempo – no fundo, não é mais que justo que, tendo vivido anos com a saúde relativamente boa, cedo ou tarde paguemos o tributo. Você percebe que, para mim, se me fosse dado escolher, eu não teria escolhido precisamente a loucura, mas uma vez que pegamos um negócio desses, de nada adianta nos enganarmos. Entretanto talvez me reste ainda assim o consolo de poder continuar a trabalhar um pouco na pintura. Como você fará para não dizer a sua mulher nem muito bem e nem muito mal de Paris e de uma porção de coisas?

Você se sente de antemão totalmente capaz de sempre conservar exatamente a justa medida sob todos os pontos de vista?

Aperto-lhe a mão em pensamentos, não sei se lhe escreverei muito, muito frequentemente, pois nem todos os meus dias são suficientemente lúcidos para escrever com alguma lógica.

Todas as suas bondades para comigo, hoje eu as achei maiores do que nunca, não consigo dizer-lhe como eu o sinto, mas eu lhe asseguro que essa bondade foi de um bom quilate, e se você não vê seus resultados, meu caro irmão, não se atormente por isto, sua bondade permanecerá.

Apenas transfira para sua mulher esta afeição tanto quanto possível. E se nos correspondermos um pouco menos, você verá que, se ela é tal qual a imagino, ela o consolará. Eis o que espero. Rey é um homem bem valoroso, terrivelmente trabalhador, sempre na labuta. Que gente, os médicos de hoje!

Se você vir Gauguin, ou se lhe escrever, mande lembranças de minha parte. Eu ficaria muito contente em ter notícias sobre o que você diz da mãe e da irmã, e se elas estão bem, diga-lhes para levarem minha história – por Deus, como uma coisa com a qual elas não devem se afligir demais, pois sou infeliz relativamente, mas enfim, talvez apesar disso ainda me restem alguns anos razoavelmente comuns pela frente. É uma doença como outra qualquer e atualmente quase todos os amigos que conhecemos tem alguma coisa. Assim, vale a pena ficar falando? Lamento criar estorvos ao sr. Salles, a Rey e especialmente a você, mas o que você quer, a cabeça não está suficientemente equilibrada para recomeçar como antes – portanto a questão é não mais fazer cenas em público e naturalmente, estando agora um pouco calmo, sinto perfeitamente que eu estava num estado doentio moral e fisicamente. E as pessoas então foram boas comigo, as que eu me lembro e o resto, enfim, eu causei inquietações e se estivesse num estado normal nada disto teria acontecido desta maneira. Adeus, escreva quando puder.

Sempre seu,

VINCENT (585).

29 de abril de 1889

Fui visitar o sr. Salles com sua carta para o diretor do asilo de Saint-Rémy, e ele vai para lá hoje mesmo, assim fim de semana tudo estará arranjado, espero. Eu não ficaria infeliz nem desgostoso se daqui a algum tempo pudesse me alistar na legião estrangeira por cinco anos (aceitam até os quarenta anos, acho). Minha saúde do ponto de vista físico está melhor que antes, e talvez prestar o serviço me fizesse mais bem que todo o resto. Enfim, não digo que se deva ou que se possa fazer isto sem refletir e sem consultar um médico, mas, enfim, é preciso levar em conta que qualquer coisa que façamos não será tão boa quanto esta.

Agora, se não, naturalmente enquanto for possível me restará a pintura e o desenho, o que estou longe de recusar. Ir a Paris ou a Pont-Aven eu não me sinto capaz, aliás na maior parte do tempo eu não tenho nenhum desejo ou pesar muito forte.

Às vezes, assim como as ondas se abatem desesperadas contra as surdas falésias, uma tormenta de desejo de abraçar alguma coisa, uma mulher tipo galinha; mas, enfim, é preciso entender isto pelo que é, um efeito de superexcitação histérica mais que uma correta visão da realidade...

Ah! meu caro Theo, se você visse as oliveiras nesta época!... A folhagem prata velha e prata verdejante contra o azul. E a terra lavrada alaranjada. É algo totalmente diferente do que se imagina no norte, é de uma delicadeza, de uma distinção!

É como os salgueiros despojados de nossas campinas holandesas ou os arbustos de carvalho de nossas dunas, isto é, o murmúrio de um bosque de oliveiras tem algo de muito íntimo, de imensamente velho. É muito bonito para que eu me atreva a pintar ou possa conceber. O loureiro-rosa – ah! – fala de amor e é belo como o *Lesbos* de Puvis de Chavannes, onde havia as mulheres à beira do mar. Mas a oliveira é ainda outra coisa, é, se quisermos comparar a algo, um Delacroix (587).

30 de abril de 1889

Como Delacroix tinha razão, alimentando-se somente de pão e vinho e conseguindo achar uma maneira de viver em harmonia com sua profissao. Mas sempre sobra a fatal questão do dinheiro – Delacroix tinha rendas. Corot também. E Millet – Millet era camponês e filho de camponeses...

A água de uma inundação chegou a alguns passos da casa, motivo a mais para que a casa, tendo ficado sem fogo na minha ausência, no meu retorno, ressumasse água e salitre pelas paredes.

Isso me impressionou, não somente o ateliê soçobrado, mas até os estudos, que seriam sua lembrança, arruinados; é tão definitivo, e meu entusiasmo em instalar algo simples mas duradouro era tão autêntico. Isso foi lutar contra uma força maior, ou melhor, foi fraqueza de caráter de minha parte, pois me restam graves remorsos, difíceis de definir. Acho que esta foi a causa de eu ter gritado tanto nas crises, eu queria me defender e não conseguia mais (588).

2 de maio de 1889

Gostaria de me alistar; o que receio é – meu acidente sendo conhecido aqui na cidade – que aqui me recusem; mas o que eu temo então, ou melhor, o que me torna tímido, é a possibilidade, a probabilidade aqui de uma recusa. Se eu tivesse algum conhecido que pudesse me arrumar cinco anos na legião, eu iria.

Somente não quero que isto seja considerado como mais um ato de loucura de minha parte, e é por isto que eu estou lhe falando, assim como ao sr. Salles, para que, caso eu vá, isso aconteça com toda a serenidade e reflexão...

Talvez, digo; mas, enfim, seja como for, se eu soubesse que me aceitariam, eu iria para a legião. É que eu me tornei tímido e hesitante desde que vivo como que maquinalmente.

Entretanto a saúde vai muito bem e estou trabalhando um pouco. Tenho em andamento uma aleia de castanheiros com flores cor-de-rosa com uma pequena cerejeira e uma glicínia e o caminho do parque salpicado de sol e sombra.

Isto fará *pendant* com o jardim que está na moldura de nogueira.

Se falo em me engajar por cinco anos, não vá pensar que faço isto com a ideia de me sacrificar ou de fazer o bem.

Eu "me atrapalhei" na vida e meu estado mental não somente *é* como também *foi* abstraído, de forma que independente do que fizessem por mim, eu não posso pensar em equilibrar minha vida. Quando eu *tenho* que seguir uma regra como aqui no hospício, sinto-me tranquilo. E no serviço militar seria mais ou menos a mesma coisa. Agora, se aqui eu certamente corro um sério risco de ser recusado, pois sabem que eu sou alienado ou epiléptico provável (embora pelo que eu ouvi dizer existam cinquenta mil epilépticos na França, dos quais apenas quatro mil internados, e que portanto isto não é tão extraordinário), talvez em Paris, falando por exemplo com Détaille ou Caran D'Ache, me incorporassem logo. Não seria um ato mais impensado que qualquer outro, enfim, reflitamos, mas para agir. Enquanto isto, faço o que posso para trabalhar *em qualquer coisa*, pintura inclusive, tenho bastante boa vontade.

Mas o dinheiro que custa a pintura, isso me esmaga sob um sentimento de dívida e de covardia e seria bom que isto acabasse, se possível (589).

3 de maio de 1889

Ah! o que você diz de Puvis e de Delacroix é tremendamente verdade, estes demonstraram muito bem o que podia ser a pintura, mas não confundamos as coisas, já que há imensas distâncias. Ora, eu como pintor nunca significarei nada de importante, sinto-o perfeitamente. Supondo tudo diferente, o caráter, a educação, as circunstâncias, então talvez houvesse podido existir isso ou aquilo. Mas nós somos práticos demais para confundirmos as coisas. Às vezes eu lamento não ter conservado a palheta holandesa dos tons cinzas e de ter pincelado sem insistir as paisagens de Montmartre. Também penso em recomeçar a desenhar mais com pena de caniço, o que, como as vistas de Montmajour do ano passado, fica mais barato e me distrai igual. Hoje fiz um desenho desses, que ficou muito preto e bem melancólico para a primavera, mas enfim, aconteça o que me acontecer e independente das circunstâncias em que eu me encontrar, isto é algo que pode por muito tempo me servir como ocupação, e de alguma maneira até mesmo poderia tornar-se um ganha-pão...

Tenho uma certa esperança de que, com o que em suma eu sei de minha arte, chegará um tempo em que novamente produzirei, mesmo estando no asilo. De que me serviria uma vida mais fictícia de artista em Paris, com a qual eu só me iludiria pela metade, e para a qual consequentemente falta-me o indispensável entusiasmo primitivo para me lançar?

Fisicamente é surpreendente como estou bem, mas isto não é o suficiente para, baseado nisto, acreditar que o mesmo ocorra mentalmente.

Gostaria muito de, uma vez um pouco conhecido lá, tentar tornar-me pouco a pouco enfermeiro, enfim, trabalhar em qualquer coisa e voltar a ter uma ocupação – a primeira que aparecer.

Vou precisar muito do pai Pangloss, quando naturalmente me acontecer de ficar novamente apaixonado. O álcool e o tabaco afinal têm isto de bom ou de ruim – isso é um pouco relativo –, são antiafrodisíacos, acho que é assim que se diz. Nem sempre desprezíveis no exercício das belas-artes. Enfim, este será o desafio em que será preciso não me esquecer totalmente de debochar. Pois a virtude e a sobriedade, receio muito, me levariam novamente àquelas paragens onde normalmente eu perco bem depressa o norte, e onde dessa vez devo tentar ter menos paixão e mais bonomia.

O possível passional significa pouco para mim, enquanto que me resta contudo, atrevo-me a crer, o poder de sentir-me ligado aos seres humanos com os quais viverei. Como vai o pai Tanguy? – é preciso cumprimentá-lo de minha parte.

Ouço dizer pelos jornais que há coisas boas no Salão. Escute – não se faça um impressionista totalmente exclusivo, afinal se há qualidade em alguma coisa não a percamos de vista. Claro, a cor está progredindo precisamente através dos impressionistas, mesmo quando eles se desviam, mas Delacroix já foi mais completo que eles.

E oras, Millet, que não tem nenhuma cor, que obra a sua!

A loucura é salutar por isto, porque nos tornamos talvez menos exclusivos...

Ah, pintar figuras como Claude Monet pinta paisagens! Eis o que apesar de tudo resta por fazer, e antes que a rigor só vejamos Monet entre os impressionistas. Pois enfim, em figuras, Delacroix, Millet, vários escultores fizeram bem melhor que os impressionistas, inclusive J. Breton...

E assim sempre teremos uma certa paixão pelo impressionismo, mas sinto que estou voltando cada vez mais a ideias que eu já tinha antes de ir a Paris...

Tenho em meu quarto o famoso retrato de homem – a gravura em madeira que você conhece – *Uma tangerina de Monorou* (a prancha grande do álbum Bin), *O talo de capim* (do mesmo álbum), *A Pietà e o bom samaritano*, de Delacroix, e *O leitor*, de Meissonnier, e mais dois grandes desenhos à pena de caniço.

Estou lendo neste momento o *Médico do campo*, de Balzac, que é bem bonito; existe nele uma figura de mulher nada louca, mas muito sensível, que é muito encantadora; eu o enviarei quando tiver acabado. Eles têm muito lugar aqui no hospício, há com o que fazer ateliês para uns trinta pintores.

É preciso que eu me resigne, é bem verdade que um monte de pintores ficam loucos, é uma vida que leva a ficar muito abstraído, para dizer o mínimo. Se eu me relanço em cheio no trabalho, muito bem, mas continuo sempre louco.

Se eu pudesse me alistar por cinco anos, eu me recuperaria consideravelmente e ficaria mais razoável e mais senhor de mim mesmo.

Mas uma ou outra coisa, tanto faz (590).

SAINT-RÉMY
(MAIO DE 1889 – MAIO DE 1890)

Obrigado por sua carta. Você tem toda razão em dizer que o sr. Salles foi perfeito em tudo isso, tenho grandes obrigações para com ele.

Queria dizer-lhe que acho que fiz bem em vir aqui, primeiro vendo a *realidade* da vida dos loucos ou doidos diversos neste zoológico, perco o vago temor, o medo da coisa. E pouco a pouco posso chegar a considerar a loucura como sendo uma doença como outra qualquer. Depois a mudança de ambiente, pelo que imagino, me faz bem.

Tanto quanto eu saiba, o médico daqui está inclinado a considerar o que eu tive como um ataque de natureza epiléptica. Mas eu não perguntei mais nada.

Você já recebeu a caixa de quadros? Estou curioso em saber se eles sofreram mais ou não.

Tenho outros dois em andamento – flores de íris violetas e um arbusto de lilás, dois motivos tirados do jardim.

A ideia do dever de trabalhar me volta muito à cabeça e acho que todas as minhas faculdades para o trabalho me voltarão bem depressa. Só que muitas vezes o trabalho me absorve tanto que eu acho que continuarei sempre abstraído demais e desajeitado para me virar também com o resto da vida (591).

9 de maio de 1889[33]

É bastante engraçado talvez, que o resultado deste terrível ataque seja não haver mais em meu espírito quase nenhum desejo nem esperança bem claros, e eu me pergunto se é assim que pensamos quando, as paixões já um pouco extintas, começamos a descer a montanha ao invés de subi-la. Enfim, minha irmã, se você pode acreditar, mais ou menos, que tudo vai sempre muito bem no melhor dos mundos, então talvez também possa crer que Paris é nisto tudo a melhor das cidades.

Você já observou que os velhos burros de carga têm grandes olhos belos e aflitos às vezes como os cristãos? Seja como for não somos nem selvagens e nem camponeses e talvez tenhamos até mesmo o dever de amar a (assim chamada) civilização. Afinal seria provavelmente hipócrita dizer ou achar que Paris é ruim quando lá vivemos. A primeira vez que vemos Paris pode acontecer aliás que tudo nos pareça antinatural, sujo e triste.

Enfim, se você não gosta de Paris, não goste principalmente da pintura e nem daqueles que direta ou indiretamente dela se ocupam, pois é muito duvidoso que ela seja bela ou útil.

33. Carta dirigida à esposa de Theo. (N.T.)

Mas o que você quer? Há gente que ama a natureza mesmo sendo doido ou doente, estes são os pintores; depois há os que amam o que a mão do homem faz e estes chegam até a amar os quadros. Embora aqui haja alguns doentes muito graves, o medo, o horror que antes eu tinha da loucura já diminuiu muito (591).

25 de maio de 1889

O que você diz da *Berceuse* me causa prazer; é bem verdade que as pessoas do povo, que compram cromos e escutam os realejos com sentimentalismo, têm uma ligeira razão, e talvez sejam mais sinceras que certos frequentadores de bulevar que vão ao Salão.

A Gauguin, se ele quiser aceitar, você dará um exemplar da *Berceuse* que não estava montado no chassis, e a Bernard também, como testemunho de amizade. Mas se Gauguin quiser *girassóis*, nada mais justo que ele lhe dê em troca algo de que você goste.

O próprio Gauguin começou a gostar especialmente dos *girassóis* mais tarde, depois de tê-los visto bastante tempo.

Resta saber ainda se você os coloca da forma seguinte, isto é, a *Berceuse* no meio e as duas telas de *girassóis* à direita e à esquerda, formando como que um tríptico.

E então os tons amarelos e laranja da cabeça recuperam seu esplendor pela vizinhança das janelas amarelas do tríptico.

E então você compreenderá por que eu lhe escrevia que minha ideia era a de fazer uma decoração como se fosse, por exemplo, para o fundo de uma cabine de navio. O formato se alargando assim, a execução sumária tem sua razão de ser. A moldura do meio é então a vermelha. E os dois girassóis que formam o conjunto são os emoldurados por varetas.

Você vê que estas simples molduras de ripas ficam bastante bem, e uma moldura dessas não custa quase nada. Talvez fosse bom emoldurar assim as vinhas verdes e vermelhas, o semeador e os campos sulcados, e o interior do meu quarto também.

Aí está uma nova tela de 30, mais uma vez banal como um cromo de bazar, que representa os eternos ninhos de verdor para os namorados.

Grossos troncos de árvores cobertos de hera, o solo também coberto de hera e de vincas, um banco de pedra e uma moita de rosas pálidas sob a fria sombra. No primeiro plano algumas plantas com cálices brancos. É verde, violeta e rosa.

Não se trata – o que infelizmente falta aos cromos de bazar e aos realejos – de dar um estilo.

Desde que estou aqui, o jardim desolado, com grandes pinheiros sob os quais cresce alta e mal cuidada a relva entremeada de ervas diversas, me foi suficiente para trabalhar e eu ainda não fui para fora. Entretanto, a paisagem de Saint-Rémy é muito bonita e pouco a pouco provavelmente eu farei incursões.

Mas ficando aqui, naturalmente o médico pôde ver melhor o que eu tinha e ficará, atrevo-me a crer, mais tranquilo em me deixar pintar.

Eu lhe *asseguro* que estou bem aqui e que provisoriamente não vejo razão alguma para ir a Paris ou arredores. Tenho um quartinho com papel de parede cinza esverdeado e com duas cortinas verde-água com desenhos de rosas muito pálidas, avivadas por finos traços de vermelho-sangue.

Estas cortinas, provavelmente restos de um rico arruinado e já defunto, têm desenhos bem bonitos. Provavelmente da mesma fonte provém uma poltrona muito usada, coberta com um forro salpicado à maneira de Diaz ou de Monticelli, castanho, vermelho, rosa, branco, creme, preto, azul-miosótis e verde-garrafa; pela janela com grades de ferro percebo um trigal num cercado, uma perspectiva à Van Goyen, sobre a qual pela manhã vejo o sol nascer em toda sua glória. Com isto – como há mais de trinta quartos vazios – tenho mais um quarto para trabalhar.

A comida não é nem boa e nem ruim. Naturalmente cheira um pouco a mofo, como num restaurante barato de Paris ou num pensionato. Estes infelizes, não tendo absolutamente o que fazer (nenhum livro, nada para se distraírem além de um jogo de bolas e um jogo de damas), têm como única distração diária empanturrar-se de grãos-de-bico, feijão, lentilhas e outras especiarias e vitualhas coloniais em quantidades regulamentadas e em horas estabelecidas.

A digestão destas mercadorias oferecendo certas dificuldades, ele preenchem assim seus dias de uma maneira tão inofensiva quanto barata.

Mas sem brincadeira, o *medo* da loucura diminui consideravelmente ao ver de perto as pessoas por ela afetadas, como eu facilmente poderia ficar a seguir.

Antigamente eu tinha repulsa por estes seres e me era muito desolador ter que pensar que tanta gente de nossa profissão, Troyon, Marchal, Méryon, Jundt, M. Maris, Monticelli, e muitos outros, tinham acabado assim. Eu não podia sequer imaginá-los nesse estado. Pois bem, atualmente penso em tudo isto sem receio, ou seja, não acho isso mais atroz do que se essas pessoas tivessem morrido de outra coisa, de tísica ou de sífilis, por exemplo. Estes artistas, vejo-os recuperando seu ar sereno, e você acha que é pouca coisa reencontrar ancestrais da profissão? E, sem brincadeira, fico muito agradecido por isto.

Pois embora haja quem urre ou habitualmente diga despropósitos, existe aqui muita amizade verdadeira entre uns e outros. Eles dizem: é preciso tolerar os outros para que os outros nos tolerem, e outros argumentos muito justos, que assim eles põem em prática. E entre nós entendemo-nos muito bem, posso por exemplo às vezes conversar com alguém que só responde por sons incoerentes, pois ele não tem medo de mim.

Se alguém cai numa crise, os outros cuidam dele e intervêm para que ele não se machuque.

E é a mesma coisa com aqueles que têm a mania de se zangar frequentemente. Os mais antigos do zoológico acorrem e separam os brigões, se briga houver.

É verdade que há os que têm casos mais graves, sejam os que são imundos, sejam os perigosos. Estes ficam numa outra ala. Agora tomo duas vezes por semana um banho no qual fico duas horas, e o meu estômago está infinitamente melhor que há um ano, portanto, só me resta continuar aqui tanto quanto eu saiba. Aqui acho que eu gastarei menos que em outro lugar, levando em conta que eu aqui ainda tenho trabalho a fazer, pois a natureza é bonita.

Minha esperança seria que daqui a um ano eu soubesse melhor que agora o que posso e o que quero. Então pouco a pouco me voltará alguma ideia para recomeçar. Voltar a Paris ou a qualquer outro lugar atualmente não me seduz nem um pouco, aqui eu estou no meu lugar. Aquilo de que mais sofrem os que aqui estão há anos, é de uma extrema relaxidão. Ora, numa certa medida meu trabalho me preservará disto.

A sala em que ficamos nos dias de chuva é como uma sala de espera de terceira classe de alguma cidade estagnada, ainda mais porque há honoráveis alienados que sempre estão vestidos com chapéu, óculos, bengala e trajes

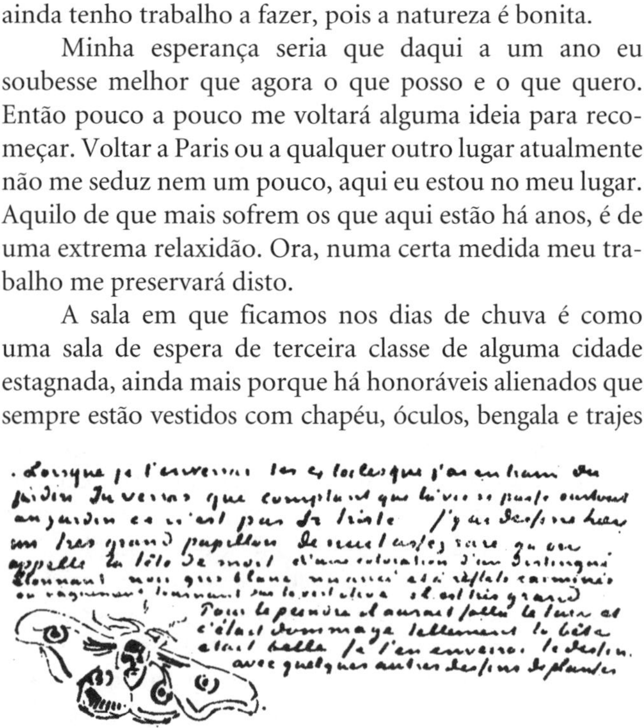
. Lorsque je t'enverrai les 4 toiles que j'ai en train du jardin tu verras que considérant que la vie se passe surtout au jardin ce n'est pas si triste. J'y ai dessiné hier un très grand papillon de nuit assez rare qu'on appelle la tête de mort d'une coloration d'une distinction étonnante noir gris blanc nuancé et à reflets carminés ou vaguement tournant au vert olive il est très grand.
Pour le peindre il aurait fallu le tuer et c'était dommage tellement la bête était belle. Je t'en enverrai le dessin avec quelques autres dessins de plantes.

de viagem, mais ou menos como nos balneários, e que representam os passageiros.

Sou obrigado a lhe pedir mais algumas cores e especialmente telas. Quando lhe enviar as quatro telas do jardim que estou fazendo, você verá que, levando em conta que a vida aqui se passa sobretudo no jardim, isso aqui não é tão triste assim. Desenhei ontem uma enorme borboleta da noite bem rara, que chamam de cabeça de morto, e que tem uma coloração de uma espantosa elegância, preto, cinza, branco matizado e com reflexos carmim ou tendendo levemente para o verde-oliva; é muito grande. Para pintá-la seria preciso matá-la e era uma pena, de tão bonita que ela era. Eu lhe enviarei o desenho com alguns outros desenhos de plantas (592).

Esta manhã vi o campo de minha janela muito tempo antes do nascer do sol; havia apenas a estrela da manhã, que parecia muito grande. Daubigny e Rousseau pintaram isto contudo com toda a expressão íntima e toda a grande paz e majestade que isso tem, acrescentando um sentimento tão pungente, tão pessoal. Emoções como essa eu não detesto.

Sempre sinto remorsos, e muito, quando penso em meu trabalho tão pouco em harmonia com o que eu desejaria fazer. Espero que ao longo do tempo isto me leve a fazer coisas melhores, mas ainda não chegamos lá...

Já faz quase um mês inteiro que estou aqui, nenhuma vez tive o mínimo desejo de estar em outro lugar, somente a vontade de voltar ao trabalho se reforça um tantinho...

Você leu o novo livro de Guy de Maupassant, *Forte como a morte*? De que se trata? A última coisa que eu li nesta categoria foi o *Sonho* de Zola; achei muito, muito bonita a figura de mulher, a bordadeira, e a descrição do bordado todo de ouro. Justamente porque isso é como uma questão de cor, dos diferentes amarelos, inteiros e quebrados. Mas a figura de homem pareceu-me pouco viva e a grande catedral também me metia melancólico. Só que este contraste lilás e azul-escuro faz, se assim o quisermos, ressaltar a figura loira. Mas afinal Lamartine já fez coisas assim (593).

Que dizer de novo? Não muita coisa. Tenho em andamento duas paisagens (telas de 30), vistas tomadas das colinas, uma é o campo que vejo da janela de meu quarto. No primeiro plano um campo de trigo devastado e atirado ao chão após uma tempestade. Uma cerca e além do verde cinzento de algumas oliveiras, cabanas e colinas. Enfim, no alto da tela, uma grande nuvem branca e cinza imersa no azul.

É uma paisagem de uma extrema simplicidade – inclusive de coloração. Ela ficaria bem como *pendant* daquele estudo do meu quarto que se estragou. Quando a coisa representada está totalmente de acordo quanto ao estilo com a maneira de representar não é isto que faz a elegância de um objeto de arte?

É por isto que um pão caseiro, no que diz respeito à pintura, é especialmente bom quando pintado por Chardin.

Agora, a arte egípcia, por exemplo, o que a torna extraordinária não é o fato de que estes serenos reis calmos, sábios e doces, pacientes, bons, parecem não poder ser diferentes do que são, eternamente agricultores adoradores do sol? Os artistas egípcios, portanto, tendo fé, trabalhando por sensibilidade e instinto, exprimem todas essas coisas inatingíveis: a bondade, a infinita paciência, sabedoria, a serenidade, por meio de alguns traços hábeis e proporções maravilhosas. Isto para dizer mais uma vez que, quando, coisa representada e a maneira de representar estão de acordo a coisa tem estilo e porte.

Quando vejo um quadro que me intriga, involuntariamente sempre me pergunto: "em que casa, quarto, canto de quarto, na casa de que pessoa isto ficaria bem, estaria em seu lugar?"

Assim, os quadros de Hals, de Rembrandt, de Vermeer só estão em seu lugar numa antiga casa holandesa.

Ora os impressionistas – sempre se trata do fato de que, se um interior não fica completo sem uma obra de arte, um quadro também não o fica se não combinar com um ambiente original e resultante da época na qual foi produzido. E não sei se os impressionistas são melhores que seu tempo ou então ainda não o valem. Numa palavra: existem almas e interiores de casa mais importantes do que o que se exprimiu pela pintura? Sou levado a crer que sim...

Na paisagem daqui muitas coisas frequentemente lembram Ruysdaël, mas falta a figura dos lavradores.

Em casa, em toda parte e em qualquer época do ano veem-se homens, mulheres, crianças, animais trabalhando, e aqui nem um terço disso, e assim mesmo não é o trabalho franco do norte. Parece que trabalham com uma mão desajeitada e frouxa, sem ânimo. Talvez esta seja uma ideia errada, pelo menos espero, não sendo da região. Mas isto torna as coisas mais frias do que acreditaríamos lendo o Tartarin, que talvez já tenha sido expulso daqui há muitos anos com toda sua família...

Depois sinto-me tentado a recomeçar com as cores mais simples, os ocres, por exemplo.

Será que um Van Goyen é feio só porque é pintado em pleno óleo com muito poucas cores neutras, ou um Michel? (594).

19 de junho de 1889

Enfim tenho uma paisagem com oliveiras e também um novo estudo de céu estrelado.

Mesmo não tendo visto as últimas telas nem de Gauguin, nem de Bernard, estou bastante convencido de que estes dois estudos que eu menciono são de um sentimento similar.

Depois que você tiver visto por algum tempo estes dois estudos, assim como aquele da hera, talvez eu possa lhe dar uma ideia melhor do que com palavras, das coisas sobre as quais Gauguin, Bernard e eu conversamos algumas vezes e que nos preocupavam; não é um retorno ao romântico ou a ideias religiosas, não. Contudo, passando por Delacroix, mais do que parece, através da cor e de um desenho mais voluntário do que a exatidão ilusória, exprimiríamos uma natureza campestre mais pura que os arrabaldes, os cabarés de Paris.

Procuraríamos pintar seres humanos igualmente mais serenos e mais puros que os que Daumier tinha sob os olhos, mas, é claro, seguindo Daumier para desenhar disto.

Que isso exista ou não, deixamos isso de lado, mas acreditamos que a natureza se estende além de Saint-Ouen.

Talvez mesmo lendo Zola fiquemos comovidos pelo som do francês puro de Renan, por exemplo...

Gauguin, Bernard ou eu talvez fiquemos todos no meio do caminho, talvez não vençamos, mas também não seremos vencidos, talvez não estejamos aqui para nossa própria vitória, mas para consolar ou para preparar uma pintura mais consoladora.

O que me agradaria muito ter por aqui para ler de quando em vez seria um Shakespeare. Existe por um

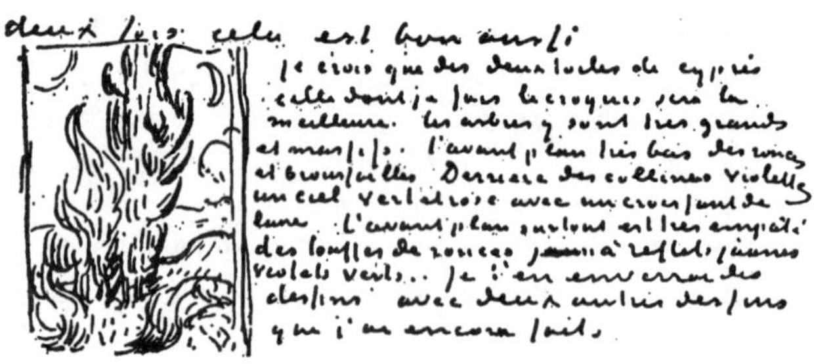

shilling, o "Dicks shilling Shakespeare", que é completo. Não faltam edições, e acho que as mais baratas não são mais alteradas que as mais caras. Em todo caso não quero nenhuma que custe mais que três francos (595).

25 de junho de 1889

Dois estudos de ciprestes naquele difícil matiz verde-garrafa, trabalhei os primeiros planos com empastamentos de branco de alvaiade, o que dá firmeza aos terrenos.

Acho que os Monticelli eram frequentemente preparados assim. Sobre isto aplica-se então as outras cores. Mas não sei se as telas são fortes o suficiente para este trabalho...

Reli com muito prazer *Zadig ou O destino*, de Voltaire. É como o *Candide*. Nele ao menos o poderoso autor deixa entrever que resta uma possibilidade de que a vida tenha um sentido, "embora conviessem na conversa que as coisas deste mundo nem sempre acontecem ao gosto dos mais sábios"...

Tenho um campo de trigo muito amarelo e muito claro, talvez a tela mais clara que eu já tenha pintado.

Os ciprestes sempre me preocupam, gostaria de fazer com eles algo como as telas dos girassóis, pois me espanta que ainda não os tenham feito como eu os vejo.

Como linha e como proporção, é tão belo quanto um obelisco egípcio.

E o verde é de uma qualidade tão distinta.

É a mancha *negra* de uma paisagem ensolarada, mas é um tom negro dos mais interessantes, dos mais difíceis de fazer corretamente, que eu possa imaginar.

Ora, é preciso vê-los aqui contra o azul, *dentro* do azul para dizer melhor. Para pintar a natureza aqui, como em qualquer lugar, é preciso estar nela por muito tempo. Desta forma um Monthénard não me dá o tom verdadeiro e íntimo, pois a luz é misteriosa e Monticelli e Delacroix sentiam isto. E o Pissarro falava disto muito bem na época; e estou bem longe de conseguir fazê-lo como ele dizia que se devia fazer.

Naturalmente você me dará um grande prazer enviando-me as cores, se possível, logo; mas faça como puder sem que isto o incomode muito...

Acho que das duas telas de ciprestes, esta da qual fiz o esboço será a melhor. Nela as árvores são muito grandes e maciças. O primeiro plano muito baixo, sarças e espinheiros. Atrás das colinas violetas um céu verde e rosa com uma lua crescente. O primeiro plano principalmente é muito empastado, tufos de sarça com reflexos amarelos, violetas, verdes (596).

Agradeço-lhe também muito cordialmente pelo Shakespeare. Isto me ajudará a não esquecer o pouco de inglês que sei, mas sobretudo é tão belo! Comecei a ler a série que mais ignoro, que antigamente, estando ocupado com outras coisas ou não tendo tempo, me foi impossível ler: a série dos reis. Já li o *Ricardo II*, *Henrique IV* e a metade do *Henrique V*. Leio sem pensar se as ideias das pessoas daquela época são as mesmas que as nossas, ou o que acontece quando as colocamos cara a cara com as crenças republicanas, socialistas, etc. Mas o que me toca, assim como certos romancistas de nossa época, é que as vozes dessas pessoas, que no caso de Shakespeare nos chegam de uma distância de vários séculos, não nos pareçam desconhecidas. É tão vivo que acreditamos conhecê-las e vê-las.

Assim o que só, ou quase só Rembrandt tem entre os pintores, esta ternura ao olhar os seres, que vemos seja nos *Peregrinos de Emaús*, seja na *Noiva judia*, seja naquela estranha figura de anjo como a que está no quadro que você teve a oportunidade de ver – esta ternura pungente, este infinito sobre-humano entreaberto e que então parece tão natural, em Shakespeare encontramos em muitas passagens. E depois retratos sérios ou alegres, como o *Six* e o *Viajante*, como a *Saskia*, é sobretudo disso que estão cheios...

A fim de que você tenha uma ideia do que estou fazendo, envio-lhe hoje uma dezena de desenhos, todos a partir de telas em andamento.

A última que comecei é o campo de trigo em que há um pequeno segador e um grande sol. A tela é toda amarela com exceção do muro e do fundo de colinas violáceas. A tela cujo motivo é quase o mesmo tem coloração diferente, sendo verde cinzenta com um céu branco e azul (597).

Vivo sóbrio aqui, pois tenho a possibilidade de fazê--lo, antes eu bebia porque não sabia mais como fazer de outra forma. Enfim isto me é de uma indiferença!!! A sobriedade muito premeditada – é verdade – leva contudo a um estado de ânimo no qual o pensamento, se o tivermos, é mais fluente. Enfim é uma diferença como entre pintar cinza ou colorido. De fato eu vou pintar mais cinza...

Diverti-me muito ontem lendo *Measure for Measure.* Depois li *Henrique VIII*, onde há tão belas passagens, como a de Buckingham e as palavras de Wolsey após a queda.

Acho que tenho sorte em poder ler ou reler isto à vontade e espero muito depois ler enfim *Homero.*

Lá fora as cigarras cantam esganiçadamente, um grito estridente, dez vezes mais forte que o dos grilos, e a relva toda queimada toma belos tons de ouro velho. E as belas cidades do Midi estão na situação de nossas cidades mortas ao longo do Zuyderzee, outrora animadas. Enquanto que na queda e na decadência das coisas, as cigarras tão caras ao bom Sócrates perduraram. E aqui certamente elas ainda cantam em grego antigo (599).

Que história esta venda Sécretan! Sempre me dá prazer saber que os Millet se mantêm. Mas como eu gostaria de ver mais reproduções boas de Millet, para que elas chegassem ao povo (600).

Durante muitos dias estive *completamente alucinado* como em Arles, se não pior, e é de se presumir que estas crises ainda voltarão no futuro; é *abominável.*

Há quatro dias não posso comer, estando com a garganta inchada. Não lhe conto estes detalhes para reclamar, mas para provar-lhe que eu ainda não estou em condições de ir a Paris ou a Pont-Aven, a não ser que fosse para ir a Charenton[34]. Esta nova crise, meu caro irmão, me pegou nos campos e quando eu estava pintando num dia de ventania. Eu lhe enviarei a tela que ainda assim eu terminei.

34. *Charenton*, um dos mais antigos e temíveis hospícios de Paris. (N.T.)

E era justamente um ensaio mais sóbrio, de cor mate sem aparência, verdes quebrados, vermelhos e amarelos ferruginosos de ocre, tal como eu lhe dizia, que às vezes tinha vontade de recomeçar com uma palheta como no norte (601).

Agosto de 1889

Ontem recomecei a trabalhar um pouco – uma coisa que vejo de minha janela –, um campo de colmos amarelos que está sendo lavrado, a oposição entre a terra lavrada violeta e as faixas de colmo amarelo, fundo de colinas.

O trabalho me distrai infinitamente mais que qualquer outra coisa e se por uma vez eu pudesse nele me lançar com toda minha energia, este seria possivelmente o melhor remédio.

A impossibilidade de ter modelos, um monte de outras coisas, contudo, me impedem de consegui-lo.

Enfim, é preciso que eu tente levar as coisas um pouco mais passivamente e ter paciência (602).

Setembro de 1889

Meu caro, não esqueçamos que as pequenas emoções são os grandes timoneiros de nossas vidas, e que as obedecemos sem saber. Se recuperar o ânimo sobre os erros cometidos e por cometer, o que seria minha cura, ainda me é difícil, não esqueçamos por consequência que tanto nossas hipocondrias e melancolias, quanto nossos sentimentos de bonomia e de bom senso não são nossos únicos guias e sobretudo não são nossos guardas definitivos, e que se você também se encontra frente a duras responsabilidades a arriscar, senão a tomar, por Deus! não nos ocupemos *demais* um do outro, já que, fortuitamente, as circunstâncias de viver em situações tão distantes de nossas concepções juvenis sobre a vida de artistas haverão ainda assim de nos irmanar como sendo, sob muitos aspectos, companheiros de destino. As coisas estão ligadas de tal maneira que aqui às vezes achamos baratas na comida como se realmente estivéssemos em Paris, em compensação, pode ser que em Paris você às vezes tenha uma real sensação do campo. Claro, isso não é grande coisa, mas enfim é tranquilizador. Assuma portanto sua paternidade como a assumiria um homem de nossas velhas charnecas, as quais através de todos os ruídos, tumultos, nevoeiros, angústias das cidades permanecem para nós – por mais tímido que seja o nosso carinho – inefavelmente queridas. Ou seja, assuma sua paternidade em sua qualidade de exilado, de estrangeiro e de pobre, baseando-se a partir de então no instinto do pobre sobre a probabilidade de real existência de pátria, de real existência ao menos da lembrança, ainda que todos os dias nos esqueçamos. Assim, cedo ou tarde encontramos nosso destino; mas na verdade seria um pouco hipócrita, tanto para você quanto para mim, esquecer nosso bom humor, nossa confiante simplicidade de pobres-diabos, se, nesta Paris tão estranha, fôssemos agora insistir completa e demasiadamente em nossas preocupações.

Verdade, estou tão contente de que, se aqui às vezes há baratas na comida, em sua casa há mulher e criança.

Aliás é tranquilizador que Voltaire, por exemplo, nos tenha deixado livres para não acreditar em absolutamente tudo o que nós imaginamos (603).

Setembro de 1889

Meu caro irmão – é sempre em meio ao trabalho que eu lhe escrevo –, estou trabalhando como um verdadeiro possesso, mais que nunca estou num furor surdo de trabalho. E creio que isto contribuirá para minha cura. Talvez me aconteça algo como o que fala Eugène Delacroix: “Encontrei a pintura quando não tinha mais nem paixão e nem ânimo”, no sentido de que minha triste doença me faz trabalhar com um furor surdo – muito lentamente, mas da manhã à noite sem parar – e provavelmente aí está o segredo: trabalhar muito tempo e lentamente. Não sei, mas acho que tenho uma ou duas telas em andamento nada ruins, primeiro o ceifeiro nos trigais amarelos e o retrato em fundo claro, que será para os vintistas, se todavia se lembrarem de mim no momento

certo, ora, para mim seria indiferente, se não preferível, que eles me esquecessem...

Ontem eu comecei o retrato do vigilante chefe e talvez também faça sua mulher, pois ele é casado e mora numa casinha a alguns passos do estabelecimento.

Uma figura muito interessante, há uma bela água--forte de Legros representando um velho nobre espanhol, se você se lembrar, isso lhe dará uma ideia do tipo. Ele esteve no hospício de Marselha durante duas epidemias de cólera, enfim, é um homem que viu muito a morte e o sofrimento, e tem em seu rosto não sei que recolhimento, como o rosto de Guizot – pois esse rosto tem um pouco disto, mas diferente –, que me vem involuntariamente à memória. Mas ele é do povo, e mais simples. Enfim, você verá, se eu conseguir terminá-lo e se fizer uma cópia...

Ufa – o ceifeiro está pronto, acho que é um dos que você porá em sua casa – é uma imagem da morte tal como nos fala o grande livro da natureza – mas o que eu procurei foi aquele “quase sorrindo”. E todo amarelo exceto uma linha de colinas violetas, um amarelo pálido e loiro. Acho engraçado que eu tenha visto assim através das grades de ferro de uma casa de loucos.

Pois bem, sabe o que espero, uma vez que recomeço a ter esperanças? É que a família seja para você o que para mim é a natureza, os torrões de terra, a relva, o trigo amarelo, o camponês, ou seja, que você encontre em seu amor pelas pessoas motivo *não só para trabalhar* mas com que se consolar e reerguer-se, quando necessário (604).

O que você diz da cópia a partir de Millet, a *Vigília*, me deu grande prazer. Quanto mais eu penso, mais acho que reproduzir coisas de Millet que ele não teve tempo de pintar a óleo tem sua razão de ser. Trabalhar seja em seus desenhos, seja em suas gravuras sobre madeira, não é portanto pura e simplesmente copiar.

É antes traduzir para uma outra língua – a das cores – as impressões de claro-escuro em branco e preto. Assim acabo de terminar as três outras *Horas do dia* segundo as gravuras de Lavieille. Isto me custou muito tempo e muito esforço. Pois você sabe que neste verão eu já fiz os *Trabalhos do campo*. Ora, estas reproduções – você as verá algum dia – eu não as enviei pois, mais que aquelas, eram tentativas, que contudo me serviram muito para as *Horas do dia*. Mais tarde, quem sabe, talvez possa fazer litografias delas (623).

Veja, nesses tempos de hoje existe tanta gente que não se sente feita para o público, mas que sustenta e reforça o que fazem os outros. Os tradutores de livros por exemplo. Os gravadores, os litógrafos. Veja Vernier, por exemplo, e Lerat.

Isto para lhe dizer, portanto, que não hesito em fazer cópias. Como gostaria, se eu tivesse tido a oportunidade de viajar, de copiar a obra de Giotto, este pintor que seria moderno como Delacroix, se não fosse um primitivo, e que é tão diferente dos outros primitivos. Não vi muitas coisas dele, no entanto, mas eis aí alguém que é consolador.

Assim, o que penso fazer em pintura são os *Bebedores* de Daumier e o *Galé* de Regamey, você os encontrará em gravuras sobre madeira.

No momento estou nos Millet, mas isto é para lhe dizer que não me faltam temas para trabalhar.

Assim, mesmo estando meio preso, poderei me ocupar durante muito tempo.

O que os impressionistas descobriram quanto à cor, se desenvolverá ainda muito mais, mas há um elo que muitos esquecem, que liga tudo isto ao passado, e eu me esforçarei em demonstrar que creio muito pouco numa separação rigorosa entre os impressionistas e os outros. Acho uma felicidade que este século tenha tido pintores como Millet, Delacroix, Meissonnier, *que não podemos superar*. Pois mesmo que não gostemos tanto de Meissonnier quanto de outros, não podemos negar, ao ver seus *Leitores*, sua *Parada*, tantos outros quadros, que isso é alguma coisa. E assim deixamos de lado o que é o seu forte, ou seja, a pintura militar, pois apreciamos menos isto que os campos (624).

12 de fevereiro de 1890

O artigo de Aurier[35] me encorajaria, se eu ousasse me deixar levar, a arriscar mais a abandonar a realidade e fazer com a cor algo como uma música de tons, assim como são certos Monticelli. Mas me é tão cara a verdade e também o *procurar fazer verdadeiro*; enfim eu acho, eu acho que prefiro continuar a ser sapateiro a ser músico de cores.

Em todo caso procurar permanecer verdadeiro talvez seja um remédio para combater a doença que continua a me preocupar sempre (626).

29 de abril de 1890

O resto das telas é escasso; não tendo podido trabalhar já há dois meses, estou bem atrasado. Você achará que as oliveiras com céu amarelo são a melhor, com as montanhas, imagino: as primeiras ficam bem como *pendant*

35. Em janeiro de 1890 o crítico Albert Aurier publicou no *Mercure de France* um artigo com comentários muito favoráveis ao trabalho de Vincent. Foi a primeira e única crítica positiva que Vincent recebeu em vida. (N.T.)

às com céu amarelo. Quanto ao retrato da *Arlesiana*, você sabe que eu prometi um exemplar ao amigo Gauguin, e você o fará chegar a suas mãos. E os ciprestes são para o sr. Aurier. Eu gostaria de refazê-los com um pouco menos de empastamento, mas falta-me tempo.

Enfim é preciso ainda lavá-los várias vezes com água fria, depois um verniz forte quando os empastos estiverem bem secos, então, quando o óleo tiver evaporado bem, os pretos não se soltarão. Agora, necessariamente, eu precisaria de cores, que em parte você poderia comprar de Tanguy, se ele estiver aborrecido ou se isto lhe for agradável. Mas naturalmente ele não pode cobrar mais caro que o outro. Eis a lista de cores que eu precisaria:

Tubos grandes:

12 brancos de zinco, 3 cobalto, 5 verde-Véronèse, 1 laca comum, 2 cromo 2, 2 verde-esmeralda, 4 cromo 1, 1 laranja, 2 ultramar.

E mais (mas isto no Tasset) 2 laca-gerânio, tubos médios. Você me faria um favor fazendo-me chegar pelo menos a metade já, pois perdi muito tempo.

Depois precisaria de seis pincéis, seis pincéis de esmaltar, e sete metros de tela ou até dez.

Que dizer desses dois meses passados? Isto não vai nada bem, estou mais triste e chateado do que poderia dizer e não sei mais onde estou.

A encomenda de cores sendo um pouco pesada, mande-me a metade, se lhe for mais conveniente.

Mesmo estando doente eu ainda fiz algumas pequenas telas de memória que você verá mais tarde, lembranças do norte, e no momento acabo de terminar um canto de campina ensolarada, que acho mais ou menos vigoroso. Você logo verá isto.

Queira pedir ao sr. Aurier para não mais escrever artigos sobre minha pintura; insista que, em primeiro lugar, ele está enganado a meu respeito, e depois que realmente eu me sinto muito arruinado de desgosto para poder enfrentar a publicidade. Fazer quadros me distrai, mas ouvir falar neles me é mais difícil do que ele pensa...

Fiquei doente no momento em que estava fazendo as flores de amendoeira. Se eu tivesse conseguido continuar a trabalhar, você pode deduzir que eu teria outras árvores em flor. Agora, as árvores em flor já quase acabaram, realmente eu não tenho sorte. Sim, é preciso procurar sair daqui, mas ir para onde? Não creio que se possa estar mais trancado e prisioneiro nas casas que não têm a pretensão de nos deixar livres, como em Charenton ou em Montevergues (629).

Maio de 1890

Talvez eu vá tentar trabalhar a partir dos Rembrandt, tenho em especial uma ideia para fazer *O homem rezando*, numa gama de tons partindo do amarelo-claro até o violeta.

Junto a esta a carta de Gauguin, faça como lhe parecer melhor quanto à troca, pegue o que mais lhe agradar, tenho certeza que cada vez mais temos o mesmo gosto (630).

Fiz duas telas da relva fresca no parque, uma das quais é de uma simplicidade extrema, veja o rápido esboço.

Um tronco de pinheiro violeta-rosado e a seguir a relva com flores brancas e dentes-de-leão, uma pequena roseira e outros troncos de árvore ao fundo, bem em cima da tela. Estando lá fora – estou certo que a vontade de trabalhar me devorará e me tornará insensível a todo o resto, e de bom humor.

E eu me deixarei ir não sem reflexão, mas sem insistir em lamentar coisas que poderiam ter acontecido. Dizem que na pintura não se deve procurar nada, nem nada esperar, além de um bom quadro e uma boa conversa e um bom jantar como felicidade máxima, sem contar os incidentes menos brilhantes. Talvez seja verdade, e por que recusar-se a aceitar o possível, sobretudo se assim fazendo enganamos a doença? (631).

AUVERS-SUR-OISE
(21 DE MAIO – 29 DE JULHO DE 1890)

4 de junho de 1890

....

Ele me parece na verdade tão doente e perturbado quanto você e eu, e ele é mais velho e perdeu há poucos anos sua mulher; mas é muito médico e sua profissão e sua fé o sustentam contudo. Já somos muito amigos e por acaso ele também conheceu Brias de Montpellier e tem sobre ele a mesma opinião que eu; que é alguém importante na história da arte moderna.

Estou trabalhando em seu retrato, a cabeça com um boné branco, muito loiro, muito claro, as mãos também com carnação clara, um paletó azul e um fundo azul-cobalto, apoiado sobre uma mesa vermelha, sobre a qual um livro amarelo e uma planta de dedaleira com flores púrpuras. Está na mesma linha de sentimento que o meu retrato, que fiz quando vim para cá.

O sr. Gachet é absolutamente *fanático* por este retrato e quer que eu faça um para ele, se puder, exatamente igual, o que eu também desejo fazer. Ele chegou também a compreender agora o último retrato da *Arlesiana,* da qual você tem um cor-de-rosa; quando ele vem ver os estudos, sempre volta a esses dois retratos e os admite exatamente, mas exatamente, assim como eles são.

Espero logo enviar um retrato dele. Depois, pintei em sua casa dois estudos, que lhe dei na semana passada, um aloé com malmequeres e ciprestes, e domingo último algumas rosas brancas, um vinhedo com uma figura branca (638).

17 de junho de 1890

Tenho dois estudos em andamento, o primeiro, um ramalhete de plantas selvagens, cardos, espigas, folhas de diferentes verdes. Uma quase vermelha, a outra muito verde, a terceira amarelada.

O segundo estudo, uma casa branca no verde, com uma estrela no céu da noite, uma luz laranja na janela e verdes-escuros e uma nota rosa-escura. No momento é tudo. Tenho uma ideia para fazer uma tela mais importante da casa e do jardim de Daubigny, da qual já tenho um pequeno estudo (642).

Meu caro amigo Gauguin,

Obrigado por ter-me escrito novamente, meu caro amigo, e esteja certo de que desde minha volta pensei em você todos os dias. Fiquei em Paris apenas três dias e o barulho etc. parisiense me causando uma péssima impressão, julguei mais prudente para minha cabeça ir-me embora para o campo, não fosse isto eu depressa teria ido vê-lo. E me dá um prazer enorme você dizer que o retrato de *Arlesiana*, rigorosamente baseado em seu desenho, o agradou.

Procurei manter-me respeitosamente fiel ao seu desenho, tomando contudo a liberdade de interpretar, por meio de uma cor do mesmo caráter sóbrio e do mesmo estilo do desenho em questão.

É uma síntese de *Arlesiana*, se você quiser; como as sínteses de arlesianas são raras, entenda-a como uma obra sua e minha, como resumo de nossos meses de trabalho conjunto. Fazê-la custou-me, de minha parte, mais um mês de doença, mas também sei que é uma tela que será compreendida por você, por mim, e por outras poucas pessoas, como gostaríamos que ela fosse compreendida...

Ainda tenho de lá um cipreste com uma estrela, um último ensaio – um céu noturno com uma lua sem brilho, só o delgado crescente emergindo da opaca sombra projetada da terra –, uma estrela com um brilho exagerado, se você quiser, brilho suave de rosa e verde no céu ultramar onde passam as nuvens. Embaixo uma estrada margeada por altos caniços amarelos, atrás deles as baixas Alpines azuis; um velho albergue com janelas iluminadas alaranjadas, e um altíssimo cipreste, bem reto, bem sombrio.

Na estrada uma carruagem amarela puxada por um cavalo branco e dois passantes retardatários. Muito romântico, se lhe parece, mas também, acho, provençal...

Veja, uma ideia que talvez lhe convenha, estou tentando fazer estudos de trigo assim – entretanto não posso desenhar isto: nada mais que hastes de espiga azul esverdeadas; folhas longas com fitas verdes e rosas pelo reflexo; espigas amarelecendo, ligeiramente margeadas de rosa pálido pela floração empoeirada – uma campainha rosa embaixo enrolada ao redor de uma haste.

Sobre isto, num fundo bem vivo e contudo tranquilo, eu gostaria de pintar retratos. São verdes de diferentes qualidades, de mesmo valor, de maneira a formar um todo verde, que por sua vibração faria pensar no ruído suave das espigas balançando ao vento; não é nada fácil como colorido (643).

24 de junho de 1890

Esta semana fiz um retrato de uma menina de uns dezesseis anos, em azul contra fundo azul, a filha do pessoal onde eu moro. Dei-lhe este retrato, mas fiz uma cópia para você, uma tela de 15.

A seguir tenho uma tela de um metro de largura por apenas cinquenta centímetros de altura, de campos de trigo, e outra que lhe faz *pendant*, do interior de um bosque, alguns troncos lilases de choupos e embaixo a relva florida, rosa, amarelo, branco e vários verdes. Finalmente um efeito vespertino – duas pereiras bem pretas contra céu amarelecendo, com trigos e no fundo violeta, o castelo encaixado no verde sombrio (644).

Ontem e anteontem pintei o retrato de Mlle. Gachet que você verá logo, espero; o vestido é rosa, ao fundo a

parede verde com pontos laranja, o tapete vermelho com pontos verdes, o piano violeta-escuro; tem um metro de altura por cinquenta de largura.

Foi uma figura que pintei com prazer – mas é difícil. Ele me prometeu fazê-la posar novamente com um pequeno órgão. Farei um para você. – Notei que esta tela fica muito bem com outra horizontal de trigais, ficando assim uma tela vertical e rosa, e a outra num verde pálido e amarelo complementar ao rosa; mas ainda está longe o tempo em que as pessoas compreenderão as curiosas relações que existem entre partes da natureza que contudo se explicam e exaltam-se uma a outra.

Mas alguns, no entanto, já percebem isto, o que já é alguma coisa. E depois já é uma vitória ver no vestuário das pessoas arranjos de cores claras bem bonitas; se pudéssemos fazer o retrato das pessoas que vemos passar, ficariam tão bonitos quanto qualquer época do passado, e até acho que muitas vezes há na natureza atualmente toda a graça do quadro de Puvis, entre a arte e a natureza. Assim, ontem vi duas figuras: a mãe num vestido carmim-escuro, a filha em rosa pálido com um chapéu amarelo sem nenhum ornamento, rostos camponeses muito sadios, crestados pelo ar puro, queimados pelo sol; especialmente a mãe com a cara muito, muito vermelha e cabelos negros e dois diamantes nas orelhas. E pensei novamente na tela de Delacroix, *A educacão maternal.* Pois na expressão daqueles rostos realmente havia tudo o que havia no rosto de George Sand. Você sabe que há um retrato – busto de *George Sand* – de Delacroix, do qual há uma gravura na *Illustration*, com os cabelos curtos? (645)

30 de junho de 1890

Uma carta de Gauguin bastante melancólica, ele fala vagamente em estar bem decidido a ir a Madagáscar, mas tão vagamente que logo se vê que ele só pensa nisto por não saber realmente no que pensar.

E a execução do plano parece-me quase absurda.

Eis três esboços – um de uma figura de camponesa, grande chapéu amarelo com nó de fitas azul-celeste, rosto muito vermelho, blusa de rico azul com pontilhado laranja, fundo de espigas de trigo.

É uma tela de 30, mas receio que seja um pouco grosseira. A seguir a paisagem horizontal com os campos, motivo como um de Michel, mas aqui a coloração é verde suave, amarelo e azul-esverdeado.

E mais um interior de bosque, troncos de choupos violetas, que atravessam perpendicularmente a paisagem como colunas, a profundidade do bosque é azul e sob os grandes troncos o campo florido, branco, rosa, amarelo, verde, relva alta e ruiva e flores (646).

23 de julho de 1890

Talvez você veja este esboço do jardim de Daubigny – é uma das minhas telas mais trabalhadas –, acrescento um esboço de velhos colmos e os esboços de duas telas de 30 representando imensas extensões de trigo após a chuva...

O jardim de Daubigny; primeiro plano de relva verde e rosa. À esquerda, um arbusto verde e lilás e um tronco de planta com folhagens esbranquiçadas. No meio, um canteiro de rosas, à direita uma sebe, um muro e, em cima do muro, uma aveleira com folhagem violeta. A seguir uma sebe de lilases, uma fileira de tílias arredondadas amarelas, a casa em si ao fundo, rosa, com teto de telhas azuladas. Um banco e três cadeiras, uma figura negra com chapéu amarelo e no primeiro plano um gato preto. Céu verde pálido (651).

(Dia 27 de julho, Vincent van Gogh atirou contra seu próprio peito, vindo a morrer dois dias depois. Um dos seus últimos quadros é a soturna paisagem Trigal com corvos.*)*

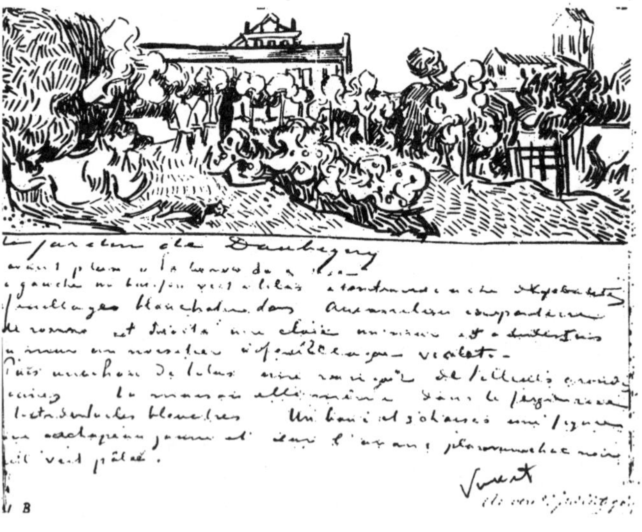

Carta que Vincent trazia consigo no dia 29 de julho de 1890

Meu caro irmão,

Obrigado por sua gentil carta e pela nota de cinquenta francos que ela continha. Já que as coisas vão bem, o que é o principal, por que insistiria eu em coisas de menor importância? Por Deus! Provavelmente se passará muito tempo antes que se possa conversar de negócios com a cabeça mais descansada.

Os outros pintores, independente do que pensem, instintivamente mantêm-se à distância das discussões sobre o comércio atual.

Pois é, realmente só podemos falar através de nossos quadros. Contudo, meu caro irmão, existe isto que eu sempre lhe disse e novamente voltarei a dizer com toda a gravidade resultante dos esforços de pensamento assiduamente orientado a tentar fazer o bem tanto quanto possível – volto a dizer-lhe novamente que sempre o considerarei como alguém que é mais que um simples mercador de Corots, que por meu intermédio participa da própria produção de certas telas, que mesmo na derrocada conserva sua calma.

Pois assim é, e isto é tudo, ou pelo menos o principal, que eu tenho a lhe dizer num momento de crise relativa. Num momento em que as coisas estão muito tensas entre *marchands* de quadros de artistas mortos e de artistas vivos.

Pois bem, em meu próprio trabalho arrisco a vida e nele minha razão arruinou-se em parte – bom –, mas pelo quanto eu saiba você não está entre os mercadores de homens, e você pode tomar partido, eu acho, agindo realmente com humanidade, mas, o que é que você quer? (652)

Cronologia

1819 – Anna Cornelia Carbentus, mãe de Vincent, nasce em 10 de setembro. Nascem Courbet e Jongkind.

1822 – Theodore van Gogh, pai de Vincent, nasce em 8 de fevereiro.

1824 – O romantismo triunfa no Salão (*Os massacres de Scio*, de Delacroix). Nascem Monticelli, Boudin, José Israels e Gérome.

1825 – Julien Tanguy nasce em 28 de junho. Morre David.

1827 – Nasce Jules Breton.

1828 – Paul-Ferdinand Gachet nasce em Lille, em 30 de julho. Morre Bonington.

1830 – Nasce Pissarro.

1831 – Nasce Constantin Meunier.

1832 – Nasce Manet.

1834 – Nascem Degas e Whistler.

1837 – Morre Constable.

1838 – Nasce Anton Mauve.

1839 – Nascem Cézanne e Sisley.

1840 – Nascem Rodin e Monet.

1841 – Nascem Renoir, Guillaumin e Berthe Morisot.

1845 – Nasce Fernand Cormon.

1848 – Nasce Gauguin.

1849 – O professor Theodore van Gogh é nomeado pastor em Groot Zundert. Primeira exposição dos pré-rafaelistas. Morre Hokusai.

1850 – Nasce Rafael.

1851 – Theodore van Gogh casa-se em maio com Anna Cornelia Carbentus. Morte de Turner.

1852 – Em 30 de março nasce o irmão mais velho de Vincent. Morre aos seis meses.

1853 – Vincent van Gogh nasce em 30 de março.

1855 – Pissarro se instala em Paris e se dedica à pintura.

1856 – Degas estuda os primitivos na Itália.

1857 – Theo van Gogh nasce em 1º de maio.

1858 – Nascem Van Rappard, John Russell. Morre

Hiroshinghé. Boudin, com trinta anos, leva Monet, com dezoito, a pintar as escarpas da Mancha.

1859 – Nasce Seurat.

1860 – Nasce James Ensor.

1861 – *O banho turco*, de Ingres. Nasce Louis Anquetin.

1862 – Primeiros desenhos que se conhecem de Vincent van Gogh.

1863 – Salão dos recusados, onde Manet, aos trinta e um anos, expõe o *Desjejum sobre a relva*. *Sinfonia em branco*, de Whistler. Morre Delacroix. Nasce Signac.

1864 – Nasce Toulouse-Lautrec.

1865 – Vincent entra na instituição de M. Provily em Zaven-bergen. Félix Rey nasce em 24 de julho. *Olimpia*, de Manet, é exposto no Salão, desencadeando um escândalo tremendo. Nascem Félix Valloton e Suzanne Valadon.

1866 – *Fifre*, de Manet.

1867 – O Salão recusa *Mulheres no jardim*, de Monet. Morre Ingres. Exposição de Courbet. Exposição de Manet. Nasce Bonnard.

1868 – Nascem Émile Bernard e Vuillard.

1869 – Vincent entra como empregado na filial da Casa Goupil em Haia. Manet expõe *O balcão* no Salão. Nasce Matisse.

1870 – Fantin-Latour expõe no Salão seu *Um ateliê em Batignolles*. Pissarro e Monet emigram para Londres com o inglês Sisley; ali recebem a influência de Turner e conhecem Durand-Ruel, o comerciante de quadros que se interessaria pelos impressionistas. Cézanne pinta nas colinas de Estanque. Nasceu Maurice Denis.

1872 – Outono. Primeira carta de Van Gogh a seu irmão Theo. Manet pinta paisagens. Cézanne está em Auvers-sur-Oise.

1873 – Theo, em 19 de janeiro, entra como empregado na filial de Bruxelas da casa Goupil. Vincent recebe uma antecipação em maio e vai para Londres. Em setembro, muda de pensão e vai viver na casa de Loyer. Cézanne pinta *A casa do enforcado* em Auvers.

1874 – Vincent é recusado por Úrsula Loyer em julho. Volta desesperado para a Holanda. Em meados de julho, volta a Londres com sua irmã Ana. Por intermédio de seu tio Cent, é enviado a Paris em outubro para que se distraia. Volta repentinamente a Londres, onde em vão tenta ver Úrsula. O avô de Vincent morre em Bréda. A título de brincadeira os pintores Monet, Renoir, Sisley, Cézanne, Boudin, Guillaumin, Pissarro, Degas e Berthe Morisot... recebem o nome de "impressionistas" ao fazerem sua primeira exposição na casa do fotógrafo Nadar (15 de abril a 15 de maio). A exposição é recebida com risos.

1875 – Vincent é um péssimo empregado em Londres. Em maio é transferido para Paris. Vive em Montmartre e se entrega ao misticismo. Seu trabalho o angustia cada dia mais. Seus patrões se queixam amargamente dele. Em dezembro, sem avisar ninguém, vai para a Holanda. Os impressionistas passam uma grande miséria. "Tenho que conseguir quarenta francos antes do meio-dia e só tenho três francos", Renoir escreve um dia. Uma venda de setenta telas dos impressionistas na casa Drouot rende 349 francos. Morrem Millet e Corot. Nasce Marquet.

1876 – Vincent retorna a Paris e seus patrões o despedem. Em abril abandona Paris e vai para Etten. Emprega-se como professor na escola anglicana do senhor Stokes, em Ramsgate, onde chega no dia 16. O senhor Stokes, em junho, instala sua escola em Isleworth, nos arredores de Londres. Encarregado de recolher os pagamentos dos alunos, Vincent percorre o East End, cuja miséria o comove. Consola os pobres. O senhor Stokes despede Vincent em julho, e ele vai trabalhar para o senhor Jones como ajudante do pregador. Vincent volta para a Holanda no Natal. Segunda exposição dos impressionistas na galeria Durand-Ruel, na rua Le Peletier; é recebida com os mesmos clamores da primeira. "A rua Le Peletier tem uma maldição", escreve Albert Wolff no *Figaro*. "Depois do incêndio da Ópera, outro desastre se abate sobre o bairro. Acaba-se de inaugurar na galeria Durand-Ruel uma exposição que dizem ser de pintura... Cinco ou seis pintores, entre eles uma mulher, ali se encontram para expor suas obras... Estes que se dizem artistas se autodenominam os intransigentes, os impressionistas. Pegam as telas, a tinta e os pincéis, dando ao acaso algumas pinceladas e assinam o conjunto. É assim que em Ville-Evrard espíritos transtornados acreditam achar diamantes quando recolhem pedras em seu caminho." Zola se desvincula do grupo que havia promovido. Morre Fromentin.

1877 – Em janeiro, Vincent entra como empregado numa livraria de Dordrecht. Logo deixa esse emprego e em 9 de maio chega a Amsterdam para estudar para pastor. Os impressionistas expõem pela terceira vez. Renoir apresenta seu quadro *Baile no Moulin de la Galette.* Uma venda de quarenta telas organizada pelos impressionistas na casa Drouot (em 18 de maio) rende 7.610 francos; um Renoir foi vendido a 47 francos. Morre Courbet. Nasce Raoul Duffy.

1878 – Em julho, Vincent abandona seus estudos e sai de Amsterdam. Após uma rápida estadia em Etten, no outono entra numa escola evangelista de Bruxelas. Mas após três meses não é nomeado. Parte voluntariamente para Borinage e se estabelece em Paturages. No fim do ano, o Comitê de Evangelização, surpreendido por seu ânimo e sacríficio, retrata-se de sua decisão e lhe dá um cargo por seis meses em Wasmes. Théodore Duret publica "Os Pintores Impressionistas". Nasce Othon Friesz.

1879 – Vincent consome-se sem cuidar de sua saúde. Sua dedicação chama a atenção do Comitê de Evangelização, mas não renovam sua missão. Vincent chega a Bruxelas. Volta a Borinage. Durante o terrível inverno de 1879-1880 leva uma vida de vagabundo e repete-se a mesma pergunta: "Há algo fora de minha existência? Então o que é?" Perde a fé. Desenha. Quarta exposição dos impressionistas. É acolhida mais favoravelmente que as anteriores. Mas Durand-Ruel tem grandes dificuldades econômicas e deixa de ajudar o grupo. A maioria vive em grande miséria. Renoir expõe seu *Madame Charpentier e seus filhos.* Morre Daumier.

1880 – Vincent volta a Courrières, onde Jules Breton, um pintor medíocre, tem um ateliê. Completa a mudança.

Após uma viagem decepcionante para a Holanda, na casa de seus familiares, recebe cinquenta francos de Theo. Volta a Borinage, a Cuesmes, e se reconcilia com Theo, a quem não escrevia há nove meses. Põe-se a desenhar com grande intensidade. Em outubro, vai de Cuesmes para Bruxelas, onde faz amizade com Van Rappard e trabalha metodicamente.

1881 – Vincent permanece em Bruxelas até princípios de abril. Chega a Etten no dia 12 deste mês. Trabalha. Durante o verão recebe visita de Theo e de Van Rappard e vai para a casa de seu primo, o pintor Anton Mauve, que lhe dá conselhos. Volta a se enamorar e corteja apaixonadamente uma de suas primas, Kee, durante as férias em Etten. Esta o desencoraja; Vincent insiste e ela se vê obrigada a voltar para Amsterdam. Vincent a aflige com cartas e finalmente vai a Amsterdam. Mas Kee se nega a vê-lo. Desesperado, Vincent volta a Etten. Discute constantemente com seu pai e deixa a casa de Mauve em Haia. Renoir na Itália. Nascem Picasso, Léger e Gleizes.

1882 – As relações com Mauve logo se tornam tensas. Vincent precipita o rompimento ao acolher uma mulher pobre, doente e grávida. Graças a essa mulher, Sien, Vincent recupera seu equilíbrio e, após uma visita a Theo, põe-se a pintar. Trabalha intensamente até o fim do ano. Mas a degradação de Sien é irremediável. Vincent priva-se de tudo. O desenho *Tristeza* é dessa época, de que faz uma litografia em novembro. Sua recusa do mundo dos conformistas – de todos os conformismos – é completa. Expõe-se um retrato de Cézanne no Salão. Sisley se estabelece em Moret. Nasce Braque.

1883 – Doente e esgotado, Vincent aguenta alguns meses. Chega a tal extremo de debilitamento que chama seu irmão, que desta vez consegue afastar Sien de seu lado. Vincent, dilacerado, mas aliviado, volta a pintar. Pinta *Árvore açoitada pelo vento.* Deixa Haia em setembro e chega em Drenthe. As paisagens dessa região selvagem o acalmam a princípio, mas os dias atormentados voltam. Mil terrores assaltam Vincent, que foge para Nuenen, onde seus pais estavam morando. Gauguin deixa seu trabalho como bancário, para consagrar-se definitivamente à pintura. Monet se estabelece em Giverny. Morre Manet. Nascem Utrillo e Marcoussis.

1884 – Janeiro. Quando sua mãe fratura uma perna, Vincent retorna por um tempo a seu lar. Mas seu desacordo com o mundo de sua família não tem solução. Vincent converte-se em um estranho para sua família. Aluga dois quartos com o sacristão da Igreja católica e ali instala seu estúdio. Uma última, e como as anteriores, desafortunada aventura sentimental o faz perder totalmente a esperança de levar uma vida normal (outono). A pintura será a única finalidade de sua existência, "a maneira de viver sem pensar no passado". Acumula um quadro atrás do outro e no outono decide pintar nos dias de mau tempo cinquenta cabeças de camponeses. Não pára de se preocupar com as leis da cor, cuja importância descobriu. Instala-se o Salão dos Independentes. Pissarro vai viver em Eragny.

1885 – *26 de março.* O pastor Van Gogh morre de repente. Sela-se a ruptura de Vincent com sua família. Vincent agora trabalha em seu grande quadro do período holandês, *Comedores de batatas.* Termina-o em maio, o que desencadeia uma discussão epistolar com Van Rappard, que finalmente provoca a separação dos dois amigos. Vincent a cada dia mais toma consciência dos recursos da cor. A Holanda, cujo clima estético e moral é de agora em diante um obstáculo a seu florescimento, já não tem mais nada a lhe ensinar. Além disso, como o cura de Nuenen proibira a seus fiéis que pousassem para Vincent, este decide abandonar seu estúdio. Em 23 de novembro vai para Antuérpia. "Desejo violentamente ver Rubens", disse. Começa sua grande viagem para o sul. "Há", escreve para Theo, "uma coisa extraordinária na sensação de que é necessário entrar no fogo." Para Vincent, a Antuérpia representa uma liberação. Ali descobre Rubens, a cor, os tecidos japoneses, a luz e o movimento. Suas cores se definem.

1886 – *18 de janeiro.* Vincent se inscreve na Academia de Belas-Artes de Antuérpia, onde sua curta e tormentosa estadia pelo menos lhe permite comprovar que está no caminho certo no que se refere ao desenho e à pintura. No princípio de março, de repente chega a Paris. Volta para a escola. Segue o curso do estúdio de Cormon, mas logo deixa de assisti-lo. Descobre a pintura "luminosa" dos impressionistas; estuda a obra de Delacroix, de Monticelli, os artistas japoneses e conhece Toulouse-Lautrec, Émile Bernard, Gauguin, Seurat, Signac, Guillaumin, Pissarro, Cézanne, tio Tanguy, etc. Sua palheta torna-se mais luminosa. Liberta-se de todas as experiências pictóricas. A cor começa a dominar em sua obra. Planeja expor durante o inverno.

Oitava e última exposição dos impressionistas: Seurat apresenta seu *Domingo na Grande Jette* (divisionismo). O aduaneiro Rousseau expõe nos Independentes. Uma grande exposição dos impressionistas organizada por Durand-Ruel em Nova York alcança um grande sucesso. Morre Monticelli.

1887 – Vincent continua febrilmente suas experiências, com todos os procedimentos e técnicas que os pintores de Paris lhe sugerem. Pinta nas margens do Sena, frequentadas pelas impressionistas. Apesar das numerosas e variadas influências, continua sendo ele mesmo, e assimila as lições à sua própria personalidade. Já se cansa de Paris. Uma aventura que termina de maneira lamentável, a decepção que lhe causam as rivalidades entre os pintores, a indiferença com que é recebido, a agitação da grande cidade e, também, naturalmente, seu trabalho intenso minam sua resistência. Está mais ou menos doente, mas sobretudo compreende que Paris não é sua meta. Seu cansaço e nervosismo aumentam ainda mais durante o inverno. Medita sobre lugares onde o sol é mais luminoso e a cor se reveste de todo seu esplendor – sobre ir ao "Japão", quer dizer, ao sul. Gauguin na Martinica. Nascem Juan Gris e Marc Chagall.

1888 – Vincent chega a Arles em fevereiro. Fica encantado com a cidade. Acredita realmente estar no Japão. Os jardins florescidos o embriagam de felicidade. Pinta sem parar. Sua exaltação cresce à medida que o sol nasce, ao qual rende um verdadeiro culto com sua pintura. Mas o espantoso desgaste nervoso com que Vincent paga por esta orgia criadora coloca em perigo sua saúde, além do fato de que não podia alimentar-se pior. Escreve a Theo: "Não se pode evitar que qualquer dia sobrevenha uma crise". Vincent quer veementemente que seu amigo Gauguin se instale perto dele e que se fundem os estúdios do sul, com que sonhava desde que saiu de Paris. Gauguin, depois de uma série de tergiversações, decide em outubro voltar para Arles, e os primeiros dias são um descanso para Vincent. Desgraçadamente, os dois artistas não eram feitos para se entenderem. Tudo os separa: seus temperamentos e tendências estéticas. Logo se torna evidente que a vida em comum entre eles é impossível. Isto representa um novo e grave golpe para Vincent. Em 25 de dezembro o drama inesperadamente explode. Vincent se lança sobre Gauguin com uma navalha e sai correndo quando Gauguin se volta contra ele. Ao voltar para casa, corta uma orelha. Vincent é internado. Neste mesmo ano, Theo expõe no Salão dos Independentes três quadros e alguns desenhos de Vincent. Morre Mauve em Arnhem.

1889 – As crises continuam. Vincent procura lutar. Logo compreende que o melhor para ele é permanecer internado. Em maio, abandona Arles para ir a Saint-Paul-de-Mausole, clínica particular perto de Saint-Rémy dirigida pelo doutor Peyron. A princípio se acostuma a esta nova vida. Mas, contrariamente a suas esperanças, a loucura não o abandona. Uma nova crise o invade; não continua em Saint-Rémy e volta para o norte. Apesar da enfermidade, não deixa de trabalhar. Sua arte cada vez mais se torna expressionista. No Natal, tem dois ataques. Dois quadros de Vincent são expostos no Salão dos Independentes por Theo. Gauguin em Paris (expõe no café Volpini), depois em Pont-Aven e em Pouldu (*O Cristo amarelo*, *O anjo belo* e *Bom dia, senhor Gauguin*).

1890 – Boas notícias: o nascimento do filho de Theo, a publicação de um importante estudo consagrado à sua pintura no *Mercure de France*, a venda de um quadro (*A videira vermelha*) – o único que Vincent vendeu em vida. Nada disso pode fazer com que Vincent esqueça seu drama. Uma longa crise o lança num atroz desespero. Tenta matar-se. Não podendo suportar a vida em Saint-Paul-de Mausole, implora a seu irmão que o leve para o norte. Chega a Paris em 17 de maio, mas segue para Auvers-sur-Oise em 21 de maio. Em Auvers, o doutor o atende. Começa bem sua permanência nesta pequena cidade. Vincent pinta todos os dias. Mas depois de visitar seu irmão e a cunhada, retorna desesperado para Auvers. A vida, como ele diz, lhe escapa. Não pode mais. Em 27 de julho Vincent dá um tiro no peito. Morre no dia 29 a uma e meia da manhã. Dez quadros de Vincent são expostos neste ano no Salão dos Independentes. Exposição com o grupo X em Bruxelas. Depois da morte de seu irmão, Theo trata de fazer uma grande exposição de suas obras. Em 18 de setembro escreve a Émile Bernard: "A quantidade de quadros é imponente. Não consigo organizar um conjunto que possa dar uma ideia de sua obra". Durand-Ruel, tomado por maus pressentimentos, se recusa a apresentar esta exposição em sua galeria. Theo, atacado de paralisia, é levado para a Holanda. Gauguin escreve para Émile Bernard: "O ataque de loucura de Van Gogh (Theo) é uma desgraça para mim e se Charlopin não me dá algo para ir para o Taiti estou perdido". Gauguin aconselha formalmente Émile Bernard a não organizar a exposição de Van Gogh: "Que fatalidade! Você sabe quanto amo a arte de Vincent. Mas, dada a estupidez do público, é inoportuno recordar Vincent e sua loucura no momento em que seu irmão se encontra na mesma situação. Muitas pessoas dizem que nossa pintura é uma loucura. Seria um prejuízo para nós, sem fazer bem a Vincent, etc. Enfim, faça-o, mas é IDIOTA". Em 21 de janeiro, Theo van Gogh morre na Holanda. (Em seu testamento a obra de Vincent é avaliada modestamente em dois mil florins; muitas pessoas aconselham a viúva de Theo a destruí-la.) Retrospectiva de Van Gogh no Salão dos Independentes. Gauguin embarca para o Taiti. Morrem Seurat e Jongkind.

1892 – Sob os cuidados da senhora J. van Gogh-Bonger, viúva de Theo, organiza-se uma exposição de cem quadros e desenhos de Van Gogh no Panorama de Amsterdam. Van Rappard morre em Stantpoort. No Taiti, Gauguin escreve e ilustra "Noa-Noa". Nasce Gromaire.

1893 – Começam a aparecer no *Mercure de France* excertos das cartas de Van Gogh a Émile Bernard e a seu irmão Theo. Émile Bernard organiza uma exposição de dezesseis quadros de Van Gogh em "Le Marc de Boutteville", na rua Le Peletier, de Paris. Gauguin volta para a França de sua primeira viagem ao Taiti. Ambroise Vollard abre sua galeria.

1894 – Em 6 de fevereiro morre "tio" Tanguy, de câncer no estômago. As telas que guardava na casa Drouot se dispersam. Um Van Gogh custava ali trinta francos (seis quadros de Cézanne renderam 910 francos). O ministro da Educação Pública e o encarregado do Museu de Luxemburgo abrem ao público 27 obras do legado de Caillebotte: obras de Cézanne, Monet, Pissarro, etc.

1895 – Gauguin retorna para a Oceania. Exposição de Cézanne na galeria Ambroise Vollard. As *Catedrais de Rouen* de Monet. Morre Berthe Morisot.

1896 – Augusto Vermeylen dá uma conferênda apaixonada para os estudantes de Groningue (Holanda) sobre Van Gogh e sua obra. "Os quadros de Van Gogh vendem bem mais quanto mais baratos", Gauguin escreve em novembro para Daniel de Monfreid.

1898 – No Taiti, Gauguin pinta "De Onde Viemos? Quem Somos? Para Onde Vamos?" e tenta suicidar-se. A Société de Gens de Lettres nega a Rodin o prêmio Balzac.

1899 – Morre Sisley.

1900 – O doutor Rey, em acordo com Ambroise Vollard, retira de seu galinheiro, onde há onze anos servia para tapar um buraco, o retrato que Vincent fez no hospital de Arles. Vollard compra a tela por cinquenta francos. Maurice Denis pinta sua *Homenagem a Cézanne.* Picasso vem pela primeira vez a Paris. Braque copia os quadros de Rafael no Louvre.

1901 – Março. Na galeria Bernheim-Jeune, na rua Lafitte, retrospectiva de Van Gogh (71 quadros). Vlaminck, ao sair da exposição, diz a Matisse: "Gosto de Van Gogh mais que de meu pai". Hugo von Hofmannsthal anota em uma carta a prodigiosa emoção que lhe causaram as obras deste pintor que ele desconhecia. "Me senti como se assaltado pelo milagre incrível de sua forte e violenta existência... Cada árvore, cada pedaço de terra amarela ou verdejante, cada sebe viva, cada caminho escavado na colina pedregosa, a jarra de estanho, a tigela na terra, a mesa, a cadeira rústica, era um ser recém-nascido que se ergue diante de mim, saindo do espantoso caos da não vida, do abismo do não ser e eu sentia – não, eu sabia que cada uma destas criaturas nascera de uma dúvida horrível que desesperava o mundo inteiro, que sua existência era testemunho eterno do odioso abismo do nada... Eu sentia em tudo a alma daquele que havia feito tudo isso, que com esta visão dava uma resposta para se libertar do espasmo mortal de uma dúvida espantosa". (Carta de 26 de maio, 1901, em "*Escritos em prosa*".) *E o ouro de seus corpos*, de Gauguin. Primeira exposição em Paris de Picasso, na casa de Ambroise Vollard. Morre Toulouse-Lautrec.

1903 – Morre Gauguin, extenuado por uma vida cheia de privações, nas ilhas Marquesas. Morrem Pissarro e Whistler. Primeiro Salão de Outono.

1904 – "Você, acredito, só tem que seguir este caminho – Cézanne escreve a Émile Bernard –, você tem a inteligência necessária e logo conseguirá se esquecer de Gauguin e Van Gogh". Morrem Fantin-Latour e Gérome. Nasce Salvador Dalí.

1905 – *Julho-agosto.* Sob os cuidados da senhora Van Gogh-Bonger, abre-se uma exposição de 473 obras de Van Gogh (234 são quadros) no Museu Stedelijk, de Amsterdam. Exposição de Van Gogh na galeria Arnold, em Dresde. Os Fauves (que se dizem descendentes de Cézanne, Gauguin e Van Gogh) expõem no Salão de Outono, provocando um escândalo. Dando satisfação aos argumentos de seus leitores, que o censuravam por ignorar o Salão de Outono, *L'illustration* de 4 de novembro dedica duas páginas a uma dezena de quadros exibidos neste salão. "Se alguns leitores se assombram com nossa seleção, que cuidem de ler bem a palavras impressas embaixo de cada quadro. São as apreciações de críticos muito importantes e nos apoiamos em sua autoridade como tais. Só destacaremos que, se a crítica em outros tempos reservava todo o seu incenso aos consagrados e seu sarcasmo aos novatos e aos que buscavam outros caminhos, as coisas mudaram muito hoje." Os quadros reproduzidos eram de Cézanne (*Banhistas*), do "douanier" Rousseau (*Leão lançando-se sobre um antílope*), de Vuillard, Roualt, Matisse, Derain, etc... Nasce o cubismo no "Bateau Lavoir" da rua Ravignan, em Montmartre. Morrem Jules Breton e Constantin Mennier.

1906 – Morre, aos oitenta anos, a mãe de Vincent. O casal Ravoux vende por quarenta francos, a um norte-americano, os dois quadros que possuíam de Vincent: *A alcadia de Auvers* e *Mulher em azul.* Morre Cézanne. Renoir se instala em Cagnes.

1907 – *As senhoritas de Avignon*, de Picasso. Retrospectiva de Cézanne no Salão de Outono.

1908 – Janeiro. Segunda exposição de Van Gogh na galeria Bernheim-Jeune, rua Richepanse, em Paris (cem quadros). No mesmo mês, Druet expõe em sua galeria do faubourg Saint-Honoré 35 quadros de Van Gogh. Os impressionistas entram no Louvre (Legado Moreau-Nélaton).

1909 – Segunda exposição de Van Gogh na galeria Druet na rua Royale, 20 (uns cinquenta quadros). Exposição de Van Gogh na galeria Brack, de Munique. O doutor Gachet morre aos 81 anos em Auvers-sur-Oise, em 9 de janeiro. Por intermédio de Clemenceau entra no Louvre *Olympia* de Manet. *Nymphéas* de Monet.

1910 – Van Gogh na exposição "Manet e os pós-impressionistas", nas galerias Crafton de Londres. Morre o "douanier" Rousseau. Ambroise Vollard publica as cartas de Van Gogh a Emile Bernard.

1912 – Van Gogh é representado por 108 quadros na exposição de pintores modernos organizada pela sociedade de artistas da Alemanha Ocidental em Colônia. Primeiros "papiers-colle" (Braque).

1913 – É publicado o livro *Os pintores cubistas*, de Apollinaire.

1914 – A senhora Van Gogh-Bonger publica em Amsterdam as cartas de Vincent a Theo. As cinzas de Theo são levadas por ela da Holanda a Auvers-sur-Oise. Exposição Van Gogh na galeria Cassirer, em Berlim. Obedecendo aos desejos de Verhaeren, a sociedade de arte contemporânea expõe na Antuérpia obras de Van Gogh. *Fritillaires*, da coleção de Camondo, entra no Louvre.

1916 – Morre Odilon Redon.

1917 – Morrem Degas e Rodin.

1918 – Manifesto dadaísta de Tristán Tzara.

1919 – Triunfo do cubismo. Morre Renoir.

1920 – Morre Modigliani.

1921 – Oito quadros de Van Gogh na exposição dos museus de Holanda de obras de Rembrandt a Jean Steen, ocorrida em Paris.

1924 – Exposição de Van Gogh na galeria Kunsthalle, de Basileia, em março-abril, e na galeria Kunsthaus, de Zurique, de julho a agosto. Segunda edição das cartas de Vincent a Theo.

1925 – Morre Johanna van Gogh-Bonger, viúva de Theo, em 2 de setembro.

1926 – Morre Monet.

1927 – Exposição de Van Gogh na galeria Bernheim-Jeune. Uma exposição de Van Gogh é apresentada em Haia, Berna e Bruxelas. Morrem Guillaumin e Juan Gris.

1928 – J. B. de la Faille publica um monumental catálogo da obra de Van Gogh, depois de uma discussão dos experts sobre a autenticidade ou falsidade de algumas obras. Exposição de Van Gogh na Galeria Nacional de Berlim. Exposição de desenhos de Van Gogh na galeria Dru, de Paris.

1929 – Criação do Museu de Arte Moderna de Nova York.

1930 – Exposição de Van Gogh no Museu Stedelijk, de Amsterdam. Morre Pascin.

1931 – Morre John Russel.

1932 – Morre o doutor Rey, em 15 de setembro. Morre Louis Anquetin.

1935 – Uma exposição de Van Gogh em turnê pelos Estados Unidos. Morre Paul Signac.

1936 – Primeira edição, em Nova Iorque, das cartas de Van Gogh a Van Rappard (traduzidas para o inglês).

1937 – René Huyphe organiza em Paris, no Palácio Tokio, uma retrospectiva de Van Gogh que é visitada por milhares de pessoas e suscita comentários apaixonados. Uma seleção de cartas de Van Gogh a Theo aparece em Paris. As cartas de Vincent a Van Rappard aparecem em Amsterdam. Os nazistas denunciam como decadentes as obras de Vincent, que são excluídas da Neue Pinakotheke de Munique.

1938 – Funda-se nos Países Baixos, perto de Arnhem, no parque nacional De Hooge Veluwe, o Museu Kröller-Müller (264 obras de Van Gogh). Morre Suzanne Valadon.

1940 – Morrem Vuillard e Paul Klee.

1941 – Morrem Robert Delaunay e Émile Bernard.

1943 – Morre Maurice Denis.

1944 – Morrem Soutine, Kandinsky e Mondrian.

1945 – Exposição Van Gogh no Museu Stedelijk, de Amsterdam.

1946 – Uma exposição itinerante de 172 quadros de Van Gogh percorre a Europa, suscitando em todas as partes um enorme entusiasmo. 165 mil a visitam em Estocolmo; 300 mil, em Amsterdam; 500 mil, na Bélgica (Lieja, Amberes, Mons e Bruxelas). Picasso escreve na revista *Arts de France*, em setembro: "Não há outra chave senão a poesia. Se as linhas e as formas harmonizam é como no poema. É certo que o público nem sempre compreende a arte moderna, mas isso é devido a não ter aprendido nada dela, ao que a pintura em si se refere. Nela aprendemos a ler, a escrever, a desenhar ou a cantar, mas nunca pensamos nela para aprender a olhar um quadro. Que possa ali haver uma poesia da cor, uma vida da forma e do ritmo, breve de rimas plásticas, ignora-o completamente. Muito mais, além disso, se o público não sabe apreciar uma imagem poética ou uma assonância musical".

1947 – Chega ao Museu l'Orangerie de Paris uma exposição de Van Gogh. "Van Gogh está na moda – escreve Georges d'Espagnat –, moda frenética, ao extremo de que os visitantes se aglomeraram em quatro filas diante dos quadros enquanto uma fila tão comprida como a que vemos nos cinemas se estendia à entrada do museu. E em todos os lugares elegantes, nos chás luxuosos ou sensivelmente burgueses, as pessoas do mundo mais elegante lançam exclamações cheias de admiração por este pintor que cada um se congratula por ter descoberto." A exposição chega à Suíça. No Museu Boymans, de Rotterdam, se expõem os desenhos de Van Gogh. Braque recebe o grande prêmio internacional na Bienal de Veneza.

1948 – Exposição de Van Gogh na galeria Tate de Londres (150 mil visitantes), na galeria de Arte de Birmingham, na galeria de Arte de Glasgow, no Museu Municipal de Haia, no Museu de Arte de Cleveland.

1949 – Exposição de Van Gogh no Museu Metropolitano de Nova Iorque (mais de 300 mil visitantes), depois no Instituto de Arte de Chicago (1949-1950). Pablo e Margarita Gachet, filhos do doutor Gachet, doam aos museus nacionais da França vários quadros, dos quais dois são de Van Gogh: o retrato do doutor Gachet e o autorretrato com fundo turquesa. Morre Othon Friesz.

1950 – A tradução francesa das cartas de Vincent a Van Rappard aparece em Paris. Paul Gachet doa aos museus nacionais um quadro de Van Gogh: *Vacas no prado.*

1951 – Uma exposição circulante de Van Gogh é apresentada nos museus de Lyon, Grenoble, Arles e Saint-Rémy. Nova doação de Paul Gachet aos museus franceses. Destacam-se nessa doação o quadro que representa a igreja de Auvers-sur-Oise, a gravura *Homem com pipa* e muitas recordações de Van Gogh (sua palheta, de 1890, alguns tubos de tinta, os tecidos japoneses que cobriram sua câmara mortuária, bambus talhados, um desenho em carvão do doutor Gabret, onde este fixou os traços de Vincent em seu leito de morte).

1953 – O centenário do nascimento de Van Gogh é celebrado com grande regozijo nos Países Baixos. Um congresso de alguns milhares de especialistas de todo o mundo sobre Van Gogh se reúne em Haia de 27 a 28 de março. Uma exposição comemorativa de 280 obras em Haia (30 de março a 17 de maio), no Museu Nacional de Kröller-Müller (23 de maio a 19 de junho), em Amsterdam (de 23 de julho a 20 de setembro). Uma placa é colocada em Zundert, na casa que ocupa o lugar do vicariato onde Vincent nasceu. Outra é colocada em Paris, no número 54 da rua Lepic, onde Vincent viveu de junho de 1886 a fevereiro de 1888. A Biblioteca Wereld, de Amsterdam, começa a publicar *A correspondência geral de Van Gogh* (edição do centenário). O primeiro volume aparece em 1952 e o quarto, em 1954. Morre Raoul Duffy.

1954 – Morre Matisse.

1955 – Morre Fernand Léger.

1958 – Em outubro, em Londres, *Jardim público de Arles*, de Van Gogh, é vendido na Galeria Goldschmidt por 132 mil libras esterlinas. Morre Vlaminck.

1990 – Em 15 de maio é feita a maior transação da história do mercado de arte até então; um dos *Retrato do Dr. Gachet* de Van Gogh é vendido a um milionário japonês por 82,5 milhões de dólares.

Glossário de nomes próprios

Aimard, Gustave (1818-1883) – Escritor francês. Ambientava seus romances de aventura na América Latina.

Anker, Albert (1831-1910) – Grande pintor suíço que se destacou em cenas de interiores, familiares e íntimas.

Aurier, G.-Albert (1865-1892) – Filósofo, jornalista, crítico e teórico de arte, apesar de sua curta existência, exerceu influência na imprensa parisiense. Batalhou na *Revue Indepéndente* e no *Mercure de France* para impor Van Gogh, Gauguin, Henry de Groux e outros pintores desconhecidos na época. Foi o único crítico a mencionar e elogiar Van Gogh enquanto este estava vivo.

Barye, Antoine-Louis (1796-1875) – Escultor francês.

Bernard, Émile (1868-1941) – Pintor, desenhista e escritor francês. Pintor mediano, no entanto teve papel destacado na história da arte moderna devido à sua estreita ligação com aqueles que seriam grandes pintores, como Van Gogh, Toulouse-Lautrec (com quem estudou no ateliê de Cormon), Paul Gauguin, Paul Cézanne e Odile Redon. Manteve grande correspondência com todos eles, escreveu ensaios identificando a revolução que iniciava e, o mais importante, catalogou, conservou as cartas e anotou depoimentos que ajudaram a lançar luzes sobre a obra e o pensamento destes heróis da arte moderna.

Bing, Siegfried (1838-1905) – *Marchand* de origem alemã estabelecido em Paris, um dos responsáveis pela introdução da arte japonesa na França, especialmente as gravuras.

Blanc, Charles (1813-1882) – Crítico de arte francês, autor de inúmeros livros sobre arte, inclusive o clássico *Histoire de Peintre de toutes les écoles* em 14 volumes.

Boccaccio, Giovanni (1313-1375) – Primeiro grande prosador italiano. Autor de *Decameron*, onde está descrito o modo de vida dos burgueses fiorentinos apaixonados pela cultura e sobretudo pelos prazeres.

Bonger – Família de Johanna Gesina van Gogh-Bonger (1862-1925). Jo, como ficou conhecida, casou-se com Theo van Gogh em 1889, com quem teve um filho, Vincent Willem van Gogh. Com a morte de Vincent em 29 de julho de 1890 e do irmão Theo seis meses depois, em janeiro de 1891, Jo, auxiliada pelo pintor Émile Bernard, foi a grande guardiã e responsável pela valorização do trabalho de Vincent van Gogh, até então absolutamente desconhecido. Graças a ela, foram guardadas todas as cartas encontradas na época e organizadas exposições da obra de Vincent no mundo inteiro. Ela deixou ainda um texto de memórias onde conta a vida de Vincent, publicado na íntegra nesta edição. Todo o trabalho de catalogação das cartas trocadas entre os irmãos também foi Jo quem as publicou pela primeira vez em 1914.

Bonington, Richard Parkes (1802-1828) – Pintor inglês. Viveu pouco, mas deixou obra de consistência, tendo como tema paisagens pastoris e cidades inglesas. Um belo conjunto de sua obra está exposto na Tate Gallery de Londres.

Botticelli, Sandro di Mariano Filipepi, dito (1444-1510) – Grande pintor italiano de Florença. Autor de célebres "madonas" e de cenas religiosas.

Boucher, François (1708-1770) – Pintor clássico francês.

Boudin, Eugène Louis (1825-1898) – Pintor francês que retratou magnificamente as praias da Normandia, da Bretanha e a costa holandesa. Quadros de belo colorido.

Boughton, George Henry (1833-1905) – Pintor, ilustrador e escritor inglês.

Bouguereau, Adolphe William (1815-1905) – Célebre pintor francês que se destacou pela precisão do desenho e preocupação em utilizar os principais valores da arte acadêmica em vigor na época. Abordou temas clássicos, mitológicos, orientais, bem como registrou cenas históricas de época.

Boulanger (1837-1891) – General e político francês, muito influente na época, representando os nacionalistas e bonapartistas. Foi ministro em 1888 e, deposto, reuniu em torno de si a oposição ao governo representativo. Acabou preso, condenado e exilado. Suicidou-se na Bélgica.

Bracquemond, Felix Joseph August (1853-1914) – Desenhista virtuoso e gravador muito conhecido e apreciado na Paris da sua época. É autor de famosos retratos em água forte de Delacroix e Goncourt.

Braeckeller, Henry (1840-1888) – Pintor belga, expressivo representante da escola romântica.

Breton (Jules e Émile) – Jules Adolpho Breton (1827-1906), pintor clássico francês especialista em cenas rústicas e pastoris, também se destacou como poeta. Seu irmão Émile Breton (1831-1902) foi paisagista, autor de cenas campestres que mostravam camponeses em seu trabalho.

Brias, Alfred (1821-1876) – Na verdade, Alfred Bruyas. Filho de banqueiro, entusiasta da arte moderna, tornou-se um dos grandes colecionadores do seu tempo, adquirindo quadros de Corbet, Millet, Corot, Delacroix, Tassaert entre muitos outros.

Brion, Gustave (1824-1877) – Pintor francês, representou os costumes dos camponeses na beira do Reno.

Brueghel, Pieter (1525-1569) – Pintor de grandes recursos técnicos. Inovou nas suas pinturas, dando a elas um caráter cósmico de aguda sensibilidade. Pintou cenas populares satíricas e ao mesmo tempo moralistas. Retratou a miséria e as dificuldades dos camponeses. Era conhecido como Brueghel, o Velho, e Van Gogh refere-se a ele como Brueghel, o Camponês. Seu filho Pieter (1564-1638), conhecido como Brueghel, o Moço, ou Brueghel, do Inferno, celebrizou-se pela pintura quase caricata, interpretando obras de seu pai e criando cenas de incêndio ou de inferno. É seu o famoso quadro *O incêndio de Troia.*

Burger, Godofred August (1747-1798) – Poeta e crítico de arte alemã, autor de *Leonor.*

Cabanel, Alexandre (1823-1889) – Pintor acadêmico francês. Foi um dos decoradores do Panthéon em Paris. Foi um magnífico pintor de retratos e possui obras-primas em nus femininos.

Carlyle, Thomaz (1795-1881) – Historiador e filósofo francês. Foi do idealismo alemão ao puritanismo escocês, deixando uma obra polêmica, exaltada e rica em metáforas.

Cassagne, Padre (1636-1679) – Membro da academia francesa de letras e célebre (na época) pregador.

Cézanne, Paul (1839-1906) – Pintor francês. Um dos pilares da arte moderna, participou da criação do impressionismo e influenciou diretamente Picasso e Braque na invenção do cubismo, a primeira grande revolução *pós-impressionista* na história da arte. Ficou célebre pelas suas paisagens quase geométricas, suas *banhistas* e os tons pastéis e profundos de suas cores, especialmente o verde e os terras. Pintou incansavelmente a montanha de *Saint Victoria* em Aix-en-Provence, onde nasceu e morreu.

Chardin, Jean Baptiste (1699-1770) – Pintor francês de grande expressão no seu tempo. Especializado em cenas com figuras humanas e expressivos retratos.

Chevalier, Sulpício Guilherme (1804-1866) – Caricaturista francês, muito popular no seu tempo.

Codde, Pieter (1599-1678) – Pintor holandês cuja enorme habilidade em adaptar seu próprio estilo fez com que fosse escolhido para completar um grupo de retratos inacabados de Frans Hals.

Compte-Calixto, François Claudius (1813-1880) – Pintor e litógrafo francês. Pintou cenas italianas, especialmente na Sardenha.

Constable, John (1776-1837) – Grande pintor paisagista inglês. Teve grande influência sobre seus contemporâneos, principalmente os franceses. Enquadrava-se na escola romântica.

Coppée, François (1842-1908) – Poeta e dramaturgo francês, membro da Academia de Letras e muito popular na época.

Cormon, Fernand (1845-1924) – Pintor francês de origem acadêmica, especializado em temas históricos. Formou o "Atelier Cormon", onde dava aulas de pintura.

Corot, Jean-Baptiste (1796-1875) – Pintor francês, magnífico paisagista, um dos mais importantes e influentes pintores do seu tempo.

Courbet (1819-1877) – Pintor francês. Mestre e fundador da escola realista. Paisagista emérito, foi um dos precursores da ruptura com a pintura acadêmica.

Couture, Thomas (1815-1879) – Pintor francês de temas históricos.

Cuyp, Albert (1605-1691) – Pintor paisagista holandês com obras no Museu do Louvre, em Paris, Metropolitan, de Nova York, entre outros.

Dante Alighieri (1265-1321) – Considerado "pai" da poesia italiana, autor do grande poema *A Divina Comédia.*

Daubigny, Charles François (1817-1878) – Grande pintor paisagista francês, um dos membros da escola de Barbizon (ver nota neste glossário). Amigo de Corot e um dos precursores do impressionismo.

Daudet, Alphonse (1840-1897) – Escritor afamado ligado à escola naturalista. Autor de clássicos da nova literatura francesa como *Tartarin de Tarascon* e *Cartas do meu moinho.*

Daudet, Alphonse (1840-1897) – Romancista e dramaturgo francês. Suas obras mais conhecidas são "Cartas do meu moinho" e "Tartarin de Tarascon".

Daumier (1808-1879) – Pintor, desenhista e caricaturista francês. Como caricaturista foi admirado por Balzac e Baudelaire, pela expressão de seu traço e pela crítica feroz aos ricos franceses. Como pintor, valorizou o traço e foi um pintor realista, considerado como um dos precursores do expressionismo.

David, Gerard (1460-1523) – Pintor primitivo flamengo, autor de "O batismo de Cristo".

David, Louis (1748-1825) – Influente pintor francês, principal membro da chamada escola "neoclássica". Foi deputado durante a Revolução Francesa e, depois, no Império, foi o pintor predileto de Napoleão. Pintou quadros célebres, como *A sagração de Napoleão*, exposto no Louvre, e *Marat morto.*

De Haan, Meijer Isaac (1852-1895) – Pintor holandês, amigo de Theo van Gogh, que o apresentou a Vincent.

Decamps, Alexandre Bariel (1803-1860) – Um dos grandes mestres do romantismo francês. Célebre pelas suas cenas orientais, paisagens e quadros de animais. Um grande lote de suas pinturas está exposto no Museu do Louvre, em Paris.

Degas, Edgar (1834-1917) – Pintor, gravador e escultor francês. Mestre na obra de exprimir com poderosa simplificação as formas e o movimento. Moderno, fez um trabalho muito peculiar, sendo alinhado junto aos impressionistas, embora tenha pintado muitos interiores com cenas de bailarinas e bares. Pintou ainda retratos e o cotidiano das cidades com destaque a cenas de hipódromo.

Delacroix, Eugène (1798-1863) – Pintor francês, foi um dos mais importantes pintores do século XIX, sendo considerado o precursor da nova escola romântica. Fez alguns quadros célebres, como o retrato de Chopin (que considerou-se muito honrado por ser retratado por ele), o célebre *A deusa da liberdade nas barricadas*, *A tomada de Constantinopla pelos Cruzados* e muitos outros. Van Gogh era fascinado por Delacroix, a quem citou dezenas de vezes nesta correspondência.

Delaroche, Paul (1797-1856) – Pintor francês autor de minuciosos quadros de temas históricos, como os famosos *Assassínio do Duque de Guise* e *Os Girondinos.*

Díaz de la Peña, Narcisse Virgilio (1807-1876) – Pintor francês pertencente à escola de Barbizon.

Dick, Anton van (1599-1641) – Grande pintor holandês. Van Dick e Rubens foram os grandes expoentes da escola flamenga. Seus retratos, especialmente o de Carlos I, são admiráveis obras-primas. Sua obra está entre as mais importantes na história da arte. Entre seus quadros destacam-se, além do retrato de Carlos I, os célebres *A descida da cruz*, *A virgem dos doadores* e *Vênus pedindo a Vulcano armas para Enéas.*

Dickens, Charles (1812-1870) – Grande escritor inglês realista, célebre por sua obra voltada aos desamparados; escreveu, entre outros, *Oliver Twist, David Copperfield* e *Documentos de Pickwick.*

Dolent, Jean (1832-1909) – Literato francês, conhecido por seus retratos de artistas.

Doré, Gustave (1833-1883) – Foi um dos maiores ilustradores e caricaturistas de todos os tempos. São célebres suas ilustrações de obras clássicas como a *Bíblia*, a *Divina Comédia*, *Dom Quixote* etc.

Dupré, Jules (1811-1889) – Pintor francês influenciado por Constable e os paisagistas ingleses, pintava com vigor, valorizando o relevo e a dramaticidade da luz do entardecer, preferencialmente o cinza e o ocre.

Durand-Ruel, Paul (1831-1922) – Foi um comerciante de quadros que entrou para a história da arte pelo apoio que deu aos *revolucionários* pintores que criaram o impressionismo e os movimentos posteriores mais radicais. Sua galeria, fundada pelos seus avós, funciona até hoje em Paris controlada pelos seus netos.

Dürer, Albrecht (1471-1528) – Considerado o maior pintor da renascença alemã.

Eliot, George (1819-1880) – Pseudônimo de Mary Anne Evans, escritora inglesa.

Escola de Barbizon – Grupo de artistas franceses composto – entre outros – por Rousseau, Dupré, Jacque Diaz, Troyon, Corot, que se reuniram na região de Barbizon, na década de 1830 e, rompendo com a tradição clássica, buscavam inspiração diretamente na natureza, influenciados por Constable, entre outros paisagistas ingleses, que se caracterizavam pelo colorismo e a pincelada nervosa.

Eugène Fromentin (1820-1876) – Pintor e escritor francês. Destacou-se pelo seu trabalho na Argélia, desenhando e pintando paisagens, animais e o povo africano.

Fabritius, Carel (1622-1654) – Pintor e desenhista holandês célebre pelo seu talento e seus retratos que utilizavam a cor exagerada.

Fantin-Latour, Henri (1836-1904) – Pintor francês realista e tradicional, contemporâneo de Van Gogh e famoso pelos seus grandes retratos coletivos, onde retratou Verlaine e Rimbaud numa cena entre outros intelectuais em célebre quadro exposto no Museu d'Orsay, em Paris. Retratou ainda Balzac, Zola, Delacroix, Whistler, Monet, Renoir, Manet, Baudelaire e outros expoentes da intelectualidade francesa na época.

Feyen, Eugène (1815-1908) – Pintor francês de cenas populares. Irmão de Augustin Feyen-Perrin.

Feyen-Perrin, Augustin (1826-1888) – Pintor francês que retratou cenas na tradição popular de Millet, ou seja, com a preocupação de abordar temas sociais.

Flaubert, Gustave (1821-1880) – Grande escritor francês, célebre pelo estilo meticuloso, autor de *Madame Bovary*.

Fragonard, Jean-Honoré (1732-1806) – Pintor francês, célebre pela refinadíssima técnica e pelo clima hedonista e até erótico de seus retratos femininos.

Francken (ou Franck) – Família de pintores da Antuérpia nos séculos XVI e XVII que se tornou conhecida por mesclar o gosto flamengo com o classicismo italiano. Foram cerca de 30 membros. Os mais famosos foram **Jeronymus, o velho** (1542-1616), seu irmão **Ambrósio** (1544-1618) e **Franz Francken II** (1581-1642). Provavelmente Vincent refere-se a Jeronymus.

Fromentin, Eugène (1820-1876) – Pintor, romancista e crítico de arte francês. Autor do livro *Os mestres de outrora*, ao qual Van Gogh se refere, considerado uma obra-prima de crítica de arte.

Gachet, Paul Ferdinand (1828-1909) – Conhecido como dr. Gachet. Amigo de vários pintores, como Degas, Manet, Monet, Renoir, Pissarro, Cézanne, entre outros, foi grande apreciador e incentivador dos impressionistas. Acolhia artistas e intelectuais em geral na sua casa em Auvers-sur-Oise. Foi recomendado a Theo pelo pintor Pissarro, e cuidou de Vincent van Gogh até o fim de sua vida. Foi também pintor e gravador, tendo exposto no Salão dos Artistas Independentes com o pseudônimo de Van Ryssel. Reuniu uma enorme e valiosa coleção de impressionistas e quadros de Van Gogh em particular. Grande parte desta coleção foi doada ao Museu do Louvre.

Gainsborough, Thomas (1727-1788) – Pintor inglês.

Gauguin, **Paul** (1848-1903) – Foi um dos precursores do impressionismo, ultrapassando este movimento para tornar-se – juntamente com Cézanne e Van Gogh – uma das mais poderosas influências da arte contemporânea, especialmente os *fauvistas*, que, juntamente com os *cubistas*, romperam e ampliaram os limites da arte moderna no início do século XX. Gauguin trabalhou no mercado financeiro e abandonou tudo para dedicar-se à arte, radicando-se no Taiti, onde produziu a parte mais importante da sua obra. Ao sol dos trópicos desenvolveu sua filosofia e seu estilo inconfundível. Foi amigo e admirado por Van Gogh. Gauguin é o centro do célebre episódio onde Van Gogh cortou a orelha, descrito por ele mesmo neste livro.

Gavarni, Sulpício Guilherme Chevalier dito (1804-1866) – Célebre caricaturista francês.

Géricault, **Theodore** (1791-1824) – Um dos mais célebres pintores românticos franceses, autor do clássico "Jangada da medusa", exposto no Louvre.

Gerôme, Jean Lyon (1824-1904) – Pintor acadêmico francês, membro da academia de Belas-Artes. Autor de *A saída do baile de máscaras* e o célebre *A morte de Cézar*, ambos expostos no Museu do Louvre.

Giotto, Angiolotto di Bondone, dito (1266-1336) – Grande pintor italiano de Florença. Amigo de Dante Alighieri, é considerado um dos grandes gênios da história da arte, tendo introduzido novos valores na pintura (até então uma arte primária), como a expressão, a paixão, a graça, o movimento e a naturalidade das cenas e personagens. Deixou grandes afrescos e pinturas decorativas em igrejas italianas.

Goes, Hughes van der (1420-1482) – Grande pintor flamengo (escola holandesa), especialista em motivos religiosos.

Goncourt, Irmãos – Grandes romancistas franceses; Edmond Huot de Goncourt (1822-1896) e Jules Goncourt (1830-1870). Romancistas naturalistas, escreveram livros coletivamente sobre história, arte e sociedade da França no século XVIII. Edmond Goncourt publicou sozinho *La Fille Elisa, Les Frères Zanganno*, entre outros livros. Criou, como legado de seu testamento, uma academia livre composta de dez membros de grande representatividade cultural diante da sociedade francesa, cuja finalidade seria destacar um grande romance anualmente. Hoje o Prêmio Goncourt é o principal prêmio literário da França e um dos mais importantes de todo o mundo.

Goupil, Casa – Prestigiosa galeria de arte europeia com muito destaque em meados do século XIX. Vincent trabalhou nesta galeria graças à interferência de seu tio, diretor da sucursal em Haia. De Haia, Van Gogh é enviado, sempre pela Casa Goupil, a Bruxelas.

Goya y Lucientes, Francisco de (1746-1828) – Grande pintor espanhol, célebre pelas suas cenas de guerra e violência, retratos densos e escuros, cenas religiosas e figuras esguias. A guerra contra Napoleão inspirou-lhe a fantástica série de gravuras *Os desastres da guerra* e os célebres quadros representando os fuzilamentos de 2 e 3 de maio de 1808. O realismo, a dramaticidade e a peculiaridade das cores fazem de Goya um dos precursores da pintura moderna.

Goyen, Johan Joseph van (1596-1666) – Grande mestre holandês, considerado o pioneiro no consagrado *naturalismo* que caracterizou a pintura dos grandes mestres flamengos. Pintou paisagens, cidades, e marinhas escuras e belíssimas.

Groux, Henry de (1867-1930) – Pintor belga de grande expressão dramática dentro da tradição moderna de James Ensor e Odile Redon. São célebres seus quadros *A morte de Siegfried* e *Cristo na tempestade.*

Gruby, David (1810-1898) – Cientista húngaro.

Guillaumin, Armand (1841-1921) – Pintor francês, amigo de Monet, Pissarro, Cézanne; participou de inúmeras exposições dos pintores impressionistas. Grande paisagista.

Guizot – Van Gogh pode estar se referindo a François Guizot (1787-1874), ou seu filho Maurice François Guizot (1838-1892), ambos historiadores, tradutores e membros da academia francesa.

Haden, Francis Seymour (1818-1910) – Cirurgião e importante gravador inglês, responsável pela renovação da gravura na Inglaterra.

Hals, Frans (1581-1666) – Pintor flamengo conhecido pela grandiosidade de seus retratos coletivos e sua técnica apuradíssima, de um realismo e movimento pouco comuns em seus companheiros de escola.

Hamon, Jean Louis (1821-1874) – Pintor francês, especialista em grandes composições. Traçado clássico e cores escuras contrastando com céus claros e densos vermelhos.

Heilbuth, Ferdinand (1826-1889) – Pintor alemão.

Herbert, Antoine Auguste (1817-1908) – Pintor francês especialista em quadros históricos de estilo refinado e aristocrático. Pintou muitos retratos e o famoso *Beijo de Judas*, exposto no Louvre, em Paris.

Herkomer, Humberto (1849-1914) – Desenhista e pintor alemão, naturalizado inglês, de grande talento.

Hest, Bartelemy van der (1611-1678) – Ilustre pintor holandês, mestre do retrato. É autor do célebre quadro *O Banquete da Guarda Civil*, entre outras deslumbrantes obras-primas.

Hokusai, Katsushika (1760-1849) – Um dos mais famosos pintores japoneses de todos os tempos.

Holl, Frank (1845-1888) – Pintor inglês que se notabilizou pela sua sensibilidade social e ideias socialistas. Pintou cenas dramáticas do sofrimento do povo pobre e dos prisioneiros encarcerados na prisão de Newgate. Respeitado pela academia pelo seu virtuosismo, sobrevivia pintando retratos que eram muito admirados pelos seus contemporâneos, inclusive – paradoxalmente – pela Rainha Vitória.

Hood, Thomas (1799-1845) – Poeta satírico inglês, autor de *Canção da camisa* e *Miss Kilmanseg*.

Ingres, Dominique (1780-1867) – Aluno de David, o grande pintor de Napoleão, distinguiu-se pela pureza de seu desenho. Autor de *Odalisca*, *Banho turco*, entre muitas outras obras célebres.

Isaacson, Jacob Joseph (1859-1952) – Pintor holandês especializado em cenas bíblicas e retratos. Trabalhou também como jornalista. Conheceu Theo em Paris, de quem ficou amigo. Trabalhou como correspondente da revista de arte *A carteira*, onde publicou o primeiro texto sobre Vincent, altamente elogioso.

Israëls, Jozef (1824-1911) – Foi um dos mestres da pintura holandesa do século XIX, com suas cenas de camponesas pungentes e perfeitas tecnicamente. Sua cor escura e dramática aproximava-se muito de Rembrandt.

Jeannin, Joseph Georges (1841-1925) – Pintor francês especialista em composições florais.

Jongkind, John Bartholdo (1819-1891) – Pintor e gravador holandês, paisagista emérito, um dos iniciadores do impressionismo.

Jordaens, Jacob (1593-1678) – Pintor flamengo conhecido pela grandiosidade de seus retratos coletivos. Sua técnica apuradíssima era de um realismo e movimento pouco comuns em seus companheiros de escola.

Jundt, Gustave Adolphe (1830-1884) – Pintor alemão.

Kanus, Louis (1849-1910) – Pintor realista alemão.

Koninck, Philips (1619-1688) – Um dos mestres do período barroco da pintura holandesa. Especializou-se em paisagens e cenas rurais, com a presença de camponeses e tipos da classe burguesa.

Lacerteux, Germine – Título de quadro de Degas e personagem do romance dos irmãos Goncourt com o mesmo nome.

Lamartine, Alphonse de (1790-1869) – Poeta romântico e político francês, autor de *As meditações.* Foi ministro dos negócios estrangeiros em 1848.

Laval, Charles (1862-1894) – Pintor francês, amigo de Vincent e Gauguin. Foi retratado por Paul Gauguin. Pintou um autorretrato que está no Museu Van Gogh em Amsterdã.

Leys, Jean August Henry (1815-1869) – Pintor e desenhista belga da escola romântica, muito influenciado por Delacroix. De grande prestígio artístico e social, recebeu várias condecorações e, finalmente, o título de Barão pelo Rei Leopoldo I. É responsável pelas pinturas murais do palácio em Antuérpia.

Lhermitte, Léon-Augustin (1844-1925) – Pintor realista dentro da tradição acadêmica francesa, célebre por suas cenas rurais. Admirado por Van Gogh, que diz, numa de suas cartas a Theo: "Millet e Lhermitte são aos meus olhos os verdadeiros pintores, porque eles não pintam as coisas como elas são, segundo uma análise rebuscada e seca, mas como eles, Millet, Lhermitte, Michelângelo, as sentem". Seu quadro *La Moisson* (*A colheita*) é um ícone da visão do duro trabalho dos camponeses.

Liebermann, Max (1847-1935) – Pintor alemão. Paisagista, sofreu a influência do impressionismo francês. Considerado o fundador da escola impressionista alemã.

Manet, Édouard (1832-1883) – Pintor francês considerado como grande precursor dos impressionistas; é autor de quadros célebres, como *Almoço na relva* e *Olympia.*

Mantegna, Andrea (1431-1506) – Grande pintor italiano.

Mantz, Paul (1821-1895) – Crítico de arte francês.

Marchal, Charles François (1825-1877) – Pintor francês.

Maris, Jacob (1837-1899) – Foi um destacado pintor holandês. Dedicava-se a paisagens, cenas rurais, sempre com intenso colorido.

Maris, Thijs (1839-1917) – Famoso pintor de retratos holandês, irmão dos também pintores Jacob Maris e Willem Maris (1844-1910).

Matsys, Quentin (1466-1530) – Foi o primeiro pintor de expressão flamengo a fazer a síntese da tradição holandesa com as ideias da renascença italiana. Pintou cenas religiosas, onde explorou a luz e os detalhes à maneira da tradição flamenga. Mas seu trabalho foi marcado pela grande qualidade das cenas cotidianas e paisagens.

Maupassant, Guy de (1850-1893) – Admirado e estimulado por Flaubert, Maupassant foi um dos grandes escritores franceses em todos os tempos, autor de contos e novelas realistas e fantásticas, como o clássico de terror *Horla.* Morreu louco em um hospício no interior da França.

Mauve, Antonio (1838-1888) – Pintor holandês. Viveu em Paris e Oosterbeek, onde retratou os trabalhadores do campo. Ligado por laços de parentesco a Vincent van

Gogh, foi seu primeiro preceptor nas artes e também o primeiro a reconhecer que Vincent tinha talento.

Meissonier, Jean Louis Ernest (1815-1891) – Pintor e desenhista francês. Pintou cenas do cotidiano e especializou-se no final de sua vida em cenas militares, retratando com um realismo minucioso os elementos do quadro. Foi célebre e reconhecido com honras e condecorações por Napoleão III.

Méryon, Charles (1821-1868) – Famoso gravador francês, admirado por Baudelaire, que retratou Paris.

Mesdag, Henrich Willen (1831-1915) – Pintor holandês especialista em marinhas. Notabilizou-se por retratar os portos da Holanda com grande beleza e precisão.

Meunier, Constantin (1831-1905) – Pintor e escultor belga. Pintou cenas campesinas e a vida nas minas de carvão da região do Borinage. Seus quadros são tristes e trágicos. Caracterizou-se pela preocupação com os temas sociais.

Michel, François Emile (1828-1909) – Pintor e crítico de arte francês pertencente à Academia de Belas-Artes.

Michelet, Jules (1798-1874) – Pensador liberal e célebre historiador francês.

Mignard, Pierre (1612-1695), **Mignard, Nicolas** (1606-1668) – Irmãos, ambos pintores franceses. Provavelmente Vincent refere-se a Pierre, que pintava mulheres com frequência.

Millais, John Everett (1829-1896) – Desenhista e pintor de retratos inglês; um dos iniciadores do pré-rafaelismo.

Millet, Jean François (1814-1875) – Marcou uma geração de pintores pela sua sensibilidade social e pelos retratos de camponeses e operários – que executou em pleno período clássico. Foi durante muito tempo alvo do preconceito do público e da crítica que o consideravam um "pintor de camponeses", melancólico e trágico. Seu trabalho só foi reconhecido no final da vida, quando suas enormes e monumentais composições de aspecto clássico e tecnicamente perfeitas foram valorizadas pelos críticos de arte e grandes colecionadores. Foi a grande influência filosófica e estética de Vincent van Gogh.

Monet, Claude (1840-1926) – Um dos fundadores da escola impressionista, marco fundamental na história da arte moderna. O próprio nome da escola se deve a um quadro seu: *Impressão: sol nascente.* Pintou as célebres séries *Catedral de Rouen* e *Ninfeias.* Os impressionistas pintavam geralmente ao ar livre, procurando captar as sutilezas da incidência da luz sobre a natureza e os objetos. As dezenas de telas da Catedral de Rouen são tomadas geralmente do mesmo ângulo, mas com cores totalmente diferentes, pois pintadas e observadas em diferentes horários.

Monticelli, Adolphe (1824-1886) – Pintor francês que fez parte da escola de Barbizon (ver nota neste glossário). Utilizava muito o ocre, o amarelo e os céus tumultuados. Um de seus quadros ("Marinha perto de Marselha) pertence ao acervo permanente do MASP (Museu de Arte de São Paulo) Levou uma vida difícil e boêmia, tendo morrido muito pobre e doente devido ao alto consumo de bebida e absinto. Vincent van Gogh tinha verdadeira obsessão pelo trabalho e a vida difícil de Monticelli. Hoje um pintor esquecido, foi para Van Gogh sua última e definitiva referência, a ponto de escrever à Theo: "Olhe, deixe-me continuar meu trabalho... se é o trabalho de um louco, azar... trabalho sem parar da manhã à noite para lhe provar que estamos com certeza na pista de Monticelli..." Por ocasião da única crítica (positiva) que recebeu em vida do crítico Aurier, no *Mercure de France,* Van Gogh escreveu a Aurier uma carta onde recusa os elogios: "(...) Não me sinto à vontade quando imagino que o que você diz de mim caberia melhor a outros. Sobretudo a Monticelli... Seu artigo teria sido mais justo se, antes de falar de mim, você tivesse feito justiça a Gauguin e a Monticelli. *Porque a parte que me cabe ou caberá, eu lhe asseguro, ficará muito em segundo plano*". (O grifo é do próprio Van Gogh). A propósito desta obsessão, Gauguin se lembrará, muito tempo depois do suicídio do "amigo Vincent", que "Degas o desesperava, Cézanne não passava de um mistificador, e, ao pensar em Monticelli, chorava".

Moret, Henry (1856-1913) – Pintor impressionista francês, amigo de Gauguin.

Munthe, Gerard Louis (1838-1900) – Pintor norueguês radicado em Dusseldorf, Alemanha.

Ostade, Adriaen van (1610-1685) – Mestre do naturalismo holandês, casado com a filha de outro grande mestre (Jan van Goyen), Ostade retratou cenas do cotidiano das cidades e paisagens em técnica perfeita. Nem moralista, nem crítico social. Retratou o seu tempo e a sociedade da sua época.

Pangloss – Personagem do clássico *Cândido ou o otimismo* de Voltaire (1694-1778), célebre pelo seu otimismo, "vivemos no melhor dos mundos".

Petrarca, Francesco (1304-1374) – Poeta e humanista italiano; historiador, arqueólogo e pesquisador de manuscritos antigos. Foi o primeiro dos grandes humanistas do renascimento.

Pieneman, Jan Willem (1779-1853) – Influente pintor holandês, autor de obras históricas importantes sobre a história da Holanda. Foi o primeiro diretor da Koninklijke Academie voor Schone Kunsten e do célebre Rijksmuseum. Influenciou fortemente os pintores holandeses do seu tempo.

Pissarro, Louis (1830-1903) – Pintor francês de origem judaica, mestre do impressionismo. Pintou paisagens e cenas rústicas.

Potter, Paulus (1625-1654) – Pintor de animais e paisagista holandês. Sua obra-prima, *Prado com três bois e três carneiros*, está exposta no Louvre, em Paris. Sua pintura é naturalista e tida como essencialmente verdadeira.

Puvis des Chavannes, Pierre Cécil (1824-1898) – Pintor francês de tradição acadêmica, muito admirado por Paul Gauguin.

Quost, Ernest (1842-1931) – Premiado pintor francês da primeira escola impressionista. Especialista em paisagens, cenas urbanas e naturezas mortas.

Rappard, Anton van (1858-1892) – Pintor holandês, conheceu Theo em Paris quando de uma viagem de estudos. A visita que Vincent lhe fez, a conselho de Theo, como descrito, foi o início de uma amizade que durou cerca de cinco anos, tendo inclusive compartilhado um estúdio com Vincent em Bruxelas.

Redon, Odile (1840-1916) – Pintor e litógrafo francês. Sua arte era de grande personalidade, quase visionária. É considerado um precursor do surrealismo.

Rembrandt, Harmenszoon van Rijn (1606-1669) – Pintor holandês considerado um dos mestres da pintura de todos os tempos pelo seu enorme domínio do claro-escuro, do desenho, da composição e da cor; entre sua grande produção destacam-se *Ronda noturna, O samaritano, Lição de anatomia, Os síndicos dos tecelões.*

Renan Ernest, (1823-1892) – Historiador e filólogo francês.

Renoir, Auguste (1841-1919) – Foi um dos precursores e mestres do impressionismo. Pintou os célebres nus femininos e o *Moulin de la Gallette.*

Rey, Dr. Felix (1867-1932) – Médico que atendeu Vincent quando este foi internado no hospital de Arles após o incidente do corte da orelha. Durante a internação, em 1888, Van Gogh pintou o retrato do Dr. Rey, que nunca gostou da pintura, tendo utilizado a tela para tapar um buraco do galinheiro do hospital. Mais tarde foi descoberta por um pintor que acabou vendendo-a em seguida. Depois de muitas idas e vindas a tela acabou nas mãos do marchand Ambroise Vollard, que vendeu-a a um russo rico. Em 1917, com a Revolução Bolchevique, o quadro foi confiscado e colocado no Museu Pushkin, onde está até hoje.

Reynolds, Sir Joshua (1723-1792) – Fundador e primeiro presidente da Royal Academy of Arts da Inglaterra, foi um dos mais influentes pintores ingleses do século XVIII.

Richepin, Jean (1849-1926) – Poeta e dramaturgo francês.

Rivet, André Rivet (1572-1651) – Teólogo francês.

Rochussen, Charles (1814-1894) – Pintor holandês, de Rotterdam, conhecido pelas suas paisagens e aquarelas.

Rodin, Auguste (1840-1917) – Escultor realista e poderoso, de técnica perfeita e de inspiração apaixonada e expressionista. Um dos maiores escultores de todos os tempos, autor de *O pensador* e *O beijo*, entre outras obras-primas.

Roll, Alfred Philipe (1846-1919) – Pintor francês que pintou cenas históricas de vivo realismo.

Romain, Jules (1492-1546) – Pintor e arquiteto italiano de grande influência no classicismo de seu tempo. Um dos seus trabalhos mais conhecidos é *A sagrada família*, exposta no Louvre, em Paris.

Roulin, Joseph (1841-1903) – A família Roulin tornou-se célebre ao ter vários membros retratados por Van Gogh na "série família Roulin". O mais famoso foi Joseph Roulin, amigo e protetor de Vincent durante sua tumultuada estadia em Arles, entre 1888 e 1889.

Rousseau, Theodore (1812-1867) – Um dos destacados membros da chamada escola de Barbizon (ver nota neste glossário). Paisagista emérito, pintou dezenas de vezes a floresta de Fontainebleau, e em seus quadros os céus tumultuados e expressivos têm grande importância na composição.

Rubens, Paulus Petrus (1577-1640) – Pintor flamengo nascido em Antuérpia, é considerado um dos grandes mestres da pintura em todos os tempos.

Ruysdaël, Jacob Isaac (1628-1682) – Pintor holandês considerado um grande paisagista, mestre nos jogos de luz e sombra e na suavidade das cenas que representava.

Saal, Georg Eduard Otto (1818-1870) – Um dos mais prolíficos pintores alemães do seu tempo.

Scheffer, Ary (1795-1858) – Pintor francês. Um dos primeiros representantes do romantismo. Suas telas têm um tom místico e romântico.

Schreyer, Georges (1828-1899) – Pintor e gravador alemão da escola romântica. Retratou o interior pastoril e possui várias cenas de camponeses repousando sob grandes montes de feno, cena que seria também retratada dezenas de vezes por Van Gogh.

Seurat, Georges Pierre (1859-1910) – Pintor francês, mestre impressionista e criador do "Pontilhismo".

Signac, Paul (1863-1935) – Pintor impressionista francês.

Sisley, Alfred (1839-1899) – Um dos mestres das paisagens impressionistas.

Souvester, Èmile (1806-1854) – Escritor francês. Tratou em seus romances da vida e dos costumes da gente simples da Bretanha. Escreveu, entre outros livros, *O filósofo sob os tetos* e *O mendigo de Saint-Sulpice.*

Steen, Jan (1626-1679) – Um dos grandes pintores holandeses do século XVII, com estilo típico da escola de Delft, ou seja, magnífico realismo, sutileza cênica e perfeccionismo nos detalhes importantes do quadro. É considerado o pintor holandês de grande humor em suas composições, tendo se retratado muito sutilmente em cenas coletivas. Pintou cenas íntimas e prosaicas, tais como uma mulher lavando os pés, coisa incomum na época. O Metropolitan Museum de Nova York é possuidor de um número representativo de seus quadros.

Stower, Beechter (1811-1896) – Escritor americano de formação puritana e extremamente influente, escreveu um livro sobre os escravos (*Uncle Tom's Cabin...*) de grande repercussão, que acabou influenciando na Guerra Civil americana.

Tanguy, Julien (1825-1894) – Foi um curioso e folclórico mercador de material de pintura (telas, pincéis, tintas etc.) e quadros. Por sua loja passaram todos os "mestres" da arte moderna, na época em que não dispunham de dinheiro para comprar a tinta e os pincéis. Pai Tanguy, como era conhecido, entendia e admirava profundamente a revolução que se armava na pintura. Embora pobre, era generoso com os pintores pobres de Montmartre. Participou da Comuna de Paris.

Tassaert, Nicolau Francisco Octávio (1800-1874) – Pintor francês.

Tasset, Guillaume (ou Guilhermo Carlos Tasset) (1843-1925) – Nascido no Peru, filho de pai francês. Foi pintor e fabricante de tintas associado com o pintor Lhote. Forneceu tintas para Vincent em Arles, depois que este se desentendeu com Pai Tanguy.

Tissot, James Jacques Joseph (1836-1902) – Pintor de grande prestígio na França e Inglaterra. Ilustrou a famosa revista *Vanity Fair* e pintou personagens mundanos das altas rodas londrinas e parisienses. No final da vida, voltou-se para a religiosidade e foi em peregrinação para Palestina. O resultado foram magníficas ilustrações da *Bíblia.*

Tolstói, Conde Leon Nikolaievitch (1828-1910) – Grande escritor russo idealista, escreveu alguns dos maiores clássicos da história da literatura universal, como *Anna Karenina, Guerra e paz* e *A morte de Ivan Ilitch.*

Toulouse-Lautrec, Henri Marie Raymond de (1864-1901) – Célebre pintor dos cabarés parisienses, um dos maiores nomes da arte moderna, pintou o retrato de Vincent van Gogh em Paris, na primavera de 1886, quando conheceram-se no estúdio de Cormon. Ambos os pintores influenciaram-se mutuamente.

Troyon, Constant (1810-1865) – Pintor francês.

Turgueniev, Ivan (1818-1883) – Escritor russo bastante influenciado pelo pensamento ocidental. Autor de *Pais e filhos* e *As águas primaveris.*

Turner, William (1775-1851) – Pintor inglês cujo estilo e técnica são considerados de grande influência para o surgimento da pintura impressionista.

Van Eyck, Hubert (1385-1426) e **Van Eyck, Jan** (1395-1441) – Irmãos, pintores flamengos, cuja autoria das obras se confunde e é objeto de debate até hoje. O que se sabe com certeza é que Jan van Heyk foi um dos mais influentes pintores do século XV.

Vautier, Benjamin (1829-1898) – Pintor clássico suíço.

Velázquez, Diego Rodrigues de Silva y (1599-1660) – Grande pintor espanhol nascido em Sevilha. Retratista poderoso, de traço e composição habilmente simplificada com colorido e relevo admiráveis. Velázquez é o artista mais importante da escola espanhola. Possui obras-primas célebres como *As Infantas, A forja de vulcano, A rendição de Breda,* os retratos de Felipe IV, Maria-Thereza e muitos outros mais.

Verboeckhoven, Eugène Joseph (1798-1881) – Pintor belga especialista em paisagens e animais. Seu irmão Carl

Verboeckhoven foi também destacado pintor especializado em marinhas.

Verlat, Michel Marie Charles (1824-1890) – Pintor belga nascido na Antuérpia. Medalha de ouro na Exposição Universal de Paris em 1855 e um dos mais prestigiados pintores acadêmicos de seu tempo.

Vermeer, Johanes van (ou Vermeer de Delft) (1632-1675) – Holandês, nascido na cidade de Delft, onde nasceram alguns dos maiores pintores holandeses. Vermeer ultrapassou a história e virou lenda, tendo sido alvo de grande retrospectiva em Washington na virada para o século XXI. Sua produção conhecida, de menos de 40 quadros, é considerada um dos conjuntos mais importantes de pintura de toda a história da arte. Moderno no que se refere à abordagem da pintura como a materialização da ilusão do olhar, Vermeer foi precursor do uso de recursos óticos para desenhar e marcar suas telas. Ele utilizava a câmara escura para obter maior precisão no desenho. Em alguns de seus quadros ele chega a utilizar o recurso fotográfico do "desfocado".

Véronèse, Paolo Calliari (1528-1588) – Mestre italiano, autor de uma obra monumental em ornamentos, complexidade estética de composição, luz e sombra. Célebre pelo colorido e riqueza de detalhes dos seus quadros.

Victor Hugo (1802-1885) – Um dos maiores escritores franceses de todos os tempos, com incursões na política. Foi líder do influente Romantismo francês e autor dos clássicos *Os miseráveis, Nossa senhora de Paris, Os trabalhadores do mar*, entre outros romances, além de extensa obra poética.

Vignon, Claude (1593-1670) – Pintor, desenhista e gravador francês. Grande mestre, influenciado por Caravaggio, é autor de destacada obra religiosa. Mas ficou conhecido também pelo vigor quase violento de suas cenas pintadas e de suas gravuras, onde arrancava grande dramaticidade do claro-escuro.

Viollet-le-Duc, Eugène Emannuel (1815-1886) – Arquiteto, restaurador e teórico em arquitetura, especialista em Idade Média, responsável pela restauração de inúmeros palácios, prédios e monumentos franceses, entre eles, a igreja de Saint Germain-des-Prés e a catedral de Notre Dame de Paris.

Wagner, Richard (1813-1883) – Grande compositor alemão, revolucionou a ópera. Autor de *Tristão e Isolda*, *Parsifal*, *Anel de Nibelungo*, entre outras obras célebres.

Waldorp, Antoine (1803-1866) – Artista holandês pupilo de Brechenheimer. Muitos trabalhos do mestre são atribuídos ao virtuoso pupilo. Pintou cenas domésticas, interiores de igrejas, mas adquiriu notoriedade ao pintar marinhas.

Watteau, Antoine (1736-1819) – Célebre pintor, gravador e aquarelista francês. Retratou como poucos cenas campestres e populares, sendo uma referência na história da pintura francesa.

Wauters, Emile (1846-1933) – Dentro da tradição flamenga, este pintor belga de apurada técnica acrescentou enorme atmosfera psicológica aos seus quadros, tornando--os até perturbadores. Sua obra-prima é *A loucura de Hughues van der Goes*, onde ele retrata o pintor holandês morto em 1482, sentado imerso em profunda depressão, com o olhar perdido dos loucos, ouvindo um coral de jovens seminaristas.

Wauters, Emile (1846-1933) – Pintor belga.

Weber, Carl Emil Otto (1832-1888) – Pintor alemão.

Whistler, James Abott MacNeil (1834-1903) – Pintor e gravador americano, célebre por seu virtuosismo.

Ziem, Felix (1829-1911) – Pintor francês, mestre da luz, retratou a arquitetura de Veneza e do Oriente. Um dos seus quadros mais conhecidos é *Carmagnola decapitada em Veneza pelo crime de alta traição.*

Zola, Émile (1840-1902) – Célebre escritor francês, chefe da escola naturalista, autor de *Germinal*; como crítico de arte escreveu um ensaio sobre Édouard Manet e inúmeros artigos sobre Monet, Manet e os pintores que surgiam no final do século XIX, fundando a escola impressionista. Em seu livro *O bom combate* ele destaca as qualidades dos pintores modernos e antevê o surgimento de uma "nova arte", voltada para o cotidiano, para as "cenas vivas", destinada a mostrar a "vida verdadeira".

ANEXO

A única crítica publicada enquanto Van Gogh viveu

"Os isolados – Vincent van Gogh"

por Gabriel-Albert Aurier

inclui cartas relacionadas à crítica e o necrológico no Mercure de France

A única crítica publicada enquanto Van Gogh viveu

Ivan Pinheiro Machado

Gabriel-Albert Aurier (1865-1892), autor do texto "Os isolados", no qual discorre sobre a pintura de Vincent van Gogh, foi escritor, poeta simbolista e crítico de arte. Escreveu para revistas importantes como *Le Décadent*, *La Plume*, e a muito efêmera *Le Moderniste illustré* (de abril a setembro de 1889), da qual foi redator-chefe e na qual publicou duas crônicas de Paul Gauguin. Participou, em 1890, do retorno da revista *Mercure de France* com Alfred Vallette, Rémy de Gourmont, Jean Moréas, Alfred Jarry e Jules Renard. Foi amigo do pintor Émile Bernard, que o colocou em contato com Paul Gauguin e com a obra de Vincent van Gogh. Provavelmente Aurier conheceu a obra de Van Gogh no ateliê de Fernand Cormon e na loja-galeria do célebre Père Tanguy, em Paris. Tanguy, que era uma espécie de protetor dos jovens e pobres pintores da *rive gauche* parisiense, fornecia tintas e expunha obras dos seus clientes – como Pissarro, Monet, Renoir, Guillaumin, Toulouse-Lautrec, Gauguin, Bernard, Van Gogh e mais tarde, Cézanne.

Aurier ficou muito impactado com os quadros de Van Gogh e decidiu escrever o artigo para o nascente jornal independente *Mercure de France*, que resgatava 85 anos depois o título da publicação nascida no século XVII e fechada pela censura de Napoleão em 1805. Na década de 1920, a Editora Gallimard adquiriu o nome "Mercure de France", que se tornou um selo para edição de obras literárias. Aurier também conhecia Theo, irmão de Vincent, comerciante de arte que trabalhava na renomada Galerie Goupil, célebre estabelecimento que reproduzia em gravuras obras de arte consagradas, além de vender quadros de grandes pintores. A família Van Gogh, através do tio homônimo Vincent van Gogh, esteve ligada ao negócio até o ano de 1878.

Ao que tudo indica, foi somente cinco meses depois da publicação do artigo sobre Vincent van Gogh, no primeiro número da nova *Mercure de France*, em janeiro de 1890, que Aurier conheceu pessoalmente Vincent, num encontro na casa de Theo que contava também com a presença de Émile Bernard e Toulouse-Lautrec.

Gabriel-Albert Aurier morreu precocemente aos 27 anos de febre tifoide. Na ocasião, Paul Gauguin escreveu a Daniel de Monfreid: "O pobre Aurier está morto. Decididamente, não estamos com sorte. Van Gogh, depois Aurier, o único crítico que nos compreendia e que um dia nos teria sido útil".

"Os isolados", de Aurier, foi o primeiro – e único – texto crítico publicado enquanto Vincent van Gogh vivia. Um artigo curioso, admirável e impressionante pela originalidade e pela enorme capacidade de antecipar o surgimento de um pintor que mudaria definitivamente a cara da arte.

Os isolados
Vincent van Gogh

Gabriel-Albert Aurier

Eis que, de repente, assim que voltei à ignóbil desordem lamacenta da rua imunda e da feia vida real, dispersos, involuntariamente, esses fragmentos de versos cantaram em minha memória:

A embriagante monotonia
Do metal, do mármore e da água...
E tudo, mesmo a cor negra,
Parecia polido, claro, irisado;
O líquido engastava sua glória
No raio cristalizado...
E cataratas lentas
Como cortinas de cristal
Suspendiam-se, resplandecentes,
Por muralhas de metal...[1]

Sob céus ora talhados no ofuscamento das safiras ou das turquesas, ora feitos de não sei que elementos sulfúricos infernais, quentes, deletérios e cegantes; sob céus moldados em uma fusão de metais e cristais, onde por vezes propagam-se, difusos, tórridos discos solares; sob a incessante e formidável correnteza de todas as luzes possíveis, em atmosferas pesadas, flamejantes, abrasadoras, que parecem exalar de fantásticas fornalhas onde se volatilizariam ouro, diamantes e gemas singulares – essa é a demonstração inquietante, perturbadora, de uma estranha natureza, verdadeiramente real e ao mesmo tempo quase sobrenatural, de uma natureza excessiva em que tudo, seres e coisas, sombras e luzes, formas e cores, se insurgem,

1. Fragmentos do poema "Sonho parisiense", de Charles Baudelaire, em tradução de Ivan Junqueira. (N.T.)

se erguem numa vontade raivosa de gritar sua essencial e própria canção, com o timbre mais intenso, o mais ferozmente superagudo; são árvores, retorcidas como gigantes em batalha, que proclamam, com o gesto de seus ameaçadores braços nodosos e com o trágico esvoaçar de suas verdes cabeleiras, sua força indomável, o orgulho de sua musculatura, sua seiva quente como sangue, seu eterno desafio ao furacão, ao relâmpago, à natureza nociva; são os ciprestes erguendo silhuetas de labaredas negras como que saídas de um pesadelo; montanhas arqueando dorsos de mamutes ou de rinocerontes; pomares brancos, rosados e dourados, como ideais sonhos de virgens; casas acocoradas, que se contorcem apaixonadamente como indivíduos que gozam, sofrem, pensam; pedras, terrenos, arbustos, gramados, jardins, rios que parecem esculpidos na forma de minerais desconhecidos, polidos, reluzentes, irisados, feéricos; são flamejantes paisagens que parecem a ebulição de multicoloridos vernizes em algum diabólico cadinho de alquimista, folhagens que parecem bronze antigo, cobre novo, vidro filetado; canteiros de flores que parecem mais riquíssimas joalherias de rubis, ágatas, ônix, esmeraldas, coríndons, crisoberilos, ametistas e calcedônias; é a universal, louca e ofuscante fulguração das coisas; é a matéria, a natureza inteira retorcida freneticamente, paroxizada, levada ao auge da exacerbação; é a forma que se torna pesadelo, a cor que se torna labareda, lava e pedraria, a luz que se faz incêndio, a vida, febre ardente.

* * *

Essa é a impressão, nada exagerada, ainda que assim se possa pensar, deixada na retina pelo primeiro olhar sobre as obras estranhas, intensas e febris de Vincent van Gogh, compatriota e não indigno descendente dos velhos mestres holandeses.

Oh! Quão longe estamos – não é mesmo? – da bela e grande arte antiga, muito santa e muito ponderada, dos Países Baixos! Quão longe dos Gérard Dow, dos Albert Cuyp, dos Terburg, dos Metsu, dos Pieter de Hooch, dos Van der Meer, dos Van der Heyden e suas telas encantadoras, tão pacientemente caprichadas, tão fleumaticamente polidas, tão escrupulosamente minuciosas! Quão longe das belas paisagens, tão sóbrias, tão ponderadas, tão envolvidas sempre em suaves, cinzentos e indecisos vapores dos Van der Heyden, dos Berchem, dos Van Ostade, dos Potter, dos Van Goyen, dos Ruysdael, dos Hobbema! Quão longe da fria elegância dos Wouwerman, da eterna vela de Schalken, da tímida miopia, dos finos pincéis e da longa lupa do bom Pieter Slingelandt! Quão longe das delicadas cores sempre um pouco enevoadas e brumosas dos Países do Norte e das incansáveis pinceladas desses comportados artistas, de longe e de outrora, que pintavam em seus "quartos aquecidos", a mente muito calma, os pés quentes e a pança cheia de cerveja, e quão longe dessa arte muito honesta, muito conscienciosa, muito escrupulosa, muito protestante, muito republicana, muito genialmente banal desses incomparáveis velhos mestres que cometiam o único erro – se erro fosse para eles – de serem todos pais de família e burgomestres!

No entanto, não nos enganemos, Vincent van Gogh não está tão longe assim de sua raça. Ele, mais do que muitos outros, padeceu as inelutáveis leis atávicas sobre as quais o sr. Taine[2] gosta de fazer mistério. Ele é mesmo e verdadeiramente holandês, da sublime linhagem de Franz Hals.

Em primeiro lugar, de fato, como todos os seus ilustres compatriotas, trata-se de um realista, um realista com toda a força do termo. *Ars est homo, additus naturæ* disse o chanceler Bacon[3], e o sr. Émile Zola definiu o naturalismo como "a natureza através de um temperamento". Ora, é esse "*homo additus*", é esse "através de um temperamento", é essa modelagem do objetivo, é verdade que hipoteticamente, sempre único, em subjetividade sempre diversa, que complicam a questão e suprimem a possibilidade de

2. Hippolyte Adolphe Taine (1828-1893): Positivista, crítico e historiador francês. (N.E.)

3. "A arte é o homem adicionado à natureza": pequena modificação de uma sentença de Francis Bacon (1561-1626) na obra *Descrição do globo intelectual.* (N.T.)

qualquer irrefutável critério de gradações de passiva sinceridade do artista diante da natureza. O crítico, portanto, vê-se fatalmente reduzido, por essa determinação e mesmo pela pura e simples afirmação ou pura e simples negação dessa passividade sincera, a induções mais ou menos hipotéticas, mas sempre contestáveis. Contudo, estimo que, no caso de Vincent van Gogh, apesar da por vezes desconcertante estranheza de suas obras, é difícil, para quem quer ser imparcial e para quem sabe olhar, negar ou contestar a veracidade sincera de sua arte, a ingenuidade da sua visão. Independentemente, de fato, desse indefinível aroma de boa-fé e de verdade que todos os seus quadros exalam, a escolha dos temas, a relação constante entre os tons mais vibrantes, a consciência do estudo dos personagens, a contínua busca pelo signo essencial de cada coisa, mil detalhes significativos nos afirmam irrecusavelmente sua profunda e quase infantil sinceridade, seu grande amor pela natureza e pela verdade – sua verdade pessoal.

Podemos, portanto, admitindo-se isso, legitimamente deduzir das obras de Vincent van Gogh o seu temperamento de homem, ou melhor, de artista – dedução que me seria possível corroborar com fatos biográficos, se eu assim quisesse. A característica de sua obra como um todo é o excesso, o excesso na força, o excesso no nervosismo, a violência na expressão. Na categórica afirmação do caráter das coisas, na muitas vezes temerária simplificação das formas, na insolência de olhar para o sol de frente, no arrebatamento veemente de seu desenho e de sua cor, mesmo nas mínimas particularidades de sua técnica, revela-se grande, forte, ousado, com frequência brutal e por vezes ingenuamente delicado. Além disso, adivinha-se, pelos exageros quase orgíacos de tudo o que pintou, que é um exaltado, um inimigo das sobriedades burguesas e das minúcias, uma espécie de gigante ébrio, mais apto a mover montanhas do que a manejar bibelôs em aparadores, um cérebro em ebulição, vertendo sua lava em todas as ravinas da arte, irresistivelmente, um terrível e enlouquecido gênio, muitas vezes sublime, grotesco às vezes, chegando quase à patologia. Por fim, e principalmente, é um hiperestésico, claramente sintomatizado, que vive com intensidades anormais, quem sabe dolorosas, as imperceptíveis e secretas particularidades das linhas e das formas, mas mais ainda as cores, as luzes; as nuances invisíveis às pupilas sadias, as mágicas irisações das sombras. É por isso que o realismo dele, o neurótico, e é por isso que a sinceridade e a verdade dele são tão diferentes do realismo, da sinceridade e da verdade desses grandes pequeno-burgueses da Holanda, tão saudáveis de corpo, tão equilibrados de alma, que foram seus ancestrais e seus mestres.

* * *

De resto, o respeito e o amor pela realidade das coisas não bastam, em si, para explicar e caracterizar a arte profunda, complexa, muito original, de Vincent van Gogh. Sem dúvida, como todos os pintores de sua raça, ele tem muita consciência da matéria, de sua importância e de sua beleza, mas também, na maioria das vezes, ele só considera essa fascinante matéria como uma espécie de linguagem maravilhosa destinada a traduzir a Ideia. É, quase sempre, um simbolista. Nada tem, bem o sei, do simbolista à maneira dos primitivos italianos, místicos que mal tinham a necessidade de materializar seus sonhos; mas um simbolista que sente a constante necessidade de expressar suas ideias com formas precisas, ponderáveis, tangíveis, com invólucros intensamente carnais e materiais. Em quase todas as suas telas, sob esse invólucro mórfico, sob essa carne muito carne, sob essa matéria muito matéria, jaz, para o espírito que sabe vê-lo, um pensamento, uma Ideia, e essa Ideia, substrato essencial da obra, é ao mesmo tempo sua causa eficiente e final. Quanto às brilhantes e resplandecentes sinfonias de cores e traços, seja qual for a importância que tenham para o pintor, elas nada mais são, em seu trabalho, do que simples *meios* expressivos, simples *procedimentos* de simbolismos. Se nos recusássemos, de fato, a admitir sob essa arte naturalista a existência dessas tendências idealistas, grande parte da obra que estamos estudando se tornaria bastante incompreensível. Como explicar, por exemplo, *O semeador*, esse augusto e perturbador semeador, esse campônio de fronte grosseiramente genial, em certos momentos vagamente parecido com o próprio artista, de silhueta, gesto e trabalho que sempre obcecaram Vincent van Gogh, que o pintou e voltou a pintar tantas vezes, ora sob o rubro céu do poente, ora em meio à poeira dourada do meio-dia abrasador, se não quisermos pensar na ideia fixa que habita seu cérebro com a necessidade da vinda de um homem, de um messias, semeador de verdade, que regenerasse a decrepitude de nossa arte e talvez de nossa imbecil e industrialista sociedade? E também essa obcecante paixão pelo disco solar, que ele adora fazer rutilar no abrasamento dos céus e, ao mesmo tempo, pelo outro sol, pelo astro vegetal, o suntuoso girassol, que ele repete, sem se cansar, qual monômano, como explicá-la se nos recusarmos a admitir sua persistente preocupação com alguma vaga e gloriosa alegoria heliomítica?

* * *

Vincent van Gogh, de fato, não é apenas um grande pintor, entusiasta de sua arte, de sua paleta e da natureza, ele também é um sonhador, um devoto exaltado, um devorador de belas utopias, que vive de ideias e de sonhos.

Por muito tempo ele se satisfez em imaginar uma renovação da arte, possível por meio de um deslocamento de civilização: uma arte das regiões tropicais; de povos que exigem imperiosamente obras que correspondam aos novos ambientes habitados; de pintores que se veem frente a frente com uma natureza até então desconhecida, formidavelmente luminosa, que enfim admitem a impotência dos velhos truques escolares e começam a procurar, naturalmente, a cândida expressão de todas essas novas sensações...! Não seria ele, então, o intenso e fantástico colorista triturador de ouros e pedrarias, o digníssimo pintor – em vez dos Guillaumet[4], dos insípidos Fromentin[5] e dos pastosos

4. Gustave Guillaumet (1840-1887): pintor orientalista francês (N.T.)

5. Eugène Fromentin (1820-1876): escritor e pintor orientalista francês. (N.T.)

Gérôme[6] – desses países das resplandecências, dos sóis fulgurantes e das cores ofuscantes?

Depois, como consequência dessa certeza da necessidade de tudo recomeçar em arte, ele por muito tempo alimentou a ideia de inventar uma pintura muito simples, popular, quase infantil, capaz de comover os humildes que não têm refinamento e ser compreendida pelos mais ingênuos dos pobres de espírito. *La Berceuse*, gigantesca e genial imagem popular, que ele repetiu várias vezes, com curiosas variantes, o retrato do fleumático e indescritivelmente jubiloso *Carteiro*, a *Ponte levadiça*, tão cruamente luminosa e preciosamente banal, a ingênua *Menina com rosa*, o *Zuavo*, a *Provençal*, indicam, com grande clareza, essa tendência para a simplificação da arte, que encontramos mais ou menos em toda a sua obra e que não me parece nem um pouco absurda ou desprezível nesses tempos de excesso de complicação, de miopia e de inábil análise.

* * *

Todas essas teorias, todas essas esperanças de Vincent van Gogh serão viáveis? Não serão vãs e belas quimeras? Quem pode saber? Seja como for, não me cabe examiná-las aqui. Basta-me, para mais ou menos concluir a caracterização desse curioso espírito tão distante de todos os banais caminhos, dizer algumas palavras sobre sua técnica.

O aspecto externo e material de sua pintura tem absoluta correlação com seu temperamento de artista. Em todas as suas obras, a execução é vigorosa, exaltada, brutal, intensiva. Seu desenho, furioso, potente, muitas vezes impreciso e um tanto pesado, exagera o caráter, simplifica, passa, qual mestre, qual vencedor, por cima do detalhe, atinge a magistral síntese, às vezes o grande estilo, mas nem sempre.

Já conhecemos sua cor. Ela é inacreditavelmente deslumbrante. Que eu saiba, ele é o único pintor a perceber o cromatismo das coisas com essa intensidade, com essa qualidade metálica, gêmica. Suas buscas de colorações de

6. Jean-Léon Gérôme (1824-1904): escultor e pintor academicista francês. (N.T.)

sombras, de influências de tons sobre tons e de plenas insolações são das mais curiosas. Ele nem sempre consegue evitar, no entanto, certas cruezas desagradáveis, certas desarmonias, certas dissonâncias... Quanto à execução propriamente dita, os procedimentos imediatos de iluminar a tela são, assim como tudo o que existe nele, impetuosos, muito potentes e muito nervosos. Seu pincel trabalha com espessas camadas de tons muito puros, com longos traços encurvados, rasgados por toques retilíneos..., por superposições, às vezes inábeis, de uma rutilante alvenaria, e tudo isso confere a algumas de suas telas a aparência sólida de resplandecentes muralhas formadas de cristais e sol.

* * *

Esse robusto e verdadeiro artista, de alta estirpe, de mãos rudes de gigante, de nervosismos de mulher histérica, de alma iluminada, tão original e tão à parte do ambiente de nossa lamentável arte de hoje, conhecerá um dia – tudo é possível – as alegrias da reabilitação, os elogios arrependidos da moda? Talvez. Mas não importa o que acontecer, mesmo que a moda valorize as suas telas – o que é pouco provável – o mesmo que as pequenas infâmias do sr. Meissonier[7], não penso que muita sinceridade possa algum dia ser incorporada a essa tardia admiração do grande público. Vincent van Gogh é, ao mesmo tempo, simples demais e sutil demais para o espírito burguês contemporâneo. Ele só será plenamente compreendido por seus irmãos, os artistas muito artistas... e pelos felizardos do povo, do pequeno povo, que por acaso tiverem escapado dos benevolentes ensinamentos da laicidade!

---

7. Ernest Meissonier (1815-1891): pintor e escultor francês, especialista em cenas históricas militares. (N.T.)

Uma versão resumida desse artigo foi publicada sob o título "Vincent van Gogh" na revista L'Art Moderne. Revue Critique des Arts et de la Littérature, *de Bruxelas, em 19 de janeiro de 1890, com a seguinte introdução: "Um dos artistas que mais será discutido no Salão dos XX, aquele diante do qual se amontoarão as ignorâncias e as inépcias, Vincent van Gogh, acaba de ser estudado a fundo pelo sr. G. Albert Aurier, num sutil e muito interessante artigo publicado pela* Mercure de France *(antiga* Pléiade*), no número de janeiro de 1890. Visto não ser possível reproduzir o estudo completo, em razão de seu tamanho, julgamos útil apresentar alguns trechos".*

Theo enviou os dois artigos a Vincent, junto com uma carta, em janeiro de 1890.

De Vincent van Gogh e Paul Gauguin a Émile Bernard

[Arles, quinta-feira, 1º, ou sexta-feira, 2 de novembro de 1888.]

Meu caro amigo Bernard,

Trabalhamos muito nesses últimos dias e, nesse meio-tempo, li o sonho de Zola[1], o que me deixou com pouco tempo para escrever.

Gauguin me interessa muito como homem – muito. Há muito tempo me parece que em nosso infeliz ofício de pintores temos uma grande necessidade de pessoas com mãos e estômagos de operários. Gostos mais naturais – temperamentos mais carinhosos e mais caridosos – do que o decadente e vazio parisiense mundano.

Ora, aqui, sem a menor dúvida, estamos na presença de um indivíduo virginal de instintos selvagens. Em Gauguin, o sangue e o sexo prevalecem sobre a ambição. Mas basta, você o viu de perto por mais tempo que eu. Queria apenas contar minhas primeiras impressões em poucas palavras.

Ademais, não penso que ficará muito espantado se eu disser que nossas conversas tendem a versar sobre o espantoso tema de uma associação entre alguns pintores. Essa associação, deve ou pode ter, sim ou não, um caráter comercial. Ainda não chegamos a nenhum resultado e não fincamos o pé num novo continente.

Ora, eu, que pressinto um novo mundo, que por certo acredito na possibilidade de um imenso renascimento da arte, acredito que essa arte nova terá os trópicos como pátria.[2]

---

1. O romance *O sonho*, de Émile Zola, publicado em outubro de 1888, parte da série *Les Rougon Macquart.* (N.T.)

2. Aurier retomou essa ideia no artigo para a *Mercure de France*, definindo Van Gogh como "um sonhador, um devoto exaltado, um devorador de belas utopias, vivendo de ideias e de sonhos. Por muito tempo ele se satisfez em imaginar uma renovação da arte, possível graças a um deslocamento de civilização: uma arte das regiões tropicais". (N.E.)

Parece-me que nós serviremos apenas de intermediários. E que somente uma geração posterior conseguirá viver em paz. Enfim, tudo isso, nossos deveres e nossas possibilidades de ação não poderiam tornar-se mais claros para nós do que através da experiência atual.

Fiquei um pouco surpreso de ainda não ter recebido seus prometidos estudos em troca dos meus.

Agora algo que vai interessá-lo – fizemos algumas excursões pelos bordéis e é provável que acabemos trabalhando lá com frequência. Gauguin, nesse momento, está trabalhando numa tela do mesmo café noturno que pintei, mas com personagens vistos nos bordéis. Promete tornar-se uma bela coisa.

De minha parte, fiz dois estudos de folhas caindo numa alameda e um terceiro estudo de toda essa alameda, totalmente amarelo.

Declaro não compreender por que não faço estudos de figura, se teoricamente é tão difícil para mim conceber a pintura do futuro como outra coisa que não uma nova série de poderosos retratistas, simples e compreensíveis a todo o grande público. Enfim, talvez eu logo comece a percorrer os bordéis.

Deixo uma página para Gauguin, que provavelmente também lhe escreverá, e aperto sua mão em pensamento.

Sempre seu,

VINCENT

Milliet o subtenente dos Zuavos partiu para a África e gostaria que você lhe escrevesse um dia desses.

[*Continuação da carta à Émile Bernard escrita por Paul Gauguin*]

Você faria muito bem, de fato, em escrever-lhe para dizer quais são suas intenções, a fim de que ele tome providências para preparar-lhe o caminho.

Sr. Milliet, *subtenente dos zuavos*, Guelma, África.

Não dê ouvidos a Vincent, como você sabe ele tem a admiração fácil e a indulgência idem. Sua ideia sobre o futuro de uma nova geração nos trópicos parece-me, enquanto pintor, absolutamente certa, e sigo com a intenção de voltar para lá quando tiver meios. Quem sabe com um pouco de sorte?

Vincent fez dois estudos de folhas caindo numa alameda que estão em meu quarto e que você apreciará. Numa tela grosseira, mas muito boa.

Mande notícias suas e de todos os amigos.

PAUL GAUGUIN

De Vincent a Theo van Gogh

[Saint-Rémy-de-Provence, sábado, 28 de setembro de 1889.]

Meu caro Theo,

Escrevo-lhe outra mensagem para explicar que faltaram três estudos à remessa de telas (que você já deve ter recebido), pois o rolo, sem eles, custava 3,50 francos a menos no transporte. Eu os enviarei na próxima ocasião – ou melhor, eles partem hoje com outras telas, as seguintes.

Campo de trigo
Campo de trigo e cipreste
idem.
A hera
Estudo de cipreste[3]
Ceifador
idem.
As oliveiras

Mais os três mencionados estudos, Papoulas – Efeito noturno – Nascer da lua. Logo envio algumas telas menores com os quatro ou cinco estudos que eu queria dar à mãe e à irmã. Esses estudos estão secando nesse momento. São telas de 10 e de 12, reduções do Campo de trigo e cipreste, Oliveiras, Ceifador e Quarto, e um pequeno retrato meu.

Será um bom início para elas, e creio que você e eu encontraremos um certo prazer em fazer com que a irmã ou as irmãs tenham uma pequena coleção de quadros. Farei para elas reduções das melhores telas, gostaria que elas tivessem os vinhedos vermelho e verde, os castanheiros rosados, o efeito noturno que você expôs.

Você verá que estou ganhando um pouco em paciência e que perseverar será uma decorrência de minha doença. Sinto-me mais desapegado de muitas preocupações.

---

3. Trata-se, ao que tudo indica, da tela que Vincent van Gogh decidiu oferecer a Albert Aurier, em abril de 1890, em agradecimento pelo artigo a seu respeito. (N.E.)

Envie-me algum dia, quando puder, o vinhedo vermelho e outras telas, para esse objetivo, depois de ver as cinco que fiz.

Agora, quanto ao ceifador – primeiro achei que a repetição em grande formato que estou enviando não estava ruim, mas depois, quando vieram os dias de mistral e chuva, preferi a tela feita ao ar livre, que me pareceu um pouco estranha. Mas não, quando o tempo se torna frio e triste é justamente esta que me faz lembrar daquela fornalha de verão sobre o trigo branco ardente e portanto nem tão exagerado assim.

Père Peyron[4] voltou e conversou comigo sobre ter visto você e disse que sem dúvida sua carta me informaria todos os detalhes da conversa que tiveram. Que em todo caso o resultado era que seria sensato continuar esperando aqui. O que também era minha opinião, desnecessário dizer.

No entanto, se um ataque ocorrer novamente continuo querendo tentar uma mudança de clima e mesmo, no pior dos casos, retornar ao norte.

O sr. Peyron disse que você parecia bem, o que me alegra.

Recebi os dez tubos de branco, mas preciso *o mais rápido possível* de mais uma dúzia de branco de zinco.

2 grande tubos Cobalto
1 Esmeralda
1 Cromo I
1 pequeno tubo carmim
Pois tenho belos efeitos outonais a fazer.

Sinto-me, agora, totalmente normal e não me recordo nem um pouco daqueles dias ruins.

Com o trabalho e uma alimentação muito regular, isso provavelmente durará por bastante tempo – mais ou menos – e ainda assim, caso haja problemas, farei meu trabalho sem que isso transpareça. Pois no fim do mês você receberá mais uma dúzia de estudos.

4. Théophile Zacharie Auguste Peyron (1827-1895): diretor do asilo em Saint-Rémy. (N.T.)

Talvez eu me engane, mas sua carta parece estar demorando muito mais dessa vez.

Infelizmente, não há vinhedos aqui, eu havia prometido a mim mesmo que faria apenas isso esse outono. Há alguns, mas para isso seria preciso ir para outra cidade.

Em compensação, as oliveiras são muito características e luto para capturá-las. Elas são prateadas, ora mais azuladas, ora mais esverdeadas, bronze, esbranquiçadas em terreno amarelo, rosadas, violáceas ou alaranjadas até chegar ao ocre vermelho mate.

Mas muito difíceis, muito difíceis. Mas está bem para mim e me atrai trabalhar plenamente o ouro ou o prata. E um dia talvez eu faça uma interpretação pessoal disso, como são os girassóis para os amarelos. Se eu tiver alguma nesse outono. Mas essa semiliberdade muitas vezes nos impede de fazer o que sentimos poder fazer. Paciência, contudo, você me dirá, e assim é.

Transmita meus cumprimentos a Jo, cuide-se e escreva logo, por favor.

Apertos de mão,

Sempre seu,

VINCENT

De Vincent van Gogh a John Peter Russell[5]

[Saint-Rémy-de-Provence, sábado, 1º de fevereiro de 1890.]

Meu caro amigo Russell,

Envio-lhe hoje um pequeno rolo de fotografias de obras Millet[6] que você talvez não conheça.

Seja como for, mando lembranças minhas e de meu irmão para você. Saiba que meu irmão se casou desde então e que está esperando o primeiro filho para um desses próximos dias. Que tudo corra bem – ele tem uma corajosa esposa holandesa.

Como me agrada escrever-lhe após um longo silêncio.[7] Você se lembra da época em que, quase ao mesmo tempo, acho que você primeiro e eu depois, encontramos o amigo Gauguin? Ele continua lutando – sozinho ou quase sozinho, como o corajoso que é. Tenho certeza de que não se esqueceu dele, no entanto.

Continuamos, ele e eu, sempre amigos, garanto-lhe, mas você talvez não ignore que estou doente e que mais de uma vez tive graves crises nervosas e delírios. Por isso, tendo que ir a um asilo para alienados, nos separamos. Mas quantas vezes falamos de você juntos. Gauguin está agora com um de meus compatriotas chamado De Haan[8], e De Haan o elogia bastante e não acha ruim estar com ele.

---

5. John Peter Russell (1858-1930): pintor impressionista australiano. (N.T.)

6. Jean-François Millet (1814-1875): pintor realista francês. (N.T.)

7. O último encontro de Van Gogh e Russell datava de setembro de 1888. Van Gogh tenta despertar o interesse de Russell pelo trabalho de Gauguin, com o intuito de fazê-lo participar da associação dos dois na Antuérpia. (N.E.)

8. Meijer Isaac de Haan (1852-1895): pintor holandês que se transferiu para Paris em 1888 e tornou-se grande amigo de Gauguin. (N.T.)

Você encontrará o artigo sobre minhas telas nos Vingtistes[9], garanto-lhe que devo muito às coisas que Gauguin me dizia sobre o desenho e tenho em alta, altíssima estima sua maneira de amar a natureza. Pois a meu ver ele vale ainda mais como homem do que como artista. Tudo bem com você? Ainda trabalhando muito?

Apesar de estar doente não ser motivo de alegria, não tenho o direito de me queixar, pois me parece que a natureza faz com que a doença seja um meio de nos reerguer, de nos curar, em vez de um mal absoluto.

Se um dia vier a Paris, pegue se quiser uma tela minha com meu irmão, se continuar com a ideia de um dia constituir uma coleção para sua pátria[10]. Lembre-se de que já lhe falei que era meu grande desejo dar-lhe uma com esse objetivo. Como vai o amigo MacKnight[11]? Se ainda estiver com você ou se você estiver com outras pessoas que tive o prazer de conhecer, cumprimente-os por mim. Acima de tudo, mande minhas lembranças para a sra. Russell e creia-me, com um grande aperto de mão em pensamento,

Tudo de bom,

VINCENT VAN GOGH

a/c Doutor Peyron
St.-Rémy en Provence.

---

9. Trata-se do artigo de Aurier, que Vincent van Gogh enviou em cópia a Russell, o que revela que estava bastante satisfeito com ele. (N.E.)

10. Russell tinha um quadro e doze desenhos que Van Gogh lhe enviara de Arles. (N.E.)

11. Dodge MacKnight (1860-1950): pintor norte-americano. (N.T.)

De Vincent a Theo van Gogh

[Saint-Rémy-de-Provence, sábado, 1º de fevereiro de 1890.]

Meu caro Theo,

Acabo de receber a boa notícia de que você finalmente é pai, que o momento mais crítico passou para Jo, que enfim o pequeno está bem[12]. Isso me faz muito bem, igualmente, e me dá mais prazer do que eu poderia expressar em palavras. Parabéns – e como nossa mãe vai ficar contente. Dela também recebi anteontem uma carta bastante longa e muito serena.[13] Finalmente eis o que há muito tempo tanto desejei. Não preciso dizer que nesses últimos dias pensei tanto em vocês e que fiquei muito comovido que Jo, na noite anterior, ainda tenha tido a bondade de me escrever. Como é corajosa e calma em seu perigo, isso me comoveu muito. Pois bem, isso contribui muito para me fazer esquecer os últimos dias em que estive doente, então não sei mais onde estou e minha mente se perde.

Fiquei extremamente surpreso com o artigo[14] que você me enviou sobre meus quadros, não preciso dizer que espero continuar pensando que não pinto assim, mas que através dele vejo como deveria pintar. Pois o artigo está muito certo no sentido de que indica a lacuna a preencher e creio que, no fundo, o escritor escreve antes para guiar não apenas a mim mas também aos outros impressionistas, e quem sabe mesmo fazer o corte no lugar certo. Ele propõe, então, um eu coletivo, ideal aos outros tanto quanto a mim. Diz-me apenas que aqui e ali também há coisas boas, digamos, em meu trabalho tão imperfeito, e este é o lado consolador que aprecio e ao qual espero ser agradecido. A única coisa é que deve ser compreendido que não tenho costas fortes o suficiente para realizar uma

12. Em 31 de janeiro, Theo comunicara a Vincent o nascimento de seu filho Vincent Willem. (N.E.)

13. Theo enviara o artigo de Aurier sobre Vincent à mãe. (N.E.)

14. Artigo de G.- Albert Aurier, p. 403. (N.E.)

tarefa como essa e, concentrando em mim seu artigo, não preciso dizer o quanto me sinto mergulhado em lisonjas e que, a meu ver, é tão exagerado quanto o que um certo artigo de Isaacson[15] dizia sobre você, que agora os artistas paravam de discutir e que um movimento sério acontecia silenciosamente na pequena loja do bulevar Montmartre. Admito que é difícil falar, expressar-se de outro modo – assim como não podemos pintar como enxergamos – e portanto não é para criticar a ousadia de Isaacson ou de outro crítico, mas em relação a nós, veja bem, nós *posamos* um pouco para *o modelo* e, ora essa, trata-se de uma tarefa e um trabalho como qualquer outro. Portanto se você ou eu ganhássemos uma reputação ou outra, trata-se de tentar manter uma certa calma e, se possível, a presença de espírito. Por que não dizer o que ele diz de meus girassóis COM MAIS RAZÃO AINDA a respeito das magníficas e tão completas rosas álceas de Quost[16] e de suas íris amarelas, das esplêndidas peônias de Jeannin[17]? E você deve saber, como eu, que receber elogios *precisa* ter o outro lado, o reverso da medalha. Mas de boa vontade sou muito reconhecido pelo artigo, ou melhor, "de coração leve" como diz a canção da revista[18], pois podemos precisar dele assim como podemos realmente precisar de uma medalha. Além disso, um artigo como esse tem seu mérito próprio enquanto obra de arte crítica, e por isso acho que deve ser respeitado, e o escritor *deve* usar tons exaltados, sintetizar suas conclusões etc.

Mas desde o início será preciso pensar em não colocar *demais* sua jovem família no meio artístico. O velho

---

15. Joseph Jacob Isaacson (1859-1942): artista e pintor holandês. (N.T.)

16. Ernest Quost (1842-1931): impressionista francês que pintava flores apreciadas por Monet. (N.T.)

17. Georges Jeannin (1841-1925): pintor francês especialista em composições florais. (N.T.)

18. Alusão ao refrão da canção boulangista com letra de Lucien Delormel e Léon Garnier e música de Louis-César Desormes, em 1866: "Alegres e satisfeitos / Marchamos triunfantes / A caminho de Longchamp / O coração leve / Sem hesitar / Pois vamos festejar / Ver e cumprimentar / O exército francês". (N.E.)

Goupil[19] levou a própria casa ao brejo parisiense e creio que você ainda se lembrará muito dele. As coisas mudaram tanto que, hoje, sua altiva frieza seria chocante, mas sua força de resistir a tantas tempestades foi mesmo uma grande coisa.

Gauguin propunha, muito vagamente, é verdade, fundar um ateliê em seu nome, ele, De Haan e eu, mas dizia que primeiro persegue ao máximo seu projeto de Tonquim[20] e parece ter esfriado para continuar a pintar, por não sei bem ao certo que motivo. Ele é do tipo que correrá a Tonquim, de fato, pois ele tem uma certa necessidade de grandeza e considera mesquinha – e tem um pouco de razão – a vida de artista. Com suas experiências de várias viagens, o que dizer-lhe? Portanto espero que ele sinta que você e eu somos de fato amigos dele, mas ele não deve contar demais conosco, o que de todo modo ele não faz. Ele escreve com muita reserva, mais sério do que no ano passado. Acabo de escrever uma mensagem a Russell, mais uma vez, para lembrar-lhe um pouco de Gauguin, pois sei que Russell é um homem muito sério e forte. E se eu me reconciliasse com G., então precisaríamos de Russell. Gauguin e Russell são pessoas de fundo rústico; selvagem não, mas com uma certa suavidade inata das terras distantes, provavelmente muito mais do que você ou eu, é o que penso deles.

É preciso, às vezes – é verdade –, acreditar um pouco para conseguir enxergar. Se, de minha parte, eu gostaria de continuar digamos TRADUZINDO certas páginas de Millet, então para evitar que se possa, não me criticar, o que não importa, mas incomodar ou impedir, a pretexto de que fabrico cópias – então preciso contar entre os artistas com pessoas como Russell ou Gauguin para levar essa tarefa a uma boa conclusão, para fazer uma coisa séria. Para fazer as

19. Adolphe Goupil (1806-1893): fundador da Goupil & Cie., um dos mais importantes marchands e editores de arte do século XIX. Theo trabalhava para seus sucessores. (N.T.)

20. Em 1890, Gauguin tentava conseguir um cargo governamental em Tonquim (região norte da Indochina Francesa, atual Vietnã), projeto que nunca se concretizou. (N.T.)

coisas de Millet que você enviou, por exemplo, cuja escolha considero totalmente acertada – tenho escrúpulos de consciência e peguei a pilha de fotografias e enviei-a sem hesitar a Russell, para não voltar a vê-las antes de fazer uma reflexão. Não quero fazer isso antes de ter ouvido um pouco a opinião, primeiro sua, depois de alguns outros, sobre o que você em breve receberá. Sem isso eu teria escrúpulos de consciência, um temor de que seja plágio. E não agora, mas em alguns meses, procurarei saber a opinião franca justamente de Russell sobre a utilidade da coisa. Em todo caso, Russell *explode*, ele se zanga, diz a verdade e é disso que às vezes preciso. Você sabe que achei a tal ponto deslumbrante a virgem[21] *que não ousei olhar.* Imediatamente senti um "ainda não". Agora a doença me torna muito sensível e não me sinto por enquanto capaz de continuar essas "traduções" quando se trata de obras-primas como essa. Dou uma parada no semeador que está em curso mas não está saindo como seria de esperar. Estando doente, porém, pensei muito em continuar esse trabalho e que, enquanto o fizer, o farei com calma, você logo verá quando eu enviar as cinco ou seis telas acabadas. Espero que o sr. Lauzet[22] venha, tenho muita vontade de conhecê-lo. Confio em sua opinião quando diz que é a Provença[23], ele entende as dificuldades e, como o outro, sugere mais uma coisa a fazer do que uma coisa já feita. As paisagens com ciprestes! Ah, não seria fácil. Aurier sente a mesma coisa quando diz que mesmo o preto é uma cor, e menciona seu aspecto de chama[24]. Estou pensando nisso mas também não ouso, e

---

21. Provavelmente uma fotografia da pintura *A educação da Virgem*, de Delacroix, mencionada em carta anterior. (N.T.)

22. Auguste Lauzet (1865-1898): pintor e gravador francês. (N.T.)

23. Theo escrevera a Vincent dizendo que Lauzet achava suas pinturas da Provença belíssimas e planejava fazer-lhe uma visita. (N.E.)

24. Van Gogh faz, aqui, uma referência ao poema citado por Aurier no começo de seu artigo: "[...] E tudo, mesmo a cor negra,/ Parecia polido, claro, irisado." E mais adiante: "são os ciprestes erguendo silhuetas de labaredas negras como que saídas de um pesadelo". (N.E.)

digo como Isaacson, que é prudente, que não sinto ainda que estamos nesse ponto[25]. É preciso uma certa dose de inspiração, de um raio do alto que não é nosso, para fazer belas coisas. Quando fiz esses girassóis, busquei o contrário e, no entanto, o equivalente eu dizia que é o cipreste. Vou parar aqui – estou um pouco preocupado com uma amiga que, ao que parece, continua doente, e quem eu gostaria de visitar, aquela de que fiz o retrato em amarelo e preto, e ela estava tão mudada[26]. São crises nervosas e complicações de uma menopausa prematura, em suma bastante difícil. Ela parecia um velho ancião da última vez. Eu havia prometido voltar na quinzena seguinte e acabei impossibilitado.

Por fim, para mim a boa notícia que você me deu e esse artigo e um monte de coisas fazem com que hoje eu me sinta muito bem pessoalmente.

Agora, em pensamento, fico com vocês enquanto termino minha carta. Que Jo possa continuar por muito tempo sendo o que ela é para todos nós. Quanto ao pequeno, por que não o chama de Theo, em memória a nosso pai, a mim isso por certo dará prazer. Aperto de mão.

Sempre seu,

VINCENT

Lamento também que o sr. Salles[27] não o tenha encontrado. Agradeço mais uma vez a Wil[28] por sua gentil carta, gostaria de ter-lhe respondido hoje mas deixo isso para outro dia, diga-lhe que a mãe me escreveu outra longa carta de Amsterdã. Essa aí também vai ficar muito feliz.

---

25. Van Gogh relembra uma passagem do artigo de J. Isaacson. (N.E.)

26. Trata-se da sra. Ginoux, de Arles, cujo retrato Van Gogh pintara em novembro de 1889. (N.E.)

27. Frédéric Salles (1841-1897): padre de Arles. (N.T.)

28. Willemina Jacoba van Gogh (1862-1941): irmã de Vincent. (N.T.)

Se encontrar o sr. Aurier, provisoriamente agradeça muito por seu artigo, enviarei a ele, naturalmente, uma mensagem e um estudo.

De Vincent van Gogh a Joseph Ginoux

[Saint-Rémy-de-Provence, domingo, 2 de fevereiro de 1890.]

Meu caro sr. Ginoux,

Eu por certo preferiria ir pessoalmente perguntar-lhe como vai sua doente, assim como esperava voltar a vê-los nos últimos dias[29]. Contudo, tendo eu mesmo ficado indisposto nesta última semana, devo por carta pedir-lhe notícias dela.

Não deixe, rogo-lhe, de me comunicar como ela está – seria perturbador não receber notícias suas no próximo correio.

Tenho boas intenções de voltar na semana que vem, no entanto.

Recebi notícias do sr. Paul[30] no outro dia e pode ser que eu logo o visite, principalmente porque tenho grande desejo de também conhecer o filho de meu irmão que acaba de nascer são e salvo, felizmente.

Portanto, de minha parte estou muito contente que tudo vai bem, ainda mais porque o trabalho tampouco vai mal, tendo tido artigos sobre meus quadros publicados na Bélgica e em Paris, onde eu os havia exposto[31], e porque disseram coisas muito melhores do que eu mesmo poderia querer.

Nos próximos dias aguardo a visita de um pintor de Marselha[32], uma razão a mais para não saber ao certo quando poderei visitá-los.

---

29. No dia 18 ou 19 de janeiro de 1890, Van Gogh visitara Joseph e Marie Ginoux, prometendo voltar. No entanto, uma piora no estado de saúde desta impediu-o de realizar esse projeto. (N.E.)

30. Paul Gauguin. (N.E.)

31. Referência ao artigo de Aurier publicado na *Mercure de France* e a um artigo anterior, relativo à exposição de Bruxelas, publicado na *L'Art Moderne*. F. Féneon também havia escrito na revista *La Vogue* a respeito da exposição dos Independentes em Paris; mas não se sabe se Van Gogh tomara conhecimento disso. (N.E.)

32. Auguste Lauzet. (N.E.)

De resto, o ataque que tive de novo passou totalmente e trabalho como de costume.

Enfim, espero que não me faça esperar por sua resposta.

Coisas boas ao senhor e à senhora Ginoux e todos os meus votos para sua pronta recuperação.

Aperto de mão a vocês dois e aos outros amigos e creia-me,

Seu,

VINCENT V. GOGH

Carta de Vincent para Aurier anexada à carta para Theo van Gogh de 12 de fevereiro de 1890

Caro sr. Aurier,

Muito obrigado por seu artigo na *Mercure de France*, que muito me surpreendeu. Aprecio-o muito enquanto obra de arte em si, penso que o senhor pinta cores com suas palavras; enfim, em seu artigo encontro minhas telas, porém melhores do que elas são na realidade, mais ricas, mais significativas. No entanto, não me sinto à vontade quando penso que, mais do que a mim, o que o senhor diz caberia a outros. Por exemplo a Monticelli[33], principalmente. Como ao falar "que eu saiba, ele é o único pintor a perceber o cromatismo das coisas com essa intensidade, com essa qualidade metálica, gêmica" – por favor procure, na loja de meu irmão, um certo buquê de Monticelli, um buquê branco, azul miosótis e alaranjado, então sentirá o que estou dizendo. Mas faz muito tempo que os melhores, os mais surpreendentes Monticelli estão na Escócia, na Inglaterra[34]. Num museu do norte – o de Lille[35] –, acredito, deve ainda haver, no entanto, alguma maravilha dele, igualmente rico e por certo não menos francês do que a partida para Citera, de Watteau. Nesse momento, o sr. Lauzet está reproduzindo cerca de trinta Monticelli. Aqui está – que eu saiba, não há colorista que venha tão reto e diretamente de Delacroix; no entanto, é provável, a meu ver, que Monticelli seguisse apenas de segunda mão as teorias da cor de Delacroix; em especial seguia as de Diaz

33. Adolphe Joseph Thomas Monticelli (1824-1886): pintor francês. (N.T.)

34. Monticelli só foi reconhecido na França muito depois de sua morte em 1886, mas tinha alguns colecionadores na Inglaterra e na Escócia. (N.E.)

35. Em 1869, o Museu de Belas Artes de Lille adquirira dois quadros de Monticelli. (N.E.)

e Ziem[36]. Seu temperamento de artista, o de Monticelli, parece-me justamente o do autor do Decameron – Boccaccio. Um melancólico, um infeliz bastante resignado que vê passar a festa da alta sociedade, os amantes de seu tempo, pintando-os, analisando-os, ele, o deixado de fora. Ora! Ele não *imita* Boccaccio, não mais que Henri Leys[37] imitou os primitivos. Pois bem, era então para dizer que sobre meu nome parecem recair coisas que o senhor faria melhor em dizer a respeito de Monticelli, a quem devo muito. A seguir, devo muito a Paul Gauguin, com quem já trabalhei por alguns meses em Arles e que, aliás, eu já conhecia de Paris.

Gauguin, esse artista curioso, esse estrangeiro de porte e olhar que lembram vagamente um retrato de homem de Rembrandt na galeria Lacaze, esse amigo que gosta de nos fazer sentir que um bom quadro deve ser o equivalente de uma boa ação, não que ele diga isso, mas enfim, é difícil frequentá-lo sem pensar em certa responsabilidade moral. Alguns dias antes de nos separarmos, quando a doença me forçou a ir para uma casa de saúde, tentei pintar "seu lugar vazio".

Trata-se de um estudo de sua poltrona de madeira marrom-avermelhada, escura, o assento de palha esverdeada que tem, no lugar do ausente, uma vela acesa e romances modernos[38]. Quando puder, para lembrar dele, volte um pouco a esse estudo, todo ele em meios-tons de verde e vermelho. O senhor talvez perceba, então, que seu artigo teria sido mais preciso e – quero crer –, consequentemente, mais potente, se, tratando a questão da futura "pintura dos trópicos" e a questão da cor[39], o senhor

36. Diaz e Ziem foram os professores de Monticelli: Ziem em Marselha e Diaz em Paris, em 1855-1856. Nos últimos quinze anos de vida, Monticelli com frequência trabalhava no ateliê de Ziem em Martigues. (N.E.)

37. Henri Leys (1815-1869): pintor e gravador belga. (N.T.)

38. Pintado em 19 de novembro de 1889. (N.E.)

39. Van Gogh remete aqui a uma passagem do artigo de Aurier: "Por muito tempo ele se satisfez em imaginar uma renovação (cont.)

tivesse, antes de falar em mim, feito justiça a Gauguin e a Monticelli. Pois a parte que me cabe ou que me caberá, garanto-lhe, permanecerá muito secundária.

Além disso, ainda tenho outra coisa a lhe pedir. Digamos que as duas telas de girassóis que hoje se encontram com os Vingtistes tenham certas qualidades de cor e, também, que expressem uma ideia simbolizando "a gratidão". Será diferente de tantos outros quadros de flores mais habilmente pintados e que ainda não apreciamos o suficiente, as rosas álceas, os íris amarelos do Père Quost? Os magníficos buquês de peônias de que Jeannin é pródigo? Veja bem, parece-me tão difícil fazer a separação entre impressionismo e outra coisa, não vejo a utilidade de tamanho espírito sectário que temos visto nos últimos anos, mas temo seu ridículo.

Por fim, declaro não compreender por que o *senhor* fala das infâmias de Meissonier. Talvez seja do excelente Mauve[40] que herdei uma admiração sem limites por Meissonier; Mauve era incansável em elogios a Troyon[41] e Meissonier – combinação estranha.

Digo isso para chamar sua atenção para o quanto admitimos, no estrangeiro, sem fazer o menor caso, aquilo que com uma frequência tão desagradável divide os artistas na França. O que Mauve tanto repetia era mais ou menos o seguinte: "se quisermos fazer cores também precisamos saber desenhar uma lareira ou um interior como Meissonier".

Acrescentarei ao próximo envio que fizer a meu irmão um estudo de cipreste para o senhor, se me fizer o prazer de aceitá-lo como uma recordação por seu artigo. Ainda estou trabalhando nele, pretendo adicionar-lhe uma

(cont.) da arte, possível graças a um deslocamento de civilização: uma arte das regiões tropicais. [...] Não seria ele, então, o intenso e fantástico colorista triturador de ouros e pedrarias, o digníssimo pintor – em vez dos Guillaumet, dos insípidos Fromentin e dos pastosos Gérôme – desses países das resplandecências, dos sóis fulgurantes e das cores ofuscantes?". (N.E.)

40. Anton Mauve (1838-1888): pintor holandês. (N.T.)

41. Constant Troyon (1810-1865): pintor francês. (N.T.)

pequena figura[42]. O cipreste é muito característico da paisagem da Provença, e o senhor sentiu isso ao dizer "mesmo a cor preta". Ainda não consegui fazê-los como os sinto; as emoções que me invadem diante da natureza chegam em mim até o desfalecimento e, então, o resultado é que por quinze dias sou incapaz de trabalhar. No entanto, antes ir embora daqui, ainda pretendo voltar à carga para atacar os ciprestes. O estudo que reservei para o senhor representa um grupo deles ao lado de um campo de trigo numa manhã de mistral de verão. É portanto uma nota de preto envolto por um azul que se move sob as correntes de ar que circulam e, contrastando com a nota de preto, há o vermelho das papoulas.

O senhor verá que corresponde mais ou menos à combinação de tons dos belos tecidos quadriculados escoceses: verde, azul, vermelho, amarelo, preto, que para o senhor, assim como para mim, pareceram tão encantadores e que, infelizmente, hoje pouco se vê.

Aceite, por enquanto, caro senhor, a expressão de minha gratidão por seu artigo. Se eu for a Paris durante a primavera, não deixarei de ir agradecer-lhe pessoalmente.

VINCENT V. GOGH

Quando o estudo que vou lhe enviar secar completamente, também nos empastamentos, o que não acontecerá antes de um ano, creio que seria bom passar-lhe um bom verniz. E nesse meio tempo será preciso lavá-lo várias vezes com muita água para retirar completamente o óleo. Esse estudo foi pintado com azul prussiano, cor da qual tão mal se fala e da qual, no entanto, Delacroix tanto se serviu. Acredito que depois de bem secos os tons de azul prussiano, com o verniz o senhor obterá os tons pretos muito pretos necessários para destacar os diferentes verdes-escuros.

---

42. O quadro dedicado a Aurier é *Cipreste*, pintado em junho de 1889 e retrabalhado depois que Van Gogh decidiu dá-lo de presente. (N.E.)

Não sei direito como esse estudo deveria ser emoldurado, mas dado que faz pensar nas belas estampas escocesas, notei que uma moldura plana muito simples, tipo laranja intenso, fará o efeito desejado com os azuis do fundo e os verdes-escuros das árvores. Sem isso, talvez não haja vermelho suficiente no quadro e a parte superior pareça um pouco fria.

De Vincent a Theo van Gogh (Texto que acompanha a carta destinada a Aurier)

[Saint-Rémy-de-Provence, quarta-feira, 12 de fevereiro de 1890.]

Meu caro Theo,

Eu estava escrevendo a você para enviar-lhe a resposta para o sr. Aurier quando sua carta chegou. Fico muito contente que Jo e o recém-nascido estejam bem e que ela pretenda se levantar nos próximos dias. Depois, o que você escreve de nossa irmã[43] também me interessa muito. Acho que ela tem sorte de ver Degas na casa dele. Continuo achando que ela seria acima de tudo uma boa mulher de médico. Enfim, não se pode exatamente forçar esse tipo de coisa, mas é bom manter os olhos abertos caso a ocasião se apresente.

Então Gauguin voltou a Paris – vou copiar minha resposta ao sr. Aurier para enviá-la a ele e você o fará ler o artigo da Mercure[44]. Pois realmente acho que coisas assim deveriam ser ditas sobre Gauguin, e sobre mim nada além de muito secundariamente.

Gauguin escreveu-me dizendo que expôs na Dinamarca e que a exposição foi muito bem-sucedida. A mim parece-me uma pena que ele não tenha ficado aqui um pouco mais. Nós dois juntos teríamos trabalhado melhor do que eu sozinho esse ano. E agora teríamos uma pequena fazenda nossa para viver e trabalhar, e onde poderíamos até acomodar outras pessoas.

Você notou, no jornal que me enviou, um artigo sobre a fecundidade de certos artistas? Corot, Rousseau, Dupré etc.[45]; lembre-se de quantas vezes falamos sobre isso

---

43. Willemina Jacoba van Gogh. (N.T.)

44. Segundo a carta de Theo, Gauguin teria voltado para Paris em 8 de fevereiro. (N.E.)

45. Trata-se do artigo "La fécondité des maîtres" [A fecundidade dos mestres], artigo anônimo publicado em *L'Art Moderne. Revue Critique des Arts et de la Littérature* (19 de janeiro de 1890). (N.E.)

quando Reid[46] esteve aqui, mesmo da *necessidade* de produzir muito.

E que pouco tempo depois que vim para Paris eu disse a você que antes de ter duzentas telas eu nada poderia fazer. O que para alguns pareceria trabalhar rápido demais, na verdade é totalmente comum, o estado normal de produção, regular, considerando que um pintor deve trabalhar realmente o mesmo que um sapateiro, por exemplo.

Não seria bom enviar a Reid e talvez também a Tersteeg[47] ou quem sabe a C.M.[48] um exemplar do artigo de Aurier?

É que me parece que devemos aproveitar para tentar colocar alguma coisa na Escócia, seja agora, seja mais tarde.

Acredito que você gostará da tela para o sr. Aurier, está tremendamente empastada e trabalhada como certos Monticelli, guardei-a por quase um ano.

Mas acho que é preciso dar-lhe alguma coisa de bom pelo artigo, que em si é uma obra muito artística; e ele nos presta um real serviço para o dia em que seremos, como todo mundo, obrigados a recuperar o que os quadros custam.

O que vai além disso me deixa bastante frio, mas recuperar o dinheiro do custo de produzir é a própria condição de se poder continuar.

Espero, para a exposição dos impressionistas em março, enviar-lhe mais algumas telas que estão secando. Se elas não chegarem a tempo, você pode escolher dentre aquelas que estão com Père Tanguy.

Tentei copiar os bebedores de Daumier[49] e a prisão de

46. Alexander Reid (1854-1928): marchand escocês. (N.T.)

47. Hermanus Tersteeg (1845-1927): marchand da galeria Goupil & Cie., em Haia. (N.T.)

48. Cornelis Marinus Van Gogh (1824-1908): tio paterno de Van Gogh. (N.T.)

49. Honoré Daumier (1808-1879): pintor e ilustrador francês. (N.T.)

Doré[50], é muito difícil. Espero nos próximos dias começar o bom samaritano de Delacroix e o lenhador de Millet.

O artigo de Aurier me encorajaria se eu ousasse me deixar levar, me arriscar mais a abandonar a realidade e a fazer com a cor uma música de tons, como alguns Monticelli. Mas a verdade me é tão cara, e também o *tentar criar algo verdadeiro*, que enfim acho que ainda prefiro ser sapateiro do que ser músico de cores.

Em todos os casos, tentar permanecer verdadeiro talvez seja um remédio para combater a doença que continua a me preocupar. Ultimamente minha saúde vai bastante bem, no entanto, e eu ousaria acreditar que se me acontecesse de passar algum tempo com você isso me faria muito bem para contrabalançar a influência que as companhias que tenho aqui necessariamente exercem sobre mim. Mas me parece que não há pressa e que é preciso considerar com sangue-frio se é o momento de gastar o dinheiro para a viagem. Talvez sacrificando a viagem poderíamos ser úteis a Gauguin ou a Lauzet.

Nos últimos dias adquiri um terno que me custou 35 francos, preciso pagá-lo em fins de março. Com isso terei roupa para o ano, pois ao chegar aqui eu havia comprado um terno de mais ou menos 35 francos também e ele me serviu o ano todo. Mas precisarei de um par de sapatos e algumas ceroulas em março.

Levando tudo em consideração, a vida não é muito cara por aqui, creio que no norte se gastaria muito mais.

E por isso, mesmo que eu fosse para sua casa por algum tempo, a melhor política ainda seria continuar o trabalho aqui. Não sei – um e outro são bons para mim –, mas não há pressa na mudança.

E você não acha que na Antuérpia, se colocássemos o plano de Gauguin[51] em prática, seria preciso manter certa ordem, mobiliar um ateliê, enfim, fazer como a maioria dos pintores holandeses estabelecidos? Não é tão simples

---

50. Gustave Doré (1832-1883): pintor e ilustrador francês. (N.T.)

51. A essência do plano de Gauguin encontra-se em sua carta de Pouldu, de quarta-feira, 22, ou quinta-feira, 23 de janeiro de 1890. Ver a próxima carta. (N.E.)

quanto poderia parecer, eu temeria contra ele e contra mim uma ofensiva dos artistas estabelecidos e ele teria ainda a mesma história que na época da Dinamarca[52].

Enfim, seria preciso começar a pensar que sempre é da mesma maneira que os pintores estabelecidos podem causar problemas e mesmo obrigar os aventureiros a ir embora, como nós seríamos na Antuérpia. E no que diz respeito aos marchands de lá, não podemos contar absolutamente com eles.

A academia de lá é melhor e trabalha-se mais vigorosamente do que em Paris. Mas Gauguin está em Paris nesse momento, sua reputação mantém-se e se ele partir para a Antuérpia poderá achar que será mais difícil *voltar* para Paris. Indo para a Antuérpia eu temeria mais por Gauguin do que por mim, pois eu, claro, me viro com o flamengo, retomo os estudos de camponeses iniciados há tempos e abandonados com muito pesar – tenho um grande amor por De Kempen[53], não preciso dizer-lhe. Mas prevejo que para ele a batalha poderá ser muito dura. Acho que você pode contar-lhe os prós e os contras disso exatamente como eu contaria, vou escrever a ele nos próximos dias, principalmente para enviar-lhe a resposta ao artigo do sr. Aurier, e acho que se ele quisesse poderíamos ainda trabalhar aqui, juntos, se seus planos de encontrar um lugar não derem em nada. Mas ele é hábil e talvez encontre algo em Paris mesmo, e se ele aí ficar por sua reputação, fará bem, pois continuará sendo o primeiro de todos a ter trabalhado em pleno país tropical[54]. E sobre esta questão necessariamente se voltará. Acima de tudo, cumprimente-o de minha parte e se ele quiser, poderá pegar as repetições dos girassóis[55] e a repetição da *Berceuse* em troca de alguma coisa dele de que você goste.

---

52. Alusão à exposição de Gauguin em Copenhague, em maio de 1885. (N.E.)

53. Região no norte da Bélgica. (N.E.)

54. Gauguin permaneceu de maio a outubro de 1887 na Martinica. (N.E.)

55. Gauguin nunca possuiu esses quadros. Talvez pertencessem a Theo. (N.E.)

Se eu for a Paris, terei várias telas iniciadas aqui para retocar, trabalho não me faltará. Cumprimentos a Jo e um bom aperto de mão em pensamento.

VINCENT

Por favor entregue a carta aqui inclusa, depois de lê-la, ao sr. Aurier.

De Vincent a Willemina van Gogh

[Saint-Rémy-de-Provence, quarta-feira, 19 de fevereiro de 1890.]

Minha querida irmã,

Muito obrigado por suas duas últimas cartas, uma datada de Paris e outra de hoje.

O que você escreve ainda sobre o parto de Jo me comove, sim, você foi muito corajosa e boa por ficar ao lado dela. Sou, nas circunstâncias em que o medo nos invade, provavelmente muito mais frouxo do que você.

Mas enfim, o resultado é que a criança chegou – e assim como escrevi à avó, comecei a pintar nesses últimos dias para ele uma grande tela azul do céu sobre o qual se destacam galhos floridos. É possível que eu o veja em breve – é o que espero, ao menos – em fins de março. Vou tentar amanhã ou depois de amanhã ir mais uma vez a Arles para ver se suporto a viagem e a vida comum sem que os ataques retornem.

Talvez seja preciso fortalecer a resolução de não querer ter a cabeça fraca, em meu caso.

Naturalmente, com um trabalho mental contínuo o pensamento de um artista às vezes adquire algo de exagerado e excêntrico. Achei o artigo do sr. Aurier – abstração feita de se mereço o que ele diz de mim – em si muito artístico, muito curioso – mas é antes assim que eu *deveria* ser do que a triste realidade de como me sinto.

Escrevi-lhe dizendo que, em todo caso, parecia-me que Monticelli e Gauguin eram mais daquele jeito, que me parecia, portanto, que a parte que me cabia seria apenas secundária, muito secundária. As ideias de que ele fala não são minhas, pois em geral os artistas impressionistas são todos assim, sob uma mesma influência, e somos todos um pouco neuróticos. Isso nos torna muito sensíveis à cor e à sua linguagem particular, seus efeitos de complementaridade, contraste, harmonia. Mas quando li o artigo fiquei quase triste só de pensar: eu deveria ser assim e me sinto tão inferior. E o orgulho embriaga como a bebida, quando somos elogiados e bebemos, ficamos tristes, enfim, não sei dizer como sinto isso, mas me parece que o melhor trabalho seria aquele feito em família, sem elogios. E então entre os artistas as disposições de amizade nem sempre são *suficientes*. Ou exageramos as qualidades de alguém, ou as negligenciamos demais. Quero, no entanto, de bom grado acreditar que no fundo a *Justiça* se comporta melhor do que pode parecer. É preciso poder rir de vez em quando e alegrar-se um pouco ou mesmo muito. Acho que você teve sorte de ver Degas na casa dele.

Tenho em andamento um retrato da arlesiana em que busco uma expressão diferente da das parisienses[56].

Ah, Millet! Millet! Esse aí como pintou a humanidade e o "alguma coisa lá no alto", familiar e no entanto solene.

E dizer, em nossos dias, que ele começou a pintar chorando, que Giotto e Angelico pintavam de joelhos, Delacroix, tão inconsolável, tão comovido... *quase* sorrindo. Quem somos nós, impressionistas, para já fazer como eles. Sujos na luta pela vida... "Quem devolverá à alma o que foi retirado pelos sopros das revoluções" – eis o grito de um poeta de outra geração que pareceu pressentir nossas fraquezas, nossas doenças, nossas atuais confusões. E digo isso com frequência, somos tão novos quanto o velho belga Henri Conscience[57]? Ah, é por isso que fiquei contente com o sucesso de Bruxelas[58], por causa dessa Campina[59] da Antuérpia que às vezes ainda tento recordar nos calmos sulcos dos prados, ao mesmo tempo em que sinto tornar-me uma criança bastante degenerada. Pensando assim, mas muito distante, invade-me o desejo de me refazer e de procurar ser desculpado pelo fato de que meus quadros, no entanto, são quase um grito de angústia

---

56. Em Saint-Rémy, Van Gogh pintou cinco retratos da sra. Ginoux a partir do desenho que Gauguin havia feito em Arles. Não sabemos de que versão se trata aqui. (N.E.)

57. Henri Conscience (1812-1883): escritor belga. (N.T.)

58. Alusão ao prêmio atribuído à obra de Van Gogh na exposição Les Vingts, em Bruxelas, e à venda de uma das pinturas expostas. (N.E.)

59. De Kempen. (N.T.)

enquanto simbolizam, no rústico girassol, a gratidão. Você pode ver que ainda não estou raciocinando bem – melhor saber calcular quanto vale uma libra de pão e um quarto de café, como os camponeses bem sabem. E aqui estamos de novo. Millet dava o exemplo vivendo numa cabana, em meio às pessoas, sem nossas diferenças de orgulho, de excentricidade. Portanto, melhor um pouco de sensatez do que muito entusiasmo. Assim seja.

Espero escrever-lhe de novo em breve – cuide-se bem, e da mãe também.

Em Paris, espero fazer alguns retratos, sempre acreditei que através dos retratos aprendemos a refletir. Não é o que mais agrada aos amantes das artes, mas um retrato é uma coisa quase útil e às vezes agradável, como os móveis que conhecemos, trazem lembranças por muito tempo.

Um beijo em pensamento. Se as outras irmãs também desejarem telas[60], você pode pedir outras a Theo e escolhê-las segundo seu gosto. Mais uma vez, tudo de bom e um grande aperto de mão.

Sempre seu,

VINCENT

Não me desagrada nem um pouco que algumas telas sigam para a Holanda, como você sabe, se houver ocasião.

---

60. Vincent enviara a Theo sete estudos destinados à mãe e a Willemina. (N.E.)

De Paul Gauguin a Vincent van Gogh

[Paris, quinta-feira, 20 de março de 1890.]

Meu caro Vincent,

Olhei com muita atenção para seus trabalhos desde que nos separamos; primeiro na casa de seu irmão[61], depois na exposição dos Independentes. É principalmente neste último lugar que podemos propriamente julgar o que você faz, seja devido às coisas umas ao lado das outras, seja devido à vizinhança. Ofereço-lhe meu sincero cumprimento, e entre muitos artistas você é na exposição o mais notável. Com coisas da natureza você é o único que pensa.

Conversei com seu irmão e há um que eu gostaria *de trocar por algo à sua escolha.*

Estou falando de uma paisagem de montanhas. Dois pequeníssimos viajantes parecem estar subindo em busca do desconhecido. Ela passa uma emoção à la Delacroix, com uma cor muito sugestiva. Aqui e ali tons vermelhos como luzes, o conjunto num tom violeta. É bonito e grandioso[62].

Conversei longamente com Aurier, Bernard e muitos outros. Todos enviam-lhe seus cumprimentos. Somente Guillaumin dá de ombros quando ouve falar nisso. Compreendo-o, de resto, visto que ele vê apenas a matéria, com um olho sem cérebro. Com minha pintura desses últimos anos ele é igual e não compreende nada.

Hesitei muito em escrever-lhe, sabendo que você acaba de ter uma crise bastante longa, assim rogo-lhe que só me responda quando se sentir totalmente capaz. Esperemos que com o calor que voltará você enfim fique bom, o inverno sempre lhe é perigoso.

Cordialmente,

Sempre seu,

PAUL GAUGUIN

---

61. Gauguin visitou Theo em 13 de março de 1890. (N.E.)

62. Ver carta de Theo de quarta-feira, 19 de março de 1890. (N.E.)

De Vincent a Theo van Gogh

[Saint-Rémy-de-Provence, terça-feira, 29 de abril de 1890.]

Meu caro Theo,

Não pude escrever-lhe até o momento, mas como vou um pouco melhor nesses últimos dias, não quis demorar para desejar-lhe um feliz ano, visto que a festa é sua[63], da sua mulher e do seu filho. Ao mesmo tempo, rogo-lhe que aceite os vários quadros que envio junto com meus agradecimentos por todas as bondades que você faz por mim, pois sem você eu seria muito infeliz.

Você verá que primeiro há telas segundo Millet. Como não estão destinadas ao público, você talvez possa presenteá-las a nossas irmãs, cedo ou trade. Mas primeiro fique com o que lhe parecer bom e com quantas você quiser. Nos próximos dias me envie alguma outra coisa dos artistas antigos e modernos, se encontrar algo.

O restante das telas é pouco numeroso, pois faz dois meses que não posso trabalhar e estou muito atrasado. Você verá que as oliveiras sob céu rosa são as melhores, com as montanhas, eu diria; as primeiras combinam bem com as de céu amarelo. Quanto ao retrato da arlesiana, você sabe que prometi um exemplar ao amigo Gauguin, e faça com que ele o receba. Depois os ciprestes são para o sr. Laurier[64]. Gostaria de refazê-los com um pouco menos de empastamento, mas falta-me tempo.

Enfim, eles ainda precisam ser lavados várias vezes com água fria, depois com um verniz forte, quando os empastamentos tiverem secado completamente, então os pretos não sujarão depois que o óleo tiver evaporado bem. Agora necessariamente preciso de cores que em parte você poderá buscar com Tanguy se ele não estiver desprovido

63. O aniversário de Theo, que faria 33 anos em 1 de maio de 1890. (N.E.)

64. Aurier, na verdade (ver p. 403 artigo de G.- Albert Aurier). Pode ser uma brincadeira, repetida a seguir? (N.E.)

ou se puder. Mas claro que não devem ser mais caras do que as outras.

Eis a lista de cores que preciso:

Grandes tubos: 12 branco de zinco, 3 cobalto, 5 verde Veronese

Laca comum

Verde esmeralda, 4 cromo 1, 2 cromo 2

laranja, 2 ultramarino

Depois (mas com Tasset): 2 laca gerânio, tubos médio formato.

Você me prestará um serviço se me enviar ao menos a metade logo, logo, pois já perdi tempo demais.

Depois preciso de 6 pincéis

6 pincéis com pelo de furão

mais ou menos desse tamanho. E sete metros de tela, ou mesmo dez.

O que dizer desses dois meses que se passaram, as coisas não vão nada bem, estou triste e incomodado, mais do que poderia dizer-lhe e não sei mais onde estou.

Como a encomenda de cores é um pouco pesada, deixe-me esperar ao menos a metade se for melhor para você.

Estando doente, ainda pintei algumas telas pequenas de memória, que você verá mais tarde, lembranças do norte, e agora acabo de terminar um canto de campina ensolarado que acredito mais ou menos vigoroso. Você logo verá.

O senhor Peyron está ausente, por isso ainda não li suas cartas, mas sei que algo chegou. Ele foi bastante gentil em colocá-lo a par da situação, eu não sei o que fazer e o que pensar. Mas tenho grande vontade de sair desta casa. Isso não o surpreenderá, não preciso falar mais nada a respeito.

Também chegaram cartas de casa que ainda não tive a coragem de ler, tão melancólico me sinto.

Queira pedir ao sr. Laurier para não mais escrever artigos sobre minha pintura, diga-lhe com insistência que, em primeiro lugar, está enganado a meu respeito, depois, que realmente me sinto mergulhado demais em aflição para poder enfrentar a publicidade. Pintar quadros me distrai – mas quando ouço falar sobre eles isso me fere mais do que imagina. Como vai Bernard? Como há telas duplicadas, se você quiser pode trocar alguma com ele, pois uma tela dele de boa qualidade ficaria bem em sua coleção. Fiquei doente na época em que pintava as flores de amendoeira. Se eu tivesse sido capaz de continuar a trabalhar, você pode imaginar que eu teria feito outras árvores em flor. Agora as árvores floridas já quase acabaram, realmente não tenho sorte. Sim, devo tentar sair daqui, mas para onde ir? Creio que não se pode estar mais encerrado e prisioneiro do que em casas onde não há a intenção de nos deixarem livres, como em Charenton ou Montevergues.

Se escrever para casa, diga-lhes coisas boas de minha parte e que penso com frequência neles.

E um aperto de mão a você e a Jo.

Sempre seu,

VINCENT

Por favor me envie o que você achar de figuras *em meus velhos desenhos, penso em refazer o quadro dos camponeses jantando, efeito de luz de lâmpada*[65]*. Essa tela deve estar toda preta agora, talvez eu pudesse de memória refazê-la totalmente. Acima de tudo me envie as colhedoras de milho e os cavadores, se sobrou algum.*

Depois, se você quiser posso refazer a velha torre de Nuenen e a cabana. Acho que se você ainda as tem, eu agora poderia fazer algo melhor de memória.

65. *Os comedores de batata.* (N.E.)

De Vincent van Gogh a Joseph e Marie Ginoux

[Auvers-sur-Oise, quarta-feira, 11 de junho de 1890.]

Meus caros amigos Ginoux,

Em primeiro lugar quero responder à carta da sra. Ginoux para dizer que fiquei muito contente de receber notícias suas. Lamento muito que o sr. Ginoux tenha se ferido e sofrido tanto. Por favor, mandem alguém embalar minhas coisas, para que ele não se canse com isso; eu vos reembolsarei de todos os gastos que vocês puderem ter, mas que ele não se canse demais, receio que seu ferimento volte a abrir.

Assim, porém, espero que enviem no sábado, pois conto com isso.

Sim, eu também lamentei muito não poder voltar a Arles para me despedir de vocês todos. Pois vocês sabem que me apeguei às pessoas e às coisas daí com sincera amizade. Mas nos últimos tempos eu mais pegava a doença dos outros do que me curava da minha, a convivência com os outros doentes me influenciava negativamente e, por fim, eu não entendia mais nada. Então senti que era melhor tentar uma mudança. E, aliás, o prazer de rever meu irmão, sua família e os amigos pintores até hoje me faz bem e sinto-me absolutamente calmo e em estado normal. O médico daqui diz que é preciso dedicar-se plenamente ao trabalho e, assim, distrair-se.

Ele conhece bastante de pintura[66] e gosta muito da minha, ele me incentiva muito e duas ou três vezes por semana vem passar algumas horas comigo para ver o que estou fazendo.

Duas vezes escreveram artigos sobre meus quadros, uma vez num jornal parisiense e outra em Bruxelas, onde eu havia exposto[67], e agora, ultimamente, num jornal de

66. Refere-se ao dr. Paul Gachet (1828-1909). (N.E.)

67. Alusão ao artigo de Aurier publicado na *Mercure de France* e em *L'Art Moderne*. (N.E.)

meu país, a Holanda[68], o que significa que muita gente foi ver meus quadros e que vendi sob as melhores condições[69]. E não é só. É certo, além disso, que desde que parei de beber fiz um trabalho melhor do que antes, esse sempre será um ganho.

Mas ainda penso com frequência em todos vocês, não se pode fazer o que se quer na vida, é preciso partir do lugar ao qual mais nos sentimos apegados; mas as lembranças permanecem e lembramos – obscuramente, como num espelho – dos amigos ausentes.

Assim, espero que o envio possa acontecer no sábado. Eis o endereço, de novo.

Vincent van Gogh
Casa Ravoux, Praça da Prefeitura
Auvers-sur-Oise
(Seine et Oise)

Desse modo não poderá haver erro. E agradeço de antemão pelo trabalho, mas que Ginoux chame um homem para fazer a embalagem e não se canse. Eu reembolsarei os custos.

Desejando-lhes boa saúde e completa recuperação, cordiais saudações.

VINCENT VAN GOGH

---

68. O artigo de Joseph Isaacson, "De revolutionaire schildersgroep in Frankrijk", em *De Portefeuille, Kunst – en Letterbode.* (N.E.)

69. Anna Boch (1848-1936), colecionadora e pintora belga, comprara *A vinha encarnada*, que consta como único quadro vendido em vida por Vincent. (N.E.)

De Vincent a Theo e Jo van Gogh

[Auvers-sur-Oise, quinta-feira, 10 de julho de 1890.]

Caros irmão e irmã,

A carta de Jo foi realmente como um evangelho para mim, uma libertação da angústia causada pelas horas um pouco difíceis e laboriosas para nós todos, que compartilhei com vocês. Não é pouca coisa quando todos juntos sentimos o pão de cada dia em perigo, não é pouca coisa quando por causas que não esta também sentimos nossa existência frágil.

Ao voltar para cá[70], senti-me ainda bem entristecido e continuei a sentir pesando sobre mim a tempestade que também ameaça vocês. O que fazer – vejam que em geral procuro estar de bastante bom humor, mas minha vida também está afetada na própria raiz, meu passo também oscila. Temi, não totalmente – mas um pouco, portanto –, ser um peso para vocês estando às suas custas – mas a carta de Jo me prova claramente que vocês sentem que de minha parte estou trabalhando e sofrendo como vocês.

Aqui – ao voltar para cá retomei o trabalho –, o pincel quase caindo das mãos, sabendo bem o que queria, ainda pintei três grandes telas. São imensos campos de trigo sob céus turbulentos e não me incomodei para tentar expressar a tristeza, a solidão extrema[71]. Vocês logo verão isso, espero – pois espero levá-los a Paris o mais breve possível, quase acredito que essas telas dirão a vocês o que não consigo dizer em palavras, o que vejo de saudável e fortalecedor no campo.

Agora a terceira tela é o jardim de Daubigny[72], quadro sobre o qual medito desde que estou aqui[73].

---

70. Vincent visitara Theo e Jo em Paris, no domingo, 6 de julho. Foi nesse dia que se encontrou com Aurier pela primeira vez. (N.E.)

71. Possivelmente *Campo de trigo sob um céu nublado* e *Campo de trigo com corvos*. (N.E.)

72. Charles-François Daubigny (1817-1878): pintor francês, considerado um dos precursores do impressionismo. (N.T.)

73. Van Gogh pintou duas grandes telas do jardim de Daubigny. (N.E.)

Espero de todo coração que a viagem planejada possa proporcionar a vocês um pouco de distração[74].

Penso muito no pequeno, acho que por certo é melhor criar os filhos do que gastar toda sua força nervosa fazendo quadros, mas o que vocês querem, eu agora estou, ao menos me sinto, velho demais para voltar atrás ou para querer outra coisa. Essa vontade passou, apesar da dor moral permanecer.

Lamento muito não ter voltado a ver Guillaumin, mas agrada-me que ele tenha visto minhas telas.

Se eu o tivesse esperado, provavelmente teria ficado conversando com ele e perderia o meu trem.

Desejando-lhes sorte e coragem e relativa prosperidade, peço-lhes que digam à mãe e à irmã que penso nelas com frequência, essa manhã, aliás, recebi uma carta delas e responderei em breve.

Apertos de mão em pensamento.

Sempre seu,

VINCENT

meu dinheiro não durará muito dessa vez, pois ao voltar tive que pagar o custo das bagagens de Arles. Guardo dessa viagem a Paris muito boas lembranças. Há poucos meses eu não ousava voltar a ver os amigos. Achei que a senhora holandesa tinha bastante talento[75].

O quadro de Lautrec, retrato de musicista, é muito surpreendente, fiquei comovido ao vê-lo[76].

---

74. Theo, Jo e o pequeno Vincent partiram para Leiden em 15 de julho. Jo seguiu viagem até Amsterdã com o filho. Theo foi a Haia, em 16 de julho, depois à Antuérpia e Bruxelas, voltando a Paris na sexta-feira, 18 de julho à noite. Ele esperava voltar à Holanda para passar as férias com a família. (N.E.)

75. A escultora Elisabeth Sara Clasina de Swart (1861-1951). (N.E.)

76. *Senhorita Dihau ao piano*, de Toulouse-Lautrec. (N.E.)

De Émile Bernard a Albert Aurier

Vincent van Gogh deu-se um tiro de revólver no peito em 27 de julho de 1890 e morreu no dia 29, aos 37 anos, com o irmão Theo à sua cabeceira, no quarto da Auberge Ravoux, café da prefeitura, em Auvers-sur-Oise.

Uma hipótese, recentemente retomada, sugere a possibilidade de que ele tenha sido assassinado por dois adolescentes de Auvers.

Um serviço religioso fora programado para a quarta-feira, 30 de julho, um dia depois da morte, às 14h30, na igreja Notre Dame d'Auvers-sur-Oise. Foi cancelado pelo padre da paróquia quando este ficou sabendo que Vincent van Gogh se suicidara.

Émile Bernard, que assistiu ao enterro, fez *dele uma descrição detalhada, quase jornalística, numa carta a Albert Aurier.*

[Carta de 2 de agosto de 1890]

Meu caro Aurier,

Sua ausência de Paris privou-o de uma terrível notícia que, no entanto, não posso tardar em comunicar-lhe.

Nosso querido amigo Vincent morreu há quatro dias.

Penso que você já adivinhou que ele se matou.

De fato, domingo à noite ele foi para o campo de Auvers, pousou o cavalete contra uma mó e foi dar-se um tiro de revólver atrás do castelo. Sob a violência do choque (a bala passou abaixo do coração), ele caiu, mas reergueu-se, consecutivamente, três vezes, para voltar ao albergue onde morava (Ravoux, na praça da prefeitura) sem nada dizer a quem quer que fosse sobre sua dor. Finalmente, na segunda-feira, expirou fumando seu cachimbo, que não quis abandonar, e explicando que seu suicídio fora absolutamente calculado e deliberado com toda lucidez.

Um fato bastante característico que me relataram sobre sua vontade de desaparecer: disse "devo tentar novamente, então", quando o dr. Gachet comunicou-lhe que ainda esperava salvá-lo. Mas infelizmente não foi mais possível...

Ontem, quarta-feira, 30 de julho, cheguei a Auvers por volta das dez horas. Theodore van Gogh, seu irmão, estava lá com o dr. Gachet, Tanguy também (presente desde as nove horas). Charles Laval me acompanhou. O caixão já estava fechado, cheguei tarde demais para revê-lo, ele que me havia deixado havia quatro anos *[sic]* tão cheio de esperanças de todos os tipos... O dono do albergue contou-nos todos os detalhes do acidente, a visita impudente dos guardas que foram até sua cama censurá-lo por um ato do qual ele era o único responsável... etc.

Todas as suas últimas telas estavam pregadas às paredes da sala onde o corpo descansava, fazendo-lhe como que uma auréola e tornando, graças ao brilho do gênio que delas emanava, essa morte ainda mais dolorosa para os artistas. Sobre o caixão, um simples lençol branco, depois flores em grande quantidade, girassóis que ele tanto amava, dálias amarelas, flores amarelas por toda parte. Era sua cor preferida, se você lembra, símbolo da luz que ele sonhava nos corações e em suas obras.

Perto dali, seu cavalete dobrável e seus pincéis haviam sido colocados diante do ataúde, no chão.

Muitas pessoas chegaram, principalmente artistas, dentre os quais reconheci Lucien Pissarro e Lauzet, os outros me eram desconhecidos. Vieram também pessoas da região, que o conheceram – viram – um pouco, uma ou duas vezes, e que gostavam dele – pois ele era tão bom, tão humano.

Todos nos reunimos em torno desse caixão que escondia um amigo, em meio ao maior silêncio. Contemplei os estudos: uma belíssima página dolorosa interpretada a partir de Delacroix, A virgem e Jesus. Presidiários andando em círculos numa prisão de paredes altas – tela a partir de Doré, de uma ferocidade terrível em simbologia para seu fim. Para ele, a vida não seria aquela prisão de paredes tão, tão altas...? E as pessoas que giravam sem parar naquele porão não seriam os pobres artistas, os pobres malditos marchands *[sic]* sob o açoite do Destino...

Às três horas, ergueram o corpo. Amigos o carregaram até o carro fúnebre. Algumas pessoas choravam. Theodore van Gogh, que adorava o irmão, que sempre o apoiara em sua luta pela arte e pela independência, não parava de soluçar dolorosamente...

Na rua, fazia um sol atroz, subimos as colinas de Auvers falando dele, do impulso ousado que deu à arte, dos grandes projetos que sempre tinha em mente, do bem que fez a cada um de nós.

Chegamos ao cemitério, um pequeno e novo cemitério, ornado com lápides novas. Fica no topo da colina acima das plantações, sob o grande céu azul que ele teria amado... talvez.

Depois o descemos até a sepultura.

Quem não choraria naquele momento... o dia era feito demais para ele para que não pensássemos que ainda teria vivido feliz...

O dr. Gachet (que é grande amante das artes e possui uma das mais belas coleções impressionistas de hoje, ele mesmo artista) quis dizer algumas palavras que consagrassem a vida de Vincent, mas também chorava tanto que só conseguiu dar-lhe um adeus bastante engasgado... (o mais belo, talvez).

Retraçou brevemente os esforços de Vincent, indicou o objetivo sublime e a simpatia imensa que sentia por ele (que conhecia havia pouco). Foi, ele disse, um bom homem e um grande artista, tinha apenas dois objetivos, a humanidade e a arte. Era a arte que ele venerava acima de tudo, que ainda o fará viver.

Depois voltamos. Theodore van Gogh estava acabado de tristeza, os presentes, muito comovidos, se retiraram para o campo, outros voltaram à estação.

Laval e eu voltamos à casa Ravoux e falamos sobre ele...

Mas já basta, meu caro Aurier, basta desse triste dia, não é mesmo? Você sabe o quanto eu o amava e pode imaginar o quanto chorei. Não o esqueça, portanto, e tente, enquanto crítico, dizer mais algumas palavras para que todos saibam que seu enterro foi uma apoteose realmente digna de seu grande coração e de seu grande talento.

Sempre seu, de coração,

BERNARD

Necrológio publicado no *Mercure de France* em setembro de 1890

VINCENT VAN GOGH

Vincent Willem Van Gogh morreu em 29 de julho passado, em Auvers-sur-Oise, onde trabalhava havia algumas semanas após uma temporada de dois anos na Provença. Tinha 37 anos.

Não esquecemos do artigo (*Mercure de France*, n. 1) de nosso amigo e colaborador G.-Albert Aurier sobre a arte desse holandês de cores brilhantes. Em breve será inaugurada uma exposição das principais obras do pintor; ele talvez tenha os minutos de fama que lhe são devidos, póstumos, infelizmente!, antes de ser incluído entre os raros artistas ousados e originais desse fim de século. Devemos acrescentar que essa exposição ocorrerá por iniciativa do sr. Th. Van Gogh, hábil especialista da casa Boussod et Valadon, sutil conhecedor, que prestou plena justiça ao talento do irmão proporcionando-lhe os meios de se dedicar inteiramente à sua arte. Que essa indiscrição nos seja perdoada. A Família, redução e síntese do público, com tanta frequência desconhece, a não ser em casos de apoteose – o prêmio de Roma ou a estima do sr. Albert Wolff – os artistas que a honram!

Quadros de Vincent van Gogh podem ser contemplados na loja do sr. Tanguy, no número 14 da rue Clauzel.

JULIEN LECLERCQ[77]

---

77. Joseph Louis Julien Leclercq (1865-1901) – Jornalista, crítico e poeta simbolista. Organizou a primeira exposição importante dos trabalhos de Vincent em Paris, em setembro de 1890, na galeria Bernheim-Jeune. Um ano depois, com Johanna van Gogh-Bonger, mulher de Theo, organizou, também em Paris, uma grande retrospectiva dos trabalhos de quadros de Vincent. Morreu inesperadamente durante essa exposição, em outubro de 1901. (N.E.)

lepmeditores

www.lpm.com.br
o site que conta tudo

Impresso na Gráfica COAN
Tubarão, SC, Brasil
2024